江苏省高等学校精品教材

高等院校国际经济与贸易专业系列教材

国际服务贸易

第4版

主　编　汪素芹

副主编　赵玉焕　陶忠元　陈小文

参　编　宗永建　谢正勤　杨　丽

主　审　王绍媛

机械工业出版社

本书共分十章，分别为：国际服务贸易概述，国际服务贸易的分类与统计，国际服务贸易理论，国际服务贸易与经济发展，国际服务贸易政策，国际服务贸易规则及其协调机制，主要经济体的服务贸易，中国服务贸易，国际服务贸易竞争力，国际服务贸易格局及其发展趋势。

本书文字表述通俗易懂，条理清楚。章前设置本章主要学习内容模块，明确学习目标，章后设置本章小结、本章重要概念及复习思考题模块，巩固和提高学习效果。

本书可作为高等院校国际经济与贸易及相关专业教材，也可供社会读者参考。

图书在版编目（CIP）数据

国际服务贸易/汪素芹主编 . —4 版 . —北京：机械工业出版社，2024.6
（2025.7 重印）

高等院校国际经济与贸易专业系列教材　江苏省高等学校精品教材
ISBN 978-7-111-75810-5

Ⅰ.①国…　Ⅱ.①汪…　Ⅲ.①国际贸易–服务贸易–高等学校–教材
Ⅳ.①F746.18

中国国家版本馆 CIP 数据核字（2024）第 097027 号

机械工业出版社（北京市百万庄大街 22 号　邮政编码 100037）
策划编辑：常爱艳　　　　　　　责任编辑：常爱艳　韩效杰
责任校对：张勤思　张昕妍　　　封面设计：鞠　杨
责任印制：张　博
固安县铭成印刷有限公司印刷
2025 年 7 月第 4 版第 2 次印刷
184mm×260mm · 17 印张 · 418 千字
标准书号：ISBN 978-7-111-75810-5
定价：59.00 元

电话服务　　　　　　　　　网络服务
客服电话：010-88361066　　机 工 官 网：www.cmpbook.com
　　　　　010-88379833　　机 工 官 博：weibo.com/cmp1952
　　　　　010-68326294　　金 书 网：www.golden-book.com
封底无防伪标均为盗版　机工教育服务网：www.cmpedu.com

高等院校国际经济与贸易专业系列教材

编审委员单位名单

（排名不分先后）

北京师范大学	北京理工大学
北京航空航天大学	河南财经政法大学
南京财经大学	江苏大学
哈尔滨工业大学（威海）	安徽财经大学
浙江工商大学	北京外国语大学
大连民族大学	中央民族大学
河海大学	南京理工大学
天津工业大学	汕头大学
浙江农林大学	绍兴文理学院
上海应用技术大学	北华航天工业学院
浙江外国语大学	

序

摆在读者面前的这套"高等院校国际经济与贸易专业系列教材"是一项凝聚了众多高校教师辛勤劳动的集体性成果。我们编写这套教材主要是基于以下两大背景。

1. 在经济全球化条件下，国际贸易作为一国参与经济全球化和国际分工的重要途径之一，其作用和重要性都大大加强

20世纪90年代以来，在经济全球化浪潮的推动下，国际资本流动得到迅猛发展。在这种情况下，有人认为国际贸易对经济增长的作用会被削弱，其实不尽然。通过以下分析可以看出，国际贸易对一国经济增长的作用不但没有被削弱，反而在加强。

首先，在经济全球化条件下，国际分工的日益细化不但使越来越多的消费品具有了可贸易性，而且使越来越多的中间产品和劳务进入了国际交换领域，从而不断扩大贸易的范围。

其次，在经济全球化条件下，社会化生产以及市场经济的本质并未发生根本性变化，市场交换依然是扩大再生产的前提，国际贸易仍是各国在世界范围内进行交换的主要方式和彼此间经济关系的"晴雨表"。

最后，在经济全球化条件下，虽然国际直接投资的规模越来越大，跨国公司的作用越来越显著，但是它们并不排斥国际贸易，更不能取代国际贸易；相反，资本和生产的国际化不仅为国际贸易提供了更加便利的条件，而且增添了新的贸易方式和贸易动力。因为跨国资本流动规模的扩大，特别是产业资本的国际化，不仅使国际贸易的规模和发展呈现出某些新特点，而且使国际贸易出现了内部化现象，推动了以要素禀赋差异为基础的产业间贸易模式逐步向以竞争优势为基础的产业内贸易模式转变，世界范围内产业内贸易的比重不断加大。规模巨大的跨国公司在世界各地组织生产，在"全球战略"的指导下，企业内部贸易和产业内贸易发展迅速，成为世界贸易的重要组成部分。不仅如此，第二次世界大战后国际资本的流动还促使了新的贸易方式的产生，如加工贸易、补偿贸易、国际租赁业务、国际分包等。这些贸易方式是为适应资本的流动而出现的，它们与传统的商品贸易方式有很大的差别。比如补偿贸易，就是引进方首先引进国外的先进技术和设备，然后再用生产的产品直接或间接地给予技术和设备提供者补偿，这实际上已起到了国际直接投资的作用。

2. 我国加入世界贸易组织之后，对国际经济与贸易人才的培养提出了更高的要求

众所周知，我国于2001年正式加入了世界三大经济组织之一的世界贸易组织，从而标志着我国已全方位地融入经济全球化的浪潮中。"入世"不仅给我们的社会经济生活带来了巨大的影响，而且对传统的国际经济与贸易专业教育也提出了深层次的挑战。20世纪80年代，当改革开放大潮刚刚涌动之时，很多学校开设了国际经济与贸易专业，似乎只要沾上涉外的字眼，就可以"通吃天下"，但这种低层次的量的扩张在20世纪90年代中后期就遇到了"瓶颈"，许多学生毕业后找不到心仪的工作。"入世"之后，涉外色彩浓重的国际经济与贸易专业再次引起了世人的关注和青睐，但是这一次并不是上一次的简单重复，它不仅要求涉外人才量的增加，更要求涉外人才质的提升。具体来说，现在需要的涉外人才是能系统掌握现代经济学基本原理，通晓国际经济与贸易知识及惯例，同时能熟练运用外语和计算机

等现代工具的高层次的复合型人才。

经济全球化和"入世"的大背景要求我们在国际经济与贸易专业的教材编写、课程设置、人才培养等方面进行相应的变革，这套"高等院校国际经济与贸易专业系列教材"就是为响应这种变革所做的一项尝试。

目前，市场上国际经济与贸易方面的教材品种较多，其中不乏优秀之作，前人的优秀成果是我们编写这套教材的重要参考来源和写作基础。当然，相比较而言，我们这套教材无论在内容的编写上还是在写作的体例和形式上，都具有自身的一些重要特色。

1. 在内容的编写上

过去，人们普遍注重国际经济与贸易专业的应用性特色，而相对忽视了这个专业所具有的理论性和素质培养功能。随着我国加入世界贸易组织、更深入地融入经济全球化浪潮中，对经贸人才的需求已从简单的操作型人才转变为高素质的复合型人才，显然，传统的教学模式和方法已很难适应时代发展的要求。我们编写的这套教材在保持传统教材重视应用性和操作性的基础上，力求吸纳和反映当代国际经济与贸易领域的最新发展实践和理论成果，凸显教材的基础性、理论性和前沿性，并与时俱进，使之更加贴近我国的改革开放实践，加强为建设和完善我国社会主义市场经济体制服务的功能，挖掘各门课程对学生素质培养的潜能，从而赋予国际经济与贸易专业新的活力和意义。

2. 在写作的体例和形式上

我们借鉴国外流行教材的经验，在内容有关之处增加了为数不少的专栏，这些专栏或者是时代背景，或者是作者小传，或者是案例，或者是对有关问题的进一步阐述，有助于拓宽学生的视野，让其更深入地了解和掌握书中内容。所列复习思考题也力求灵活多样，以启发学生做进一步的思考。另外，章中所列关键术语、学习要点、小结以及荐读书目等，不仅方便学生总领教材内容，也为其做进一步研讨提供了文献参考。

当然，作为尝试性的成果，这套教材也难免有不尽如人意之处，特别是每本教材的作者均来自不同院校，因此在编写风格方面可能会存在一些差异，这些都需要我们在以后的修订过程中进一步完善，我们真诚地期待广大读者多提宝贵意见！

北京师范大学教授、博士生导师
编审委员会主任委员　　　　　赵春明

前　言

近年来，国际服务贸易的发展十分迅速，在很多领域都发生了深刻的变化，以数字贸易为代表的国际服务贸易新概念在制度层面和实践层面均实现了较大突破。以此为背景，高等院校服务贸易教材需要紧跟国际服务贸易发展新趋势进行内容的拓展和深化。

本书的特点概括如下。

第一，体系有特色。本书在介绍基本知识、基本理论的基础上分析实践，突出了服务贸易的基本特征及其发展变化趋势。

第二，内容有突破。本书包括基本理论、政策、规则与实践。本书把货物贸易和服务贸易相关理论有机结合，在实践上介绍了世界主要经济体的服务贸易，加入了该领域最新的研究和实践成果。

第三，分析有力度。本书在吸收前人研究成果的基础上，反映了最新的研究动态；实践分析力求客观、准确，紧跟现实。

第四，便于教与学。本书文字表述力求通俗易懂，在每章均设置了本章主要学习内容、本章小结、本章重要概念及复习思考题模块，便于学习。

本书自 2007 年出版以来，受到广泛认可，2008 年被江苏省教育厅评为高等学校精品教材。近年来国际服务贸易理论和实践发展迅速，本次修订在内容方面进行了大量的修改和补充，全面更新了数据，补充了研究和实践的新进展，重新编写了第七章、第八章和第十章的内容。

本书第 1 版出版要感谢对外经济贸易大学薛荣久教授的指点，感谢东北财经大学王绍媛教授作为主审提出的修改建议和意见。浙江林学院黄水灵，江苏大学屠立峰，南京财经大学盛朝迅、胡玲玲等对本书亦有贡献。

参与本书第 2 版修订的人员如下：汪素芹、赵玉焕、陶忠元、宗永建、张杨、余康、王有鑫。

参与本书第 3 版和第 4 版修订的人员如下：宗永建（第一章，南京理工大学）；汪素芹（第二章，南京财经大学）；陈小文（第三章，南京财经大学）；陶忠元（第四、五、六章，江苏大学）；赵玉焕（第七、八章，北京理工大学）；谢正勤（第九章，南京财经大学）；杨丽（第十章，南京财经大学）。汪素芹、陈小文负责全书的统稿。

由于编者水平有限，本书还存在若干不足，恳请读者批评指正。

我们为选择本书作为授课教材的老师免费提供电子课件、教学大纲和课后习题答案，请登录机工教育服务网（www.cmpedu.com）索取，谢谢。

编　者

目　　录

◀◀◀ 第一章
国际服务贸易概述

本章主要学习内容

- 国际服务贸易及与其相关的服务、服务业的基本概念
- 国际服务贸易的特点
- 国际服务贸易的产生与发展
- 国际服务贸易迅速发展的影响因素及原因
- 国际服务贸易的研究对象、研究内容和研究方法

伴随着经济全球化与国际分工的发展，服务业成为全球第一大产业，服务业发展水平成为衡量一个国家或地区生产社会化程度和市场经济发展水平的重要标志。与服务业快速发展相适应，国际服务贸易发展十分活跃，正日益成为影响各国经济发展的重要力量。以服务业与服务贸易为主要内容的服务经济的迅速崛起，成为 20 世纪中叶以后世界经济发展的显著特征。

第一节　国际服务贸易的基本概念

国际服务贸易的快速发展是世界各国（地区）服务业、服务经济迅猛发展的必然结果。因此，要理解国际服务贸易的内涵及其发展，首先应该从服务、服务业等基本概念入手。

一、服务的含义、基本要素和基本特征

（一）服务的含义

"服务"一词，虽然人们经常使用，但对其含义的理解不尽相同。在日常生活用语中，"服务"是指为某组织或他人工作。经济学上的"服务"是指一种特殊形式的劳动产品，一般是指提供非实物形态的经济物品。对这一概念的探讨是随着服务业的发展及其在国民经济中的地位不断上升而逐渐展开的。

法国古典经济学家萨伊最早定义了服务的内涵和外延。他在《政治经济学概论》一书中指出，无形产品（服务）同样是人类劳动的果实，是资本的产物。另一位古典经济学家巴斯夏在《和谐经济论》中认为，"这（劳务）是一种努力，对于甲来说，劳务是他付出的努力，对于乙来说，劳务则是需要和满足。"[一]劳务必须含有转让的意思，因为劳务不被人接受也就不可能提供，而且劳务同样包含努力的意思，但不去判断价值与努力是否同比例。巴斯夏在这里明确了两点：一是服务需要交换；二是服务等同于劳动（努力）。这实际上就是

〇　巴斯夏：《和谐经济论》，中国社会科学出版社，1995 年版，第 76、160 页。

认为服务具有一般商品的基本特征。

马克思指出："服务这个名词，一般地说，不过是指这种劳动所提供的特殊使用价值，就像其他一切商品也提供自己的特殊使用价值一样；但是这种劳动的特殊使用价值这里取得了'服务'这个特殊名称，是因为劳动不是作为物，而是作为活动提供服务的。"[一]

第二次世界大战后，特别是 20 世纪六七十年代以来，服务经济迅速发展，对服务概念的理解也越来越多样化。

1972 年，企鹅出版社出版的《经济学词典》把服务定义为"服务主要是不可捉摸的，往往在生产的同时就被消费的消费品或生产品"。在《新帕尔格雷夫经济学百科全书》中，一种服务表示使用者的变形或者使用者的商品的变形，所以享用服务并不含有任何可以转变的获得物，只是改变经济人或其商品的特征。

富克斯对第二次世界大战后美国的服务经济进行了经典研究，认为服务就在生产的一刹那间消失，它是在消费者在场参与的情况下提供的，它是不能运输、积累和储存的，缺少实物性。

苏联经济学家沙洛特科夫在 1980 年出版的《非生产领域经济学》中指出，"劳务具有双重定义：第一，劳务可解释为作为活动所耗费的劳动的一种特殊使用价值；第二，如果劳动同收入相交换，劳务可理解为非生产性劳动的形式。"[二]

1977 年，希尔阐述了被经济学家广泛采用的服务的定义，他认为，"一项服务生产是这样一种活动，即生产者的活动会改善其他一些经济单位的状况。一方面这种改善可以采取消费单位所拥有的一种商品或一些商品的物质变化形式，另一方面，改善也可以关系到某个人或一批人的肉体或精神状态。随便在哪一种情形下，服务生产的显著特点是，生产者不是对其商品或本人增加价值，而是对其他某一经济单位的商品或个人增加价值。"[三]

综合上述经济学家及其他学者的观点，可以将服务的定义表述为：服务是对其他经济组织的个人、商品或劳务增加的价值，并主要以活动形式表现的使用价值或效用。

（二）服务的基本要素

服务作为一种特殊的商品，它同一般商品一样，是由生产要素组成的。一般来说，服务包含资本（实物资本）、劳动、知识与技术（人力资本）三个基本要素。

1. 资本（实物资本）

与一般商品生产相同，服务生产也离不开资本要素的投入。许多服务的生产必须拥有一定的生产资料，此外，服务提供者本身就需要资本投入后的专业培训。因此，要提供服务，必须要有一定的资本投入。

2. 劳动

它是服务的提供者或服务的载体。比如，会计服务是会计师为有关机构或组织提供的专业服务，法律服务是律师为需求者提供的专业服务。即使是以机器设备为基础的服务，如自动化汽车刷洗、自动售货机，也是以人的管理为前提的，这种服务可以看作是物化的人的劳动。

[一] 马克思，恩格斯：《马克思恩格斯全集》第 26（1）卷，人民出版社，1979 年版，第 435 页。
[二] 沙洛特科夫：《非生产领域经济学》，上海译文出版社，1985 年版，第 221 页。
[三] T. Hill: On Goods and Services, Review of Income and Wealth Series 23, 1977, p315~338。

3. 知识与技术（人力资本）

知识与技术既属于服务的基本要素，又是所提供服务的基本内容。除了直接接触式服务外，大多数的服务都是提供知识或技术的。人力资本通常是指资本投资形成的、凝结于劳动者身上的知识、技能和健康等。

根据服务与一般有形商品的不同特征（这里强调生产服务产品与有形产品所需基本生产要素的不同，特别是将人力资本看作重要的生产要素），在估算服务产品的价值时，应考虑劳动的不同质量。此外，人力资本和实物资本之间存在着显著的差异。实物资本随着时间的推移逐步被消耗，人力资本却不同。首先，信息、训练或知识是不易消失的。其次，大部分的劳动者在劳动和学习中，会不断提高他们的知识和技能，即人力资本的增值。相比之下，机器在生产过程中则起着被动的作用。人力资本是经济进步的主要动力，显然它的出现和存在，才使得知识积累的速度加快，知识的储存已达到了足以引起传统生产方式发生重大变革的阶段。因此，人力资本积累的质变导致19世纪的工业革命和20世纪后半叶的信息革命。人力资本的累积过程要求对其重新定义，要能反映主要生产构成要素的价值，服务与商品之间的产出分配及服务本身的构成都发生了变化。

在一定的产出范围内，要素之间的关系是一种互补的关系，人力资本和劳动之间的互补性就是这种情况。对于涉及大量信息及高度精确数据的服务，用人力资本替代劳动的可能性增大。但是在多数服务的生产中，人力资本和实物资本不易被代替。所以，要素之间在一定范围内主要是互补关系，而不是替代关系。由于服务与实物产品的基本要素不同，其生产、交换、分配和消费也就存在较大的区别。

（三）服务的基本特征

服务作为非实物的使用价值，和一般商品相比，具有以下基本特征。

1. 服务的无形性或不可感知性

这是服务最主要的特征。不可感知性包括两层含义：第一，商品的存在形式是直观的、确定的，服务的存在形式基本上是无形的、不固定的，不能触摸或凭肉眼看见其存在；第二，消费者往往不能事先感知服务，享用服务后只能感觉到服务的结果，或是要经过一段时间后，享用服务的人才能感觉到"利益"的存在。服务的这一特性决定了消费者在购买服务前，不能用对待实物商品的办法判断服务的好坏。随着科学技术的进步，在服务无形化的基础上产生了"物化服务"。"物化服务"即在服务生产活动者改变了一些人或他们所拥有的商品状态以后，服务被认为是"物化"了。例如，电影碟片作为服务产品的载体，其自身物质形态的价值很小，价值主体是物化在其上的服务。

2. 服务过程与消费的不可分割性

有形产品从生产、流通到最后消费的过程中，一般要经过一系列的中间环节，生产与消费的过程在时间和空间上是相互分离的。而服务则一般具有不可分离的特征，即服务的生产过程与消费过程同时进行，两者在时空上不可分离，所以，消费者和生产者在服务过程中必须直接发生联系，因而服务的生产过程也就是消费的过程。

3. 服务的异质性

服务的异质性是指同种类型的服务提供者在不同时空条件下所提供的服务不同，使服务消费者的效用或满足程度不同。即使是同一服务提供者，在不同条件下因客观因素或其主观因素的影响也会造成服务产品的差异。而一般有形产品在社会化大生产的条件下，产品质量基本上是稳定的，消费者在不同地点、不同市场购买的同类型产品，其质量基本上是相同的。造成这种差异的原因既与服务供给者有关，也与服务产品的消费者有关。因为服务行业是以"人"为中心的产业，由于人类个性的存在，对于服务的质量检验很难采取统一的标准。一方面，由于服务人员自身因素（如心理状态）的影响，即使由同一服务人员所提供的服务也可能会有不同的水准；另一方面，由于消费者直接参与服务的生产和消费过程，因此消费者自身的知识水平、兴趣和偏好等，也直接影响服务的质量和效果。例如，同样是上课听讲，可能有人听得津津有味，有人却昏昏欲睡。由于服务的这个特征，服务的质量和效果受其生产者和消费者两方面的影响。

4. 服务的不可储存性

有形产品可以在生产出来以后处于闲置状态，不进入消费领域，这种情况不一定给生产者带来损失，或造成商品价值的降低。但服务不可能像有形产品一样被储存起来。因为服务生产出来以后如果不被消费，既不能给生产者带来利润，也不能增加消费者的效用，只会造成损失。这种损失会造成服务提供者劳动的浪费、服务产品功能的消逝或表现为服务机会的丧失以及服务设备折旧的发生。

5. 服务的所有权不可转让性

所有权不可转让性是指服务的生产和消费过程中不涉及所有权的转移。服务在交易完后就消失，消费者所拥有的对服务消费的权利并未因服务交易的结束而产生像商品交换那样获得使用的东西，服务具有易逝性。服务的这一特征是导致服务风险的根源，由于缺乏所有权的转移，消费者在购买服务时并未获得对某种东西的所有权，因此感受到购买服务的风险性，可能造成消费心理障碍。

6. 服务价格名称多样与不易确定性

服务业里的价格名称众多，如酬金、手续费、租金、保险费等。在确定服务业价格时涉及社会学和心理学，还有国家的服务价格政策。价格的确定围绕三个基本点来考虑，即生产和销售成本、需求（对于顾客的价值）、竞争对手的价格。服务企业确定服务价格的首要目标是保证需求，从而确保一定的利润；其他目标还有投资回报、市场份额、社会影响力、质量优异、现金流动等。影响服务价格差别的因素包括以下几项：服务的可支配性、提前评估的可能性、长期忠诚的关系、价格的敏感性等。一般而言，得到服务越困难，服务的价格就越高；服务越是标准化，消费者对价格就越敏感；按照消费者需求定制的服务，消费者对价格的敏感程度较低一些；如果需要与顾客建立长期的稳定的关系，定价就会偏低一些。

服务的这些基本特征是与有形产品相比所具有的，当然由于实物化服务的出现，有些服务产品具有了有形产品的部分特征，但其实质还是有所不同的。

二、服务业

随着技术进步和产业结构的演进，服务业迅速发展，在国民经济中的地位不断提高，成为国民经济的支柱产业之一。从全球来看，服务业在全球经济中已具有举足轻重的地位。在发达国家，服务业的增加值占国内生产总值（GDP）的比重一般在60%~80%。并且，服务业中存在大量新兴产业，对经济增长产生较高的贡献率。服务业通过其各种服务功能，有机连接社会生产、分配和消费诸环节，加速人流、物流、信息流和资金流运转，对推进工业化和现代化进程具有重要的作用。

（一）服务业的含义

一般认为，服务业是指专门从事生产服务产品的行业和部门的总称。服务业的发展一方面围绕着实物产品的生产、流通和消费提供服务，另一方面则为提高人们的综合素质服务。

1. 服务业是一个多层次的概念

服务业是一个大的产业系统，其门类十分繁杂，其中的许多行业在产业性质、功能、生产技术及与经济发展的关系等方面都存在很大差异。

2. 服务业是一个相对的概念

首先，服务业的形成和发展在时间上有相对性，在不同国家和地区，服务业的形成和发展的时间是不同的，与各自的社会生产力和社会文化发展程度有直接关系。其次，在服务业形成和发展的不同阶段，它所包含的范围有很大的区别。

3. 服务业是既抽象又具体的概念

服务业相对于农业、工业来说，其概念显得抽象；但同时，服务业所生产的服务产品能满足人的需要，因而是具体的社会产品，同样具有使用价值和价值的双重属性。

（二）服务业是经济现代化的重要标志

服务业的迅速发展是当前经济发展的主要特点之一。服务业水平的高低是国家经济发展水平高低的重要标志，经济越发达的国家，服务业越发达。世界经济活动总量中，服务业已经超过了农业和工业之和，取代了物质生产部门而成为最强大、最广泛的经济部门，发展服务贸易的过程实际上是服务业外向化的过程。

1. 服务业是市场经济的基础产业

在市场经济中，服务业具有广泛的服务特性。当物质生产达到一定水平的时候，服务业的发展关系到经济乃至整个国家的正常运转。市场经济是通过需求和供给的结合来实现的，它的核心是交换，它不但包括物质产品的交换，还包括资金、技术、资源、信息的交换，这都需要服务业为各种交换的正常进行提供完善的服务。

2. 服务业是一个国家科技现代化的标志

发达国家在金融、教育、科学技术、贸易、旅游等方面都有较强的实力，一些西方国家就是凭借这些来称霸或控制世界的。人们在进行综合国力的国际比较时，给服务业确定了相当的权数。一个国家综合国力的强大不但要依靠发达的物质生产，还要依靠强大的服务业，发达国家之间的经济差距往往与服务业的发展水平有关。

3. 服务业是社会进步的象征

服务业是反映一个国家或地区生产社会化程度的重要方面，从社会分工发展变化来看，服务业取代农业和工业成为国民经济的第一大产业是生产力发展以及社会进步的集中体现。

（三）服务业的分类

由于不同服务业在产业性质、功能、生产技术以及与经济发展的关系等方面都存在着较大的差异，为了明确不同服务业的经济性质、揭示服务业内部结构的变化以及与整体经济增长的关系，客观上要求对服务业进行分类。

1. 服务业的理论分类

（1）以时间序列为基础的分类。传统服务业是指为人们日常生活提供各种服务的行业，如餐饮业、旅店业、商业等。而现代服务业是指在工业比较发达的阶段产生的，主要是依托于信息技术和现代管理理念发展起来的服务业，是信息技术与服务产业结合的产物。现代服务业具体包括两类：一类是直接由信息化及其他科学技术的发展而产生的新兴服务业形态，如计算机和软件服务、移动通信服务、信息咨询服务、健康产业、生态产业、教育培训、会议展览、国际商务、现代物流等；另一类是通过应用信息技术，从传统服务业改造和衍生而来的服务业形态，如银行、证券、信托、保险、租赁等现代金融业，建筑、装饰、物业等房地产业，会计、审计、评估、法律服务等中介服务业等。

从广义上来看，现代服务业是一种现代化、信息化意义上的服务业，是指在一国或地区的产业结构中基于新兴服务业成长壮大和传统服务业改造升级而形成的新型服务业体系，体现为整个服务业在国民经济和就业人口中的重要地位以及服务业的高度信息化水平等方面，具有高人力资本含量、高技术含量、高附加值的"三高"特色，发展上呈现新技术、新业态、新方式的"三新"态势，具有资源消耗少、环境污染少的优点，是地区综合竞争力和现代化水平的重要标志。此外，现代服务业也是一个动态的概念，随着经济社会的不断发展，还会拓展新的领域，增加新的内容，此时为现代服务业，彼时则为传统服务业。

（2）以功能为基础的分类。按照服务业在生产、流通、消费等社会再生产环节所起的作用不同，一个经济体系所提供的服务可以分为三类：①消费者服务，即消费者在市场上购买的服务；②生产者服务，即生产者在市场上购买的、被企业用作进一步生产商品与其他服务的中间服务，典型的生产者服务又称为企业服务；③分配服务，即消费者和生产者为获得商品或供应商品而购买的服务。

消费者服务包括个人和家庭生活的各个方面，从产业分类的角度看，消费者服务内容复杂。消费者服务通常包括家庭服务、酒店和餐饮、修理服务、洗衣服务、理发与美容、娱乐和休闲以及其他个人服务。消费者服务主要来源于最终需求，其在服务业的功能分类方法中居于中心地位，因为商品和服务的消费是所有经济活动的起点和终点，也是经济福利的根本反映。

生产者服务是围绕企业生产进行的，其特征是被企业用作生产商品与其他服务的投入，既包括经营管理、计算机应用、会计、广告等与企业生产经营联系较为密切、往往由企业自身提供的服务，也包括金融业、保险业、房地产业、法律和咨询业等一些相对独立的产业服务。在现代经济中，生产者服务尤其是知识技术密集型服务推动着生产向规模经济和更高效率发展。因此，生产者服务在服务业中被认为是最具经济增长动力的。

分配服务是一种连带性或追加性的服务。这类服务的提供和需求都是由对商品的直接需求而派生出来的，主要包括仓储运输业、批发业、零售业等。

2. 服务业的统计分类

服务业的范围取决于三大产业的划分，历史上对服务业的统计多等同于第三产业的数据。目前，对三大产业还没有完全统一的划分标准。国际上较有影响的统计分类方法有两种，一种是联合国有关组织提出的标准产业分类法，另一种是世界贸易组织在1995年提出的对服务业的分类方法。我国目前主要采用的是2017年原国家质检总局和国家标准委在《国民经济行业分类》中提出的统计分类方法。

（1）联合国标准产业分类法。1968年，联合国《国际标准产业分类》按照服务功能将服务业分为四大类14小类；2008年，联合国发布了最新的第四版《国际标准产业分类》，其中服务业涵盖以下主要产业：电、煤气、蒸汽和空调供应；供水；污水处理、废物管理和补救；建筑业；批发和零售业；汽车和摩托车的修理；运输和存储；食宿服务；信息和通信；金融和保险；房地产；专业、科学和技术；行政和辅助；公共管理与国防；强制性社会保障；教育；人体健康和社会工作；艺术、娱乐和文娱；其他服务。

（2）世界贸易组织分类法。随着服务业的发展和《服务贸易总协定》的不断完善，对服务业的统计逐渐摆脱了对第三产业数据的依赖。如果从部门的角度看，世界贸易组织在1995年列出的服务行业多达150个，这些服务行业划分为12个部门，每个部门下有行业，每个行业下还有子行业。

（3）我国的服务业统计分类。我国迄今为止仍没有专门的服务业统计分类体系，只能采用第三产业分类和统计数据。根据2017年原国家质检总局和国家标准委公布的《国民经济行业分类》，第三产业的范围主要包括：电力、热力、燃气及水生产和供应业，建筑业，批发和零售业，交通运输、仓储和邮政业，住宿和餐饮业，信息传输、软件和信息技术服务业，金融业，房地产业，租赁和商务服务业，科学研究和技术服务业，水利、环境和公共设施管理业，居民服务、修理和其他服务业，教育，卫生和社会工作，文化、体育和娱乐业，公共管理、社会保障和社会组织，国际组织。

（四）服务业的发展趋势

20世纪90年代以来，以信息技术和网络化为基础，在不断加快的全球化进程中，服务业的发展呈现出日趋活跃和持续演变的新趋势，主要表现为以下几个方面。

1. 服务业内部结构不断调整，现代化进程不断加快

从服务业内部结构来看，通信、金融、保险、物流、农业支撑服务、中介和专业咨询服务等生产性服务所占比重不断增加，成为服务业的主流，在主要工业国已达50%以上。此外，知识服务业大量兴起。知识服务业是提供知识产品和知识服务的产业，是智力型服务业群体的总称，它包括咨询、软件、研发、设计、文化传媒、广告以及传统的教育、医疗等。知识服务业具有高聚集性、高附加值和高成长性的特点。近年来，以知识密集为特征的研发设计、咨询、解决方案提供等知识服务业正在不断兴起，日益成为服务业的重要组成部分。

随着信息技术的产业化、社会化，服务业的发展呈现出以知识密集、人才密集和网络化为特征的发展态势，并表现出两种类型的现代化进程：一方面，利用信息技术和网络技术实现服务业现代化改造，全面提高传统服务业科技含量，成为一些国家促进经济社会发展的基本做法；另一方面，伴随着以知识的创造、传播、应用和科技创新活动为内容的各类专业服务组织的兴起，一批新兴服务业领域迅速形成，成为高速增长的现代经济部门。

2. 服务业对工农业的带动作用日益突出

随着服务业的发展，它与工农业结合得更加紧密，成为推动工农两大产业发展的重要因素。在未来的工业和农业发展中，由于市场需求的变化，无论是工农业产品还是组织形式都将从单一的大规模生产变得越来越精巧和个性化，需要各类服务的支持；资源枯竭问题的凸显使工农业生产尽量减少不可再生资源的消耗，增加对可再生资源的使用，服务将更多地作为中间投入融入工农业生产中；信息技术在工农业生产中的普遍应用，也增加了两大产业对相关服务的需求，这些都使未来工业和农业成为"服务密集型"领域，出现"产业服务化"的现象，即一些工业或农业部门的产品是为提供某种服务而产生的，知识和技术服务将伴随产品一同出售，服务还将引导工农业部门的技术变革和产品创新。

3. 以新技术为基础的服务业成为提升国家创新能力的重要力量

服务业是新技术的重要提供者和促进者，是创新活动最为活跃的部门。近年来，大多数国家通过增加和提高服务业研发费用在所有研发费用中的比重，达到提升国家科技创新能力的战略目标。服务业有力地支撑了技术扩散和国家创新能力的提升，而技术的不断创新应用也有力地推动了服务模式的转变和产业升级。一方面，服务业的发展通过大规模利用信息和通信等现代科学技术作为基本手段，使商品和服务性贸易活动在空间和时间上被大大扩展；另一方面，当代科学技术的发展又在不断地开拓服务业发展的新空间，特别是网络技术、基础计算环境、智能技术和智能终端、智能标签等，正成为服务业拓展的方向和新的综合支撑平台。

三、国际服务贸易

"服务贸易"一词最早出现在 1971 年经济合作与发展组织（OECD）的一份报告中，这份报告探讨了关税及贸易总协定（GATT，简称关贸总协定）"东京回合"谈判所涉及的议题。美国《1974 年贸易法》首次使用了"世界服务贸易"的概念，20 世纪 70 年代后期，"服务贸易"便成为共同使用的贸易词汇。尽管如此，迄今为止对国际服务贸易的精确定义还没有一个统一的表述。现有出版物对其的基本定义都属于描述性的，且各自的侧重面不同。

（一）国际服务贸易的含义

1. 传统定义

国际服务贸易的传统定义是传统服务概念的延伸或改型，是一种从进出口的视角、以进口或出口（即服务的消费）的活动方向为基本框架的定义形式。在传统定义中，所谓国际服务贸易，是指一国（地区）的劳动力向另一国（地区）的服务需求者（自然人、法人或其他组织）提供服务并相应获得外汇收入的全部过程，即形成了服务的出口；反之，一国（地区）的服务需求者购买他国（地区）劳动力所提供服务的过程，即构成服务的进口。各国（地区）的服务进出口活动即构成了国际服务贸易。

按照上述定义，国际服务贸易显然会涉及具体的国籍、国界、居民及非居民等问题。例如电信服务，只需服务"过境"，而无须"国民移动"；而医疗服务、旅游服务又必须是"国民移动"。又如，在境外设立分支机构的跨国公司雇用当地人、向当地居民或组织提供服务，这样的服务既未发生"国民移动"，也未发生服务"过境"。

从上述国际服务贸易的传统定义可以看出，其基本表述一方面是描述性的而非规范性的，另一方面也表明了国际服务贸易活动的复杂性。

2.《美加自由贸易协定》（US-Canada Free Trade Agreement）对服务贸易的定义

1989 年，美国和加拿大签署了《美加自由贸易协定》。作为世界上第一个在国家间贸易协定上正式定义服务贸易的法律文件，其对服务贸易的基本表述为：服务贸易是指由代表其他缔约方的一个人（包括自然人和法人），在其境内或进入另一缔约方境内提供所指定的一项服务。这里的"指定"包括：

（1）生产、分配、销售、营销及传递一项所指定的服务及其进行的采购活动。其基本类型为：农业和森林服务（Agriculture and Forestry Services）、矿业开采服务（Mining Services）、建筑服务（Construction Services）、分销贸易服务（Distributive Trade Services）、保险和不动产服务（Insurance and Real Estate Services）、商业性服务（Commercial Services）和其他服务（Other Services）。

（2）进入或利用国内的分配系统，即要受到缔约方国内分配制度的约束。

（3）形成或确定一个商业存在（Commercial Presence），为分配、营销、传递或促进一项指定服务。这里的商业存在并非是一项投资，而是综合的过程。

（4）根据国际投资法的规定，任何为提高指定服务的投资及任何为提供指定服务的相关活动，如公司、分公司、代理机构、代表处和其他商业经营机构的组织、管理、保养和转让等活动，再如各类财产的接管、使用、保护及转让以及资金的借贷等活动。

3. 《服务贸易总协定》（GATS）对服务贸易的定义

服务贸易作为国际贸易的一个新型议题是在关贸总协定"乌拉圭回合"谈判中被提出的，在"乌拉圭回合"谈判过程中，服务贸易的概念一直是各国争论的焦点之一。经过艰苦谈判，最终达成了《服务贸易总协定》。该协定把服务贸易定义为：从一缔约方境内向任何其他缔约方境内提供服务；在一缔约方境内向任何其他缔约方的服务消费者提供服务；一缔约方在任何其他缔约方境内通过商业存在提供服务；一缔约方的自然人在任何其他缔约方境内提供服务。

具体来说，GATS 将国际服务贸易界定为以下四类：

（1）跨境支付（Cross-border Supply）。它是指服务的提供者在一成员的境内向另一成员境内的消费者提供服务。例如，在美国的律师为在英国的客户提供法律咨询服务。这种服务提供方式特别强调卖方和买方在地理上的界限，跨越国境和边界的只是服务本身。

（2）境外消费（Consumption Abroad）。它是指服务的提供者在一成员的境内向来自另一成员的消费者提供服务。这种服务提供方式的主要特点是消费者到境外去享用境外服务提供者提供的服务。例如，一成员的消费者到另一成员境内旅游、求学等。

（3）商业存在（Commercial Presence）。它是指一成员的服务提供者在另一成员境内设立商业机构或专业机构，为后者境内的消费者提供服务。这种方式既可以是在一成员境内组建、收购或维持一个法人实体，也可以是创建、维持一个分支机构或代表处。例如，一成员的银行或保险公司到另一成员境内开设分行或分公司，提供金融、保险服务。这种服务提供方式有两个主要特点：一是服务的提供者和消费者在同一成员的境内；二是服务提供者到消费者所在地的境内采取设立商业机构或专业机构的方式。一般认为，商业存在是四种服务提供方式中最为重要的方式。商业存在可以完全由在当地雇用的人员组成，也可以有境外人参与。在后一种情况下，这些境外人以自然人流动的方式提供服务。

（4）自然人流动（Movement of Personnel）。它是指一成员的服务提供者以自然人身份进入另一成员的境内提供服务。例如，某先生是 A 国的律师，他来到 B 国后，没有设立自己的律师事务所，而直接提供法律咨询服务。自然人流动与商业存在的共同点是服务提供者到消费者所在地的境内提供服务；不同之处是以自然人流动方式提供服务，服务提供者没有在消费者所在地的境内设立商业机构或专业机构。

4. BOP 对国际服务贸易的定义

BOP 是国际收支平衡表（Balance of Payment）的英文缩写。BOP 中经常项目下的"服务"指的是居民与非居民之间的服务交易。一成员的"居民"通常被理解为在该成员境内居住一年的自然人和设有营业场所并提供货物或服务生产的企业法人。因此，BOP 定义的国际服务贸易主要是服务的跨境交易。

将 BOP 关于国际服务贸易的定义与 GATS 的定义进行对比可知，后者把国际服务贸易的定义由前者的"居民和非居民之间的跨境交易"涵盖范围延扩到作为东道国居民的"外国商业存在"同东道国其他居民之间的交易，即居民与居民之间的交易。

（二）国际服务贸易与相近概念的关系

1. 国际服务贸易与国际货物贸易

现代国际贸易主要由货物贸易与服务贸易构成。两者的区别主要是贸易标的不同，货物贸易的标的是货物，服务贸易的标的是服务。需要强调的是，服务贸易可以不跨越国境实现，而货物贸易一般要跨越国境才能实现；服务贸易的完成往往只需各生产要素——人员、资本、技术、知识中的一项移动即可实现，而货物贸易则需要其生产要素结合后的结晶——产品的移动才能实现。两者的联系是：部分服务贸易伴随着货物贸易的发生而实现，这就是通常所称的"追加服务贸易"，如运输服务、售后服务等。

2. 国际服务贸易与国际无形贸易

国际服务贸易与国际无形贸易大致可以等同，但严格说来，国际无形贸易比国际服务贸易范围更广，除了包括国际服务贸易中的所有项目外，还包括国际直接投资收支以及捐赠、侨汇、赔款等无偿转移。在整个国际无形贸易中，直接投资项目目前所占的比例最大。有专家指出，国际直接投资中有 60% 的收支归于国际服务贸易。从统计口径上看，国际服务贸易与国际无形贸易是存在差异的，不可完全等同看待。

3. 国际服务贸易与国际服务交流

国际上服务人员的流动大致可分为三类：第一类是政府间为了政治、经济、文化交流的需要，互派各种免费服务。实际上这些免费服务并非免费，而是相对"不收费"的"收费"，如教育培训、合作医疗、联合研究等，由于不发生商业性收益，故不构成服务贸易。第二类是指一国（地区）的服务人员到另一国（地区）工作，为境外雇主所雇用，获得工资报酬并只在当地消费（没有汇回母国），由于未发生支付的过境流动，也不构成服务贸易。第三类是指一国（地区）的法人或自然人对外提供服务并获得服务收入，有收支的过境流动，从而构成服务贸易。总结起来，前两种称为国际服务交流，后一种称为国际服务贸易，当然后者并不构成国际服务贸易的全部。

（三）国际服务贸易的特点

与国际货物贸易相比较，国际服务贸易具有如下特点。

（1）贸易标的一般具有无形性。尽管随着科学技术的不断发展，有些服务能够通过科技表现出来，但是人们很难目睹服务的出口或进口。例如，人们出国探亲访友、进行售后服务、参加会议、提供咨询服务等，若不进行仔细的调查，边境人员无法了解什么是服务的出口或进口。再如，储存大量各种信息的电子信号，负责监管服务进出口的政府官员若不能识别其内容，则政府官员也无法知道是否为服务的进出口。而就货物贸易而言，在特定的时空范围内，人们却可以看到货物的跨国界转移。

（2）交易过程与生产和消费过程具有同时性。一般来说，国际服务贸易的交易过程与服务的生产、消费过程不可分割，而且常常是同步进行的。换句话说，服务价值的形成和使用价值的创造过程，与服务价值的实现和使用价值的让渡过程，以及服务使用价值的消费过程，往往是在同一时空完成的。这就要求服务的提供者和消费者实体上的接近，显然与货物贸易中二者分离的状况是不同的。

（3）贸易主体地位具有多重性。服务的卖方往往就是服务的生产者，并作为服务消费过程中的物质要素直接加入服务的消费过程；服务的买方则往往就是服务的消费者，并作为服务生产者的劳动对象直接参与服务产品的生产过程。

（4）服务贸易市场具有高度垄断性。由于国际服务贸易在发达国家和发展中国家的发展严重不平衡，加上服务市场的开放涉及跨国银行、通信工程、航空运输、教育、自然人跨越国界流动等，它们直接关系到服务进口国家的主权、安全、伦理道德等极其敏感的领域，因此，国际服务贸易市场具有很强的垄断性，受到国家有关部门的严格控制。

（5）贸易保护方式更具有刚性和隐蔽性。由于服务贸易标的所具有的特点，各国政府对本国服务业的保护，无法采取货物贸易中惯用的关税壁垒和非关税壁垒的办法，而只能采取在市场准入方面予以限制或进入市场后不给予国民待遇等方式。这种保护常以国内立法的形式加以施行。国际服务贸易保护的发展态势也不同于国际货物贸易，各国对服务贸易的保护往往不是以地区性贸易保护和"奖出"式的进攻型保护为主，而是以行业性贸易保护和"限入"式的防御型保护为主。这种以国内立法形式实施的"限入"式非关税壁垒，使国际服务贸易受到的限制和障碍往往更具刚性和隐蔽性。

（6）营销管理具有更大的难度和复杂性。国际服务营销管理无论是在国家宏观管理方面，还是在企业的微观经营方面，都比货物的营销管理具有更大的难度和复杂性。从宏观上讲，国家对服务进出口的管理，不仅是对服务自身的"物"的管理，还必须涉及服务提供者和消费者的"人"的管理，涉及包括人员签证、劳工政策等一系列更为复杂的问题。某些服务贸易如金融、保险、通信、运输以及影视文化教育等，还直接关系到输入国的国家主权与安全、文化与价值观念、伦理道德等极其敏感的政治问题。另外，国家主要采用制定法规的办法对服务贸易进行调控和管理。但因法律的制定与修订均需一定时间，往往会落后于形势，因而法规管理往往滞后于实际。还有，法规管理的实际效果在相当程度上也不取决于国家立法，而取决于各服务业企业的执法，因而，容易出现宏观调控的实际效果与预期目标相背离的情况。在微观上，由于服务本身的固有特性，也使得企业营销管理过程中的不确定性因素增多，调控难度增大，突出表现在对服务的质量控制和供需调节这两个企业营销管理中最为重要的问题上。如前所述，服务具有异质性，使得服务的质量标准具有不确定性。服务也难以通过货物贸易中包退、包换等办法挽回质量问题所造成的损失，从而增大了服务质量管理的难度。

第二节 国际服务贸易的产生与发展

从世界发展的历史看，服务业取代农业和工业成为国民经济的第一大产业是经济发展的必然趋势。国际服务贸易是在一个国家内的服务经济的基础上通过服务业的国际化和国际分工而发展起来的。服务业先是为国内的客户提供各种服务以获得报酬，而后，随着经济生活的国际化和国际分工的发展，各国经济活动相互依赖，彼此渗透，才使得服务业随着其他生产要素一起国际化了。

一、国际服务贸易的产生和发展初期

随着经济的发展，一国的产业结构逐渐发生变化，逐步从第一产业过渡到第二产业，再从第二产业过渡到第三产业，产生了服务业及服务贸易。国际服务贸易是与世界分工、世界

经济的发展相联系的。

在人类进入工业社会以前的阶段，大部分人从事农业、狩猎和其他自然资源的利用，劳动主要为体力劳动，生活节奏依照季节变化。自然财富取决于水、矿产和资源的可支配性，以及土地和气候的条件，劳动生产率低下，社会组织的基点以自给自足的家庭为核心，对社会需求基本不存在。在工业社会阶段，经济按照预见的进程发展。首先产生的是农产品的加工工业、纺织工业，继而再发展具有地方市场的制造工业，工业活动在社会活动中的比重不断上升，生活节奏取决于工业活动。社会组织开始复杂，人口中的一部分从农村向城市迁移。劳动开始不再与自然接触，而走进了工厂。生产率不再仅取决于人力，而是更多地取决于机械的管理能力。人们的生活标准以生产出来的产品数量来衡量。运输、通信、银行和其他服务成为社会运行的基础。人口向城市的集中形成了大众消费，对零售商业、银行、保险的服务需求逐步扩大。在工业生产中，一部分劳动者专门从事修理、警卫、管理、零售等服务业。随着工业社会的专门化的发展，原来企业内部的工作越来越适合交给外部的机构来进行，增加了规模效益、提高了专业化。一部分过去属于农业工作（自我消费的农产品加工）的活动，现在转变为工业活动。在工业社会后期阶段，大部分人口从事服务业，农业人口比例大大下降。人们的生活质量取决于诸如教育、交通运输、医疗卫生等服务，而不再只是取决于产品的数量。劳动主要表现为通过职业能力和创造性的智力进行工作，而不再是体力劳动或者对机械的管理。

随着经济结构的优化和社会分工的深化，服务在经济和社会的发展中起了决定性的作用。如果没有运输系统，无论是农业、工业还是采矿业都无从发展。同样，要是没有银行、法律咨询、销售、售后服务等服务，生产活动也无法进行。交通、通信、酒店等服务决定了人们的生活质量。公共服务的运行和质量决定了社会的进步。随着生产国际化的发展，服务业成为国家相互依赖、相互合作的基础，服务业的竞争能力也影响着各国在国际贸易中获取利益的能力。服务业与第一产业（农业和矿业）和第二产业（制造工业）相结合，可以提高两个产业的竞争能力。国际资本的流动、生产体系的国际化需要服务业的连接。此外，服务业还有两个值得注意的特点，一是环境污染少，二是抗经济萧条能力高于工业。因此，服务业成为现代国际社会的基础。

从工业革命开始到第二次世界大战之前，也是国际服务贸易发展的重要转折时期。由于工业革命的产生，分散而脆弱的商品经济向以大生产为基础的较发达商品经济过渡。每一个国家的这种经济演进过程都不可能超越这个阶段而进入更高的阶段，不同的是，各国在完成这一转变时往往面临着特定的国际经济政治环境和国内自然经济基础所带来的特殊问题，因而常常采取适应本国政治经济制度的政策体系去引导转变。一般的规律是：这一转变的发生和持续，要以商业革命为先导。商业革命对这种转变自身有两方面的贡献：一方面，商业革命的完成，实际上也就完成原始资本的积累；另一方面，商业革命使大批原先根本不提供商品或仅创造少量商品的产业和行业进入商品生产的行列之中，因而也就建立了新的商品交换体系和劳动交换体系，并为新的社会分工体系和新的区域经济格局的形成奠定了基础。工业革命的发生、发展过程是与交通运输业和邮电业的发展变化相联系的，这一时期也是服务经济的突飞猛进时期。

总之，工业革命以前，农业社会服务业虽然产生但难以发展，国际服务贸易更是难以发展。工业革命以后，社会分工细化，生产率大大提高，生产力得到巨大发展，社会分工进一步深化，各主要资本主义国家在工业发展的同时，服务业也得到发展，国际贸易增长速度加快，国际服务贸易也开始产生与发展。

二、第二次世界大战后国际服务贸易的发展

按照第二次世界大战后发展过程的不同特征，国际服务贸易大致可以分为以下三个发展阶段：

1. 作为国际货物贸易附属地位的国际服务贸易（第二次世界大战结束至 1970 年）

这一阶段的国际服务贸易基本上是以国际货物贸易附属的形式进行的，如仓储、运输、保险等服务，人们尚未意识到服务贸易作为独立实体的存在。因此，尽管当时存在着事实上的服务贸易，但由于其独立于人们的意识之外，也就缺乏有关服务贸易具体数量的统计。

2. 国际服务贸易快速增长阶段（1970 年—1994 年）

自 20 世纪 70 年代以来，随着技术、运输、通信的发展尤其是 80 年代以来信息技术的高度发达，一些原来被认为是不可进行贸易的服务变得可以输出和进行贸易了，国际服务贸易保持较快的增速。1971 年—1979 年，国际服务贸易以年均 14% 的增速超过了国际货物贸易年均 13% 的增速，国际服务贸易在全部贸易总额中所占的比重逐步提升。据关贸总协定（GATT）《1990 年—1991 年度国际贸易报告》，1980 年—1991 年间，国际货物贸易年均增速仅为 5.5%，而同期国际服务贸易年均增速为 7.5%。

在这一阶段，劳务输出、技术贸易、国际旅游、银行保险等国际服务贸易发展较快，使得国际服务贸易的整体增速提高。从世界服务贸易的格局看，此阶段发展最为迅速并占据主导地位的是美国、法国、英国、日本和德国等发达国家。据国际货币基金组织的统计资料显示，全世界十大贸易出口国几乎都是工业发达国家，其服务贸易额占国际服务贸易出口总额的 65%。

3. 国际服务贸易在规范中逐步走向自由化发展阶段（1994 年至今）

1994 年 4 月，规范服务贸易的多边框架体系《服务贸易总协定》（GATS）签署并于 1995 年 1 月 1 日正式生效，这标志着国际服务贸易的发展进入了一个崭新的历史时期。其后，除了 1994 年和 1995 年国际服务贸易的增速分别为 8.03% 和 13.76%，略低于同期货物贸易的增速外，自 1996 年以来，国际服务贸易几乎和国际货物贸易同步增长且其增速略高于国际货物贸易的增速。GATS 在促进国际服务贸易在规范中逐步向自由化方向发展的同时，也大大促进了国际货物贸易的发展。

三、国际服务贸易发展的特点

1. 科技革命和专业化程度的提高促进国际服务贸易加速发展

20 世纪 70 年代以来，国际服务贸易开始加速发展，规模不断扩大。1979 年，国际服务贸易以 24% 的增速首次超过增速为 21.7% 的国际货物贸易。20 世纪 80 年代以来，为了应对全球市场竞争，跨国公司不断调整资源配置和公司经营战略，按照成本和收益原则剥离非核心的后勤与生产服务业务，再加上技术的飞速发展大大增强了服务的可贸易性，服务贸易增长异军突起，服务产品的生产也成为国际投资的重要领域。据世界贸易组织统计，1985 年国际服务贸易出口额仅为 3835 亿美元，2021 年则达到 60716 亿美元，增长了 14.8 倍多。自世界贸易组织成立以来，国际服务贸易的发展速度和总量都在持续增长（见表 1-1）。推

动这一发展的两个基本因素是服务外包增多和可贸易性提高。前者主要是专业化、社会分工深化，推动了制度安排的调整，进而产生了巨大的需求；后者主要是科学技术的作用，尤其是信息技术的导入，进而产生了巨大的供给。

表 1-1　1995 年—2021 年国际服务贸易情况

年　份	服务出口额（亿美元）	增长率	服务进口额（亿美元）
1995	11781	13.0%	11952
1996	12629	7.2%	12599
1997	13157	4.2%	12941
1998	13537	2.9%	13221
1999	14021	3.6%	13742
2000	14910	6.3%	14638
2001	14921	0.1%	14822
2002	15969	7.0%	15613
2003	18500	15.8%	17925
2004	22478	21.5%	21457
2005	25928	15.3%	25881
2006	29248	12.8%	29193
2007	34788	18.9%	34716
2008	39300	13.0%	39228
2009	35171	−10.5%	35112
2010	38465	9.4%	38403
2011	43137	12.1%	43060
2012	44293	2.7%	44236
2013	46953	6.0%	46888
2014	50609	7.8%	50511
2015	48516	−4.0%	48346
2016	49044	1.1%	48981
2017	53024	8.1%	52992
2018	57442	8.3%	57417
2019	58989	2.7%	58980
2020	51795	−1.2%	49077
2021	60716	17.2%	56235

数据来源：世界贸易组织国际贸易统计数据库（International Trade Statistics Database）。

2. 国际服务贸易结构进一步优化，技术、知识密集化趋势日益明显

许多新兴服务行业从制造业中分离出来，形成独立的服务经营行业，其中技术、信息、知识密集型行业发展最快，其他如金融、运输、管理咨询等服务行业，由于运用了先进的技术手段，也在全世界范围内迅速发展，以高新技术为核心的服务业已成为服务贸易发展的"推动器"。相应地，服务贸易在交易内容日趋扩大、服务品种不断增加的同时，其结构和竞争格局也发生了很大变化，主要表现在：资本密集型、知识密集型服务贸易发展迅速，居服务贸易的主导地位，而传统服务贸易总体份额趋于下降。世界服务贸易正逐渐由以自然资源或劳动密集型为基础的传统服务贸易，转向以知识、智力密集型或资本密集型为基础的现代服务贸易。在世界服务贸易部门构成中，1980年，国际运输服务贸易占36.8%，国际旅游占28.4%，其他服务占34.8%；经过40多年的发展，这种结构有所变化，到2021年，国际运输服务比重下降为19.33%，国际旅游服务下降为10.25%，其他服务则上升为70.42%（见表1-2）。这里的其他服务包括：通信、建筑、计算机和信息、保险、金融，专有技术使用费和特许费，其他商业服务，个人、文化和休闲服务，政府服务等可统计项目。这些资本密集型、技术密集型或知识密集型的服务部门，在技术创新、制度创新的持续推动下，其增长速度很快，远远超过在服务贸易中一直占比重较大的运输和旅游服务的增速，在世界服务贸易中扮演着越来越重要的角色。

表1-2 世界服务贸易部门构成

项 目	出口额（亿美元）	比 重		
	2021年	1980年	2006年	2021年
世界服务贸易总额	60716	100.00%	100.00%	100.00%
其中：运输服务	11736	36.80%	23.10%	19.33%
旅游服务	6223	28.40%	27.20%	10.25%
其他服务	42756	34.80%	49.70%	70.42%

数据来源：国际贸易统计数据库；中国商务部。

3. 世界经济发展的不平衡导致国际服务贸易的区域与国别差异

服务贸易地区构成呈现出明显的不平衡性，国际服务贸易主要集中在欧洲、北美和亚洲三大地区。

2021年，世界服务贸易前10名的出口和进口国家（地区）都来自上述三个地区（见表1-3）。从国别构成看，发达国家占据国际服务贸易的绝对主导地位，占全球服务贸易总额的75%以上。近年来，发展中国家和地区的服务贸易也出现了较大幅度的增长，在国际服务贸易中的地位趋于上升，但与发达国家相比，在服务贸易整体规模方面还有较大的差距。2021年世界服务贸易出口前10名的国家（地区）中，只有中国和印度是发展中国家，而进口前10的国家（地区）也只有中国和印度为发展中国家。此外，从行业分布看，发达国家在金融、保险、通信、信息、专利许可、咨询、法律、广告服务中所占比重较高，而发展中国家发展较快的服务业有旅游、建筑工程承包、劳务输出、海上运输等。

表1-3 2021年世界服务贸易前10名的出口和进口国家（地区）

排　名	出口国家（地区）	金额（亿美元）	比　重	增长率	排　名	进口国家（地区）	金额（亿美元）	比　重	增长率
1	美国	7953	13.1%	13.0%	1	美国	5500	9.8%	18.0%
2	英国	4175	6.9%	9.0%	2	中国	4413	7.8%	16.0%
3	中国	3922	6.5%	41.0%	3	德国	3810	6.8%	22.0%
4	德国	3772	6.2%	24.0%	4	爱尔兰	3415	6.1%	0
5	爱尔兰	3378	5.6%	21.0%	5	法国	2583	4.6%	9.0%
6	法国	3030	5.0%	19.0%	6	英国	2429	4.3%	15.0%
7	荷兰	2476	4.0%	11.0%	7	荷兰	2368	4.2%	11.0%
8	印度	2407	4.0%	19.0%	8	新加坡	2236	4.0%	10.0%
9	新加坡	2296	3.8%	10.0%	9	日本	2073	3.7%	5.0%
10	日本	1679	2.8%	6.0%	10	印度	1960	3.5%	28.0%

数据来源：世界贸易组织国际贸易统计数据库（International Trade Statistics Database）。

4. 全球外国直接投资重点转向服务业

从全球外国直接投资（FDI）流量来看，1989年—1991年，全球服务业FDI流量占全球FDI流量的比重为51.7%，2002年—2004年这一比重上升为61.6%，价值约4362亿美元。全球跨国并购作为FDI的主要形式之一，进入20世纪90年代以来，由传统制造业向服务业集中的趋势不断增强。从规模上看，1991年全球服务业跨国并购额为432亿美元，随后逐年持续增加，2000年全球服务业跨国并购额高达8423亿美元，虽然2001年—2003年有所下降，但2004年和2005年又开始回升。从全球服务业跨国并购额占全球跨国并购额的比重来看，2007年—2009年，其平均值为50%，2012年和2013年该比重分别为50%和36.6%。2016年—2019年，全球服务业跨国并购主要集中在电、气、水及废物处理，贸易，运输和仓储，信息和通信，金融以及不动产等生产性服务业，六大行业跨国并购额合计占服务业跨国并购总额的比重超过60%。而全球服务业跨国并购占全部跨国并购的一半以上。

从FDI存量上看，根据联合国贸易和发展会议提供的数据，20世纪80年代初期，全球服务业FDI存量占全球FDI存量的25%，2007年这一比重达到64%，2008年受到金融危机的影响比重下降，直到2012年回升到60%左右。2019年年底，全球FDI存量为36万亿美元，其中服务业仍然占60%左右。

5. 国际服务贸易全球化、自由化与贸易壁垒并存

各国产业结构的升级和服务业分工向国际化方向的拓展必将推动服务贸易的发展，服务贸易的全球化、自由化是长期趋势。由于服务贸易发展空间和盈利空间都很大，在服务业具有较强垄断竞争力或相对竞争力的国家和地区，会通过世界贸易组织和区域性贸易组织，积极推动服务贸易的自由化和全球化。

但是，开放服务市场，意味着大量要素的跨国流动。一些敏感性领域，如金融、保险、通信以及航空运输等，往往关系到服务贸易输入国的主权和安全，各国必然对相应的服务贸

易进口进行限制。由于各国经济发展水平与阶段的不同，在国际分工中处于不同的地位，它们从服务贸易自由化和全球化中获得的利益是不对等的。为保护国内某些弱势服务产业，国际竞争力较弱的国家往往对本国服务市场开放施加诸多限制，如服务产品移动壁垒、资本移动壁垒、人员流动壁垒和商业存在壁垒。

近年来，在多边贸易体制的推动下，国际服务贸易壁垒有所降低。发达国家在服务贸易许多项目中都具有绝对或相对优势，率先削减了本国服务贸易壁垒。与此同时，发达国家对发展中国家也提出了更多的降低服务贸易壁垒的要求，主要是要求取消对外资开放的限制，推进市场自由化。新兴国家则向发达国家提出了开放劳动力市场的要求。

由于每个WTO成员服务贸易市场的开放均是以其在服务贸易减让表中的具体承诺为基础的，因此其开放程度并不一致。即使在承诺开放的服务部门，也可能存在经谈判达成的各种准入、经营条件等方面的限制。在实践中，一些国家的准入条件缺乏透明度，或制定繁杂的审批条件和程序，或对服务供应商服务经营设置各种形式的限制，这些壁垒措施隐蔽性强，涉及面广，预计服务贸易壁垒的隐蔽化趋势将继续存在。因此，当代国际服务贸易自由化是有条件的、渐进的自由化，服务贸易全球化、自由化与贸易壁垒并存的格局将长期存在。

四、国际服务贸易迅速发展的影响因素及原因

现代科学技术发展日新月异，世界经济正向知识经济迈进。随着资本和劳动力从物质生产领域向服务领域的转移加速，服务贸易得到迅速发展。

（一）影响国际服务贸易发展的因素

一般来说，影响国际服务贸易发展的因素主要有：生产力的发展和服务业国际分工的发展，各国参与服务业国际分工的比较优势，跨国公司的生产经营活动，各国执行的各种服务业发展和服务贸易政策等。[○]

1. 社会生产力是国际服务贸易发展的决定性因素

首先，社会生产力是服务业国际分工形成和发展的决定性因素。生产力的发展是社会分工的前提条件，它突出地表现在科学技术的进步上。迄今为止的三次产业革命对生产产生了革命性的影响，使社会分工和国际分工随之发生根本性的变革。1970年以来，随着生产力的发展、科技进步和社会分工的深化，服务几乎渗透到社会再生产的各个领域。近年来，出现了服务国际化和生产国际化彼此交织、国际商品贸易和国际服务贸易彼此交织的大趋势。这反过来又进一步深化了国际分工，并成为资本增值的必要条件。

其次，各国社会生产力水平决定其在国际服务业分工中的地位。历史上，英国率先实现产业革命，成为"世界工厂"，其服务业国际分工也是如此，决定了英国在当时也处于国际服务贸易的重要地位。第二次世界大战后，各国生产力普遍得到发展，而以美国为首的西方国家和少数新兴工业化国家与地区发展较快，因而发达国家在国际服务贸易中处于绝对优势地位，新兴工业化国家与地区也跻身国际服务贸易的前列。

最后，社会生产力的发展对服务业国际分工的形式、广度、深度起着决定性影响，并最终决定国际服务贸易的内容、范围和方式。

○　张汉林：《国际服务贸易》，中国对外经济贸易出版社，2002年版，第33～40页。

2. 各国参加国际服务贸易竞争的比较优势

首先，比较优势决定了国际服务贸易的格局。当前，服务贸易总的格局是发展中国家作为一个整体在服务贸易中处于逆差状态，其中相当多的发展中国家持有巨额逆差，个别新兴工业化国家和地区在国际服务贸易中拥有少量顺差。在国际服务贸易中，比较优势是经济发展水平和国际经济格局造成的结果。资本和技术是决定国际竞争力的主要因素，国际服务贸易本身又是一种资本积累和技术转让的渠道，它可以通过影响技术和其他生产条件改变原来的比较优势，形成新的国际贸易格局，也可以强化原来的比较优势。

其次，信息技术促进各国在国际服务贸易中创造比较优势。随着信息时代的到来，人们对知识和信息的利用在某种程度上取代了对资源的依赖，单位投入的产出增加了，生产率提高了，产品周期缩短了。近年来，互联网、大数据、云计算、人工智能、区块链等信息技术加速创新，持续推动国际服务贸易发展，为各国的服务贸易创造比较优势。

3. 跨国公司对国际服务贸易的影响

第二次世界大战后，在西方经济发展不平衡规律和新技术革命的作用下，国际分工进一步深化，资本输出空前繁荣，资本国际化程度大大提高，跨国公司快速发展。它们集货物贸易、资本流动、对外直接投资于一身，在全球范围内进行活动。它们通过承包和技术转让，促进了劳动力的国际流动，带动了金融服务、法律服务、保险服务、运输服务、计算机服务、技术服务、工程咨询服务等国际服务贸易的发展。

4. 社会需求结构变化对国际服务贸易的影响

社会需求是服务业发展的动力，人类社会对于各种新兴服务的需求极大地推动了国际服务贸易的发展。由于以下原因，世界各国对服务产生了更多的新需求，特别是增加了对高质量服务的需求：①生活水平的不断提高；②对较高生活质量的期望；③空闲时间的增加；④城市化水平的不断提升；⑤作为多种服务消费者的儿童和老龄人口的增长；⑥社会经济结构的变化；⑦消费者需求的复杂多样化；⑧技术发展不仅提高了服务的质量，还使新兴服务成为可能；⑨管理行为的国际化、高级化、系统化的要求；⑩贸易和投资的国际竞争。

5. 各国政府所采取的政策对国际服务贸易产生了巨大影响

各国政府所采取的政策对服务贸易的发展有着举足轻重的影响。世界各国政府的政策一般有两种：一是鼓励国际服务贸易的政策，二是限制国际服务贸易的政策。实行鼓励国际服务贸易的政策，必将实行较为自由的国际服务贸易，进而促进国际服务贸易的发展；而如果实行限制国际服务贸易的政策，则会抑制国际服务贸易的发展，从而对国际服务贸易产生不利影响。

（二）国际服务贸易迅速发展的原因

尽管服务贸易的产生与发展的基本原因同于货物贸易——各国的比较优势和要素禀赋差异，然而服务业是到了第二次世界大战以后，特别是20世纪60年代以后才有了较快发展，其发展迅速的主要原因有以下几点。

1. 科学技术革命促进了国际服务贸易高速发展

一方面，高新技术的发展与广泛运用，使许多以前不可贸易的服务项目可贸易，从而扩大了国际服务贸易的外延。例如，通信的发展促进了金融业在全球开展业务，信息载体的发展促进了教育的国际流动，信息技术的发展使跨国公司得以在全球组织生产，刺激了服务的专业化生产等。另一方面，科技革命的推动、科学人员与其他服务人员的国际流动，直接促使跨境服务的扩大。

2. 经济发展引致的消费需求扩张，带动国际服务贸易的扩大

20 世纪 60 年代以来，高科技的发展、国际政治局势的缓和，使世界经济进入了高速发展阶段。经济高速发展使人均收入日益提高，服务消费需求作为一种在物质消费基础上后发展的消费需求，其边际消费倾向较高，必然以递增的速度发展，直接为国际服务贸易提供了广阔的需求市场。

3. 生产力发展推动的产业结构转换，增加了国际服务供给

根据配第-克拉克定理，随着生产力水平的不断发展，一国的第一、第二和第三产业传递升级，最终结果是第三产业比重日益增大，一些发达国家的服务业增加值已占其 GDP 的 70% 甚至更多，服务业在国内的壮大势必带动其向国外流动，成为国际服务贸易强大的供给基础。

4. 服务与货物日益密不可分，直接带来了国际追加服务的发展

一方面，货物贸易的急剧扩张是服务业产生和发展的重要前提条件，在货物贸易中，必然伴随着与之相应的服务活动的进行。因为货物贸易需要服务的加入才能得以完成，最典型的例子就是货物进出口离不开运输、通信、保险业务。因此，世界货物贸易的增长必然会促进世界服务贸易的发展。另一方面，由于生产的日益专业化，生产性服务越来越独立于物质生产本身，而又必须服务于物质生产，物质产品的质量日益精尖也越来越从生产的上、中、下游各个阶段要求服务的投入。可行性研究、市场调查、工程设计等是上游服务；设备租赁、保养与维修、人事管理、会计、法律、通信事务、卫生与安全保障等是中游服务；销售、售后服务等是下游服务。服务伴随着货物以一个比货物生产增长更快的速度在发展。20 世纪 60 年代，计算机系统的服务（软件）成本只占总成本的 20%，而现在，软件、设计及咨询等服务成本占了 80%。国际追加服务的发展由此可见一斑。

5. 区域贸易一体化为国际服务贸易提供了发展条件

20 世纪 60 年代以来，地区经济一体化组织的发展因为消除了服务在成员之间流动的障碍，而有了一个如同商品在一体化体内流动的"贸易创造"（Trade Creation），也促进了国际服务贸易的发展。

第三节　国际服务贸易的研究对象和研究方法

国际服务贸易作为一门学科，有其自身与其他学科不同的研究对象。同时，国际服务贸易作为经济学的一个分支，其研究也要在结合自身特点的基础上，遵循经济学常用的研究方法。

一、国际服务贸易的研究对象及其与其他学科的关系

（一）国际服务贸易的研究对象

国际服务贸易作为一门学科，有自己独立的研究对象，主要是研究不同国家和地区间服务贸易活动（关系）的规律性。需要指出的是，这里的"服务贸易活动"是指国际服务交换；"服务贸易关系"是指如何调整一国的对外服务贸易关系，以及如何协调各国间的服务贸易关系；所谓"规律性"，一是指国际服务贸易成因及其发展变化的客观规律，二是指一

国的对外服务贸易与国内经济发展关系的规律性。○

(二) 国际服务贸易与其他学科的关系

1. 国际服务贸易与国际贸易学的关系

国际服务贸易与国际贸易既相互联系又相互区别。国际贸易学研究国际贸易活动（关系）的规律性。这里的"贸易活动"是指国际货物交换和服务交换，一般以货物交换为主，而国际服务贸易只研究国际服务贸易活动（关系）的规律性。由于服务和货物两者有许多不同的特点，服务贸易与货物贸易实质上有许多不同的规律。特别是 20 世纪 70 年代以来，国际服务贸易在国际贸易总额中所占的比重迅速扩大，要求有一套专门的国际规则对其活动加以规范。此外，当今国际服务贸易额年增长率远远超过国际货物贸易，许多现象用现有的国际贸易理论难以解释，说明国际服务贸易有其特殊的规律性，应该成为一门独立的学科。1986 年开始的"乌拉圭回合"谈判以及最终达成的《服务贸易总协定》，标志着"国际服务贸易"开始成为一门新兴的相对独立的学科。

2. 国际服务贸易与服务经济学的关系

国际服务贸易与服务经济学都研究"服务"这个特殊对象，国际服务贸易与一国的服务经济有很密切的关系，二者的许多研究成果可相互借鉴。国际服务贸易与服务经济学的区别主要有两点：一是二者的具体研究对象不同，服务经济学的研究对象应该是服务经济领域内的经济关系和交往关系，而国际服务贸易的研究对象是服务产品交换中的规律；二是二者的研究范围不同，国际服务贸易研究的是各国间服务贸易的规律，其范围是国际社会，而服务经济学研究的范围是国内服务经济。

二、国际服务贸易的研究内容与方法

(一) 国际服务贸易的研究内容

1. 国际服务贸易的历史和现状

通过分析国际服务贸易的历史和现状，可以了解国际服务贸易形成的原因和发展条件。研究不同历史阶段的国际服务贸易，一要阐明该历史阶段的基本特征，二要阐述这一历史阶段国际服务贸易的特点。

2. 国际服务贸易的成因及其发展条件

国与国之间为什么会发生服务的交换活动？这种"交换活动"持续和不断发展的条件是什么？不同的经济学家往往从不同的角度研究，会形成不同的国际服务贸易理论。

3. 国际服务贸易政策

对国际服务贸易政策的研究主要包括对服务贸易政策一般理论的分析、对服务贸易政策手段及其效应的分析、对服务贸易方式和调整战略的分析等内容。服务贸易政策一般理论主要有：服务贸易政策的构成及特征；服务贸易政策的类型；服务贸易政策的制定与执行等。服务贸易政策手段主要有管理进口和出口的政策手段，服务贸易政策手段分析是指对各种政策手段的经济效应进行分析。服务贸易方式和调整战略分别是从微观和宏观的结合上对政策进行研究。

○ 罗余才，刘军：《国际服务贸易学》，中国财政经济出版社，1999 年版，第 1~3 页。

4. 国际服务贸易协调

国际服务贸易活动作为世界范围内的国与国之间的服务交换，如果各国都想通过"调整"使本国利益最大化，而不考虑其他国家的利益，那么国际服务贸易必将陷于无序状态之中，结果是各国利益都受损。因此，国际服务贸易还存在国与国之间的协调问题。国际服务贸易协调主要有：对协调的必要性、可能性的分析，对影响协调的主要因素分析，对协调组织形式的分析，对国际服务贸易中共同遵守的基本原则、规则的分析等。

（二）国际服务贸易的研究方法

国际服务贸易作为经济学的一个分支，其研究要遵循经济学常用的研究方法。

1. 宏观分析与微观分析相结合

按研究对象划分，可将西方经济学分为宏观经济学和微观经济学两部分。宏观经济学以整个国民经济活动为研究对象，研究经济中有关总量的决定及其变化。微观经济学则以单个经济单位为研究对象，研究单一经济单位进行资源配置的问题，如价格理论、生产理论、消费理论等。国际服务贸易从一国来看，就是对外服务贸易活动，它也有宏观和微观两个层次的活动。从宏观层次看，主要是研究服务贸易总量的决定及其变化、服务贸易政策等问题；从微观层次看，主要是研究价格决定、政策运用给生产者和消费者造成的影响、跨国公司在国际服务贸易方面的作用及影响等。

2. 实证研究与规范研究相结合

规范研究方法是以一定的价值判断为基础，提出某些标准作为国际服务贸易的标准，作为制定行为准则的依据，并研究如何才能符合这些标准。规范研究带有很强的政策倾向。而实证研究方法则排除价值判断，通过一系列定义、假说来探索国际服务贸易活动中的规律，提出用于解释经济活动的理论。在国际服务贸易研究中，人们提出一种贸易政策时，总是指出其理论依据，而在阐述某一理论时，也往往指出其政策意义。因此，规范研究不可少。然而，任何理论都是来源于实践，要从服务贸易的现实中去发现服务贸易活动的规律，进而提升到理论高度，这就要求实证研究。所以，在国际服务贸易的研究中要坚持实证研究与规范研究相结合。

3. 定量分析与定性分析相结合

定量分析侧重于对数量关系的变化进行考察，是应用数学中的一些基本概念和方法，找出并用于表述国际服务贸易活动中的规律，其应用程度如何可以表明这门学科的研究深度。而定性分析旨在揭示事物和过程的本质及结构性的联系。由于国际服务贸易的复杂性，不可能完全进行定量研究而不进行定性研究；同时，若只进行定性研究，也不可能真正揭示事物的本质。因此，国际服务贸易研究要求定量分析与定性分析相结合。

4. 静态分析与动态分析相结合

静态分析要求在研究某一因素对过程的影响时假定其他变量固定不变，且在阐述某一理论时注意理论产生的特定历史条件。动态分析要求对事物变化的进程以及对变动中的各个变量对过程的影响加以分析。由于国际服务贸易是在不断发展变化过程之中的，有必要对其进行动态分析；但在一段时期内，它又相对稳定，可以进行静态分析，把事物的复杂性加以简化，对深入理解服务贸易活动的规律性有很大帮助。因此，国际服务贸易研究必须将静态分析与动态分析相结合。

5. 历史与逻辑相结合

国际服务贸易在本质上是一门历史性的学科。在研究其活动及由此产生的各种经济关系时，要重视历史材料和现实材料的收集与整理；并且国际服务贸易的发展是路径依赖的，所以其研究不能脱离历史的方法。此外，在理论内容的研究上，又必须要有逻辑的方法。因此，国际服务贸易的研究要将历史与逻辑相结合。

6. 坚持系统分析的方法

从系统学的角度看，整个世界经济是一个大系统，国际服务贸易是其中的一个子系统。国际服务贸易的发展与整个世界经济发展密切相关。国际服务贸易的研究不能脱离世界经济，因此，必须坚持系统分析的方法。

总之，在国际服务贸易的研究中，要综合地运用上述方法，只有这样才能真正揭示国际服务贸易活动的规律性，才能为国际服务贸易的实践提供理论支持。

【本章小结】

（1）国际服务贸易及与其相关的服务、服务业等基本概念。一般认为，服务是对其他经济组织的个人、商品或劳务增加的价值，并主要以活动形式表现的使用价值或效用；服务业是指专门从事生产服务产品的行业和部门的总称；而国际服务贸易指的是不同国家（地区）之间所发生的服务买卖与交易活动。

（2）国际服务贸易的特点。国际服务贸易标的一般具有无形性，交易过程与生产和消费过程具有同时性，贸易主体地位具有多重性，服务贸易市场具有高度垄断性，贸易保护方式更具有刚性和隐蔽性，营销管理具有更大的难度和复杂性。

（3）国际服务贸易的形成、发展。工业革命以后，生产力得到巨大发展，社会分工进一步深化，各主要资本主义国家在工业发展的同时，服务业也得到发展，国际贸易增长速度加快，国际服务贸易也开始产生与发展。第二次世界大战后国际服务贸易的发展分为三个阶段：第一阶段为第二次世界大战结束至1970年的作为货物贸易附属地位的服务贸易阶段，第二阶段为1970年—1994年的服务贸易快速增长阶段，第三阶段为1994年至今的服务贸易在规范中逐步走向自由化发展阶段。当前，国际服务贸易发展呈现出以下五个特点：一是科技革命和专业化程度的提高促进国际服务贸易加速发展；二是国际服务贸易结构进一步优化，技术、知识密集化趋势日益明显；三是世界经济发展的不平衡导致国际服务贸易的区域与国别差异；四是全球外国直接投资重点转向服务业，以商业存在形式实现的国际服务贸易规模扩大；五是国际服务贸易全球化、自由化与贸易壁垒并存。

（4）影响国际服务贸易发展的因素及国际服务贸易迅速发展的原因。影响国际服务贸易发展的因素主要有五个：社会生产力；各国参加国际服务贸易竞争的比较优势；跨国公司；社会需求结构变化；各国政府所采取的政策等。国际服务贸易迅速发展的原因主要有五点：科学技术革命的促进；经济发展引致的消费需求扩张；生产力发展推动的产业结构转换；与货物贸易相关的国际追加服务的发展；区域贸易一体化带来的贸易创造效应。

（5）国际服务贸易的研究对象、内容和研究方法。国际服务贸易的研究对象是不同国家或地区间服务贸易活动（关系）规律性。研究内容是国际服务贸易历史和现状、国际服务贸易成因及其发展条件、国际服务贸易政策、国际服务贸易协调。研究方法有宏观分析与微观分析相结合、实证研究与规范研究相结合、定量分析与定性分析相结合、静态分析与动态分析相结合、历史与逻辑相结合、系统分析。

【本章重要概念】

服务　　服务业　　国际服务贸易　　跨境交付　　境外消费　　商业存在　　自然人流动

【复习思考题】

1. 服务的基本特征是什么？
2. 服务业是怎样分类的？其发展趋势如何？
3. 简述国际服务贸易的含义。
4. 国际服务贸易的发展有哪些特点？
5. 第二次世界大战后国际服务贸易为什么能得到迅速发展？
6. 简述影响国际服务贸易发展的主要因素。
7. 如何把握国际服务贸易的研究对象与研究内容？

第二章 ▶▶▶

国际服务贸易的分类与统计

本章主要学习内容

- 国际服务贸易统计分类
- 国际服务贸易逻辑分类
- GATS 关于国际服务贸易的分类
- 对国际服务贸易分类的评价
- 国际服务贸易统计

根据不同的分类标准，国内外学者对国际服务贸易进行了多种分类，主要有：基于国际收支账户形式的国际服务贸易统计分类；基于国内经济和经济理论的国际服务贸易逻辑分类；基于国际通行的 GATS 关于国际服务贸易分类等。本章主要介绍以上三种国际服务贸易分类方法，并对其适用性做出评价。此外，本章对国际服务贸易中国际收支统计（BOP 统计）和外国附属机构服务贸易统计（FAT 统计）两种主要统计方法也进行了介绍及简要评价。

第一节　国际服务贸易分类

根据不同的分类依据和标准，国际服务贸易逐渐形成了不同的分类体系。国际服务贸易统计分类是一种操作性分类，国际服务贸易逻辑分类是一种理论性分类。

一、国际服务贸易统计分类

（一）国际服务贸易统计分类及依据

国际服务贸易统计分类法的根据是国际货币基金组织（IMF）统一规定和统一使用的各国国际收支账户形式（见表 2-1）。这种国际收支账户的组成格式和项目构成是衡量一国经济在一定时期内同世界上其他国家发生经贸往来所共同遵循的标准，为世界上绝大多数国家所采用。根据该项目所包含的内容，可以对国际服务贸易做统计分类。

表 2-1　国际收支账户的基本结构

1. 经常账户 　1）货物和服务 　2）初次收入 　3）二次收入	2. 资本和金融账户 　1）资本账户 　2）金融账户
	3. 净误差与遗漏

按照国际收支统计的基本结构，经常账户、资本和金融账户是实际交易统计项目，而净误差与遗漏属于补偿性交易统计项目，国际服务贸易流量不能按后者统计，只能按前者统计。国际服务贸易统计具体分为两种类型：一类同资本和金融收益相关，称为"要素服务贸易"（主要对应经常账户的"初次收入"）；另一类只同经常账户中的"服务"相关，称为"非要素服务贸易"（详见表2-2）。

表 2-2　国际服务贸易分类表

国际服务贸易	
要素服务贸易	非要素服务贸易
股息（包括利润）	运输
利息	旅游（酒店和餐厅）
国外再投资的收益	金融服务
其他资本净收益	保险服务
	专业服务（咨询、管理、技术服务）
	特许使用项目（许可证等）
	其他私人服务

资料来源：国际货币基金组织。

（二）要素服务贸易

生产力三要素理论认为，经济中所有财富的产生都是劳动、资本和土地（自然资源）提供服务的结果。劳动的服务报酬是工资，资本的服务报酬是利息及利润，而土地的服务报酬是地租。但"初次收入"中的雇员报酬和土地等自然资源的租赁在各国国际收支中占比一般不高。这样，国际服务贸易领域的"要素服务贸易"就主要是指资本要素提供服务产生的收益流量的跨国转移，对应"初次收入"中的"投资收益"。

在现代世界经济体系中，国际资本流动的基本形式是国际金融资产的跨国输出和输入，主要实现方式有国际直接投资和国际间接投资两种。当一国居民（公司、企业或个人）因为某项海外投资而获得对国外资产的管理控制权时，就称这种投资为国际直接投资。严格说来，直接投资的收益流量并非单纯的资本要素报酬，它其实是经营管理技能与金融资产跨国转移相结合的国际投资方式。因此，国际直接投资的收益流量实际包含两种成分：一种是资本要素的报酬流量——利息或股息；另一种是经营管理技能的报酬流量——利润。国际直接投资收益流量的这两种成分都作为要素服务收益的内容，记入国际收支账户的"要素服务贸易"项目。

若对国外的一项产权或债权的投资并不获得管理控制权，这种投资则叫作国际间接投资，也叫作国际证券投资。国际间接投资的方式是在国际证券市场上购买外国政府发行的债券或购买外国企业发行的股票或债券。买入证券是资本流出，卖出证券是资本流入。国际间接投资的主要目的在于获得金融资产的利息或股息收益。因此，同国际直接投资一样，国际间接投资的收益也应该记入国际收支账户的"要素服务贸易"项目。

同样，国际信贷的利息收入也是一种要素服务报酬。国际信贷的方式主要有以下三类：

（1）民间国际信贷。这主要有两种类型——商业信贷和银行信贷。商业信贷是企业与企业间的国际信贷往来，主要形式有进出口信贷、租赁信贷和补偿贸易信贷等。银行信贷是商业银行的国际贷款，主要有单一行贷款和银团贷款（Consortium Loan）两种形式。单一行贷款与一般国内贷款的形式没有多少差别，当代国际金融市场上中长期贷款的主要形式是银团贷款。银团贷款是由一家银行牵头，组织若干家银行联合起来向借款国的政府、企业、银行或某项工程项目提供大额外汇贷款。

（2）国际金融机构信贷。这包括世界性和区域性的国际金融机构贷款。前者如世界银行、国际货币基金组织对会员提供的信贷，后者如亚洲开发银行、拉丁美洲开发银行等对本地区国家和地区提供的信贷。

（3）政府间贷款。这一般由贷款国政府或政府机构，如美国的国际开发署、日本的海外经济协会基金组织，以及一些国家的进出口银行等，以优惠利率对外国政府提供。

所有以上这些类型的国际信贷，其收益流量均作为金融资产的要素报酬记入国际收支账户的"服务贸易"项目。

总而言之，一切与国际收支的资产项目直接相关的金融资产收益流量，无论其表现形式是利息、股息还是利润，在国际服务贸易统计分类的标准中，都划归国际服务贸易的要素服务贸易类型。

（三）非要素服务贸易

"非要素服务贸易"概念是相对于"要素服务贸易"概念而言的，它是指与国际间资本流动或金融资产流动无直接关联的国际服务贸易流量，主要涉及劳务项目、运输服务、旅游服务（酒店和餐厅）、金融服务、保险服务、咨询、管理、技术等专业服务和特许使用项目等内容。由于非要素服务贸易项目多，内容庞杂，很难用统一标准来衡量与反映。因此，在规范定义或统计分类的前提下，一般采用类似第三产业的剩余法或排除法来界定"非要素服务贸易"。

由表 2-1 我们可以知道，国际收支账户统计的基本流量有两类：一类是国际经济往来的金融资产方面，称作国际资本流动；另一类是国际经济往来的实际资产方面，包括商品和服务以及它们单方面的转移，称作国际经常项目流动。显然，根据这种统计规范，国际服务贸易的所有内容都是经常性项目的基本组成部分。因此，采用剩余法或排除法，所谓"非要素服务贸易"的流量就是国际收支统计的经常性项目流量的一个剩余，即经常性项目流量减去商品贸易（货物进出口）流量，再减去单方面转移流量，再减去"要素服务贸易"流量的剩余。用公式表示为

$$服务贸易项目=经常性项目-商品贸易项目-单方面转移项目 \qquad (2\text{-}1)$$
$$非要素服务贸易项目=服务贸易项目-要素服务贸易项目 \qquad (2\text{-}2)$$

二、国际服务贸易逻辑分类

国际服务贸易统计分类的立足点是尽可能便利地进行无形贸易流量的统计，对于它同国内经济分类的联系以及在经济学逻辑上是否合理，并未做认真的考虑。与国际服务贸易统计分类不同，逻辑分类的思想原则是与经济理论相联系，分类的出发点是国内经济和经济理论，追求理论的严密性与合理性。

（一）服务及国际服务贸易的产业分类和产品分类

1. 服务的产业分类和产品分类

对于一个不考虑对外经济往来和政府经济职能的国内经济来说，在一段时期（比如说

一年）之内所形成的经济物品增量就是该经济的国内生产总值（GDP）。如果用 Y 来代表国民总收入，那么依据不同的经济分析背景，可以用以下三类经济变量来表示其量值和形式：

$$Y = W + R + L + P \tag{2-3}$$
$$Y = C + I \tag{2-4}$$
$$Y = G + S \tag{2-5}$$

式中　W——劳动者提供劳动服务的工资和报酬；

　　　R——资本所有者提供资本服务的利息报酬；

　　　L——土地（资源）所有者的土地服务报酬；

　　　P——经营者阶层提供经营管理服务所得的利润报酬；

　　　C——各个要素或阶层的总消费支出；

　　　I——各个要素或阶层的总投资支出；

　　　G——有形的可储存的商品总价值；

　　　S——无形的难以储存的服务总价值。

通过对比，可以看出式（2-3）是以经济中各生产要素所有者提供要素的服务报酬总和来计量国民总收入，式（2-4）是以国民总支出的方式表明这一时期的国民总收入，式（2-5）表示这一时期国民收入总价值或经济体系产品总增量的感性形态。

把以上价值流量关系与产品形态交易关系结合起来考虑，就对一个经济体系中的商品贸易概念和服务贸易概念有了清晰的理解。由于现代经济的根本特征是产品必须在市场上销售出去，因此一个封闭的经济体系的商品贸易流量与服务贸易流量之和就是该经济一定时期的国民收入流量。由此可见，商品和服务在国民总收入中占比孰轻孰重反映一个经济是属于商品市场主导型经济还是属于服务市场主导型经济。

由于一个经济体系总产品是货物与服务两部分组成的，因此，需要分析生产这些产品的产业分类。布朗宁（Browning）和辛格尔曼（Singleman）于 1975 年依据联合国标准产业分类法（SIC）的规则，将货物产业与服务产业加以分类，如表 2-3 所示。

表 2-3　货物产业与服务产业的分类

一、货物生产部门

农业、制造业、建筑业、采矿业、石油开采与冶炼、林业、渔业与狩猎、公共事业

二、服务生产部门

1. 消费者服务业

招待与食品服务、私人服务、娱乐与消遣服务、杂项服务

2. 生产者服务业

企业管理服务、金融服务、保险与房地产

3. 分配服务业

运输与储藏、交通与邮电、批发与零售交易

表 2-3 的分类把建筑业和公共事业（主要是电力、供水和煤气）划归于货物生产部门，而相当多的应用性统计分类都是把它们作为服务生产部门的产业。就商品与服务的产品性质而言，由于它们的产品都是实物形态，因此，从这个角度来看，布朗宁和辛格尔曼对这两个产业的处理是合理的。

考虑到服务与服务业之间的产品与生产关系，暂时搁置以上产业分类当中的商品生产部门，可以将作为服务业产品的"服务"在经济学的逻辑上加以分类。可以认为一个省略政府职能的经济体系所产出的服务共有三类：①消费者在消费者服务业市场上购买的服务，叫作消费性服务；②生产者在生产者服务业市场上购买的服务，作为中间投入服务，用于商品和服务的进一步产生，称之为生产性服务；③消费者和生产者为获得商品或供应商品而必须购买的服务，叫作分配性服务。

按照服务生产部门的产业分类，消费性服务的内容是包罗万象的，覆盖个人生活的各个方面。直到现在，大部分人还都认为消费性服务是经济社会提供的最主要服务。这种认识是可以理解的，因为人们实际上只是作为这些服务业产出的消费者才与服务业打交道的。在某种意义上，消费性服务在服务业生产活动中的确应占据中心的位置，因为依据现代经济学理论，商品和服务的消费是所有经济活动的起点和终点。

生产性服务是围绕着企业生产进行的，它包括经营管理、计算机应用、会计、广告设计和保卫等，也包括一些相对独立的产业服务，如金融、保险、房地产、法律和咨询等。在现代经济中，技术和科学对经济发展水平的提高起到了关键性的作用，而它们在生产过程中被实际应用大都是通过生产性服务的投入来实现的。生产性服务业拥有了日益增多的专家人才和科技精英，作为知识密集型服务的投入，这个过程推动生产向规模经济和更高的效率发展。

分配性服务是一种连带性服务或追加性服务。这类服务的提供和需求都是因为对商品的直接需要而派生出来的。按与有形商品（货物）供给的紧密程度，分配性服务可以分为"锁住型"分配服务和"自由型"分配服务。"锁住型"分配服务是指不可能与商品生产的特定阶段相分离，其价值或者其成本完全附着在有形商品价值之上的服务，如企业内商品库存的仓储、搬运、分配等。而"自由型"分配服务与"锁住型"分配服务所不同的是，它可以外在化为独立的市场交易对象，比较典型的例子是运输、交通、通信等。

除以上三种基本类型的服务之外，如果考虑政府的经济职能，则还必须加上政府服务的类型。政府服务主要是由国防、社会保障、公共教育和一般行政等构成，一般行政包括外交、警察保护和司法等。政府服务（或公共服务）与民间服务产业的主要区别不是服务形式，而是服务提供的资金来源。例如教育，如果其经费来源由政府提供，而政府的资金又来自向国民征税和国有企业的收益，这种教育就是政府服务的项目。

2. 国际服务贸易的产业分类和产品分类

在国际服务贸易逻辑分类中非常重要的一种分类方式，就是通过对服务产品和服务业的分类，进而说明国际服务贸易的种类。根据服务产品分类的原则和思想，结合国际服务贸易的范围及特点，可以对国际服务贸易按服务产品的性质做如下分类，见表 2-4。

表 2-4　国际服务贸易产品分类

类　　型	内　　容
劳务型服务贸易	主要是指国际劳务输出、输入，如建筑工程承包等劳务贸易
资本型服务贸易	主要是指国际资本输出、输入，包括国际资本流动以及资本投入形成的设备、设施提供的服务贸易

（续）

类　　型	内　　容
专业型服务贸易	主要是指咨询、管理、技术服务等专业服务贸易
权益型服务贸易	主要是指运用产权、特许权、专利权等权益性资产提供的服务贸易，如国际租赁、土地与各种设备租用、专利许可使用等
知识信息型服务贸易	主要是指提供知识信息及其相关服务的贸易，如国际电信服务贸易、国际卫星通信服务贸易、文化交流等

（二）国际核心服务贸易和国际追加服务贸易

在经济开放系统中，原先局限于国内市场体系的商品（货物）贸易和服务贸易自然会拓展至国际市场，国民收入的总量还要受商品和服务的输出量和输入量的影响。前面讲到的按服务产品和服务产业来划分国际服务贸易是狭义的，在这里将其进一步拓展，重点介绍以服务贸易与货物的国际转移（或因商品贸易形成，或因国际投资形成）的关联程度为标准的分类方法。按照这种分类方法，国际服务贸易可分为国际核心服务贸易和国际追加服务贸易。

1. 国际核心服务贸易

国际核心服务贸易是与有形货物的国际投资和国际贸易无直接关联的国际服务贸易，在国际服务贸易市场上，这类服务本身是市场需求和市场供给的核心对象。

国际核心服务贸易之所以成为国际市场需求和市场供给的核心对象，主要原因在于以下几点。

（1）这类国际服务贸易所在的服务业在形成初期就具有相对独立于商品贸易的特点，而进行贸易的服务产品本身具有相对独立性，受有形商品国际投资和国际贸易的影响极小；而国际追加服务贸易不但受本身的服务业及市场影响，而且受有形商品国际投资和国际贸易的影响。

（2）从国际产业结构发展趋势看，具有独立性贸易的产业最终会成为产业结构中的主体部分。

（3）随着国际分工的细化，与有形货物的国际投资和国际贸易有直接关联的国际服务贸易（国际追加服务贸易）在国际服务贸易中所占比重会不断下降，而且国际追加服务贸易直接受到货物贸易以及其相关投资的变化影响。

国际核心服务贸易按照供需双方的接触方式划分，一般有远距离服务（Long-distance Service）和面对面服务（Face to Face Service）两种形式。"远距离服务"是指无须提供者和需求者直接接触，只需借助一定的媒介进行跨国界传递的服务，这些媒介主要有国际通信、国际互联网等电信技术。"面对面服务"是需要供给者与需求者直接接触才能实现的服务。这种直接接触方式可以是供给者流向需求者，也可以是需求者流向供给者，也可以是两者之间的双向流动。但无论是哪一种直接接触方式，通常都伴随着人员或生产要素的跨国界流动。

以服务产品的国内分类为依据，国际核心服务贸易可以划分成生产性国际服务贸易和消费性国际服务贸易。其中前者构成国际核心服务贸易的主要部分。

在科技革命的推动下，人力、知识和技术资源丰裕的国家，把经济信息、生产知识、技术诀窍和科学管理作为同他国进行交易的服务项目，涉及市场、交通、能源、金融、投资、通信、建筑、矿业、农业、经营等与生产有关的一切领域，使得生产性服务成为国际核心服务贸易的主体。由于生产性服务是作为其他商品和服务进一步生产的中间投入，因此这种服务实际上是人力、知识和技术资源进入生产过程的桥梁。生产性国际服务贸易的扩大必然全面提高世界各国的总生产效率和能力。生产性国际服务贸易的形式主要有金融服务贸易、企业管理知识与技能服务贸易、国际咨询、国际技术贸易和国际人才交流与培训等。

消费性服务进入国际贸易领域，在逻辑上是由于国内消费性服务业的供给（生产）能力的增长和国外对该国消费性服务需求的扩大，而在实践上则是由于随着现代科学技术的发展，世界各国人民的交往越来越频繁。外国人在居住国花钱买食品、登记住宿、旅游、娱乐等为各国人民所熟悉，本国人在外国也以同样的方式享受他国服务业所提供的消费服务。显而易见，世界各国的人们对于外国消费性服务的需求，一方面取决于自己的收入水平，另一方面取决于服务供应的相对价格。这与人们对商品的需求是完全一样的。

2. 国际追加服务贸易

国际追加服务与有形商品的国际投资和国际贸易之间有着不可分离的密切联系，它本身并不向其需求者提供直接的、独立的服务效用，而是围绕着商品的核心效用而衍生、追加或附加的派生效用。所以，国际追加服务贸易市场的需求和供给都属于派生的需求和供给。不过，在现代科技革命的推动下，在国际货物贸易竞争日益激烈的条件下，追加服务往往在很大程度上影响着消费者对其所需核心效用的选择，对产品服务的要求已变得比商品的价格更加重要了。与此相适应，各国企业都大力发展这类服务，尤其是知识密集型追加服务，这类服务正在被广泛地应用于有形商品的各个阶段。

从国际投资涉及的跨国货品流动看，国际追加服务可分为三个阶段。

（1）上游阶段。要求有先行的追加服务投入，包括可行性研究、风险资本筹集、市场调研、产品构思和设计等项服务。

（2）中游阶段。一方面要求有与有形商品融为一体的追加服务，包括质量控制与检验、设备租赁、后期供给以及设备保养和维修等；另一方面又要求有与有形商品生产平行的追加服务投入，包括财务会计、人员聘用和培训、情报和图书资料等软件的收集整理与应用、不动产管理、法律、保险、通信、卫生、安全保障以及职工后勤供应等诸项内容。

（3）下游阶段。要求的追加服务项目包括广告、运输、商品使用指导、退货索赔保证以及供应替换零件等一系列售后服务。

以上这些追加服务很难与某一特定生产阶段脱离，只能与一定比例的生产要素相结合，从而完全附着于有形商品价值体，而并不形成一种独立的市场交易对象。另外一些追加服务虽然与有形商品有关，但可以外化为独立的市场交易对象。随着社会分工的深入发展，追加服务这两种形式之间的界线已变得很难划分了。

从国际商品贸易涉及的跨国货品流动看，最主要的国际追加服务项目仍然是运输业，包括海运、空运和陆运。随着市场经济的迅速发展，社会分工更加趋于明显，单一的贸易经营者或者单一的运输经营者都没有足够的力量亲自经营、处理每一项具体业务，他们需要委托代理人为其办理一系列商务手续，从而实现各自的目的。由此产生的货运代理业务已渗透到国际服务贸易的每一个领域。国际货运代理的基本特点是受委托人的委托或授权，代办各种国际贸易、运输所需要服务的业务，并收取一定报酬，或作为独立的经营人完成并组织货运、保管等业务，因而它们被认为国际运输的组织者，也被誉为"国际贸易的桥梁"和"国际货物运输的设计师"。此外，作为国际运输服务体系的基本要素，原属于生产性服务的保险服务、银行服务以及信息服务也越来越深入地渗透到国际货物贸易中，成为国际追加服务的一个组成部分。

国际核心服务和国际追加服务的国内经济模型是两部门经济，即政府的职能被排除在分析范围之外。实际上，即使把政府的经济职能作为模型的内在因素，在市场体系主导经济的条件下，政府服务越过国界而形成贸易的范围和流量也是有限的，在国际服务的分类中可以忽略不计。

三、GATS 关于国际服务贸易的分类

（一）GATS 关于国际服务贸易的定义分类

除了以上两种较为常见的国际服务贸易分类方法外，1994 年 4 月 15 日关贸总协定"乌拉圭回合"谈判达成的《服务贸易总协定》（General Agreement on Trade in Service，GATS）中，规定了从服务贸易提供方式的角度给服务贸易进行较为明确的界定，并将其分为跨境交付、境外消费、商业存在、自然人流动四类。

（二）GATS 关于国际服务贸易的操作分类

GATS 和世界贸易组织统计与信息系统局从实践和统计角度对国际服务贸易分类做出了规定，该规定逐渐成为国际服务贸易统计实践中的标准。其分类基本是以《联合国中心产品分类系统》（United Nations Central Product Classification System，CPC System）为基础的，并在对以货物为中心的服务贸易分类的基础上，结合服务贸易统计和服务贸易部门开放的要求，提出了以部门为中心的服务贸易分类方法，将服务贸易分为如下 12 大类 160 多个服务项目。

1. 商业服务

商业服务（Business Services）包括专业性（包括咨询）服务、计算机和相关服务、研究和发展服务、不动产服务、不配备技师的租赁或出租服务、其他商业服务。

专业性服务又可分为：法律服务；会计、审计和簿记服务；税务服务；建筑服务；工程服务；综合的工程服务；城市规划和土地建筑服务；内科和牙科服务；兽医服务；助产士、护士、理疗师和医疗辅助人员提供的服务；其他。

计算机和相关服务又可分为：有关计算机硬件安装的咨询服务；软件安装服务；数据处理服务；数据库服务；其他。

研究和发展服务又可分为：自然科学的研究和发展服务；社会科学和人文科学的研究和发展服务；跨学科的研究和发展服务。

不动产服务包括：有关自己的或租赁财产的不动产服务；在收费或合同基础上的不动产服务。

不配备技师的租赁或出租服务可细分为：涉及船只；涉及航空器；涉及其他运输工具；涉及其他机械和设备；其他。

其他商业服务可细分为：广告服务；市场调研和民意测验服务；管理咨询服务；有关管理咨询的服务；技术检验和分析服务；从属农业、狩猎业和林业的服务；从属渔业的服务；

从属采矿业的服务；从属制造业的服务；从属能源分配的服务；安置和提供人员服务；调查和安全服务；有关的科学和技术咨询服务；设备的保养和修理（不包括海运船只、航空器或其他运输设备）；建筑物清扫服务；摄影服务；包装服务；出版、印刷服务；会议服务；其他。

2. 通信服务

通信服务（Communication Services）包括邮政服务、信使服务、电信服务、音像服务和其他。

电信服务又可分为：语音电话服务；包交换数据传送服务；电路交换数据传送服务；电传服务；电报服务；传真服务；私人出租线路服务；电子邮件；话音服务；联机信息和数据库检索；电子数据交换（EDI）；增强/增值的产值服务，包括存储和转发，存储和检索；编码和协议转换；联机信息和/或数据处理（包括交易处理）；其他。

音像服务又包括：电影和录像带的制作和发行服务；电影放映服务；无线电广播和电视服务；无线电和电视传送服务；录音；其他。

3. 建筑和相关的工程服务

建筑和相关的工程服务（Construction and Related Engineering Services）主要包括建筑物的一般建筑工作、土木工程的一般建筑工作、安装和组装工作、建筑物竣工和修整工作、其他。

4. 经销服务

经销服务（Distribution Services）包括代理商的服务、批发业服务、零售业服务、特许权授予和其他。

5. 教育服务

教育服务（Educational Services）含有初等教育服务、中等教育服务、高等教育服务、成人教育和其他教育服务。

6. 环境服务

环境服务（Environmental Services）主要是污水处理服务、废料处理服务、卫生和类似服务及其他。

7. 金融服务

金融服务（Financial Services）包括所有保险和与保险相关的服务、银行业务和其他金融服务及其他。

所有保险和与保险相关的服务又可分为：人寿、事故和健康保险服务；非人寿保险服务；再保险和转分保；保险辅助服务（包括经纪业和代理行服务）。

银行业务和其他金融服务主要分为：接受公众存款和其他应偿还基金；一切种类的租赁服务，特别包括消费信贷、抵押信贷代理经营和商业交易融资；金融融资；一切付款和现金传递服务；担保和承诺；在交易所或产外交易市场或在其他地方作为自己或客户的账户处理进行以下交易——货币市场票据（汇票、支票、存款单等）、外汇、金融衍生物（包括但不限于期货和期权）、汇率和利率票据（包括互惠信贷、远期汇率协议等产品）、可转让证券、其他可转让票据和金融资产（包括金银）；参与所有种类证券的发行，包括作为代理商进行报销和销售新发行证券（不论是公开还是私下进行）并提供与证券发行相关的服务；货币经纪业资产管理服务，如现金或有价证券管理、集体投资管理、养恤金基金管理、保管和信托服务；金融资产服务，包括证券、衍生物产品和其他可转让票据的结算和清算服务；辅助金融服务，包括信用查询和分析、投资和有价证券研究和咨询、对收购及公司重组和战略提出建议；由其他金融的服务提供者提供和转让金融信息、金融数据处理和相关软件；其他。

8. 保健和社会服务

保健和社会服务（Health Related and Social Services）具体是指医院服务、其他人类卫生服务活动、社会服务和其他。

9. 旅游业和与旅行相关的服务

旅游业和与旅行相关的服务（Tourism and Travel Related Services）包括酒店与餐馆（提供饮食服务）、旅行社和旅行社经营者服务、导游服务和其他。

10. 娱乐、文化和体育服务

娱乐、文化和体育服务（Recreational，Cultural and Sporting Services）包含了娱乐服务（包括剧团、现场乐团和马戏场服务）、新闻机构服务、图书馆/档案馆/博物馆和其他文化服务、体育和其他娱乐服务、其他。

11. 运输服务

运输服务（Transport Services）主要有海运服务、内陆水道运输、空运服务、空间运输、铁路运输服务、公路运输服务、管道运输、所有运输形式的辅助服务和其他运输服务。

海运服务包括客运、货运、配备船员的船只租赁、船只的保养和修理、推和拖服务、海运支助性服务。

内陆水道运输分为客运、货运、配备船员的船只租赁、船只的保养和修理、推和拖服务、内陆水道运输支助性服务。

空运服务是指客运、货运、配备机组人员的航空器的租赁、航空器的保养和修理、空运支助性服务。

铁路运输服务包括客运、货运、推和拖服务、铁路运输设备的保养和修理、铁路运输服务支助性服务。

公路运输服务包括客运、货运、配有驾驶员的商业货运车出租、公路运输设备的保养和修理、公路运输服务的支助性服务。

管道运输有燃料运输、其他货物运输。

所有运输形式的辅助服务包括货物装卸服务、储存和仓储服务、货运代理行服务、其他。

12. 别处未包括的其他服务（Other Services not Included Elsewhere）

第二节　对国际服务贸易分类的评价

国际服务贸易的统计分类和逻辑分类之间的差异反映了现阶段人们关于国际服务贸易的经验认识和理论认识之间存在着差距。随着服务贸易的不断发展，它对一国经济乃至世界经济的影响将越来越大，因此进一步探讨两种分类方式的适用性问题，将有助于对国际服务贸易分门别类进行研究，制定相关的国内政策，更好地对国际服务贸易各种流量进行统计。

一、对国际服务贸易统计分类的评价

国际服务贸易统计分类是目前世界各国普遍接受的国际服务贸易分类法。这种分类方法便于一个国家或经济体系比较准确、迅速地掌握其外汇收支状况，并且作为与有形的单纯商品贸易相区别的国际服务贸易，其具体的国际往来流量很难从实体形式上加以确定，因此作为一种统计规范，最恰当的方式就是通过价值流量来确定服务贸易流量的规模及其在国际经贸往来中的比重。

(一) 国际服务贸易统计分类的优点

国际服务贸易统计分类从实际操作出发，侧重于分类的方便和实用性，是人们在长期实践中总结出来的。无论是过去还是现在，它都因国际服务贸易中占据着重要地位而被大家广泛接受和使用。它的优点主要表现在以下几点。

1. 概念内涵较为全面

与其他分类方式相比，国际服务贸易统计分类所依据的国际服务贸易内涵较为丰富。由于它把国际经贸的流量以有形与无形（Visible and Invisible）的感性标准为界线，分为商品贸易和服务贸易，因此，在统计中比较容易分门别类，国际所有可能的非实体的价值流量往来一般都被统计在国际服务贸易的项目范围内，特别是很难判断某种国际往来流量的实体性时，均可以以服务贸易流量进行统计。

2. 便于操作实践

把国际资本流动所形成的各种收益流量（报酬流量）概括到"要素服务贸易"项下，一方面使各国国际收支账户的资本流动项目统计简单化，另一方面也使国际服务贸易的投资收益统计不被国际投资流量和国际信贷流量的各种形式干扰，成为相对独立的价值统计流量。

3. 为概念外延的扩展提供了依据

"要素服务贸易"和"非要素服务贸易"都是对未来开放的统计分类，只要国际流动的"要素"的定义明确，未来新的国际价值往来或者可以因其作为要素价值的增值而划归于"要素服务贸易"的项目之下，或者可以因其与要素流动无关而归属于"非要素服务贸易"的项目之下。所以说，操作性的统计分类在国际服务贸易概念外延上是很具有适用性的。

4. 淡化了广义和狭义国际服务贸易的区别

由于对国际服务贸易的操作性分类存在着广义和狭义的理解，而且国际服务贸易统计分类不考虑与经济理论是否矛盾的问题，人们对国际服务贸易的理解变得模糊。因此在国际服务贸易的多边谈判中就存在着较大的弹性，谈判各方比较容易在坚持自己原则立场的同时，与对方的观点达成一定程度的妥协，这有利于国际服务贸易国际规则的达成。

(二) 国际服务贸易统计分类的缺点

尽管国际服务贸易统计分类具有实际操作意义，但其并不完全符合经济学理论所遵循的逻辑。正因为有此缺陷，人们才不断要从理论上对国际服务贸易进行分类。国际服务贸易统计分类最主要的缺点主要集中于以下两方面。

1. 模糊了国际服务业跨国投资的界限

贸易和投资两者不同，但存在联系。贸易是指商品或服务的进出口，对于输出方，贸易的目的在于使商品或服务的价值得以实现；而投资是将生产要素安排进入生产环节，对于输出方，其目的在于形成生产、获得投资收益。例如，长期投资的目的在于获得投资收益，而不在于收回其原有价值。

从理论上说，国际服务贸易与国际货物贸易一样，其严格的界定只能是服务业产品的进出口。但是由于服务产品通常是生产与消费同时的，是无形的、不易保存的，因此其统计规范无法像国际货物贸易那样，严格区别贸易与投资的界限。

2. 造成各国对国际服务贸易态度的分歧

分歧主要涉及两个方面：一是"要素服务"是什么？其重心是"资本服务"还是"劳动服务"？由于处于不同立场，发达国家通常是资本输出国而发展中国家通常是劳动力输出国，所以发达国家认为，既然要素服务的收益流量计入国际服务贸易，因此同这些收益相关的"国际投资"的各个方面也必须包含到"国际服务贸易"的定义中，成为国际服务贸易谈判的一项议题。而发展中国家则认为，就"要素服务"而言，劳动力的跨国流动是最基本的要素流动，国际服务贸易谈判应把这方面的内容作为重点。二是投资与贸易是否应当结为一体？在当今的国际服务贸易中，相当多的交易不是通过国界进行的，而是通过那些设立在国外的子公司或分公司来进行的。因而发达国家认为，服务贸易谈判不仅要覆盖服务的跨国界贸易，还应包括为促进这种贸易而进行的投资。但对发展中国家来说，发达国家的提议无疑是以服务业的自身优势，以"服务"投资于东道国市场，取得与东道国企业平等的"国民待遇"，利用东道国的信息服务为跨国公司在服务业领域的发展打开方便之门，这一点是发展中国家最难以接受的。因此，发展中国家坚持要求谈判只限于服务的跨国界贸易。

二、对国际服务贸易逻辑分类的评价

(一) 国际服务贸易逻辑分类的优点

国际服务贸易逻辑分类是从国内经济体系出发，根据经济学的原理进行分类的，因此，它是经济学有关理论演绎的结果。与国际服务贸易统计分类相比，国际服务贸易逻辑分类的优点主要表现在以下四个方面。

1. 明确区分了概念上的差别

国际服务贸易逻辑分类的理论观点是，国际服务贸易与国际货物贸易一样，是各国服务业产品的国际交换，"服务"在一个国家的出口总额中所占的比重大小，取决于该国国内的产业结构和服务业产出的国际竞争比较优势。而服务业的海外投资则是一个国家的服务性产业跨出国门，是产业的国际发展，而不是产品的国际交换，所以逻辑分类对服务贸易和服务业投资的区分是明晰的。认识到服务贸易与服务业投资的概念区别，一般海外投资收益（报酬）的国际流动同服务贸易及服务业投资的区别就显而易见。所以说，服务贸易逻辑分类理论的观点是符合一般经济学思想的。

2. 方法科学，符合一般国际经济学理论

以一个封闭经济体系的产业结构模型作为国际服务贸易产品分类的逻辑起点，符合一般国际经济学理论的分析原则。就一般经济学研究对象而言，无论其现代形式有多么复杂，内容有多么具体，范围有多么广阔，但归根结底，其原始的对象仍然只是一个舍弃了对外经济关系的经济体系。作为现实经济过程的抽象，这个封闭的经济体系代表了一般经济学的基本研究领域，包含着一般理论经济学的基本问题。把国际服务贸易分类的出发点设置在国内经济模型中，而不是设置在对外经贸往来中，这是逻辑分类在经济分析观念上比操作性统计分类的深刻之处。

3. 有利于反映国际服务贸易的实际结构

国际服务贸易逻辑分类把国际服务贸易划分为"国际核心服务贸易"和"国际追加服

务贸易"，反映了国际服务贸易结构的实际情况。学术界普遍认为，国际经贸往来中所形成的对于"服务"的需求，完全来自于对于商品（货物）的需求，即服务贸易是由货物贸易派生出来的，服务贸易的规模取决于货物贸易的规模。然而，国际服务贸易的逻辑分类却将国际服务贸易划分为"国际核心服务贸易"和"国际追加服务贸易"。只有追加服务贸易与有形商品的贸易规模有正比例的关系，而国际核心服务实现的国际贸易是"服务"本身，与有形商品的贸易无关。随着科技发展和知识水平的日益提高，一些知识、技术、信息类的核心服务贸易日趋扩大，而一般性的附加于货物贸易的服务流量比重则日趋减小，国际核心服务贸易逐步取代国际追加服务贸易，成为未来国际服务贸易的主体。因此，国际服务贸易划分为"国际核心服务贸易"和"国际追加服务贸易"完全反映了国际服务贸易发展的趋势和实际结构。

4. 实现了国际和国内分类逻辑上的一致性

尽管具体的国际服务贸易进出口流量总是表现出综合流量的特点，即几乎不存在某种单一属性的服务贸易流量的进口和出口，但国际服务贸易的逻辑分类把这些流量的源头归结到国内服务业的部门分类上，使国际服务流量与国内服务贸易流量在逻辑上能够协调一致，即国际分类与国内分类相协调。

（二）国际服务贸易逻辑分类的缺点

国际服务贸易逻辑分类在逻辑上和明确概念上具有一定的优点，但在实际操作中，与国际服务贸易统计分类相比较，其缺点也比较明显。

1. 实际应用性较差

大部分有关国际服务贸易的研究和讨论，都不以理论性的逻辑分类的概念和定义作为实际分析的工具。造成这种情况的原因是多方面的，其中最重要的有两点：第一，作为逻辑分类的出发点，学术界对于一个封闭经济体系之中的服务产品，在理论上并没有真正形成统一的认识，关于服务的价值与价格问题的不同理解和争论远没有结束，因此与有形商品的情况不一样，服务作为服务业的产品，其供给和需求的规律并没有很完备的理论阐释。第二，逻辑分类虽然明晰了国际服务贸易的理论含义，即严格区分了服务贸易、国际投资和国际要素流动收益等概念，但这使得单纯贸易性质的国际服务贸易的范围变得十分狭窄，因而使其在国际经贸关系中的实际作用降低。

2. 重要性不断下降

国际服务贸易逻辑分类在实际国际服务贸易中所占的比重较统计分类的比重显著降低，它作为国际经济分析对象的重要性也因此降低。

3. 不能很好地反映当代国际经贸关系的综合性特点

随着国际生产关系的发展变化和科技革命的推动，国际资本输出和国际贸易的关系日益密切，呈现出相互综合的特点。原本在商品（货物）贸易中要从逻辑上将贸易与投资加以区分就已十分困难，更何况国际服务贸易的交易对象是消费与生产同时性的服务，因此在国际服务贸易发展的现阶段，将服务业跨国投资与服务贸易严格区分的实际意义非常有限。

第三节　国际服务贸易统计

服务贸易统计对于国际服务贸易的发展具有很重要的意义，由于服务产业本身复杂多样，定义起来比较困难，从而使服务贸易统计错综复杂。本节将介绍国际服务贸易统计的发展和两种主要的国际服务贸易统计制度与方法，即国际收支服务贸易统计和外国附属机构服务贸易统计，并对其做简要评价。

一、国际服务贸易统计的发展

随着国际服务贸易的发展，国际服务贸易统计也从无到有，并不断完善。一般而言，国际服务贸易统计制度发展经历了前传统服务贸易统计阶段、传统服务贸易统计阶段和 GATS 统计阶段等三个阶段。

第一阶段，从国际服务贸易统计产生截至 20 世纪 80 年代，属前传统服务贸易统计阶段。这一阶段，国际服务贸易交易并不频繁，交易量占国际贸易的比重也比较小，各国国际服务贸易统计规则并不统一。人们对于"服务贸易"的理解也有偏差，有人会把"服务贸易"和"无形贸易"等同起来。

第二阶段，20 世纪 90 年代，属传统服务贸易统计阶段。其主要标志是 1993 年国际货币基金组织制定的《国际收支手册》第 5 版（Balance of Payments Manual，BPM5）。在这一阶段，"服务贸易"在国际收支统计中取得了独立的地位，开始核算跨境服务交易。

第三阶段，进入 21 世纪以后，这段时期属 GATS 统计阶段。其标志是 2001 年联合国统计委员会正式通过的《国际收支手册》。它将服务贸易统计范畴延伸到了 GATS 定义的四种提供方式（过境交付、境外消费、自然人流动和商业存在），并为新的国际服务贸易统计制定了很多规范。按照这种统计规范进行国际服务贸易统计，一方面有助于各国政府之间相互开放服务贸易市场的谈判和检查协议执行情况，另一方面为企业开拓国际市场决策提供依据。

二、国际服务贸易的统计方法

目前，按照世界贸易组织对国际服务贸易的界定，服务贸易统计应由国际收支（Balance of Payments，BOP）服务贸易统计和外国附属机构（Foreign Affiliates Trade，FAT）服务贸易统计两部分组成。

BOP 统计主要是反映跨境服务贸易的情况，FAT 统计反映的是非跨境服务贸易的情况。FAT 统计又分为内向 FAT 统计和外向 FAT 统计两部分。外国在东道国投资的机构与东道国居民之间的服务交易为内向 FAT 统计，东道国在境外投资机构与境外居民之间的服务交易为外向 FAT 统计。

（一）国际收支服务贸易统计（BOP 统计）

BOP 统计是按照 IMF 基于国际收支数据制定的《国际收支手册》（BPM）第 5 版的要求所建立起来的国际服务贸易统计体系。2008 年，该手册第 6 版通过，名称变更为《国际收支和国际投资头寸手册》（Balance of Payment and International Investment Position Manual）。按照 BOP 统计原则，国际服务贸易又叫作跨境交易，以服务贸易交易活动完成后的资金流——国际收支为中心，依据常住性来规范国际服务贸易统计，只包括居民与非居民之间的服务性贸易。其中，服务的出口由常驻单位向非常驻单位销售服务，服务的进口则由常驻单位从非常驻单位购买服务。

目前，IMF 与 WTO 两大世界经济组织对服务贸易的统计数据都来源于各国的 BOP 统计，但两者提供的数据不完全相同。其区别主要在于，IMF 的统计包括政府服务，而 WTO

的统计则不包括此项内容；另外，两者在统计归类上也存在着一些差别。

《国际收支统计年鉴》（BPSY）是 BOP 参照的重要统计数据，1948 年出版第 1 版。以第 5 版为例，BPSY 包括各成员向 IMF 报告的国际收支平衡数据，由三个部分组成。第一部分数据是各成员的国际收支和国际投资状况数据；第二部分数据是将国际收支主要组成部分（如商品或服务等项目）在各地区和世界范围内进行汇总；第三部分则是对某些特定国家进行的技术性描述（如方法论描述、数据编制实践技巧和数据来源介绍等）。在分篇方面，第一部分独立设篇，而第二、三部分则合并为一篇。

1993 年 IMF 在其修改后的 BPM5 中，将服务贸易细分为运输服务、旅游服务、通信服务、建筑服务、保险服务、金融服务、计算机与信息服务、版权与特许费、其他商业服务、文化娱乐服务、他处未包括的政府服务等 11 个具体服务项目。手册第 6 版则调整为 12 个服务项目。

值得一提的是，BOP 统计在目前的国际服务贸易统计中发挥着重要作用，但从国际服务贸易的发展趋势来看，BOP 统计存在着两大明显的不足之处：第一，按照 BOP 统计的原则，国际服务贸易只是居民与非居民的服务性交易，反映的主要是跨境交易（包括过境交付、国外消费及自然人流动），而对当今世界服务贸易中占主导地位的以商业存在形式提供的服务贸易却没有进行反映。这是因为，在商业存在形式中交易双方均属于法律意义上的同一国居民（当外国附属机构在一国设立的期限长于一年时）。第二，BOP 虽然提供了一种对服务贸易进行分类的标准，但它与《服务贸易总协定》中所规定的分类标准无论是在项目数还是在统计内容方面都存在着较大的差距，传统的 BOP 统计显然无法适应《服务贸易总协定》下服务贸易的划分方法。

（二）外国附属机构服务贸易统计（FAT 统计）

随着跨国投资和经济全球化的发展，以商业存在方式提供的服务贸易，即外国附属机构服务贸易越来越重要，并且已超过 BOP 口径的服务贸易。由此，外国附属机构服务贸易统计（FAT 统计）在国际服务贸易统计中的作用也越来越重要。

FAT 统计反映了外国附属机构在东道国发生的全部商品和服务交易情况，包括与投资母国之间的交易、与所有东道国其他居民之间的交易，以及与其他第三国之间的交易，其核心是非跨境交易，如图 2-1 所示。

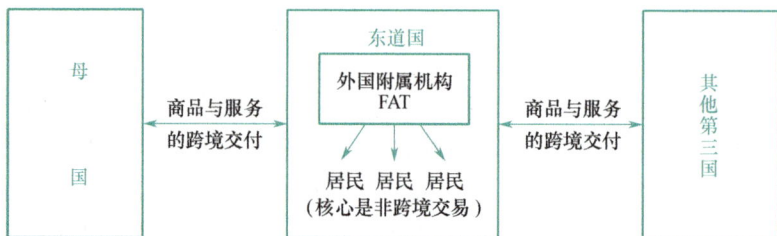

图 2-1 FAT 统计示意图

由于国际直接投资一般都是双向的，既有外国在本国的直接投资，也有本国在外国的直接投资，这种投资的双向流动反映在统计上，则形成了 FAT 统计内向和外向两个方面。就报告国而言，别国在东道国的附属机构的服务交易称为内向 FAT 统计，东道国在别国的附属机构的服务交易称为外向 FAT 统计。

作为一种国际服务贸易统计规范，FAT 统计方法必然会不断完善并为越来越多的国家接受和应用，因此有必要对其主要特点做简要介绍。FAT 统计的主要特点可以从以下几个方面来描述。

（1）核心是非跨境交易。从统计范围看，FAT 统计实际上包括了外国附属机构的全部交易——跨境交易和非跨境交易，但核心是非跨境交易，即企业的国内销售。

（2）对象是绝对控股企业。从统计对象看，只有对方绝对控股并能控制的企业，亦即外方投资比例在 50% 以上的企业才列入 FAT 统计范围，这与直接投资统计的对象不同，后者以外资比重达到 10% 以上为标准（我国标准是 25%）。原因在于，FAT 统计是投资基础之上的贸易统计，反映的不仅是投资状况，更主要的是贸易利益问题，只有外国投资人拥有并控制了该企业，才有可能决定贸易过程并获得贸易利益。

（3）内容广泛，以经营活动状况为主。从统计内容上看，FAT 统计既包括投资的流量和存量，也包括企业经营状况和财务状况，以及对东道国的影响，但最主要的内容是企业的经营活动状况。因此，FAT 统计反映的中心内容是：外国附属机构作为东道国的居民，与东道国其他居民之间进行的交易，即其在东道国进行的非跨境交易的状况，以及这种交易对东道国经济的影响。

（4）包含广义和狭义的统计。从统计实践上看，FAT 统计有狭义和广义之分。按照 WTO 的要求，国外附属机构的当地服务销售属于国际服务贸易的内容，所以，一般将对非跨境的服务销售进行 FAT 统计称为广义国际服务贸易统计，而仅对跨境交付进行 FAT 统计，则是狭义国际服务贸易统计。

（5）弥补了其他统计方法的不足。从统计作用来看，FAT 统计弥补了国际商品贸易统计、跨境服务贸易统计和外国直接投资统计的不足，将外资企业的生产和服务提供对贸易流动的影响，以及由此产生的利益流动反映出来。假定三个国家，投资国 A 原来直接向第三国 C 出口或服务，现改为通过东道国 B 投资进行生产和经营并对 C 出口，从而导致国际商品贸易流和跨境服务贸易流的流向发生变化。但在这种贸易流的背后，利益分配的格局未变，东道国在其中只起到利益传递的作用，投资及贸易利益最终仍流向投资国 A。FAT 统计反映了这种利益流动的真实情况，如图 2-2 所示。

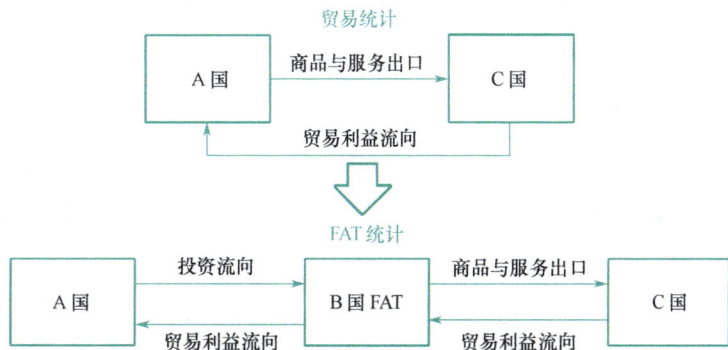

图 2-2　FAT 统计对贸易统计与投资统计的补充

当然，FAT 统计也有其自身的缺陷，如统计过程中调查回收率低、调查覆盖面不均、统计方法创新性不够等。

【本章小结】

国际服务贸易统计分类法是一种操作性的应用分类，其依据是 IMF 统一规定和统一使用的各国国际收支账户形式。其分类要点是将国际收支账户中的服务贸易流量划分成两种类型：一类是与国际收支账户中的资本性项目相关，称作"要素服务贸易"流量；另一类则是只与国际收支账户中的经常性项目相关，而与国际资本流动或金融资产流动无直接关联的国际服务贸易流量，称作"非要素服务贸易"流量。

国际服务贸易逻辑分类法是一种理论分类，其分类的出发点是国内经济和经济理论，追求理论的严密性与合理性。其分类要点是把国际服务贸易分为：与有形商品的国际投资和国际贸易无直接关联的国际核心服务贸易，与有形商品的国际投资和国际贸易之间有着不可分离的密切联系的国际追加服务贸易。

GATS 所遵循的服务贸易部门分类基本是以《联合国中心产品分类系统》（United Nations Central Product Classification System，CPC System）为基础的，并在对以货物为中心的服务贸易分类的基础上，结合服务贸易统计和服务贸易部门开放的要求，提出了以部门为中心的服务贸易分类方法，将服务贸易分为 12 大类 160 多个服务项目。

国际服务贸易统计分类的优点是：其概念内涵较为全面，便于操作实践，为概念外延的扩展提供了依据，同时也淡化了广义国际服务贸易和狭义国际服务贸易的区别。其不足之处在于：模糊了国际服务业跨国投资的界限，造成各国对国际服务贸易态度的分歧。

国际服务贸易逻辑分类有效地弥补了国际服务贸易统计分类的缺陷，其优点在于：明确区分了概念上的差别；方法科学，符合一般国际经济学理论；有利于反映国际服务贸易的实际结构；实现了国际和国内分类逻辑上的一致性。但其实际应用性较差，重要性不断下降，不能很好地反映当代国际经贸关系的综合性特点。

国际服务贸易统计与国际服务贸易分类关系非常密切，对于国际服务贸易发展有着非常重要的意义，是世界各国共同致力解决的问题之一。目前主要的国际服务贸易统计方法有 BOP 统计和 FAT 统计。BOP 统计是按照 IMF 基于国际收支数据制定的 BPM 第 5 版的要求所建立起来的国际服务贸易统计体系。FAT 统计反映外国附属机构在东道国发生的全部商品和服务交易情况，包括与投资母国之间的交易、与所有东道国其他居民之间的交易，以及与其他第三国之间的交易，其核心是非跨境交易。

【本章重要概念】

国际服务贸易统计分类　　国际服务贸易逻辑分类　　国际收支账户　　要素服务贸易　　非要素服务贸易　　国际服务贸易的产业分类和产品分类　　国际核心服务贸易　　国际追加服务贸易　　BOP 统计　　FAT 统计

【复习思考题】

1. 什么是国际服务贸易统计分类？其依据是什么？
2. 什么是国际服务贸易逻辑分类？其分类出发点是什么？主要包括哪些方面的内容？
3. 评述国际服务贸易统计分类与逻辑分类的优缺点及各自的适用范围。
4. 目前国际服务贸易统计的主要方法有哪些？其依据是什么？各有哪些优缺点？

第三章

国际服务贸易理论

本章主要学习内容

- 国际服务贸易的比较优势理论
- 商品价值理论在服务贸易中的运用
- 配第–克拉克定理及其在服务贸易中的运用
- 国际服务贸易理论模型

国际服务贸易实践的迅猛发展，促使理论界建立服务贸易理论体系来解释国际服务贸易的发生与发展。西方经济学家主要从两个方向做了尝试：一是试图将货物贸易理论扩展到服务贸易领域，运用既有的国际贸易理论对服务贸易进行解释和分析；二是尝试建立区别于传统国际贸易理论的新的服务贸易理论。本章对此进行阐述与分析。

第一节 国际服务贸易的比较优势理论

关于比较优势理论是否适用于服务贸易领域，目前，学术界的普遍观点是既肯定比较优势理论基本原理对服务贸易的适用性，同时也认为该理论在解释服务贸易时存在局限，主张对比较优势理论进行修正与拓展来解释服务贸易。

一、比较优势理论适用于国际服务贸易

国际服务贸易与国际货物贸易一样都是跨越国境的劳务或商品交换活动，其产品形式有差别，但实质相同。因此，建立在国际货物贸易基础上的比较优势理论，从根本上也适用于国际服务贸易。

（一）比较优势理论适用于国际服务贸易的探讨

1981 年，萨皮尔（Sapir）和卢茨（Lutz）根据国家间要素禀赋和技术差异，对货运、客运和其他民间服务做了一系列的实证研究后得出：物质资本丰裕的国家在运输服务部门有比较优势，而人力资本丰裕的国家在保险、专利等服务部门拥有比较优势。[一]这个结论支持了比较优势理论适用于服务贸易领域的观点。但是，比较优势不是静态的，随着发展中国家物质资本和人力资本的积累，一些曾经处于比较劣势的服务贸易部门也会拥有比较优势。1986 年，萨皮尔通过对工程服务贸易的实证研究，再次肯定了服务贸易中比较优势的存在性和动态性，以及发展中国家作为潜在的服务贸易出口者的作用，这对现实中的服务贸易有

（一） A. Sapir and E. Lutz, 1981, Trade in Services: Economic Determinants and Development Related Issues, World Bank Staff Working Paper, No. 410.

一定的解释作用。1986年，拉尔（Lall）就海运和技术服务贸易对部分发达国家和发展中国家进行了实证研究，也表明比较优势理论适用于服务贸易。

1991年，法尔维（Falvey）和格默尔（Gemmell）发现，发达国家在资本和技术密集型的服务上价格相对低，具有比较优势，而发展中国家在劳动密集型服务上的价格相对低，具有比较优势。[⊖]他们的结论说明各国不同的要素禀赋导致的服务价格差异是服务贸易产生的基础，这实质上为服务价格的国际差异模型提供了进一步的经验证据。

美国著名的国际经济学家理查德·库伯（Richard Kump）认为，比较优势理论在解释贸易产生的原因及贸易发展的模式上是普遍适用的，并认为这个命题总是有效的。

（二）国际服务贸易比较优势理论的主要内容

亚当·斯密（Adam Smith）认为由于自然禀赋和后天有利条件不同，各国均有一种产品生产效率高于他国而具有绝对优势，按绝对优势进行分工和交换，各国均获益，这是绝对优势理论。大卫·李嘉图（David Ricardo）发展了亚当·斯密的观点，认为即使一国在所有商品的生产上都不具有绝对优势，仍可以参与国际分工，从国际贸易中获利。这一理论同样适用于服务贸易：该国可以专门生产并出口绝对劣势相对较小的服务商品，进口绝对劣势相对较大的服务商品。这一理论基础就是比较优势理论，核心是"两优取其重，两劣取其轻"，各国都可以根据比较优势的原则，进行分工、交换，取得贸易利益。

1. 国际服务贸易下李嘉图模型的假设条件

比较优势理论是在一系列严格的假设前提下展开说明的，在国际服务贸易下，基本的李嘉图模型也有一系列的假设条件：

（1）世界上只有两个国家（A国和B国），两种服务商品（X和Y）。

（2）模型采用劳动价值论，服务商品的相对价值取决于它们的相对劳动投入量。

（3）生产成本不变，即当产量发生变化时服务商品的生产成本不会发生变化。

（4）不同国家之间存在着技术水平差异，但各国的技术水平都是给定的。

（5）经济在充分就业状态下运行。

（6）生产要素市场和服务商品市场是完全竞争市场，政府不干预经济生活。

在这个模型中，只有两个国家、两种服务商品，是为了便于分析说明，这很容易推广到多个国家多种服务商品。采用劳动价值论意味着只有劳动一种生产要素，不考虑自然资源、资本的影响，而且劳动是同质的。后面几条假设意味着，随着时间的推移，两国的比较优势不会发生变化，也不存在垄断势力和政府对经济运行的干预。

2. 国际服务贸易比较优势原理

国际服务贸易比较优势原理可以用表3-1分析。A国生产1单位服务商品X和Y的时间分别为3h和4h，而B国生产1单位服务商品X和Y的时间分别为1.5h和0.8h。B国在两种服务商品的生产上都具有绝对优势，从绝对优势理论的角度看，两国间不存在贸易基础。但是，比较优势理论认为两国仍可以进行贸易。

⊖ Falvey and Gemmell，1991，Explaining Service-Price Differences in International Comparisons，The American Economic Review，81（5），1295-309.

表 3-1 比较优势理论下两国服务商品生产分工情况

	A 国	B 国
生产 1 单位 X 所需劳动时间/h	3	1.5
生产 1 单位 Y 所需劳动时间/h	4	0.8

分析两国的生产率可以看出，A 国服务商品 X 的劳动生产率是 B 国的 1/2，A 国服务商品 Y 的劳动生产率是 B 国的 1/5。可见，A 国在服务商品 X 的生产上劣势较小，在服务商品 Y 的生产上劣势较大，因此 A 国在服务商品 X 的生产上具有比较优势。同时，B 国在服务商品 Y 的生产上优势更大，因此 B 国拥有生产服务商品 Y 的比较优势。根据比较优势理论，A 国应专门生产并出口 X，B 国应专门生产并出口 Y，这样两国都可以获得收益。

（三）比较优势对国际服务贸易的影响

1. 比较优势是国际服务贸易的基础

分析表 3-1，当一国在孤立状态下实现均衡时，A 国的 X 对 Y 的相对均衡价格是 $P_A = P_{AX}/P_{AY} = 0.75$，B 国的是 $P_B = P_{BX}/P_{BY} = 1.875$。两国服务商品相对价格的差异反映了它们各自所具备的比较优势，形成了国际服务贸易的基础。与 B 国相比，A 国服务商品 X 相对而言更便宜，从而具备比较优势；与 A 国相比，B 国服务商品 Y 更便宜，从而 B 国在服务商品 Y 上具备比较优势。在没有贸易的情况下，A 国和 B 国国内 X 对 Y 的相对价格差异构成了两国贸易的基础，在开放贸易后，各国将增加生产并出口本国具备比较优势的服务商品。

2. 比较优势决定国际服务贸易模式

劳动生产率的差异造成 A、B 两国服务商品相对价格的不同，任何一国都将出口本国具有相对价格优势的服务商品。A 国将出口服务商品 X，B 国将出口服务商品 Y。这种逐利行为将促进两国在服务商品上的专业化生产，使两国都能从服务贸易中得到更多的收益，福利水平获得提高。由于一国只有作为特定服务商品的最佳供应商才能发挥比较优势，因此，A 国出口服务商品 X 和 B 国出口服务商品 Y 的贸易模式符合所有贸易伙伴国的经济利益。

3. 比较优势影响国际服务贸易利益

服务贸易利益实际上由两部分组成：交易所得和分工所得。交易所得指的是贸易后由于服务商品相对价格发生变化所引起的消费量的变化。分工所得指的是因为专业化生产引起的服务商品消费量的变化。

为了确定交易所得，首先要确定两国服务商品交换比率。先讨论自给自足情况下，国内服务商品的相对价格。在 A 国，1 单位的 X 可以换取 0.75 单位的 Y，即 1X = 0.75Y，在 B 国 1X = 1.875Y。假设 A 国用 1 单位的 X 和 B 国交换 1 单位的 Y，那么 A 国将获利 0.25 单位 Y 或者 1h 的劳动，同时，B 国获利 0.47 单位 X 或者 0.71h 的劳动，这就是交易所得。实际上，只要两国服务商品的交换比率符合 0.75Y<1X<1.875Y，就可以实现互惠贸易。交换比率越接近 1X = 0.75Y（A 国国内交换比率），B 国的交易所得越大，A 国的交易所得越小；交换比率越接近 1X = 1.875Y（B 国国内交换比率），A 国的交易所得越大，B 国的交易所得越小。

两国专门化生产各自具备比较优势的服务商品，会促进分工，实现规模经济。规模经济能够使两国在固定的要素投入下生产出更多的服务商品，使两国消费者更多地消费，这就是分工所得。

二、比较优势理论不适用于国际服务贸易

以美国经济学家菲科特库迪（G. Feketekuty）为代表的一派认为，比较优势理论不适用于服务贸易，因为与实物商品相比，服务商品有不同的特点，因而比较优势理论不足以用来分析与服务贸易相关的问题。

（一）比较优势理论不适用于国际服务贸易的探讨

1979 年，R. 迪克（R. Dick）和 H. 迪克（H. Dicke）运用显示比较优势（Revealed Comparative Advantage，RCA），分析知识密集型服务贸易的现实格局是否遵循比较优势原理。他们以要素禀赋为基础，对 18 个经济合作与发展组织（OECD，简称经合组织）成员的各种现实比较优势指标进行了跨部门回归分析，结果没有证据表明比较优势理论在服务贸易模式的决定中发挥了作用。排除非关税壁垒影响，他们认为，"如果不考虑贸易扭曲，要素禀赋在服务贸易中没有重要的影响"。[⊖]

1985 年，桑普森（G. Sampson）和斯内普（R. Snape）认为由于服务贸易不同于货物贸易，服务的生产者与消费者存在时空的一致性，这样就可能出现生产者的跨国移动，也就是生产要素的国际流动，而赫克歇尔-俄林（H-O）理论的假设前提之一是要素不能国际流动，因而限制了服务贸易，如果不放弃这一假设，则该理论不适用于服务贸易。[⊖]

1988 年，美国经济学家菲科特库迪（G. Feketekuty）认为，服务贸易有诸多与货物贸易不同的特点，如服务贸易是劳动与货币的交换，而非物品与货币的交换；服务贸易中服务的生产与消费同时发生、同时结束；服务具有不可储藏性；服务贸易反映在各国的国际收支平衡表中，而货物贸易反映在各国海关的进出口统计中。由于服务贸易的无形性，用来分析货物贸易的比较优势理论不足以用来分析服务贸易。[⊜]

此外，"不适用论"的坚持者还从其他方面阐述了其观点。如安·赫尔曼（Ann Heirman）等认为，目前用于解释货物贸易比较优势的理论，如要素禀赋论、规模经济假设、技术差距论、生产周期理论等是否适用于服务贸易有待讨论。决定服务贸易优势的因素尚不明确，因此，比较优势理论的建立缺乏基础。

（二）比较优势理论不适用于国际服务贸易的主要内容

由于国际服务贸易和国际货物贸易存在很大差别，比较优势理论不能直接套用到国际服务贸易领域。比较优势理论对国际服务贸易的不适用性体现在：国际服务贸易与国际货物贸易前提假设不同；国际服务贸易发展的环境和条件与国际货物贸易不同；国际服务贸易与国际货物贸易的特点不同。

1. 国际服务贸易与国际货物贸易前提假设不同

无论是国际货物贸易还是国际服务贸易，都是在一系列严格的前提假设下展开说明的，但国际服务贸易的特殊性使其前提假设与国际货物贸易不同，从而使比较优势理论不能直接适用于国际服务贸易。

⊖ R. Dick and H. Dicke，1979，Patterns of Trade in Knowledge，International Economic Development and Resources Transfer，p. 346.

⊖ G. Sampson and R. Snape，1985，Identifying the Issues in Trade in Services，The world Economy，p. 171—181.

⊜ G. Feketekuty，1988，International Trade in Services：an Overview and Blueprint for Negotiations，Cambridge Mass：Ballinger，p. 216.

（1）生产要素范围狭窄。传统的国际贸易理论把生产要素分为四类：劳动、资本、土地和企业家才能。而在国际服务贸易中生产要素被分为基本要素和高等要素两大类。基本要素包括自然资源、地理位置、气候条件、初级劳动力等；高等要素包括现代化的电信网络、高科技人才和高校研究中心等。

（2）生产要素不能跨国流动。传统比较优势理论采用静态的分析方法，假定生产要素不能跨国流动，然而国际服务贸易中生产与消费的时空一致性要求服务提供者和接受者直接接触，所以要放弃比较优势理论中"国家间生产要素不能自由流动"这一基本假设。

（3）完全竞争和规模报酬不变。传统的国际贸易理论有两个重要的假设前提，即"完全竞争"和"规模报酬不变"。然而现实经济发展中，存在着大量"不完全竞争"和"规模经济"，这种状况在国际服务贸易领域表现得更加明显。

（4）政府不干预经济。传统国际贸易理论假定不存在政府干预，经济运行完全依靠市场的自发性力量。而在服务贸易的国际竞争中，政府的作用不可忽视，政府部门通过政策引导和财政支持，往往能够改变一国服务贸易的竞争优势。

2. 国际服务贸易发展的环境和条件与国际货物贸易不同

国际服务贸易发展的环境和条件不同于国际货物贸易，使比较优势理论不能直接适用于国际服务贸易。

（1）国际服务贸易市场具有高度垄断性。由于国际服务贸易在发达国家和发展中国家发展严重不平衡，加上服务市场的开放涉及一些诸如跨国银行、通信工程、航空运输、教育、自然人跨国界流动等直接关系到输入国主权、安全、伦理道德等极其敏感的领域和问题，因此，国际服务贸易市场的垄断性很强。相对于货物贸易自由化而言，服务贸易自由化过程不但起步晚，而且阻力更大，使比较优势的发挥受到很大限制。

（2）国际服务贸易保护方式更具刚性和隐蔽性。由于国际服务贸易标的物具有无形性的特点，各国政府对本国服务业的保护常常无法采取关税壁垒的形式，而只能采取在市场准入方面予以限制或进入市场后不给予国民待遇等非关税壁垒的形式，这种保护常以国内立法的形式加以施行。这种以国内立法形式实施的"限入"式非关税壁垒，使国际服务贸易受到的限制和障碍更具刚性和隐蔽性。比较而言，国际货物贸易遇到的关税壁垒具有较高透明度。

（3）国际服务贸易的交易主体需要相互接近。大多数国际服务贸易的交易过程是与服务商品的生产和消费过程分不开的，而且往往是同步进行的。服务商品生产和消费的时空一致性要求国际服务贸易的交易主体必须相互接近。国际服务贸易交易主体需要相互接近条件的存在，将比较优势理论限制在了狭隘的地域内。

3. 国际服务贸易与国际货物贸易的特点不同

国际服务贸易不同于国际货物贸易的特点包括：①国际服务贸易提供劳动与货币的交换，而不是物与货币的交换；②国际服务贸易中服务的生产和消费大多同时发生，提供的服务一般不可储藏；③国际服务贸易在各国国际收支平衡表中显示，而国际货物贸易在各国海关进出口和国际收支平衡表上都有显示。国际服务贸易与国际货物贸易的这些不同特点，是比较优势理论不能直接适用于国际服务贸易的原因。

三、对比较优势理论的修正与拓展

该种观点一方面肯定比较优势理论基本原理对服务贸易的适用性，另一方面也承认具体理论在解释国际服务贸易上的缺陷，主张在利用比较优势理论解释国际服务贸易时，必须对传统理论进行若干修正与拓展。

1984 年，巴格瓦蒂（Bhagwati）等在探讨服务价格国际差异时，得出低收入国家服务价格低于高收入国家服务价格的结论。按照这一结论，低收入国家应该是服务贸易的出口者，但这与现实并不相符。对此，他进行了反思，认为这种结论是由前提假设的缺陷导致的，因为上述分析均假定低收入国家和高收入国家的生产率相等，并存在一个隐含的假定：服务部门为劳动密集型部门。事实上，高收入国家在许多部门的生产率比低收入国家高，并且随着技术进步和服务业的发展，现代服务业的核心和主体大多是技术、人力和资本密集型部门。于是他进行了修正，认为服务包括技术和资本密集型部门，并建立了一个服务价格的国际差异模型，得出高收入国家技术和资本密集型服务价格较低、低收入国家劳动密集型服务价格较低的结论，从而解释了发达国家在金融、工程咨询、信息处理等资本、技术密集型的服务上相对价格较低，具有比较优势，而发展中国家在工程承包等劳动密集型服务上具有比较优势的现象。服务价格国际差异模型通过改变服务部门是劳动密集型的这一前提假设，较好地解释了低收入国家和高收入国家之间服务贸易发生的原因。○

1984 年，迪尔多夫（Deardorff）在 H-O 模型框架内，将各国均生产两种商品的假设改为生产一种货物商品和一种服务商品，并假定一国在封闭经济中货物商品和服务商品的价格高于世界价格，证明进行自由贸易时，若该国仍按照封闭经济下的价格进行贸易，则货物商品和服务商品的进口将大于出口，这个结论意味着一国的货物和服务贸易都遵循基于价格差异的比较优势原则。这一结论隐含的理论意义是：服务贸易研究的起点是对服务贸易中比较优势的分析。另外，迪尔多夫还强调基于要素禀赋的比较优势对服务贸易模式的决定作用。但他没有意识到要素禀赋带来的比较优势并不是比较优势的唯一源泉，基于技术差异的比较优势同样对服务贸易的模式起着决定作用。○对于这一点，1990 年，琼斯（Jones）和克尔茨考斯基（Kierzkowski）认为劳动生产率的差异，将导致服务价格的差异，最终影响服务商品的进口和出口，这也是比较优势的决定作用。○所以将迪尔多夫和琼斯的分析综合起来，就形成了一个基本认识：不仅要素禀赋是服务贸易比较优势的来源，劳动生产率也会影响服务贸易的比较优势。

1990 年，伯格斯（Burgess）对赫克歇尔-俄林-萨缪尔森（H-O-S）模型做了一个简单的修正，将生产者服务作为一种投入要素放入商品生产的成本函数中，发现各国生产者服务的技术和质量差异将影响该国商品生产的比较优势和贸易模式。他认为，服务贸易自由化和服务技术出口一般会改变出口国的贸易条件，提高出口国的经济福利水平。这个结论实质上证明了服务的比较优势对商品比较优势和模式的影响作用。○

认为对比较优势进行修正后适用于服务贸易的代表人物还有辛德利（Hindley）、史密斯

○ J. Bhagwati, 1984, Why Are Services Cheaper in the Poor Countries, Economic Journal, p. 279-286.

○ A. Deardorff, 1984, Comparative Advantage and International Trade and Investment in Services: Canada/US Perspec-tives, Toronto: Ontario Economic Council, p. 1-47.

○ R. Jones and H. Kierzkowski, 1990, The Role of Services in Production and International Trade: A Theoretical Framework in The Political Economy of International Trade, Basil Blackwell Inc. p. 31-48.

○ D. Burgess, 1990, Services as Intermediate Goods: the Issues of Trade Liberalization, in The Political Economy of International Trade, Basil Blackwell Inc, p. 122-139.

（Smith）、塔克（K. Tucker）和森德伯格（M. Sundberg）等。

国际服务贸易存在比较优势的根本原因在于：服务业的形成是分工和专业化的产物，分工能带来劳动生产率的提高，因而可以获得服务商品提供量的增加。但传统比较优势理论中的某些假设是不适用于服务贸易的。此外，国际服务贸易是伴随着国际货物贸易的发展而产生的，但又不同于国际货物贸易。当今的国际服务贸易迅速发展的环境与条件都有了很大变化，需要对比较优势理论进行修正与拓展。

（一）国际服务贸易的前提假设

国际服务贸易的特殊性使其前提假设与传统比较优势理论不同，只有对这些前提假设进行修正和拓展，才能使比较优势理论适用于国际服务贸易。经修正和拓展后的国际服务贸易前提假设有：

（1）生产要素范围广泛，不仅包括劳动、资本、土地和企业家才能，还包括地理位置、气候条件、电信网络、高科技人才和高校研究中心等。

（2）生产要素能够跨国流动。

（3）服务商品市场和生产要素市场不完全竞争，且存在规模经济。

（4）国家政策和运输成本对国际服务贸易有重要影响。

（5）技术水平不是外生给定的，而是内生变量，不但影响着国际服务贸易，而且反过来也受国际服务贸易的影响。

（二）国际服务贸易比较优势是动态的

传统国际货物贸易的比较优势是静态的，而国际服务贸易的高速增长，特别是出口的高速增长会给一国经济带来重要的动态优势。国际服务贸易出口扩大克服了国内市场的狭小性，可以获得规模经济效益，这一方面可以提高利润率，另一方面会提高国际竞争能力；出口扩大还会加强经济部门之间的相互联系，带动相关部门的发展，促进国内统一市场的形成。服务贸易的发展还会吸引外国资本的流入，解决国内投资不足的难题，而且会促进先进技术和管理知识的传播，这些都会对一国经济产生长久、持续和动态的影响。

（三）国际服务贸易成本由供给和需求双方共同决定

传统的货物贸易理论重点强调的是供给方的生产成本优势，国际服务贸易比较优势不但取决于服务要素的生产成本，而且更强调需求因素所导致的成本增量或消费者的选择性，如运输成本、信息成本、消费者收入及其偏好、服务质量和购买环境等都构成了服务贸易条件。当服务贸易的生产函数和主要要素投入相结合时，任何国际服务贸易将依赖于需求因素而非供给因素。对于服务贸易问题，不但要从资源禀赋的角度分析，而且要从服务贸易流向、相关市场结构以及需求特征的角度来进行探讨。

（四）服务贸易比较优势依赖于关联产业

传统的货物贸易理论主要着眼于对行业自身比较优势的分析，而国际服务贸易比较优势的形成和确定，除了受行业自身比较优势的影响，很大程度上还依赖于相关产业的支持，这些支持主要分为两个层次：服务业内部各产业的相互支持；第一、二产业对服务业的支持。这两个层次对服务业的影响也不是孤立的，往往在交叉中产生重叠影响。而且在现代社会中，每个产业划分和界定的标准也发生了很大的变化，很难明确地说哪一个产业就是原来意义上的第几产业。例如，在作为第一产业的农业中，机械化作业、科学服务咨询、网上农产品销售等的出现，已经将第二、三产业的许多功能融入了现代农业生产之中。这些情况对于产业竞争优势的形成和确立产生了重要影响，在对原有模型进行改造和补充的过程中，有助于进一步了解国际服务贸易的比较优势。

第二节 国际服务贸易的价值理论

长期以来，人们只是把"服务"视作一种观念，而非生产性的劳动。马克思在《资本论》中也认为服务劳动是非生产性的劳动，服务劳动不创造价值。这种观念显然已经不适应当代经济发展现实，学术界根据马克思分析商品价值的方法，将商品价值理论扩展到服务贸易理论领域，分析服务商品的使用价值和价值。

一、服务商品的使用价值和价值

人类的实践表明，人类劳动成果可以分为两类：一类是以实物形式存在的劳动成果，即实物产品；另一类是不以实物形式存在的劳动成果，即服务。服务转化为服务商品加入了商品的世界，作为商品中的一员，它同样具有使用价值和价值。

（一）服务商品的使用价值

服务商品的使用价值，是指服务商品具有的能够满足人们某种需要的属性。服务商品使用价值的特殊性在于，它是不以物品资格而以活动资格供给的特别的使用价值，它不采取实物的形式，不作为物而离开服务者独立存在。也就是说，它与劳动过程紧密结合在一起，只能在活动的过程中被消费，从而满足人们的某种需要。

1. 服务商品使用价值的一般特征

服务商品的使用价值像其他商品的使用价值一样。首先，具有满足人们某种需要的功能，包括满足人们某种物质或精神需要的功能，或者说具有能够满足人们某种需要的效用。其次，服务商品使用价值也是构成社会财富的重要内容。马克思指出："不论财富的社会形式如何，使用价值总是构成财富的物质内容。"○人们追求经济利益的目的是获得多样性的使用价值，以满足自己多方面的需要，以达到健康、幸福的境界。最后，服务商品使用价值在市场经济中也是交换价值的物质承担者。马克思说过，"价值本身除了劳动没有别的任何物质""对于价值来说，它由什么样的使用价值来承担都是一样的，但是它必须由一种使用价值来承担"。○只要使用价值具有能满足交换对方某种需要的有用属性，使产品交换顺利完成，它就可以并且实际上充当交换价值的物质承担者。商品作为使用价值和价值的对立统一体，二者缺一不可。而服务商品使用价值既然能够实现作为使用价值的职能，它同样可以充当交换价值的物质承担者。所以，服务商品具有和货物商品一样的特征。

2. 服务商品使用价值的种类

服务商品按其使用价值的不同消费功能，可划分为两大类。

（1）服务型消费品。这是满足消费者生活消费所需的服务商品。它又分为：①满足精神需要的服务消费品，即精神型服务消费品，主要包括教育服务消费品、艺术服务消费品、娱乐服务消费品、信息服务消费品、科学服务消费品；②满足物质需要的服务消费品，主要

○ 马克思，恩格斯：《马克思恩格斯全集》，第 26 卷Ⅰ，435 页，北京，人民出版社，1972。

○ 马克思，恩格斯：《马克思恩格斯全集》，第 26 卷Ⅰ，437 页，北京，人民出版社，1972。

包括医疗卫生服务消费品、运输服务消费品、个人生活服务消费品、体育服务消费品、商品服务消费品、金融保险服务消费品。

（2）服务型生产资料。这是满足人们生产消费需要的服务商品。它又可分为：①智力服务型生产资料，即满足人们在生产消费过程中智力需要的服务商品，主要包括科研服务型生产资料、信息服务型生产资料、技术服务型生产资料等；②非智力服务型生产资料，即满足人们在生产消费过程中除智力以外所需要的服务商品，也就是人们一般所需要的非智力服务型生产资料，主要包括运输服务型生产资料、仓储服务型生产资料、金融保险服务型生产资料、商业服务型生产资料、房地产服务型生产资料。就服务型生产资料而言，某些服务商品使用价值功能的发挥，可以实现其他商品的生产、分配、交换和消费。例如，商业服务商品的使用价值，就具有实现其他商品的流通功能；科研服务商品的使用价值，具有实现其他商品的生产功能。

不管是服务型消费品还是服务型生产资料，其使用价值都具有共同特征。首先，服务商品使用价值具有消费替代性。所谓消费替代性，是指不同商品使用价值因具有相同或相近的消费功能，故可以在生产或生活消费中互相替代的性质。人们消费一种服务商品，就可以同时减少对实物商品的消费，或减少对另外一些服务商品的消费。这里的替代，既包括对服务商品的替代，也包括对部分实物商品的替代。其次，服务商品使用价值还具有消费互补性。消费互补性是指不同的服务商品虽然使用价值功能不同，但由于其使用属性具有联系，因而在消费中构成互相依存、互相补充的经济关系。旅游业的发展会引起运输业的增长，旅游和运输两者之间就具有消费互补性，同时对旅游商品的消费会在一定程度上刺激旅游服务业的发展。最后，服务商品使用价值还具有消费引致性。消费引致性是指某种产品的使用价值具有这样一种性质，即因为它与其他商品在功能上存在着因果链的联系，只要消费这种商品，就将引起对一系列其他商品的消费。如同购买汽车必然增加对汽油的消费一样，对旅游的消费必然引起交通运输业的发展。

（二）服务商品的价值

服务商品的价值就是凝结在非实物使用价值上的、得到社会表现的一定量的抽象劳动。服务商品的价值是由劳动的凝结性、社会性和抽象性等决定的，服务商品价值的决定具有同货物商品价值的决定相同的特征。

1. 服务商品价值的决定

货物商品的价值量是由生产该商品所耗费的社会必要劳动时间决定的，服务商品与货物商品具有同样的价值实体——凝结在商品中无差别的人类劳动，因此，服务商品的价值量也是由衡量劳动的尺度——时间来决定的。服务商品的特殊性，使得服务商品价值量的决定分为以下两种情况。

（1）重复型服务商品价值量的决定。重复型服务商品主要是指需要不断重复生产才能满足人们需要的商品，它具有可复制性、不可扩散性、独享性，如运输、旅游、医疗、教育、文艺演出等。重复型服务商品的价值量是由生产该项商品所耗费的社会必要劳动时间决定的。根据这类商品的特点，要消费它，必须拥有服务过程，非拥有者不能分享其使用价值。例如，理发服务，不可能 A 理了发，B 也同时享受了这一服务。这就决定了社会有必要重复、大批地生产同类服务商品。但不同生产者生产的重复型服务商品的价值量可能是不同的，这有如下两个方面的原因：一是服务过程中劳动者与接受服务的消费者是有差别的。因为每个人的受教育程度、劳动熟练程度有差异，而且即使同一个人的劳动熟练程度和劳动强度也会因时、因地、因人出现差异，因而，从服务劳动的生产者来看，就会出现生产同质等量的非实物使用价值所耗费的劳动时间不同。这说明在服务领域中存在劳动生产率差异的问题，导致了重复型服务商品价值量的不同。二是服务劳动过程中生产资料的装备水平也是有差异的。拥有现代化技术水平生产资料的服务单位，与仅有落后、简陋生产资料的服务单位相比，生产同量的服务商品所耗费的劳动时间大大减少。

上述因素决定了在重复型服务商品的生产中存在个别劳动时间的差异，如同在货物商品的交换中，人们不是以个别劳动时间而是以社会必要劳动时间来衡量价值量一样，虽然重复型服务商品的生产与交换、消费同时进行，但也不能把个别劳动时间直接当作社会必要劳动时间，并用它来衡量价值量，而只能以社会必要劳动时间来衡量。

（2）创新型服务商品价值量的决定。创新型服务商品主要是指创新的商品，它具有可扩散性、不可重复性和共享性。例如，科学发明、设计、文艺创作等服务就属于创新型服务商品，它们的成果就在于它们的"独创"，在于它们首次反映了人类未知领域的某项客观规律或某种表现形式。创新型服务商品的价值量是由最先生产出这种商品所耗费的个别劳动时间决定的。创新型服务商品如科研服务，解决的是人类对自然界、人类社会和人类本身的未知领域的事物及其变化和发展规律的认识问题。不同的科研服务人员在研究同一问题时，由于主观或者客观因素的影响，他们所花费的时间是不同的，这和重复型服务商品的生产没有区别。但是，一旦这个问题首先被某个科研人员解决，它就开始以或快或慢的速度向外扩散，最终会成为人类共享的财富。因此，其余科研人员的再研究是没有任何意义的，而且其他科研人员付出的劳动也被视为无效劳动而不被社会所承认。所以，这种创新型服务商品的价值量是由个别劳动时间来确定的。

2. 服务商品价值的构成

服务商品的价值和货物商品的价值一样，是由三个部分，即 $C+V+M$ 构成的。在服务生产过程中消耗的燃料、物料或辅料的价值，以及服务工具和服务设施的折旧费等，形成 C；服务劳动者的必要劳动所创造的价值，即维持劳动力生产和再生产所必需的生活资料的价值，形成 V；而劳动者的剩余劳动所创造的价值，形成 M。换句话说，在服务商品的总价值中，C 是原有的服务生产资料价值的转移，$V+M$ 是服务劳动者的活劳动新创造的价值。

服务商品的价值量虽分为 C、V、M 三部分，但并不意味着所有的服务生产者都可以通过出售服务商品而收回同样的价值。例如，重复型服务商品的价值是由社会必要劳动时间决定的，这就存在生产效率的差异问题。生产效率较低的服务生产者就有一部分劳动不能转化为社会劳动，所得到的价值也许还不能弥补 $C+V$ 部分，就会发生亏损。相反，有的生产效率较高的服务生产者所获得的价值除了可以补偿 $C+V$ 部分，甚至可以得到超额的剩余价值。这也是所有生产者不断提高生产效率的原因。

3. 服务商品价值量的实现

我们已经知道了社会必要劳动时间对服务商品价值量的决定的影响，现在再来深入考察社会必要劳动时间对服务商品价值量的实现及制约的影响。马克思指出，虽然商品每一部分包含的只是生产这一部分所必要的劳动时间，或者说，虽然所花费的劳动时间的每一部分都是创造总商品的相应部分所必需的，但是，生产部门所花费的劳动时间总量对社会所拥有的全部劳动时间的百分比，仍然可能低于或高于应有的比例。从这个观点看，必要劳动时间就有了另外的意义。例如，社会需要 50 万单位的服务商品，生产每单位的服务商品所需的劳动时间是 3h，那么，对服务领域来说，社会必要劳动时间就是 150 万 h。我们再假定社会劳动总量为 2000 万 h，显然，服务领域的社会必要劳动时间占社会劳动时间的比例应是 7.5%，如果由于某种原因，社会总劳动的 10% 投入到了服务领域，服务商品的产量达 200 万 h，超过了当时的社会需要，因此，如果这些服务商品要全部售出，就必须以低于它们价值的价格进行，或者其中一部分商品根本无法售出；反之，如果社会只有 5% 的劳动量进行服务商品的生产，就不能满足社会需求，必然使另外一部分劳动转移到服务部门来，最后使该领域的劳动量与所要求的社会必要劳动量相一致。可以看出，社会必要劳动时间自发地调节着服务商品的生产。

二、影响服务商品国际市场价格变动的因素

服务商品的国际市场价格是指在世界市场上实际买卖服务商品时所依据的价格。国际市场价格是国际价值的货币表现，其变动受国际价值规律的支配，取决于服务商品国际价值和货币价值的变动。另外随着供求关系、垄断和竞争等一系列因素的变化，服务商品的国际市场价格也是经常变动的。

(一) 服务商品国际价值是服务商品国际市场价格变动的基础和中心

国际价值是形成国际市场价格的基础，并制约着国际市场价格的长期变化。当一种服务商品在国际市场刚刚出现时，由于它还处在实验阶段，没有实现社会化大生产，也没有通过充分竞争缩短社会必要劳动时间，因而耗费的国际社会必要劳动时间较多，包含的国际价值量较高，在国际市场上就表现为价格昂贵。但随着劳动生产率的提高和批量生产，或提供同种服务的人员增加，服务商品的国际价值在竞争的过程中会逐渐降低，价格下跌。

国际价值是国际市场价格变动的轴心。当市场上服务商品供求平衡时，服务商品的国际市场价格与国际价值一致。供给和需求影响服务商品价格的上下波动，但价格的变动又会反过来影响服务商品的供给和需求，使供求逐渐趋于平衡，从而使国际市场价格从长远来看趋于国际价值。

(二) 国际市场价格是服务商品国际价值的货币表现

国际市场价格的变动，不但决定于国际价值，而且还依赖于货币价值。服务商品价格只有在货币价值不变、服务商品价值提高时，或在服务商品价值不变、货币价值降低时，才会普遍提高；反之，会普遍降低。

在对外贸易过程中，一国的货币价值既表现为对内价值，又表现为对外价值（即本国货币与外国货币的比价）。一国货币价值的变动除了受本国货币对内价值变动的影响外，还取决于各国货币在同一时期实际购买力的对比和外汇供求关系的变化。在浮动汇率制度下，汇率变动频繁且波动幅度大，加剧了国际市场服务商品价格的不稳定性。

(三) 市场供求关系直接影响服务商品国际市场价格的波动

市场供求关系是引起国际市场价格变化的直接因素。政治、经济、军事和自然条件等因素都是通过影响供给和需求促使国际市场价格变化的。在国际市场上，供给和需求是经常变动的，且两者的变动可以是同方向的，也可以是反方向的。当市场上服务商品的供求平衡时，商品的国际市场价格同国际价值一致。当某种服务商品在国际市场上出现短缺，供不应求时，其国际市场价格上升；当某种服务商品在国际市场上出现过剩，供过于求时，其国际

市场价格则下跌。供给和需求影响商品价格的上下波动，但价格的变动又会反过来影响商品的供给和需求，使供求逐渐趋于平衡，从而使国际市场价格从长远来看趋于国际价值。

（四）其他影响国际市场价格变动的因素

1. 垄断对服务商品国际市场价格的影响

垄断对国际市场价格的影响取决于垄断组织在服务商品提供中所占的市场份额以及对科技发明、专利许可等的控制程度，另外垄断组织的规模大小和市场条件也直接影响着服务商品的国际市场价格。总之，市场垄断程度越高，垄断组织操纵市场价格的力量就越强。

2. 竞争对服务商品国际市场价格的影响

在当代世界市场上，虽然垄断资本占据主导地位，并对服务商品国际市场价格的形成和变动产生重大影响，但垄断并不能代替竞争，更不能消除竞争，只能在一定程度上使竞争更为激烈。因此，竞争仍然是影响服务商品国际市场价格的一个重要因素。国际服务商品市场的竞争与货物商品市场一样，供求关系的变化影响价格，价格的变化反过来也对供求关系产生影响。

3. 经济周期对服务商品国际市场价格的影响

发达的市场经济国家的再生产具有明显的周期性，经济运行是周期性进行的，每一个周期通常由危机、萧条、复苏和高涨四个阶段构成。服务商品国际市场价格随着经济周期的变化而变化。随着经济全球化的发展，国际市场的联系程度不断提高，经济运行的周期性会对更多的国家、更多的商品和服务产生影响。

4. 政府政策等对服务商品国际市场价格的影响

近年来，随着世界贸易组织作用的发挥，成员方的数量限制逐渐降低，平均关税水平不断降低。对服务商品的进出口而言，有关市场进入壁垒、自然人流动等方面的政策成为影响服务贸易发展的主要手段。

服务商品国际市场价格的变化，除了受以上各种因素的影响之外，还受到国际资本流动、经济全球化、地区经济一体化的直接影响以及自然灾害、战争、投机、季节性等因素的影响。

第三节　配第-克拉克定理及其在服务贸易中的运用

服务业劳动生产率的高低与该行业劳动力数量和质量密切相关，如果服务业从业者数量众多且具有较高的素质，那么，在其他条件既定的情况下，该国服务业无疑具备较强的国际竞争力。配第-克拉克定理揭示的劳动力产业间转移规律已经证实，一国人均收入越高，劳动力在服务业中所占比例越大，服务贸易越发达。

一、配第-克拉克定理与服务业及服务贸易的发展

配第-克拉克定理作为有关经济发展与产业结构变动之间关系的经验性总结，突出并强调了服务业在经济发展中的重要作用。随着国民财富的增长，服务业在社会经济结构中的地位不断上升，服务业分工不断深化，这将扩大服务业的规模和容量，促进国际服务贸易的开展。

（一）配第-克拉克定理

伴随着技术状况、收入水平、消费习惯以及生产规模和流通规模等因素的变动，世界上各发达市场经济国家的经济结构在20世纪发生了很大变化。变化的突出特点是服务业在经济结构中的地位迅速上升，这主要表现为服务业产值和就业人数的不断增加。早在20世纪

30 年代，经济学家们就注意到了经济结构的这种变化。其中较为充分地概括和总结这一现象的是英国经济学家、新西兰奥塔哥大学教授 A. 费希尔（A. Fisher），在其所著的《安全与进步的冲突》一书中，通过对各国经济发展史的深入考察、分析，将产业结构的变动划分为三个阶段，并指出了每个阶段的不同特点。在第一阶段，农业和畜牧业在国民经济中处于主导地位，无论是从产值上看，还是从就业人数上看，都是社会第一大产业。这个阶段漫长而悠久。第二阶段以工业生产大规模发展为标志。在这个阶段，纺织、钢铁和其他制造业的商品生产迅速崛起，为就业和投资提供了广泛的机会。这个阶段开始于英国的工业革命，目前不少国家正处于这一阶段。第三阶段开始于 20 世纪初期，其主要特征是旅游、娱乐服务、文化艺术、卫生保健、教育和科研等原先处于落后地位的行业的从业人数和国民收入创造额迅速增加。这些行业统称为服务业（第三产业），服务业在社会经济结构中的地位不断上升。同时，服务业内部各部门也在不断分化，形成各类新兴服务行业。费希尔进一步指出，生产结构的变化表现为各种人力、物力资源将不断地从农业转向工业，再从工业转向服务业。他把产业变动的这一过程归结为由技术变动引发的生产方式变动的自然结果，这一进程是政府干预无法阻止的。

英国经济学家 C. 克拉克（C. Clark）继承了费希尔的观点，于 1940 年出版了《经济进步的条件》一书，书中搜集和整理了 20 多个国家的各部门劳动力投入和总产出的时间数据，进行了卓有成效的统计和研究，提出了劳动力在三次产业间分布的结构变化理论。克拉克发现，一个国家内从事三个产业的劳动力比重，会随着国民经济的发展、人均国民收入的提高而变动，农业劳动力急剧下降，从事制造业的劳动力比重与经济增长同步，但通常在接近 40% 时便稳定下来，而服务业的劳动力比例则不断增长。克拉克的这一观点起源于 17 世纪英国古典经济学家 W. 配第（W. Petty），因而被经济学界称为"配第-克拉克定理"。这一定理作为有关经济发展同产业结构变动之间关系的经验性总结，不但可以从一个国家的经济发展历程中得到证实，而且还可以从目前各个不同发展水平国家的现状中得到印证。越是发达国家，人均国民收入越高，产业结构中的农业所占的份额越少，制造业、服务业所占份额越高；反之亦然。因此，可以说配第-克拉克定理揭示了产业结构变化的基本趋势。

当然，这一定理也有一些不足之处：一是选择的国家和地区的数量还不够多，数据处理比较简单，因而其典型性和普遍性还不够；二是仅仅使用了单一的劳动力指标，这并不能完全揭示纷繁复杂的产业结构变化的总趋势。

（二）配第-克拉克定理的补充与拓展

正因为配第-克拉克定理的不足，后来的经济学家从理论上对该定理做了进一步的补充和论证。

1. 对配第-克拉克定理的补充与论证

（1）美国经济学家、统计学家库兹涅茨（Kuznets）运用丰富的数据资料进一步证明了克拉克所提出的理论。他指出，如果我们把世界不同国家的最新数据加以分析，就不难发现，随着人均收入水平的提高，农业劳动力就业的比重会不断下降，前者越高，后者就越低。而在商业和其他服务行业就业的劳动力的比例将不断地、有规律地增长，这种趋势在最近几十年尤为明显。

（2）法国经济学家富拉斯蒂埃（Fourastie）也利用掌握的数据证明了这一演进规律。在 150 年前，几乎所有国家农业的劳动力都在 80% 左右，工业劳动力约占 8%，服务业的劳动力约占12%。由于技术进步推动了劳动生产率的提高，较少的劳动者就能够生产出全国人口所需要的食物，因而农业人口的比例就会逐年下降。他同时还指出，这个演进过程也不是无限的，随着农业劳动者人数的逐渐减少，农业劳动者绝对数字的下降也会减慢。此外，还有一点很明显，农业劳动力转移到工业和服务业并不是唯一的，与此同时，工业劳动力也向服务业转移，更进一步说，在服务业内部，劳动力也不断从一些行业转向另一些行业，这就是劳动力的产业间转移和产业内转移并存。

（3）另一名法国经济学家阿尔弗雷德·索维（Alfred Sauvy）也进行了相似的分析。他在1952年出版的《人口通论》一书中指出，劳动力依次从农业转向工业，再从工业转向服务业，是一个逐步深化的过程。第一次是脱离自然界，第二次是脱离原材料，第三次是在服务业内部脱离一部分人而转向为另一部分人提供服务。每一次带有升级含义的转移都相应增加了收益。在某种意义上可以认为，劳动力依次在三个产业之间的转移，是一种社会地位的升级。因此，可以想象，人们特别是年轻一代追求向高一级产业转移，并享受其好处的愿望有多么强烈。总之，技术进步和社会发展要求劳动力从农业转向制造业，再转向服务业。

2. 对劳动力产业间转移原因的解释

（1）克拉克分析。克拉克认为，除了远古时代，在人类社会的其他各个发展阶段，农业劳动生产率和人均产品总是有规律地提高的，尽管这种提高不像在工业领域那么快。他认为，农业生产率的提高以及对农产品相对需求的下降，是引起农业劳动力向外转移的主因。对于工业劳动力的向外转移，克拉克认为，无论是按每小时劳动的产出还是按人均产出，工业的增长速度都比其他产业要快，而对工业产品的需求却是相对稳定的，因此，随着经济的进步，工业劳动力就会逐步减少。即便是对加工工业产品的需求增长，也可以认为，在一个较长的时期，工业的劳动力也会减少。换句话说，工业的劳动生产率提高很快，但对其产品的需求增长相对较慢。对于服务业来说，克拉克认为情况正好相反，人们对服务业产品需求的增长要快于服务业劳动生产率的增长，因此，随着人均收入的提高，劳动力必然由制造业流向服务业。

（2）富拉斯蒂埃解释。富拉斯蒂埃对劳动力在产业间演进顺序的分析与克拉克的分析有明显不同。他认为，技术进步是引起劳动力产业分布结构演变的主要原因。这种演进的速度在不同国家、不同行业是不同的，也缺少规律性。技术进步导致两方面的变化：一方面提高了生产总量；另一方面改变了生产结构，生产结构的改变又会相伴产生需求结构的改变。因此，技术进步丰富了供给，而丰富的供给又会使人类某一层次的欲望和需求迅速得到满足，进而产生新的需要。一方面技术进步支配着一个不断成长的生产结构，另一方面社会生活条件的变化和人类日益增长的需求愿望又决定着日益增长的消费结构，而这两者之间是不协调的。这种不协调迫使生产适应强烈的消费需求，并不可避免地促使劳动力从需求已经饱和了的产业部门转向那些需求旺盛的产业部门。正因为如此，才出现了农民离开土地、工人改换行业的劳动力转移现象。

生产结构和消费结构随着生产率的增长和技术的进步而得到改善。这种变化可以被描述如下：三次产业呈现此消彼长、不断变化的走势，农业劳动力逐步减少，制造业劳动力先是膨胀然后再逐步下降，服务业劳动力的比例则呈不断上升态势。这种变化不仅存在于每个国家，同样存在于每一个产业内部的各个行业和部门，其演变的方向也大体相似。

二、服务贸易发展路径：从服务业"内在化"向"外在化"演进

服务贸易是服务业国际化的结果，其演变过程是服务业从"内在化"向"外在化"的发展。

（一）服务业"内在化"向"外在化"发展过程

在服务业尤其是消费者服务业和生产者服务业的发展过程中，存在着一个规律性的趋势，即由服务业"内在化"向服务业"外在化"演进，或是由服务业"非市场化"向服务业"市场化"演进。以前，消费者服务业的活动是由服务消费者以"自产自销"的"内在化"或"非市场化"的方式展开的，生产者服务业则是由生产部门在生产过程中通过"内在化"或"非市场化"的方式来进行的。20世纪70年代以后，经济生活中出现了日益增多的，提供诸如家政、财会、营销、咨询等服务商品的专业公司。服务消费者可以通过市场来购买所需的各类服务商品，包括消费者服务和生产者服务。一个公司或企业现在无须设置咨询部门或咨询机构，拿这部分开支或成本在市场上购买咨询公司的咨询服务，效果或许更理想些。服务业这种"内在化"向"外在化"的演进趋势是专业分工逐步细化、市场经济逐步深化的必然结果，它在很大程度上推动了服务业的独立化，扩大了服务业的规模和容量，促进了服务业的国际化进程。这些又反过来推动整个经济向市场化方向发展，从而使市场经济日趋深化、成熟。另外，这种演进趋势，除了经济影响外，还带来了人们思想观念和行为方式的巨大变化。

（二）生产者服务的市场化发展——"外包"

生产者服务的市场化意味着生产中的部分服务环节可以从内部提供转为外部购买，这种行为也被称为"外包"（Contracting Out），其发展程度主要受以下因素的影响。

1. 促进"外包"的因素

生产者服务的市场化发展是在诸多促进因素和掣肘因素的共同作用下展开的。促进"外包"有以下几个因素。

（1）企业活动日趋复杂化，导致对雇员的监督日益困难。对经理人员来说，更方便、更廉价的办法是与外部供应者谈判，而不是与雇工订约来保证其以最低费用获得所需的服务投入。

（2）专业化的加强和技术诀窍的变动，使得在市场购买某些种类的专门技能比在企业内部生产更有利。例如，法律、会计与金融等方面的一些专门服务非常专业化，一家企业往往只是偶尔需要它，极少的需求使企业内部拥有这种专门服务要付出极大成本，同时，也很难发挥这些服务部门的规模优势和外部效应。在专门技能需要经常更新且投资又有风险的情况下，从外部购买就可以转移或降低成本和风险，这更符合企业的战略规划。

（3）信息和交通费用的下降导致服务的市场交易费用下降。这样一来就相应地降低了企业与雇工订立固定合约的利益。例如，一个小城镇的一家企业也许觉得雇用所需的专业律师是有利的。高效的交通与运输降低了费用，也方便了与所雇用的位于较大城市的律师接触。结果，这些企业可能认为利用企业外的法律服务更合算些，从而关掉了它们自己的法律部门。如果很多企业都这样做，那么，市场中的律师服务就会迅速发展，规模越来越大，律师的技能也会越来越精。

（4）在法律与工会组织的影响下，雇工的非工资费用趋于增加。例如，需要给予有偿的假期，制定病假制度，提前通知解雇，支付大量的遣散费，重新安排工作前的磋商，以及

许多其他诸如此类的规定，都提高了雇用工人的总成本。在这种情况下，从外面购买服务比由内部生产（提供）更加有利。

2. 制约"外包"的因素

所有事物的发展都是诸多因素共同作用的结果。制约"外包"的因素有以下几个。

（1）商业或生产技术中保密的需要。在许多行业中，产品创新、工艺改良与销售革新的步伐随着电子技术及其他科技的普及而加快。为了保护企业的生产机密和专利发明，企业更多地选择通过内部提供而不从外部购买。

（2）互联网发展和企业的数字化转型加快，提高了企业监督雇员工作的能力，降低了管理成本。

（3）不断扩大的企业规模与通信及交通运输的低廉费用相结合，使得保持内部扩大的职业专业化成为可能。例如，福特汽车公司能在它的总部雇用一批具有专门技能的税务、法律或计算机专家，福特在全世界的活动都能让他们参与，因为现在与过去相比，电话联系费用较低廉，商务旅行机会更多。

生产者服务的市场化，是在上述各种因素所形成的合力的作用下发展的。从总体上看，经济的发展越来越强调人力资本和知识资本的作用、日益增长的迂回性和专业化分工。因此，生产者服务的市场化是不断向前推进的。从单个企业的角度看，决定生产者服务是企业内部提供还是从市场上购买，需要用 1991 年诺贝尔经济学奖获得者 R. 科斯（R. Coase）的"交易成本"及其相关理论进行分析。简而言之，如果由企业内部提供所产生的净成本大于从市场购买的净成本，则倾向于市场化；反之则倾向于内部化。

因此，服务业的发展是服务贸易的基础，服务业的国际化也会促进服务贸易的扩大与升级。

第四节　国际服务贸易理论模型

传统的国际贸易理论是建立在国际货物贸易基础上的，根据国际服务贸易理论的探索与研究，解释国际服务贸易发生与发展的理论模型主要有：对传统比较优势理论修正与拓展后的国际服务贸易理论模型；规模经济和不完全竞争条件下的国际服务贸易理论模型；国家竞争优势理论下的国际服务贸易理论模型等。本节主要介绍国家竞争优势理论下的国际服务贸易理论模型。

一、国家竞争优势理论与国际服务贸易

国家竞争优势理论是由迈克尔·波特（Michael Porter）提出与完善的，在将管理学的理论与实践引入竞争优势理论后，强调了国内因素对一国竞争优势的重要性，同时侧重政策应用价值，强调国家在决定国际竞争力方面的重要作用。一国竞争力的基本因素包括生产因素、需求条件、相关与辅助产业、企业策略（企业结构和行业竞争）、机遇和政府行为。这些因素构成图 3-1 的"钻石模型"。

波特等人从不同的角度对国际服务贸易与国家竞争力的关系，给予了深入的理论分析和数据论证。他们认为获得低成本优势和寻求产品差异性，是服务贸易自由化、提高企业乃至国家经济竞争力的基础。在此基础上，服务贸易提供给企业或国家竞争优势的基本要素可分解为以

下六个：

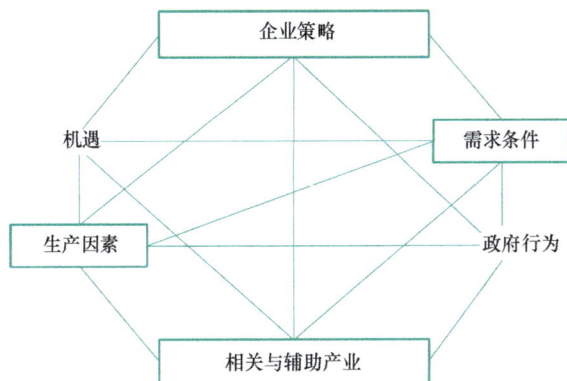

图 3-1　波特国家竞争力决定的 "钻石模型"○

（1）服务技术要素。通过服务贸易，或依靠服务技术基础设施，或借助物理载体和其他高技术方式，企业能够及时采用各种最新信息技术以获取成本优势和产品差异，提高竞争力。

（2）服务资源要素。高昂的初始投资产生的服务贸易对象如数据库、网络信息、软件、音像制品、专利技术、文艺作品或其他知识产权产品等，是构成国家服务资源的基本要素之一。与自身开发服务资源相比，服务贸易使企业能够获得相对低成本的服务资源而取得竞争优势。

（3）服务管理要素。现代服务商品多属于技术与管理密集型产品，服务贸易过程既是实施服务管理的过程，又是提高服务管理技术和质量的过程。国际服务贸易能够提高企业的服务管理效率。

（4）服务市场要素。国际服务贸易为国内企业提供了一条利用国际服务市场的可能途径。外国服务企业进入国内市场将加剧国内服务市场竞争，导致服务价格下降和服务质量提高，从而给外向型厂商提供了低成本参与国际竞争的外部条件，提高了本国企业的国际竞争力。

（5）服务资本（投资）要素。国际服务贸易往往与对外直接投资活动紧密联系在一起。国际服务贸易带来外国直接投资，而外国资本的持续流入需要各种跨国服务的支持，这既是跨国公司内部贸易和产业内贸易的需要，也是市场全球化发展的需要。外国资本的持续流入将不断提高本国市场的开放度，而本国市场开放度被认为是国家竞争力的指标之一。

（6）服务商品要素。国际服务贸易内含的服务技术、资源管理、市场和投资诸要素的有形或无形的跨国流动，必然促成服务商品的生产和销售，从而促进国家产业结构升级和服务业规模的扩大，提高国家竞争力。

将上述六要素与波特的国家竞争优势理论组合起来，就形成了国家竞争优势理论下的国际服务贸易模型。国家竞争优势理论充分反映国际服务贸易竞争的丰富内涵，对竞争优势来源的分析包括细分市场、差异化产品、技术差异、规模经济、管理、特色、新产品创新和成本优势等，特别值得注意的是，国家竞争优势理论重视需求条件的这一特点，对国际服务贸易的研究具有特别重要的理论指导与启示意义。由于服务商品通常是 "量身定制" 的，即根据消费者的不同要求提供质量不同的服务商品，同时对服务商品的质量管理无法像对实物商品质量管理那样，形成统一的衡量标准，因此无论从理论研究还是从实际管理来

○　王粤：《服务贸易——自由化与竞争力》，中国人民大学出版社，2002 年版。

看，服务商品的需求比服务商品供给更为重要。而以往的国际（服务）贸易理论多侧重于供给角度，如在技术差异、资源禀赋差异、规模经济等方面探讨国际服务贸易的产生原因和贸易格局，波特的国家竞争优势理论无疑为国际服务贸易研究提供了一个全新的视角。

二、国际服务贸易竞争优势的测度

瑞士洛桑国际管理开发研究院（International Institute for Management and Development，IMD）长期以来致力于对国际竞争力的研究，为国际竞争力的概念与研究方法的丰富与发展发挥了自己独特的作用。如表3-2所示，在IMD所构造的国家竞争优势指标项目中，"国内经济"用于测度一国宏观层次上的经济实力基础；"国际化程度"用于测度一国参与国际贸易和资本流动的程度；"政府管理"用于测度政府政策对国家竞争优势培育的有利程度；"金融体系"用于测度股票市场与金融服务的绩效；"基础设施"用于测度资源与基础设施体系对国内企业基本需求的满足程度；"企业管理"用于测度有创新精神的、可盈利的与有效管理企业的能力；"科学与技术"用于测度一国在基础研究和应用研究中取得的成就与运用科学技术的能力；"国民素质"用于测度一国人力资源的质量。

表 3-2　IMD 国家竞争优势指标（分指标）项目

指　标	指标构成项目	指　标	指标构成项目
1. 国内经济	附加值 资本形成 个人消费 生活成本 经济部门 经济发展	5. 基础设施	能源自给度 科技建设 运输建设 环境
2. 国际化程度	贸易效应 商品与服务的出口 商品与服务的进口 国家保护政策 外国直接投资 文化开放度	6. 企业管理	生产力 劳动成本与报酬水平 企业效益 管理效率
3. 政府管理	国家债务 政府支出 政府干预经济的程度 财政政策 社会政治稳定程度	7. 科学与技术	研究与开发 资源 科学研究 专利 科技管理
4. 金融体系	资本成本与投资回报率 获得资金的难易程度 股票市场 金融服务	8. 国民素质	人口素质 劳动力素质 就业 失业 教育机构 生活水平 工作态度

资料来源：王粤，《服务贸易——自由化与竞争力》，中国人民大学出版社，2002年版。

综合 IMD 测度国家竞争优势的各项指标与分指标，可以发现，用于测度服务业与服务贸易竞争优势的中小指标包括：国际化程度（用服务总体进出口状况衡量服务市场的开放度）、金融体系、基础设施（涉及运输、能源、环境等服务部门）、科学与技术（包括研究与开发等服务活动）与国民素质（教育与文化服务业在国民素质培养与提高方面具有举足轻重的地位）。因此，服务业与服务贸易竞争优势（特别是生产者服务的竞争优势）直接构成并能显著提升一国的国家竞争优势。由于服务贸易广泛涉及国家政治、文化和安全利益，所以服务贸易竞争优势的作用途径是多维度、全方位的。

【本章小结】

本章主要介绍了国际服务贸易的比较优势理论、国际服务贸易的价值理论、配第-克拉克定理及其在服务贸易中的运用、国际服务贸易理论模型。

（1）比较优势理论是建立在贸易自由化的基础之上，根据这一理论，各国从货物贸易领域里获得很多好处，能增加一国福利。同货物贸易一样，国际服务贸易也是出口优势较大的商品、进口优势较小的商品，这样必会促进经济资源在各国间合理分配，达到发展经济的目的。

（2）服务价值理论从服务商品的使用价值和价值出发，探讨了服务价值的决定因素，并指出影响国际服务商品市场价格变动的因素，主要有服务商品国际价值、货币价值、市场供求关系、垄断、竞争、经济周期和政府政策等。

（3）配第-克拉克定理认为，越是发达国家，人均国民收入越高，产业结构中的农业所占的份额越少，制造业、服务业所占份额越高；反之则相反。在消费者服务业和生产者服务业的发展过程中，存在着一个规律性的趋势，即服务业由"内在化"向"外在化"演进。其结果是推动了服务业的独立化，扩大了服务业的规模和容量，促进了服务业的国际化进程。

（4）波特的国家竞争优势理论从需求角度出发，充分反映国际服务贸易竞争的丰富内涵，对竞争优势来源的分析包括细分市场、差异化产品、技术差异、规模经济、质量、特色、新产品创新和成本优势等。并且认为，竞争优势已经逐渐加强对技术创新的依赖程度，而不似传统比较优势理论认为纯粹由要素禀赋和低成本决定比较优势。

【本章重要概念】

比较优势理论适用性　　服务商品的使用价值和价值　　配第-克拉克定理　　国家竞争优势理论
钻石模型

【复习思考题】

1. 有关比较优势理论是否适用于国际服务贸易的三种基本观点是什么？
2. 如何理解服务商品的使用价值和价值？
3. 简述配第-克拉克定理的内涵。
4. 请简要阐述"钻石模型"。

第四章 ▶▶▶

国际服务贸易与经济发展

本章主要学习内容

- 服务贸易对一国经济增长的影响
- 服务贸易对一国经济福利、产业发展、技术进步、资源配置和规模经济的影响
- 服务业 FDI 的发展及其对东道国经济的影响

自 20 世纪六七十年代以来，随着科学技术的进步、产业结构的高级化和全球经济生活国际化的演进，服务业在各国经济贸易活动中占据着越来越重要的位置，并成为衡量一国国际竞争力强弱的重要标准，服务贸易的快速发展也使其成为经济发展的重要推动力。

第一节　国际服务贸易与经济增长

服务贸易是一国对外贸易的重要内容和组成部分。当今各国经济增长的实践表明，国际服务贸易已成为新的经济增长点。

一、服务业在国民经济中的地位和作用

服务业不但是传统意义上的社会三大产业之一，而且伴随着全球产业结构的调整和不断软化，服务业在国内生产总值中的份额日益提升，服务业已成为现代经济贸易发展的重要动力来源，其地位和作用也越来越突出。具体来说，主要体现在以下几个方面。

（1）充当基础设施。运输、银行、通信、教育、保健和公用事业等服务业是每个国家基础设施的主要组成部分，拥有上述服务业部门有助于解决发展中的"瓶颈"问题，形成经济发展的前提条件。

（2）作为中间环节。保险、贸易、数据服务、会计、研究与开发、工程、建筑、法律服务和广告等服务都是作为生产者服务的中间投入，充当基础设施的一些服务同样具有这一种类的特性。通过与工业活动和其他服务业的相互作用，中间投入的效能将影响经济竞争力的提高。

（3）对经济发展的战略意义。一般来说，银行、金融等服务业被许多国家看作经济增长和发展的重心。如果一个国家不能在宏观经济政策层面有效控制上述领域，那么它在经济管理其方面就会发生困难。东南亚金融危机正好说明了这样一个问题。

（4）对结构调整的作用。一些国家，特别是那些在国际经济交往中有竞争力的国家，总是把服务行业看作经济增长、取代夕阳产业、实行结构调整的基本着眼点。

（5）对社会文化的影响。大众媒介、广告、教育、出版和旅游等服务业都会有一定的社会文化价值内容，通过它们的活动将影响人们的价值取向、行为模式和消费模式。

二、服务贸易对经济增长的影响

以发展对外贸易来促进一国经济增长，一直被新古典学派誉为最理智的和有效的发展战略。新古典经济学家拉姆（Ram）、卡沃西（Kavoussi）、巴格瓦蒂（Bhagwati）和克鲁格（Kruger）一致认为，出口能够加快一国资本积累的速度；提高专业化水平和优势资源的效益；提供较大的规模经济；使一国的生产能力得到较充分的发挥等。[一]服务贸易作为一国对外贸易的一部分，可以促进一国的经济增长，并且有可能成为一国经济增长的"发动机"。

（一）经济增长"发动机"理论

1."发动机"理论的产生

1937 年，英国学者罗伯特逊（D. H. Robertson）提出"对外贸易是经济增长的发动机"的命题，其主要着眼点在于：后进国家可以通过对外贸易尤其是出口增长来带动本国经济的增长。第二次世界大战后，美国经济学家纳克斯（R. Nurkse）通过分析 19 世纪英国与新移民国家如美国、加拿大、阿根廷、澳大利亚、新西兰、南非等国家经济发展的原因，在 20 世纪 50 年代补充和发展了这一命题。

现代贸易"发动机"理论的代表人物是美国经济学家威廉·阿瑟·刘易斯（Willian Arthur Lewis），该理论从发展中国家角度出发，不但认为发展中国家的贸易增长与它们自身的经济增长密切相关，更着重强调它们的出口增长取决于发达国家的经济增长速度，并且从长期来看，这两者之间存在着一种稳定的比率，这也表明了发展中国家的贸易增长在很大程度上受制于发达国家。该理论还认为，贸易起着一种把发达国家的增长冲力转送到发展中国家的作用，而这种"发动机"的机械效率又要求那些用齿轮连接起来的部件紧密吻合。总的来说，现代贸易"发动机"理论虽然指出了发达国家对发展中国家贸易的带动作用，反映出了前者对后者的经济控制关系，但没有指出不平等交换带来的损害作用。

20 世纪 60 年代之后，随着日本、亚洲"四小龙"等亚洲国家和地区通过实行出口导向型战略实现了本地区经济的持续快速增长，并且先后步入新兴工业化国家和地区的行列，"对外贸易是经济增长的发动机"这一理论再度流行。从现象上看，二战后凡是重视对外贸易的发展中国家或地区，经济增长成就十分突出。

西方经济学家迈尔（Meier）认为，对外贸易尤其是出口的高速增长，可以给发展中国家带来以下几个方面的利益：①出口的扩大意味着进口能力的提高，进口中的资本货物对经济落后国家的经济发展具有决定性的意义，资本货物的进口不但有助于取得国际分工的利益，而且可以提高国内的技术水平，缩小与发达国家之间的差距；②对外贸易的发展使国内的投资流向越来越集中在有比较优势的领域，促进生产的专业化，从而提高劳动生产率；③出口的扩大克服了国内市场狭小的局限性，生产规模可以不断扩大，从而获得规模经济效益，增强国际竞争能力；④出口的扩大特别是加工制成品出口的扩大，会增加对向出口部门提供物质投入部门的需求，这些部门转而增加对其他供给部门的需求，如此循环往复，不但带动了国内所有部门的发展，而且会大大地促进国内统一市场的形成，这对经济运行机制不健全的国家尤其重要；⑤出口的不断扩大会鼓励外资的流入，这不但有助于解决国内投资不足的难题，而且有助于国内产业吸收先进技术和管理经验，这对普遍缺乏资本的落后国家日

[一] 陈宪：《国际服务贸易——原理·政策·产业》，立信会计出版社，1995 年版。

益重要；⑥世界市场的激烈竞争会促进国内出口产业以及相关产业提高效率、降低成本、提高质量，从而促进国内产业的发展。较之传统的贸易"发动机"理论，迈尔的这一论述显得更为完善。进入20世纪80年代以后，泰国、马来西亚、印度尼西亚、菲律宾等国家相继效仿日本、韩国等国家，通过大力发展出口产业取得了成功。

2. "发动机"理论的质疑

自"对外贸易是经济增长的发动机"学说提出以来，理论界对于这一命题的质疑就从未停止过。以阿根廷经济学家普雷维什（R. Prebisch）和德国经济学家辛格（H. W. Singer）为主要代表的一些经济学家从发展中国家贸易条件恶化的角度提出了"中心-外围论"。他们认为，已有的国际经济体制是把发达国家作为中心，控制着由发展中国家组成的外围国家，外围国家只能顺应中心国家的发展，这种依附关系在国际贸易方面则表现为，贸易非但不是发展中国家经济增长的"发动机"，反而是造成发展中国家经济不发达的原因。普雷维什还进一步指出了发达国家通过贸易对发展中国家的剥削和掠夺。

欧文·克拉维斯也曾指出：19世纪经济取得成功的国家几乎都不是以出口主导型增长为标志的，相反，经济发展不成功的国家却在19世纪有过相当大的出口扩展。他认为，应该把贸易扩展形容为成功经济增长的"侍女"，而不是经济增长的"发动机"。也有人认为，对于岛国或小国，贸易可能起到"发动机"的作用，但对于幅员辽阔的大国，外贸对其经济增长一般只具有一定程度的作用，而非"发动机"的作用。

而曾丰富和发展了"发动机"学说的纳克斯本人后来也改变了看法，他认为"经济增长的发动机"观点只适用于19世纪英国与新殖民地区经济的发展状况。到了20世纪，发达国家工业结构由以轻工业为主转向以重工业为主，制造业的发展对原材料尤其是初级产品的需求出现下降，再加上发达国家经济增长中劳务所占的比重不断上升，对原材料的需求落后于生产的增加，以及发达国家对工业原材料的节约使用和发达国家农业保护主义蔓延等各种因素综合作用，导致发达国家的经济增长并未通过初级产品需求的增加而带动发展中国家经济的成长。

3. 国际服务贸易的"发动机"作用机理

近些年来，关于服务贸易促进经济增长的相关研究越来越得到国内外学者的关注，但相关理论大多是建立在国际货物贸易促进经济增长的理论基础之上的。2001年，迪尔多夫的研究表明服务贸易不但对服务业的发展具有刺激作用，更重要的是，服务贸易所提供的服务（如运输、保险、金融）会使国际贸易的开展更为完善和便利，对货物贸易的发展具有促进作用，从而间接推动了经济增长。⊖

国内也有观点认为，服务贸易不是经济增长的直接解释变量，但能通过影响主要增长要素和技术进步而间接作用于经济增长，只不过在不同的经济发展阶段其作用方式和作用机理不同。在特定的经济发展阶段，服务贸易（包括投资）可对一国要素供给、技术进步产生静态影响和动态影响，进而促使其国内资源禀赋结构的变动。企业按照比较优势的动态变化路径选择产业、技术结构和贸易模式，由此推动贸易结构、产业结构、技术结构的升级以及增长方式的转变，最终推进经济发展阶段向高级阶段的逐步转换。从服务贸易和投资的作用机理看，服务贸易和投资通过物质资本积累效应、人力资本效应、技术进步效应、制度变迁

⊖ 董有德，马力：我国不同部门服务贸易对经济增长的影响机制研究，世界经济研究，2009年2月。

效应、就业效应以及技术的外部性等路径影响一国的要素供给和技术进步，从而影响其资源禀赋结构的变动和贸易、产业结构的升级。这种影响的动态效应大于静态效应，外部效应大于内部效应，且服务业 FDI 的技术外溢效应大于狭义服务贸易（包括跨境交付、过境消费和自然人流动）的技术外溢效应。○

此外，国内外诸多学者先后对世界不同经济体进行了服务贸易与经济增长的因果关系检验，已有的相关研究结果表明，无论对于整个世界还是发达国家或发展中国家，还是就美国、中国等一些代表性国家而言，服务贸易与经济增长之间均表现出因果关系：一方面经济增长成为服务贸易进口的主要原因之一，另一方面服务贸易的出口也是经济增长的重要推动力量。

（二）服务贸易对经济增长的具体影响

服务贸易作为一国对外贸易的一部分，它对一国国内经济增长、经济利益及其分配以及对国际贸易条件变化都会产生影响。

1. 服务贸易发展有利于外资引进

一方面，服务业已成为跨国公司投资的新热点，一国服务业的开放成为引进外资的重要渠道；另一方面，服务贸易带来的国内服务业发展有利于进一步改善投资环境，增强区位优势。例如，银行服务业的对外开放，实际上就让外国银行带来大量资金投放到本国市场，便于东道国发展对外集资和发行债券等业务。同时银行服务业的对外开放，还便于吸引外商前来投资。一些外资银行在东道国拥有的大量客户，正好作为外商与东道国之间的桥梁。

2. 服务贸易发展有利于引进先进的经营管理经验

如同货物贸易一样，随着服务产品在国际流动，服务产品及其提供过程中内含的技术、管理等同样也会产生溢出效应。例如，发达国家在旅游管理服务、零售业服务、远洋运输服务等领域有着丰富的经营管理经验，值得借鉴。另外，医疗服务、电信服务、教育服务、建筑承包业服务的对外开放，有利于东道国学习一些先进的技术。国外服务提供商之间的竞争，也有利于东道国吸引外资和学习先进技术经验。

3. 服务贸易发展有利于带动货物出口

国际服务贸易的开展不但为货物贸易的顺利进行提供了必要的桥梁和保证（国际运输、国际结算等），而且一些与货物有着直接联系的服务贸易（机电设备的安装维护等）也对货物出口市场的开拓产生了积极的促进作用。另外，通过输出的劳务人员与国外广泛接触并提供优质的服务，可直接增加外汇收入，弥补货物贸易逆差。

当然，服务贸易的发展及其自由化也会带来一些不良影响，主要体现在：①由于世界各国服务贸易的发展尚存在严重的不平衡，服务贸易自由化会扩大一些国家特别是发展中国家的贸易逆差，使它们的债务问题更加恶化，冲击并扼杀其服务业的发展，加重国民经济中的薄弱环节，减慢经济增长的速度，使它们的对外依赖度更严重；②许多发展中国家的服务行业仍属"幼稚"行业，如这些行业被开放并参与国际竞争，往往在竞争中遭遇抑制甚至倒闭，这会导致大量失业，国家主权和安全难以保证，最终有可能产生严重的社会问题。

（三）服务贸易作为经济增长"发动机"的条件

经济增长是多种因素共同作用的结果，因此，服务贸易能否成为经济增长的"发动

○　庄丽娟：《国际服务贸易与经济增长的理论和实证研究》，中国经济出版社，2007 年版。

机", 还要看它与其他影响经济增长的因素共同作用的效果如何, 取决于"发动机"的实现条件是否被满足以及被满足的程度如何。

1. 稳定的出口市场是服务贸易"发动机"启动的外部条件

国际服务贸易作为经济增长的"发动机", 首先依赖于稳定的出口市场, 这是"发动机"启动的条件。新技术革命趋势出现以后, 发达国家对发展中国家初级产品的进口需求呈现减弱的趋势, 这就使发达国家对发展中国家那种"带动兼控制"的作用减弱。对于当代发展中国家来说, 传统制成品的生产出口受到发达国家高科技产品的竞争优势的压力, 大量依靠低工资的生产出口又受到各种贸易壁垒的强力抵御, 新发展起来的服务业又面临着激烈的国际竞争, 进入发达国家市场的困难远远超过当年率先工业化的国家冲破自然经济壁垒的困难。而且, 整个世界经济并非一直处于繁荣而需求较高的状态, 出口市场并不是在任何时候都存在, 所有这些原因都使得"发动机"的启动比以往困难得多。

2. 比较优势的转换是服务贸易"发动机"持续运转的内部动力

按照传统贸易理论观点, 贸易增长的动力来自于自然禀赋的比较优势, 这样就会合乎逻辑地推出一个基本结论, 即随着这种比较优势带来的边际增长收益下降, 贸易增长会逐渐减缓, "发动机"将无法持续运转。

建立在自然禀赋的比较优势上的贸易增长动力会随着自然资源优势或劳动力资源优势的逐步丧失而减弱, 因此, 贸易增长到了一定时期就面临着贸易动力转换的问题。贸易增长动力的转换主要有两个途径: 一是比较优势的高级化, 即比较优势由自然禀赋上升到技术、管理和营销网络等后天禀赋; 二是建立起竞争优势, 这种优势体现在三个层次上, 即技术优势、规模优势和创新优势。实现贸易持续增长的关键是转换贸易动力, 创造新的比较优势。

3. 服务贸易对经济发展的作用在于促进其结构转型

进行服务贸易的一项重要基础是市场的价格结构, 而价格结构的基础又是比较优势结构, 但这两个方面的结构只有形成贸易和强化既有分工的功能, 而没有使产业结构优化和转换的功能。

从发展中国家的长远利益看, 对外服务贸易的发展应立足于增强国民经济及贸易结构的转型能力。当这一条件不能被满足时, 一国会付出经济结构僵化和有增长而无发展的代价, 所以不能"为贸易而贸易"。发展出口的最终目的应是促进国民经济的发展和产业结构的优化升级, 而产业结构的优化和转换能量来自于技术进步、要素积累以及产业政策所造就的优惠价格条件, 从这一角度看, 服务贸易动力的转换完全可以与产业结构的优化实现内在的统一。

4. 资本要素积累和技术进步是结构转型的关键

实现服务贸易和产业结构转型的关键在于生产要素的积累和技术进步。对于劳动要素相对丰裕的发展中国家而言, 要素积累的核心是资本要素的积累。在平衡的国际收支上, 服务产品出口的顺差与资本要素流动的逆差是并存的, 一国可将服务产品盈利型出口所实现的国际价值用来"购买"本国短缺的生产要素 (如资本以及与资本相伴随的技术与管理等), 而亏损型出口则不利于出口部门的发展和资本等要素的积累。

如果出口的扩大不能带来技术的进步和生产要素的积累, 进而不能形成出口增长与要素积累、技术进步的良性互动关系, "发动机"的作用就会大打折扣; 如果出口部门的发展是相对孤立的, 或者出口部门是一些低档次的产业部门, 那么, 出口产业对其他产业的带动效果就会很小，服务贸易作为经济增长"发动机"的作用也就不会很明显。

第二节 国际服务贸易与经济效应

服务贸易作为现代国际贸易的重要内容和新的增长点，同样会给一国的经济福利水平、产业发展、技术进步、资源配置、规模经济等方面带来广泛而又深刻的影响。

一、服务贸易对经济福利的影响

（一）基于古典模型的服务贸易福利分析

以比较优势论为代表的西方国际贸易理论分析了分工和贸易给参与国带来的静态利益和短期利益，但并没有告诉我们分工和贸易是否一定能给各个参与国的发展带来长期利益。现代贸易实践表明，对于贸易利益的评价应从两个层次来分析。第一层次分析各国是否通过国际贸易活动增加了其财富，国内资源是否得到更为合理的配置，即贸易的短期利益；第二层次分析贸易能否保证一个国家在贸易利益上的长期获得和长期获得的合理性，即贸易的长期利益。这一点显然对于各国更为重要，具体表现在贸易能否加快一国的科学技术发展；是否有利于人力资本等要素的增加；以及贸易对该国环境产生了什么样的影响等。实践中，有的国家通过国际贸易加快了本国经济的发展，增强了自己的国际竞争力；而有的发展中国家通过国际贸易，不但未能加快本国的经济增长，而且未能使国际竞争力得到增强，与发达国家的差距反而进一步拉大了，究其原因就在于此。

虽然服务贸易有其特殊性，但是国际服务贸易给一个国家带来短期利益和长期利益的表现及其基础，基本上是与国际货物贸易一致的。在此，可借助国际贸易理论中的古典模型来分析国际服务贸易的短期利益和长期利益问题。

1. 模型的基本假定

（1）假定世界存在两个国家甲和乙，每个国家都生产两种产品 X 和 Y，其中 X 产品为劳动密集型产品，Y 产品为资本密集型产品。

（2）两国在资源禀赋上存在差异。甲国拥有丰富的劳动力资源，在生产 X 产品上具有比较优势；乙国拥有丰富的资本资源，在生产 Y 产品上具有比较优势。

（3）两个国家都实行自由贸易，无任何贸易壁垒。

（4）交易双方的生产成本不变，不存在规模收益，且不考虑运输、保险等费用。

（5）各国的福利水平可用社会无差异曲线充分表示。

2. 服务贸易效应

在上述假定条件下，可以通过图4-1所示模型来分析自由化背景下的服务贸易效应。

在自给自足、没有贸易的情况下，自由竞争的市场力量将使甲国和乙国分别处于其生产可能性曲线与社会无差异曲线的切点上。此时甲国和乙国的国内生产均衡点与消费点重叠，甲、乙两国国内两种产品 X 和 Y 的生产等于其消费，甲国达到的社会福利水平为社会无差异曲线 $I_甲$，乙国达到的社会福利水平为社会无差异曲线 $I_乙$。甲、乙两国 X、Y 两种产品的国内交换价格为 T_a 和 T_b。

在自由贸易的情况下，X 和 Y 产品的国际交换价格为 T_w（贸易条件），此时两国都按照国际价格对国内生产和消费进行调节。由于甲国在生产 X 产品上具有比较优势，所以甲国

增加 X 产品的生产，减少 Y 产品的生产，将生产均衡点由 A 点移动到 A_1 点，同时通过贸易出口 X 产品并进口 Y 产品。贸易后甲国的消费均衡点由 A 点移动到 C 点，消费者福利由 $I_甲$ 增加到 $II_甲$，消费者福利增加了（$II_甲$ - $I_甲$）。乙国在生产 Y 产品上有比较优势，因此，乙国增加 Y 产品的生产并出口 Y 产品，减少 X 产品的生产并进口 X 产品，乙国的生产均衡点由 B 点沿社会无差异曲线移动到 B_1 点，消费者均衡点移动到 D 点，贸易后乙国的社会福利水平由 $I_乙$ 增加到 $II_乙$，增加的福利为（$II_乙$ - $I_乙$）。

上述模型分析说明，自由贸易对贸易双方都是有利的，能使两国的福利水平都得到提高。自由贸易之所以能提高贸易参与国的福利水平，主要是因为贸易自由化能使一国总是致力于生产和出口本国生产成本低廉、具有比较优势的产品，进口本国生产成本高昂、缺乏比较优势的产品，从而在资源总量不变的条件下增加本国福利。这就是包括国际服务贸易在内的国际贸易带给一国的短期利益。

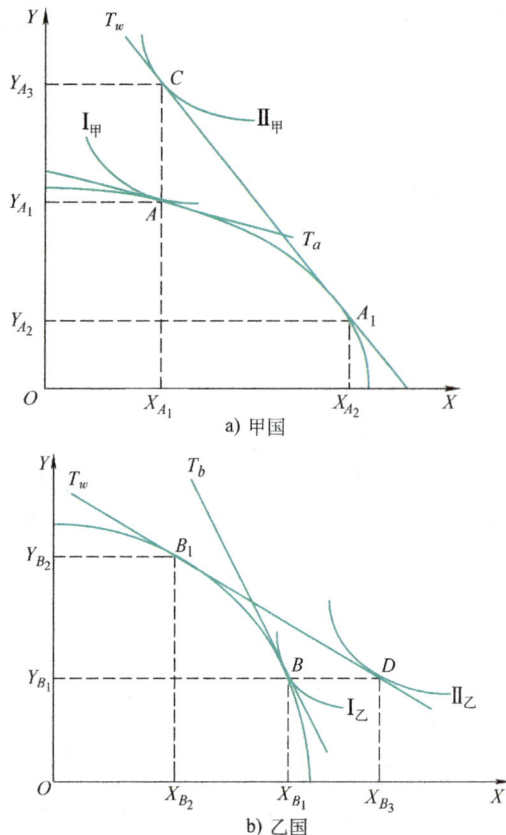

图4-1 自由贸易条件下的服务贸易效应分析

(二) 服务贸易的短期利益与长期利益分析

各国生产要素的规模和结构不会长期不变，因此，各国仅立足于短期利益是不可取的，还需注重长期利益的培育和获取。国际服务贸易长期利益的根本还是一国经济整体的增长与发展。由于经济发展的特定含义在于整个国家经济和社会福利水平的提高以及产业结构的优化，这与价值和使用价值量的增加并不存在必然的因果关系。特别需要注意的是，静态的比较优势（短期利益的基础）与动态的发展目标（长期利益的体现）之间并非是完全统一的关系，有时还会发生冲突，前者具有强化现存结构的作用，而后者有改变现存结构的要求。在发达国家，现有的技术积累、社会配置资源和集结资本的能力、成熟的市场调节功能等都为产业自身的进步创造了内在的条件，而这些条件在发展中国家却相当匮乏。对于发展中国家来说，产业的自身进步需要一些前提条件，诸如引进技术、培育市场、进行金融深化和采取保护政策等，如果一味地寻求对现有比较优势的利用，有时会起到相反的作用。

当然，长期利益与短期利益也有统一的一方面，关键就在于不仅不应对服务贸易加以限制，相反应将其作为推动国民经济及贸易结构转型能力提高的重要力量。当这一条件被满足时，服务贸易也将有助于经济发展，长期利益与短期利益将趋于一致；当这一条件不被满足时，国家则或者付出经济结构僵化、有增长而无发展的代价，或者为发展而实行贸易保护政策，进而在保护下缓慢发展经济。

(三) 服务贸易对经济与贸易结构的影响

国际贸易对于经济和贸易结构转型所产生的影响主要体现在两个方面，即实现两种意义上的结构变动。一种是多样化结构变动，即从农业或采矿业的单经济结构向轻工业、重工业、高技术工业和服务业发展的产业类型多样化转化；另一种是效率化结构变动，即在各产业部门采用高效率的生产方法，使产业部门自身现代化。两种结构变动的作用在于它们会改变现有的比较优势结构，从而改变贸易结构，而新的贸易结构又会推进新的产业结构变动。通过服务贸易将产品和服务结构向增长率较高的产业转化是使国际服务贸易长期利益与短期利益相统一的核心内容。一般来说，越是高级的现代化产业，随着技术进步、工艺进步、新设备和计算机的采用，它们越能提高生产效率，产品的需求也会随着收入的增加而相对增长，价格相对上升。通过比较增长率的变化体现出服务贸易动态比较优势的变化，当然，这种动态比较优势的一般原理在适用性方面可能还会因国家而异。在产业结构转型中，如果一国选择了某一种产业而不是另外一种产业，也有可能出于某些特殊原因，如该国的人才结构优势、现行产业转型的可能条件、世界市场的机遇、生产要素的国际组合、服务贸易政策等。

发展中国家转向增长率较高产业的过程是一个国际范围的竞争过程，而不是迫使发达国家接受增长率较低产业的过程。当一部分发展中国家把产业转向等级较高的产业时，会把等级较低的产业转移给比它们更落后的国家，因此，发达国家只会转向更高级的产业。对发展中国家而言，通过服务贸易增加先进国家和地区对本国的直接投资，这种投资最为集中的是本国具有动态比较优势的产业，但这一类产业不可能是先进国家中具有动态比较利益的产业。从国际分工规律上来说，这是阶梯进步的表现。同时，服务贸易的开展还能对发展中国家产业的提升起到直接的推进作用。众所周知，高新技术产业的成长需要借助技术引进这种服务贸易形式，并通过本国的力量进行吸收、创新，从而给本国高新技术产业的发展注入新的驱动力。

总之，服务贸易较货物贸易具有更强的两面性。一方面，许多服务产品及其提供过程是后进国家很难模仿学习的，其垄断性往往超过货物贸易，这就容易造成发达国家能长期保持比较优势，而发展中国家很难跟上，甚至会进一步拉大差距。另一方面，国际服务贸易对一国利益的影响不仅是直接的，还更多是间接的。如果一国能有效地利用国际服务贸易带来的积极作用，则可以加快该国的经济结构调整，有利于该国加快学习和掌握国际先进科学技术，提高国民的素质，增强该国的国际竞争力。所以，一国对国际服务贸易不能采取闭关自守的消极办法，而应该积极参与，扬长避短，充分获取服务贸易所带来的直接的和间接的利益。

二、服务贸易对产业发展的影响

产业结构的不断升级是经济长期发展的核心内容。随着贸易自由化趋势的不断加深，国际贸易和国际投资的不断增长，贸易对一国相关产业的发展具有积极的推动作用。然而，国际贸易包括服务贸易在产业结构升级中的作用的表现方式将会因不同的情形、不同的国家而不同。

（一）服务贸易对产业结构演进的作用
1. 利用比较优势发展相关产业

通过参与服务贸易活动，一国可以发现自己的比较优势，并围绕着这个比较优势发展相关产业。一方面，贸易所导致的生产专业化形成资源的优化配置，可以大大促进本国优势产业的发展；另一方面，国外生产要素的进口可以克服本国的要素瓶颈，使本国优势产业获得最大限度的发展。随着本国比较优势的变动，产业结构不断趋于高级化。

2. 贸易可以为新兴产业的建立提供外部市场

一国新兴产业初建时，国内需求往往不足以达到规模经济的要求，这时对外贸易就可以通过提供新的需求来支撑产业的发展。尤其是在国内需求结构与国内资源结构不一致时，一旦离开了贸易活动，以该国资源为基础的产业几乎就不可能发展起来。

3. 贸易所带来的国际竞争可以最大限度地保证产业推进的效率○

贸易自由化在逐步扫清各国之间的各种贸易壁垒，使全球市场成为一个有机整体的同时，也使一国企业的发展环境发生了深刻的变化，企业所面对的不仅是国内竞争，还有更为激烈的国际竞争，国内市场的开放必然会使国内产业面临国外低成本、高竞争力企业及其产品的严重挑战。这种挑战和竞争会大大压缩国内产业的市场空间，阻碍国内产业的发展和扩张。下面将运用特定要素模型来分析服务贸易在产业结构升级中的作用。

（二）基于特定要素模型的理论分析

1. 特定要素模型分析对服务贸易的适用性

特定要素模型由著名经济学家保罗·萨缪尔森（Paul Samuelson）和罗纳德·琼斯（R. Jones）创建、发展。特定要素是指专用于某种特定产品生产而不能用于其他产品生产的生产要素。与货物贸易相比，服务贸易的覆盖范围更为广泛，其自身特性决定了服务贸易特定要素的形成。特定要素又可以根据其国际流动的程度，大致划分为可流动的特定要素和不可流动的特定要素。不同服务部门间具有不同的专业技术和人才要求，这些专业技术和人才需要保持着一定的稳定性和不可替代性。但是这些专业技术和人才却可以随着服务的自由贸易而跨国流动，因此如果此类先进的特定服务要素自外国流入，会对本国的服务部门尤其是服务贸易落后国家的服务部门带来潜在的长远利益。同时，服务贸易中尤其在旅游服务贸易中还存在着另一类特殊的特定要素，它与产品部门的特定要素之间根本不存在替代关系，也不能跨国流动，此类特定要素的代表就是人文景观、自然地理条件等，它们的存在不受产品部门特定要素的变化影响。

从国内角度讲，由于服务部门专业化程度较高，所需特定要素在不同服务行业中很难有替代性，这就为服务生产要素的自由流动设置了很大障碍。如果从贸易自由化的角度来看，在国家或地区之间，特定要素的流动应该是可能的，但是在现实中，各国一方面为了保持本国某些服务业的竞争力，另一方面为了保护那些不具备比较优势的服务行业，设置了许多进入限制，从而极大地阻碍了特定要素的国际流动。正是以上因素的存在，为向服务贸易中引入"特定要素"分析提供了可行性。

2. 服务贸易的特定要素模型分析

特定要素模型与李嘉图模型不同的是该模型中存在劳动以外的生产要素，劳动可以在部门间自由流动，是一种流动要素，其他要素则是特定的，只能被用于生产某些特定产品。同时为了简化模型，我们分析时用劳动力在不同产业的分布作为测度产业发展情况的唯一衡量标准。本模型仅以一国为例，不涉及其他国家，且假定：

（1）一个国家能够生产两种产品——商品（用 g 表示）和服务（用 s 表示）。

（2）生产这些产品需要的要素有劳动（用 L 表示）和特定要素（用 S 表示）（这里需要指出的是商品生产部门需要的特定要素不同于服务部门需要的特定要素）。

（3）规模收益不变。

○ 张伟：《后发优势与贸易发展》，中国社会科学出版社，2003 年版，第 15 页。

（4）每一种特定要素只能被用于一个生产部门，即两部门间的特定要素不能相互使用。

（5）劳动要素可以在各部门之间自由流动。

（6）所有的产品市场和要素市场都是完全竞争的。

（7）特定要素不存在国际流动。

（8）劳动是衡量产业发展的唯一标准。

根据上述假设可以得到两部门的生产函数的代数形式为

$$Q_g = Q_g\ (S,\ L_g) \tag{4-1}$$
$$Q_s = Q_s\ (S,\ L_s) \tag{4-2}$$
$$L = L_g + L_s \tag{4-3}$$

式中　Q_g、Q_s——商品部门与服务部门的产量；

　　　L_g、L_s——劳动在商品部门和服务部门中的分配情况。

每个部门产品的价格和工资率决定了每个部门对劳动力的需求，而工资率又取决于商品和服务两部门对劳动力的总需求。在两部门的工资率和产品价格给定的情况下，就可以确定出各部门的劳动投入量以及相应的产出。

在图4-2特定要素模型中，

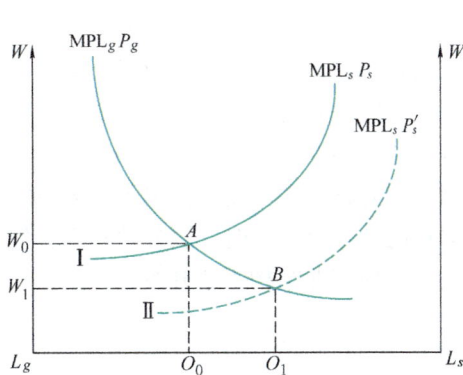

$$MPL_g P_g = W（商品部门劳动需求曲线） \tag{4-4}$$
$$MPL_s P_s = W（服务部门劳动需求曲线） \tag{4-5}$$
$$L_g + L_s = L \tag{4-6}$$
$$\frac{MPL_g}{MPL_s} = \frac{P_s}{P_g} \tag{4-7}$$

式中　MPL_g、MPL_s——商品和服务部门中劳动要素的边际生产力；

　　　P_g、P_s——商品和服务的价格；

　　　W——劳动要素报酬率，即工资率。

产品相对价格发生变化后，特定要素模型必然受其影响。若P_s和P_g同比率变化，而边际生产力在两部门保持不变，特定要素模型是不会发生实质性变化的。工资率和价格都以同比例上升，所以实际工资率没有受任何影响，各部门雇用的劳动量也不发生变化。因此只有当相对价格发生了变化，才会对资源配置和社会福利产生影响。图4-3说明相对价格发生变化后对模型的影响。

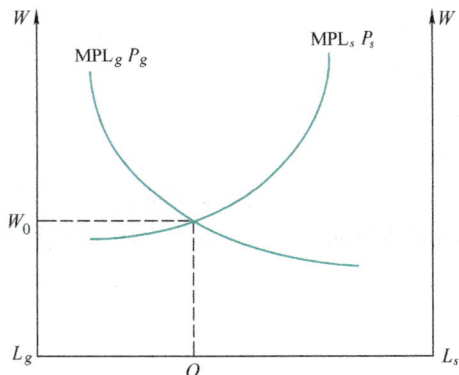

图4-2　特定要素模型　　　　　图4-3　劳动力从服务部门转向商品部门

假设本国是发展中国家，在制造业或初级产品产业中具有比较优势，而在服务贸易中不具有比较优势，本国服务业的提供价格 P_s 高于同期国际市场价格 P_s'，在参与国际服务贸易后，将以较低的国际价格 P_s' 进口服务。服务提供价格的下降将使服务部门的劳动供给曲线以相同的比例向下移动。因此服务部门的工资率也要下降，但下降的幅度小于价格下降幅度，服务部门的劳动力将转向物质生产部门。如图 4-3 所示，服务产品的价格从 P_s 下降到 P_s' 后，服务部门的劳动需求曲线由 I 移动到 II，劳动配置的均衡点由 A 移动到 B 点，$O_0 O_1$ 单位的劳动力将从服务业中转移出去。可见服务贸易自由化对于不具有比较优势的发展中国家来说是有害的，它导致了服务部门劳动力就业量的减少，从而使服务部门萎缩。

同理，特定要素模型也可以说明为什么具有比较优势的发达国家热衷于倡导服务贸易自由化。实施服务贸易自由化后，发达国家服务产品的价格上升，服务部门劳动需求曲线向上移动，服务部门劳动就业增加，从而促进服务业的发展。

随着自由化进程的推进，各国纷纷放松了对要素流动的限制，再加上交通运输发展的加快，通信和信息传输能力的提高，极大地提高了特定要素的流动性。发达国家拥有较为先进的服务技术和管理经验，专业技术人才云集，其服务业特定要素的边际生产力显然要高于发展中国家同类特定要素的边际生产力。因此，实行服务贸易自由化后，随着特定要素转移到发展中国家，发展中国家的特定要素边际生产力将趋于提高，从而提高了服务部门的工资率。如果特定要素边际生产力增长的比率大于服务产品价格下降的比率，发展中国家的服务业发展还是可以获益的。

如图 4-4 所示，在允许特定要素流动的情况下，服务部门劳动需求曲线会从 II 向左上方移动到 III，劳动力配置的均衡点将移动到 C。服务部门的就业劳动力不但没有减少，反而增加了 $O_2 O_0$ 单位。由此可见，在这种情况下，服务贸易将有助于发展中国家服务业的发展。

从以上分析可以看出，服务贸易在不同情况下对发展中国家和发达国家的产业结构升级作用的表现方式是不同的。对于发达国家而言，它们一般在服务业方面具有比较优势，通过服务贸易不但可以从国际分工中获益，还可以增

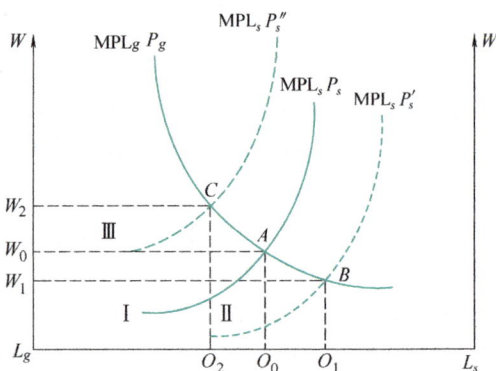

图 4-4 特定要素可以在国际流动的要素模型

加本国服务部门的就业，促进服务行业的发展，大大地促进本国优势产业的发展。对于发展中国家而言，它们一般在制造业或是初级产品产业具有比较优势，在无要素流动的情况下，虽然可以从服务贸易中进口低成本产品而增进本国福利，但却不利于本国服务业的发展，导致服务行业的萎缩。不过，本国的优势产业（制造业或是初级产品）却由此可以获得极大的发展。在允许要素流动的情况下，因特定要素流入而使发展中国家服务业特定要素的边际生产力提高到足够水平时，服务贸易就会促进本国服务业的发展，这样也会因本国优势产业的变动，而使产业结构不断升级。

三、服务贸易对技术进步的影响

技术进步是促进经济增长的根本动力，世界上任何国家开展国际贸易的主要目的之一就

是促进本国的技术进步，通过技术进步促进经济高速增长，保持经济竞争力与可持续发展能力。

（一）技术进步的实现途径

技术进步的性质及其条件可以分为两种类型：硬件技术进步与软件技术进步。硬件技术进步表现为新的生产设备、工艺，或对一种新产品的生产能力；软件技术进步表现为科技研究的能力以及这种研究所形成的专有技术或专利产品。软件技术进步获得的条件是科学研究的资金、设备以及科技人员，而软件技术进步转化为硬件技术进步的条件是资本和熟练劳动力。硬件技术进步是软件技术进步的结果，也是软件技术进步与产品生产、经济增长之间的媒介；软件技术进步是硬件技术进步的前提和准备，也决定了在何种程度上硬件技术进步会具有价值优势和促进经济增长。

由于世界各国的科学技术水平存在差异，尤其是发展中国家的科技水平明显落后于发达国家，而又因为发展中国家自身条件有限，无法投入足够的人力、物力、财力来发展科技，因此，对于广大发展中国家来说，国际贸易可以说是一个获得某些本国缺乏的硬件和软件、提升科技水平，并以此来提高自身的产品质量和降低成本，再进入发达国家市场的简单而实用的手段。这也是亚洲一些国家的成功经验。

（二）服务贸易的技术进步效应

国外学者的大部分相关研究表明，服务业外商直接投资具有较强的技术外溢效应。例如，Kostecki 和 Pietras 基于中东欧国家服务业与外商直接投资间的实证研究表明，服务业外商直接投资提高了这些国家国内员工的技术、改善了服务的质量，实现了与全球金融业、电信业和商务服务业网络的一体化。Kim Jong-I 和 Kim Jun-Dong 重点考察了韩国运输通信业、分销业、金融业等部门的自由化状况，得出了服务业自由化有助于提高服务业的生产率以及服务业作为中间投入的制造业的生产率。Hodge 和 Nordas 分析了生产性服务业自由化对发展中国家的影响，结果表明，生产性服务业的进口提高了整个经济的生产率，但其影响程度又取决于服务业的竞争和基础设施的质量等。

服务贸易作为国际贸易的主要内容之一，在国际贸易中的地位日益提高，世界各国在大力促进货物贸易发展的同时，纷纷重视服务贸易的发展，以期达到促进本国贸易扩张和技术进步的目的。服务贸易的技术进步效应主要表现在以下两个方面。

一是服务贸易开辟了新的国际市场领域，吸引着更多的厂商试图从事服务产品的提供和出口，而利润最大化的目标又限制着每个理性的厂商必须根据自己的边际成本状况审慎选择目标市场。在这种条件下，国际市场的吸引以及消费者对高端差异产品的偏爱会促使厂商在实力许可的条件下尽可能雇用技能较高的工人，以提升产品档次从而获得更多收益，这种自发行为本身将会促进对新技术的使用，为技术进步提供新的原动力。而技术进步又会使生产技术得到普遍提升，从而使更多的厂商能够有机会进行出口生产。

二是随着服务贸易自由化进程的深入，贸易壁垒不断被削减，厂商进入国际市场的成本限制持续降低。这也会使更多的厂商有机会参与出口，进入更广阔的市场并因此而受益。同样，国际市场的技术竞争也会因此而变得更加激烈，这种竞争会进一步推进出口厂商对技术的偏好，并可能对技术创新者给予垄断利润。

上述两种效应无论哪种发挥作用，都会为技术进步行为提供较高的回报率，并进一步推动技术的进步。同时，更多的厂商有机会选择在本国和国际市场进行销售。

总之，服务贸易与技术进步之间是相互影响、相互作用的，一旦两者之间构成良性循环关系，必然会对经济发展形成更大刺激。这种良性循环的特点可简单归纳为：服务贸易为技术进步创造条件，技术进步促进对外服务贸易结构优化与规模扩大。

四、服务贸易对资源配置的影响

鉴于世界各国的生产要素禀赋状况存在着很大差异，有的国家拥有广阔的土地，有的国家积累了大量资本、掌握先进的技术，有的国家则人力资源显得较为丰富。按照要素禀赋理论的基本观点，若各国按其要素禀赋所长生产其具有相对优势的产品，而后与他国进行贸易活动，则将优化资源配置，促进资源的利用效率，提高分工参与国家的经济福利水平。

(一) 基于国际资本流动模型的理论分析

以麦克杜格尔（McDougall）模型的经济效应分析为例，我们发现国际资本流动可以提高资本资源的配置效率，改善资本资源配置的结构，从而提高两国的总福利水平。

如图4-5所示，横轴代表一国资本总量，纵轴代表资本的边际产出，FG、DE 分别是甲、乙两国的资本边际产出曲线。设甲国为资本要素相对丰富的国家，拥有的资本总量为 OA，乙国为资本要素相对稀缺的国家，其拥有的资本总量为 $O'A$。假如资本不能在甲、乙两国之间进行流动，则甲国只能将资本全部投资于国内市场，由于资本相对丰裕而过剩，导致该国的资本边际产出和边际报酬都较低（图中的 OC 或 AG）。与此相反，由于乙国国内资本要素供给相对稀缺，资本的边际产出和边际报酬要比甲国高（图中的 AM）。在上述情形下，甲、乙两国的资本资源配置均处于不合理状态。

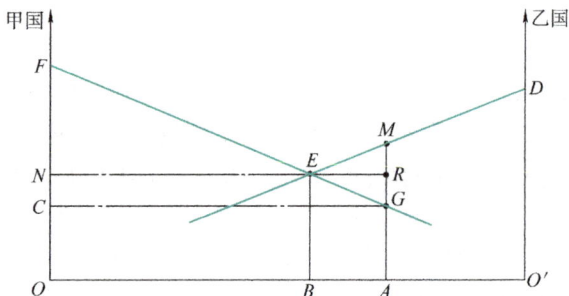

图4-5 资本的国际流动模型

假设两国消除限制资本要素流动的壁垒，实现资本在两国间的自由流动，在利益驱动和市场机制的调节下，资本要素必定会从报酬较低的甲国流入资本报酬相对较高的乙国，最终在资本的边际产出和边际报酬相等的 E 点实现均衡。在此均衡状态下，共有数量为 BA 的资本自甲国流入乙国。资本的流动，既消除了甲国资本要素相对过剩的现象，也解决了乙国资本要素相对短缺的瓶颈，从而提高了资本资源的配置效率，使甲国资本的边际产出和边际报酬由原来的 OC 提高到 BE，两国的总福利水平增加 GME，其中甲国增加了图中的 GRE 部分，乙国也增加了图中的 MRE 部分。[注]

(二) 服务贸易促进资源的合理配置

从实践来看，一方面，发达国家往往存在着大量的过剩资本急需寻求有利可图的投资场所；另一方面，发展中国家经济成长和起飞所需要的资本要素又相当匮乏，迫切需要寻找充足的资本来源予以弥补。为此，金融服务贸易的自由化特别是资本流动和国际投资的自由化在很大程度上促进了资本等要素在国际上的快速和合理流动，并由此带动其他资源在全球范围内的流动和合理配置，对于提高全球资源配置效率和经济福利水平都起到了积极的推动作用。

○ 刘庆林：《国际服务贸易》，人民邮电出版社，2004年版，第69~70页。

同样，发展中国家存在着大量剩余劳动力和丰富的自然资源，生产要素得不到充分利用，生产要素的闲置和浪费阻碍了资源配置效率的提高。基于发展经济学的"剩余出路理论"，发展中国家可以通过参与服务贸易将这些要素的比较优势充分加以发挥，以此来提高自身的经济福利水平。韩国和印度等国家在充分利用本国丰富的劳动力资源并积极开展对外劳务输出方面的成功经验值得我们借鉴。

五、服务贸易对规模经济的影响

在现代经济运行的实践中，规模经济是任何一家企业追求的目标。但只有当企业达到规模经济所要求的环境和条件时，才能实现最优的经济效益，否则，就会导致企业的经济效益下降。

（一）自由贸易成为规模经济形成的重要外部条件

由于贸易保护政策的实施，国内市场与国际市场相分离，如果国内市场容量较小，必将制约国内企业生产规模的适度扩张。同时，贸易保护政策还制约甚至排斥了外来竞争，这样，一方面会使国内市场产生短暂的高额利润，并诱使众多企业纷纷涌入，进而造成产业过度拥挤，造成企业的平均规模下降；另一方面，竞争的不足使众多规模较小、成本较高、技术落后的企业不能通过充分的竞争被淘汰出局，从而也会制约企业规模经济的实现。在贸易自由化的状态下，企业规模经济进程中的上述制约因素将可以得到有效的消除。

还必须注意的是，贸易自由化将有效地消除国内市场与国际市场之间的隔阂，两个市场的融合大大拓宽了企业生产所面向的市场容量，为企业的规模生产提供了外部保障，以此为依托来进行生产的筹划必将有利于企业规模经济的实现。

（二）服务贸易自由化推进了服务产业的规模经济

从服务贸易角度来看，多数服务产品（如信息服务贸易和国际旅游业）都具有明显的规模经济特征。因此，通过消除或弱化服务业要素流动和贸易的各种限制，各国均可基于比较优势来进行服务的交换，有利于推进全球服务产业资源的优化配置与服务企业的重组，从而扩大各国服务产业发展的市场空间，提高服务提供效率，使各国服务企业都能获得更多的规模经济机会和利益。而且，服务贸易的自由化进一步增强了服务部门的专业化，这也有力地促进了服务产业和企业规模经济效应的产生。[注]

当然，现阶段的世界市场还是一个不完全竞争的市场，在这样一种结构的市场形态中，贸易利益的公平分配是无法实现的。基于规模经济外部性和自身规模利益的考虑，几乎所有的国家都会考虑扶持本国规模经济产业，服务产业自然也不会例外。因此，在对规模经济目标的追求过程中，也会造成产业之间的过度竞争并引发"囚徒困境"，即在各国都采取贸易保护政策的情况下，各国贸易对本国的经济发展只能达到次优状态，甚至还会产生一些不利的结果。

第三节　国际服务贸易与FDI

服务具有无形性、生产与交换和消费的同时性、非存储性以及异质性等特点，这些特点

㊀　刘庆林：《国际服务贸易》，人民邮电出版社，2004年版，第70~71页。

使多数服务产品不可能像有形商品那样在国家间自由流动，而是要求服务的提供者和购买者在同一时间和同一地点直接地、面对面地相互接触和交流。可见，为了实现国际服务贸易，服务的提供者和服务的消费者必须发生单向或双向的流动，从而引发人员和资本等生产要素的跨国界移动。但仍有相当大的一部分服务项目（如金融、保险服务等）出口成本过于高昂，或者根本不能直接出口，提供者为了向外国消费者提供这些服务产品，就需要通过 FDI 把企业的一些生产要素（如资本和劳动等）转移到消费者所处的地方，其"生产—传送—使用"环节只能直接在国外进行，而不能跨越国境完成。这样，服务的特点要求服务的提供者和购买者同一时间、同一地点、直接地、面对面地接触与交流，就使 FDI 也即商业存在形式的国际服务贸易成为服务业中最重要的跨国交易方式之一。

一、服务贸易对 FDI 的影响

20 世纪 80 年代以来，服务业得到了迅速发展，它在多数国家国民经济及世界贸易中的比重日趋增加，服务产业和服务贸易的发展越来越引人注目。与此同时，由于服务贸易的迅速发展，FDI 在规模扩张、地区流向以及产业布局和自由化趋势等多方面发生了显著性变化。服务贸易对 FDI 的影响作用主要表现在以下几个方面。

（一）服务业 FDI 的规模迅速扩大

服务业 FDI 的发展与国际服务贸易的发展趋势是一致的。20 世纪 80 年代之前，FDI 主要集中在原材料、其他初级产品以及以资源为基础的制造业领域。80 年代以后，服务业 FDI 不断升温，跨国投资逐渐成为服务业国际竞争的一种主要形式，在全球跨国投资总额中所占份额日益增多。

联合国贸易和发展会议不同年份发布的《世界投资报告》显示：1970 年，发达国家的对外直接投资中，第二产业占首要地位，其份额达 45.2%，服务业只占 31.4%；到了 1985 年，服务业对外直接投资已达 42.8%，超过第二产业的 38.7%；到 1990 年，服务业对外直接投资超过了第一、二产业的总和，达 50.1%。发达国家服务业所接受的外国直接投资，1970 年仅为 23.7%，1990 年达到了 48.4%。相比较来说，流入发展中国家的外国直接投资主要是在第二产业，1970 年—1990 年，服务业领域的投资从 23.5% 增加到 29.5%，说明发展中国家由于经济发展阶段的局限，服务产业的对外开放和国际化过程明显慢于发达国家。

进入 20 世纪 90 年代以后，服务领域 FDI 在全球 FDI 总额中一直占据半壁江山。联合国贸易和发展会议不同年份发布的《世界投资报告》显示：截至 2002 年，全球服务业领域 FDI 存量高达 4 万亿美元，约占全球 FDI 总存量的 60%，而同期的初级产品部门占全世界 FDI 存量的比例由 9% 下降到 6%，制造业部门的跨国投资比例降幅则更大，由 42% 降至 34%。近些年来，这一趋势并没有发生转变，反而得以延续并进一步加强。2006 年，流入服务业的 FDI 存量比重已上升至 62%，与 1990 年的 49% 相比提高了 13 个百分点。2007 年服务业 FDI 已占全球 FDI 总流量的 2/3 和总存量的 1/3。

2013 年，全球 FDI 重现增长，流入量环比增长了 9%，达到 1.45 万亿美元。而 2017 年—2020 年，全球 FDI 流量持续下滑，陷入低迷状态，2021 年全球 FDI 流量又迎来强劲复苏，达 1.58 万亿美元。在全球 FDI 流量曲折上涨的同时，绿地 FDI 和跨国并购 FDI 流量也呈现波动增长态势。

1. 服务业绿地投资

根据联合国贸发会议《2022 年世界投资报告》，2021 年度，绿地投资占全球所有外国直接投资的比重为 25%，其中服务业占全球绿地投资的比重为 55%。尽管 2018 年—2020 年全球服务业绿地投资额有所下降，从 2018 年的 4690 亿美元下降到 2020 年的 3230 亿美元，但在此后的 2021 年开始出现回升，至 2022 年达到又一高点，投资额攀升至 6790 亿美元，已占全球绿地投资的 56%（见表 4-1）。从服务业绿地投资的具体部门构成来看，2022 年，能源与燃气供应的绿地投资额已占全球绿地投资额的 29.8%，在服务业内部的比重达到了53.3%；信息与通信部门的绿地投资业绩也不俗，绿地投资额占到全球绿地投资总额的9.9%，占服务业绿地投资额的 17.7%（见表 4-2）。

表 4-1　2016 年—2022 年全球服务业绿地投资项目金额及数量一览

年　　份	绿地投资额（十亿美元）	绿地投资项目数（宗）
2016	484	8011
2017	362	8186
2018	469	9495
2019	422	9930
2020	323	7890
2021	406	9281
2022	679	11510

数据来源：根据《世界投资报告》整理而得。

表 4-2　2020 年—2022 年全球绿地投资额行业或部门的分布状况

（单位：十亿美元）

行业或部门	年　　份		
	2020	2021	2022
全球总计	575	739	1213
初级产品部门	11	13	97
制造部门	240	320	437
服务部门	323	406	679
能源与燃气供应	103	141	362
信息与通信	85	106	120
建筑	33	49	62
其他行业	102	110	135

数据来源：根据《世界投资报告》整理而得。

2. 服务业跨国并购投资

联合国贸发会议发布的《世界投资报告》显示，服务产业的跨国并购在全球跨国并购中的份额不断上升，1987 年所占的比重为 30.57%，1990 年上升为 45.44%，1999 年高达 55.76%。进入 21 世纪以来，全球跨国并购由传统制造业向服务业集中的趋势继续加强。虽然 2001 年—2003 年全球服务业并购出售额有所下降，从 2001 年的 3706 亿美元下降到 2023 年的 1620 亿美元，但在此后的 2004 年—2005 年开始出现回升，至 2007 年达到又一高点。受到金融危机的直接影响，与 2007 年相比，2008 年的跨境并购价值下降了35%。但 2008 年—2021 年，服务业的并购出售额总体又呈上升态势。《2017 年世界投资报告》显示，发生在 2014 年—2016 年三年间的并购出售额分别为 2071 亿美元、3016 亿美元、3831 亿美元，在同期全球并购总额中所占比重分别为 48.4%、41.0% 和 44.1%（见表 4-3）。从跨国并购的行业或部门构成来看，服务产业跨国并购的主要部门是信息、金融等极具增长潜力的产业，而且逐步在向跨行业并购演变。2016 年，金融业的并购额已占全球并购额的 10.5%，在服务业内部的比重达到了 23.9%；商业服务部门在 2016 年的并购业绩也不俗，并购额占到全球并购总额的 7.6%，占服务业并购额的 17.3%。根据《2022 年世界投资报告》，2021 年，服务部门的并购额已占到全球并购额的 63.3%，其中，信息与通信部门的并购占服务部门并购额 29.5%。此外，发生在其他服务业部门的跨国并购活动也十分活跃。以金融与保险部门为例，2021 年的全球跨国并购交易规模由上一年的 280 亿美元骤增至 720 亿美元，在全球 FDI 流入规模中所占的比例也相应地由5.9% 提高到 9.9%（详见表 4-4）。

表 4-3　1992 年—2021 年全球服务业并购出售额及案件数量一览

年　份	并购出售额（十亿美元）	并购案件数（宗）	年　份	并购出售额（十亿美元）	并购案件数（宗）
1992	32.9	1218	2007	612.0	4539
1993	35.8	1301	2008	290.0	3962
1994	52.6	1697	2009	126.0	2653
1995	93.8	2130	2010	147.9	2368
1996	132.5	2338	2011	203.7	2792
1997	175.8	2649	2012	167.0	2017
1998	260.4	3158	2013	155.3	1711
1999	470.2	4247	2014	207.1	—
2000	844.0	4988	2015	301.6	—
2001	370.6	3649	2016	383.1	—
2002	220.2	2673	2017	343.0	4727
2003	162.0	2529	2018	470.0	4816
2004	240.4	3028	2019	215.0	4634
2005	397.2	3772	2020	221.0	4407
2006	519.9	4246	2021	461.0	6533

数据来源：根据《世界投资报告》整理而得。

表 4-4　2019 年—2021 年全球并购出售额行业或部门的分布状况

（单位：十亿美元）

行业或部门	年　份		
	2019	2020	2021
全球总计	491	475	728
初级产品部门	34	25	28
制造部门	243	228	239
服务部门	215	221	461
信息与通信	21	80	136
金融与保险	48	28	72
贸易	13	18	63
运输与仓储	20	7	53
其他行业	113	88	137

数据来源：根据《世界投资报告》整列而得。

（二）服务业 FDI 的地区流向日趋全球化

国际服务贸易的发展导致各国服务业竞争的加剧，促使跨国公司纷纷向海外服务产业扩张。银行、保险和运输等服务产业主要为制造业的产品生产和国际贸易提供服务，随着竞争的加剧，这些行业越来越多地利用自己的资金进行对外直接投资，以寻求更多的客户并加强自身的所有权优势。因为这些企业需要利用规模经济效益来降低服务成本，也需要在全球市场树立自己的服务品牌形象。东道国的服务需求和政策开放则为服务业 FDI 提供了良好的区位优势，具体包括东道国的人力资源状况、信息化与通信发达程度以及相关机构的市场成熟度等。此外，通过 FDI 获得内部化优势也是许多服务机构进行全球扩张的一个重要动因，相对于许可证经营和其他形式的国际合作，内部化不仅可以保证服务的质量，还可以降低成本和分担风险，有利于开展国际营销活动。《世界投资报告》显示，2013 年全球流向发达国家的 FDI 环比增长了 9%，达到 5660 亿美元，占全球总流量的 39%，流向发展中经济体的 FDI 也再创历史新高，达到 7780 亿美元，占总流量的 54%。2021 年流向发达国家的 FDI 与极低水平的 2020 年相比增长了 134%，占全球增长的大部分；流向发展中经济体的 FDI 增速虽然低于发达国家，但也实现了 30% 的增长，达到 8370 亿美元，占当年 FDI 总流量的 52.9%。

1. 发达国家服务业 FDI

从服务业 FDI 的地区流向来看，发达国家利用其在世界服务业中占据的绝对优势地位，大举向外进行对外直接投资；同时又以其完备的基础设施、先进的管理运营模式以及规范的市场运行机制，吸引大量服务业外资流入，发达国家在服务业 FDI 中占据绝对优势地位。据《2002 年世界投资报告》显示，2001 年全球 FDI 总额为 7350 亿美元，美国、日本、欧盟吸收外国直接投资占全球 FDI 的 61.7%。2001 年，美国吸收的外国直接投资中有 1/3 投向了金融与保险领域；欧盟吸收的外国直接投资主要在公共服务、媒体、金融等领域；日本跨国公司在英国的投资有 50% 以上都集中在金融与保险部门。《2022 年世界投资报告》显示，2021 年全球 FDI 已经恢复到新冠疫情前的水平，达到 1.58 万亿美元，比 2020 年增长 64%

（2020 年全球 FDI 额约为 1 万亿美元，相比于 2019 年的约 1.5 万亿美元下降了 35%）。报告也称，对外直接投资似乎有显著增长的势头，主要是因为繁荣发展的并购活动，以及宽松的融资条件和重大基础设施刺激计划导致的国际项目融资快速增长。目前，对外直接投资主要集中在贸易和金融服务领域，但电力、供水、电信和商务服务（如信息技术咨询服务）领域的对外直接投资也正在迅速上升。

2. 发展中国家和地区服务业 FDI

在发展中国家和地区，第一产业的 FDI 比重大体稳定在 20%，第二产业的 FDI 比重由 20 世纪 70 年代的 55% 以上下降到 90 年代以来的不足 50%，而同期服务业的 FDI 比重则由低于 25% 上升到高于 30%。发展中国家和地区的资本流入基本上保持在全球 FDI 1/3 左右的水平，主要集中在南亚、东亚、东南亚和拉美加勒比地区。2001 年，南亚、东亚、东南亚和拉美加勒比地区吸收 FDI 占全球 FDI 的 24%。其中，增长速度最快的国家有中国、印度、墨西哥，分别比 2000 年增长了 15%、47%、68%，这些发展中国家和地区所具有的劳动力优势是促使跨国公司加速向这些地区转移生产性投资的主要动力，如日本跨国公司在东南亚地区主要投资电力、电器设备等部门，同时，从这些国家和地区进口电力、电器设备占到日本进口额的 31%。《2002 年世界投资报告》特别强调了我国台湾省、我国香港特区在国际产业结构调整中的作用：我国台湾省在吸收外资投向服务业的同时，对大陆的投资正从劳动密集型产业转向资本密集型和高科技产业；我国香港特区作为金融中心和商业枢纽的地位日益突出，截至 2001 年年底，3237 个跨国公司在香港设立了区域办事处（其中包括 944 个地区总部）等。《2022 年世界投资报告》指出，在新冠疫情发生的三年中，流入亚洲发展中国家和地区的 FDI 始终呈增长态势。2021 年，流入亚洲发展中经济体的 FDI 增长 19%，达到 6190 亿美元的历史新高。我国内地是 FDI 的主要流入地，其次是我国香港地区、新加坡、印度、阿联酋和印度尼西亚。除南亚以外，亚洲其他大多数次区域 2021 年的 FDI 流入均呈现上升趋势。东亚的 FDI 增长了 16%，达到 3290 亿美元。在东亚发展中经济体中，中国吸引 FDI 表现突出，在 2020 年增长 6% 之后，2021 年增长 21%，达到 1810 亿美元。流入东南亚的 FDI 增长 44%，达到 1750 亿美元；流入中亚的 FDI 增长了 12%，达到 70 亿美元；流入西亚的 FDI 增长了 59%，达到 550 亿美元，其强劲增长主要是由跨境并购的大幅增长推动的；南亚是唯一在 2021 年 FDI 流入量下降的亚洲次区域，FDI 下降了 26%，降至 520 亿美元。

（三）服务业 FDI 的产业布局日益集中于知识密集型行业

1. 技术进步提高了生产性服务业的知识密集程度

20 世纪 60 年代以后，在服务经济的发展中，生产性服务业迅速发展。生产性服务业是服务业中非常重要的"亚产业"集群，其概念的提出最早是基于布朗宁和辛格尔曼在 1975 年对服务业的功能性分类。生产性服务在其理论内涵上是指市场化的非最终消费服务，即作为其他产品或服务生产的中间投入的服务，如果服务能够像一般商品那样被区分为资本品和消费品的话，那么生产性服务无疑对应于作为资本品的服务；从外延来看，生产性服务是指相关的具体产业之间的服务交换。

这类服务在过去一直是由生产部门在生产过程中通过"内在化"方式来提供的，但自 20 世纪 70 年代以来，随着科学技术的进步，服务业和高新技术逐渐结合起来，这些服务业逐渐跳出原有运作模式，表现出"外在化"趋势，产生了众多提供诸如财会、广告、营销、咨询、策划等服务的专业公司。在我国，生产性服务又称为"面向生产的服务"。金融服务、专业服务（主要包括咨询、律师和会计服务等）、信息服务（主要包括通信服务、计算机及相关服务、软件服务等）是生产性服务中最为重要的部门，这些部门不但在生产性服务产业和生产性服务贸易中占据主导地位，而且还代表着整个服务业和服务贸易发展的主流和趋势。这种新型的专业性服务公司由于使用计算机作业，成本大大降低，独立化和国际化进程加快，对外直接投资不断增加。其中，技术、信息、知识和管理密集型服务行业发展最快，借助于高新技术而实现了全球化经营，其对外直接投资空前增长。

2. 知识密集型服务业正在成为跨国并购投资的主要方向

在 1994 开始的以强强联合为特征的第五次并购高潮中，跨国并购成为对外直接投资最主要的方式，服务业在此次高潮中表现得非常活跃，交易金额最大的 10 个产业中有六个属于服务部类，而这六个产业又无一例外都属于知识或信息密集型产业，它们分别是银行和金融机构、邮政和电信、电气燃气及其他能源、商业服务、保险服务、零售。《2022 年世界投资报告》也显示，在 2021 年度，商务活动、贸易、交通和运输、信息与通信、金融部门的 FDI 之和已占当年全球服务业 FDI 流量的 70. 28%。同时，2019—2021 年间，仅发生在运输与仓储、信息与通信、金融部门内的跨国并购总额分别为 1020 亿美元、1330 亿美元和 3240 亿美元，占同期服务业并购额的 47. 4%、60. 1% 和 70. 28%，并在全球并购投资总额中分别占 20. 8%、28% 和 44. 5%。

世界服务业产业结构与服务贸易结构的变动趋势正在由传统的一般劳动密集型向新兴的知识技术密集型转变，而知识技术密集型服务业与服务贸易大多为生产性服务部门。以美国为首的北美和以英国为首的主要发达经济体代表了这一演变的潮流，它们凭借技术、资本和人力资本优势而在生产性服务领域拥有强有力的竞争优势。这一竞争优势的获得来自于它们所拥有的相对先进的产业结构，即以服务经济特别是生产性服务为主导的产业结构。

（四）服务业 FDI 的自由化趋势日趋明显

服务贸易导致服务需求的增长与市场环境的不断宽松和开放，为服务业 FDI 发展创造了条件。

1. 服务需求的增长激发了服务贸易自由化的前行动力

相对于制造业而言，各国政府在开放服务业 FDI 方面所采取的态度非常谨慎，尤其对那些给予垄断保护的行业（如电信业）则更是如此。但是，随着 1994 年"乌拉圭回合"达成《服务贸易总协定》，随着经济全球化的纵深发展以及各国对外开放程度的提高，国际贸易中的服务需求（如货运、保险等）与日俱增，同时，各国经济水平的提高和收入的增长带来了更大规模的消费性服务需求（如医疗、教育、旅游等），跨国公司制造业 FDI 的扩大也不断产生了新的服务需要。

2. 市场准入的改善加快了服务贸易自由化进程

20 世纪 80 年代后半期以来，一些国家对以往严格限制外国资本进入的第三产业（如运输、旅游、信息服务等部门）不同程度地取消了管制，允许外国资本以直接投资或间接投资的方式自由进出，从而试图通过引进外部竞争因素来部分改造在上述行业中已经出现的国家垄断或私人垄断格局，并以此提高整体经济运行的活力和效率。各国还对经济敏感性大及投资收益前景看好的银行、保险、证券等金融行业不同程度地实施了对外开放政策。例如，泰国从 1997 年 10 月起，将外国投资者拥有本国银行股份的比例从 25% 提高到 50% 以上，允许外国投资者购买全国 91 家金融机构和 15 家商业银行一半以上的股份；印度尼西亚也取消了外国股份在本国银行业不能超过 49% 的规定，允许外国投资者拥有 100% 的股份；菲律宾国会也于 1998 年 2 月中旬通过法案，允许外国人在银行中拥有投票权的股份从 40% 增加到 60%。此外，各国为了扩大引资规模，纷纷出台了一些便利服务业利用 FDI 的政策，并通过签订双边与多边条约来保护服务业 FDI。这些政策的实施减少了服务业资本跨国流动的障碍，对服务业 FDI 的扩张发挥了积极的作用。

二、服务业 FDI 对东道国经济的影响

从世界经济福利的角度讲，服务业 FDI 大大促进了跨国服务的发展，有利于实现规模经济效益和资源的更有效配置。但是对于东道国特别是发展中国家来说，服务业 FDI 产生的影响是双重的。

（一）正面影响：外溢效应

（1）服务业 FDI 为东道国提供了更多的资本，为东道国资本流量带来净增量，有利于缓解资本短缺国家特别是发展中国家的资本供给缺口。

（2）服务业 FDI 带来了先进技术、知识与技能，包括诸如设备和工艺流程的硬技术以及管理、营销等软技术。但是，服务业中包含的技术组合不同于制造业，FDI 并非是服务业获得硬技术的主要途径，而软技术却是转让知识和技术的主要形式。例如，在银行、保险和旅游等行业，投资方会对其子公司进行一系列的技能与知识培训；管理咨询公司通过培训逐步提高当地企业的专业服务能力等。

（3）与制造业相比，跨国公司服务业投资对东道国服务业直接出口的拉动还十分有限，但是它对东道国服务业间接出口的竞争力会产生较大的影响，如跨国公司 FDI 形成的国际酒店连锁经营可以提高东道国旅游业的竞争力，为其赢得更加广泛和更大规模的国际客流。此外，内含先进理念和管理的服务业 FDI 也有助于改善生产性服务供给的结构、规模、效率和质量，促进东道国当地制造业生产效率的提高。目前，工业化国家或地区的服务业比重普遍在 60%~70% 之间甚至更高，美国已达 80% 以上，服务业具有明显的产业结构调整效应。服务业比重随经济发展水平不断提高不仅是经济发展的必然结果，更是经济发展总量和质量进一步提高的必要条件。从发展趋势看，服务业国际转移是一个不可转移的趋势，跨国公司将自身的研发部门、呼叫中心、物流管理中心等转移到成本相对较低的发展中国家，从而就促进了东道国生产效率的提高，带动东道国经济的增长。

（4）服务业 FDI 为东道国创造了更多就业机会。在众多发展中国家中，虽然每单位美元投资所产生的工作机会仍低于制造业，但是服务业种类广泛，服务业的 FDI 促进了东道国就业容纳能力的扩大，因此，服务业 FDI 正在进一步显示出它在提高东道国就业方面的巨大潜力。同时，外资服务业部门还为发展中国家的劳动者提供了获得更好培训和更高薪金的机会，改善东道国综合投资环境等，推动制造业的外资利用，从而对制造业领域的就业扩大起到了间接的促进作用。2019 年发达国家服务业就业比例均已超过 70%，其中韩国比例最低为 70.3%，英国达到 80.8%。1991 年—2019 年，美、英、德、法、日、韩等国家服务业就业人数均超过 70%。现代服务业引入外资有利于利用本国相对丰富的劳动力资源，减轻长期存在的巨大就业压力，带动本国经济的发展。

（二）负面影响：内敛效应

（1）大部分服务业 FDI 旨在开拓市场，寻求非交易性活动，并有可能以对外支付的形式进行利润汇出，所以，不仅可能对增加外汇收入无任何作用，反而可能对国际收支造成负面影响。

（2）东道国相关行业受到很大冲击。在东道国原有的高度保护下，诸如银行、电信、旅游等行业，其国内市场是非完全竞争的，甚至是垄断的，因而适应市场的能力和提高竞争优势的自身能力有限。随着外资进入这些行业，东道国原有企业在资金、经验、技能和创新等方面都会受到巨大的挑战。

（3）外资服务机构将与东道国本地企业更加激烈地争夺人力资源。外资服务机构提供相对优越的工作条件与薪酬状况，可能导致东道国大批优秀人才流向外资企业，这样对本地企业的发展带来更多困难。

（4）服务业 FDI 还可能带来风险。如果东道国政府管理控制不善，缺乏有效的规章制度，有可能在体制方面给本国经济带来严重动荡；如果在管理公用事业和私有化时缺乏有力控制，有可能导致私人垄断；此外，因为各国在社会文化背景上差异极大，外资在这些领域的运作容易造成冲突和伤害。

因此，对于开放服务业 FDI 的东道国来讲，最重要的是有序、渐进地开放，并对 FDI 制定有效的引导、管理和控制措施，使对外资服务业的运用能够发挥出积极作用。○

三、服务业 FDI 的产业整合效应

服务业 FDI 使服务业的发展超越了一国经济的狭隘界限，在全球市场与产业整合中发挥着越来越大的作用，日益成为经济全球化的"黏合剂"，对世界经济产生着多重效应。

（一）服务业 FDI 优化全球服务产业的资源配置和产业效率

服务业 FDI 对全球服务产业的发展起着重要的促进作用，主要表现在：①服务业 FDI 促进了全球服务产业的资源优化配置与重组，从而扩大各国服务产业发展的市场空间，各国服务企业可以在规模经营和国际化经营的基础上，增加服务产品的提供；②服务业 FDI 促进了服务业的国际竞争，有利于服务产业效率的提高，有利于服务提供和交易成本的下降以及消费者福利的增进，如航空运输和某些电信服务的价格大幅度下降就是全球服务市场竞争加剧的直接成果，同时也有利于服务方式的创新、服务质量的提高；③服务业 FDI 有利于新技术、新产品、新的管理方法在全球的扩散。

以电信业为例，在传统移动通信的资费构成中，国际长途通话费和国际漫游通话费一直普遍较贵，而手机应用软件借助于移动互联网的"走流量"方式进行国际长途的直拨通话，其对长途电话费和异地漫游通话费的实际降幅也最大。现阶段国内直拨国际长途电话最便宜的软件，可以直拨全球超过 200 个国家和地区的国际长途电话，并且其平均通话费的费用也只有 0.3 元/min 左右，有不少国家和地区的国际长途电话通话费不足 0.2 元/min。网络软件通话成为国际通信趋势，有网络的地方就可以实现无资费通话，服务竞争带来的效率提高效应明显。

○　郑吉昌、夏晴：《论服务业对外直接投资及产业整合效应》，北京工商大学学报，2004 年 9 月。

（二）服务业 FDI 加剧了全球服务业的市场整合与企业重组

1. 并购投资推进了全球服务业的重新整合

在相当多的服务产业领域，大型服务跨国公司的垄断地位越来越强，呈现出寡头结盟垄断的局面。从行业看，金融与信息业市场与企业的整合尤为激烈。通过跨国投资与兼并，大型或超大型金融垄断企业不断在竞争中产生，金融企业的国际竞争力出现此消彼长的格局。1990 年，按资产额排列的全球第一、二名的银行是日本第一劝业银行和富士银行；1999 年，全球第一、二名的位置已经为美国的花旗银行和美洲银行所取代。21 世纪以来，全球银行并购事件数不胜数。在 2007 年，美国银行并购 LaSalle 银行，并购金额为 210 亿美元；State Street 公司并购投资者金融服务公司，并购金额为 42 亿美元；2008 年，JP 摩根大通并购贝尔斯登，并购金额为 11 亿美元；美国银行并购美林，并购金额为 500 亿美元。经济学人智库于 2009 年 1 月—2 月对 215 名金融服务业高级行政人员进行了调查，发布了一份题为《新的游戏场：亚洲金融服务业并购前瞻》的报告，调查结果显示：与前一年相比，亚太地区的金融服务机构对于并购活动的态度略显乐观，42% 的受访者预计未来将进行重大的并购活动，价格是并购活动的主要障碍。全球银行业并购活动较为活跃，主要集中在北美、亚太和中东地区。全球按被并购银行规模统计的前 20 大并购事件中，有九例发生在美国，其中美国 BB&T 银行和 SunTrust 银行合并是 2019 年全球规模最大的银行并购交易。规模的巨型化已成为银行业经营的一种趋势。

电信、传媒业的并购也很迅猛。近些年来最有影响的可谓是 2018 年 AT&T 并购案。美国联邦地区法院法官宣布 AT&T 以 854 亿美元收购时代华纳案合法，允许付费电视行业和电信运营商巨头 AT&T 收购包括 HBO、CNN 和电影工作室华纳兄弟在内的时代华纳旗下资产。AT&T 与时代华纳的这起并购案也是 40 年以来，美国联邦法院首次审理所谓的"纵向兼并"诉讼案（所谓的"纵向兼并"，是指在同一供应链下不同环节公司间的并购）。由此可以看出，未来电信公司不会只是单纯地提供宽带联网服务，而会成为综合型的媒体公司。

2. 服务业 FDI 促进了服务业跨国公司的发展

服务业的对外投资与并购使服务业跨国公司得到快速发展，成为推进服务业国际化的主体。在美国《财富》杂志每年一度的"世界 500 强"评比中，服务业公司在绝对数量和相对比重上都有了较大的增长，其所占比重超过了所有其他行业跨国公司份额的总和。以金融业为例，根据《2018 年世界投资报告》，2017 年，前 50 强金融类跨国公司绝大多数来自发达国家，其中美国有 13 家，欧洲有 24 家（英国、德国和瑞士各有四家，瑞典三家，法国、意大利和西班牙各有两家），这些前 50 强金融类跨国公司的总资产达 483 万亿美元。

（三）服务业 FDI 成为推动经济全球化发展的重要力量

1. 服务业 FDI 成为经济全球化的重要组成部分

服务业的国际化晚于工业与农业的全球化发展进程，20 世纪 80 年代以来，服务贸易与服务业国际投资的增长意味国际资本在农业、工业和服务业三个产业领域向国际市场全面渗透。服务业的跨国投资发展，不但是经济全球化的主要内容，而且是促进经济全球化的重要力量。

通过服务业的国际投资，一个更大的服务交易网络在全球范围内形成，这有助于跨国公司内部分工和专业化的进一步发展，以不断提高它们的竞争力。同时，日趋完备和高效的服务业为国际贸易和国际投资活动的开展提供了有力的保障。例如，产品生命周期的缩短、

"即时"生产和"即时"采购的广泛运用以及激烈的现代国际竞争，需要更为廉价、可靠和高效的连接全球的通信和运输网络来支撑。

2. 服务业 FDI 加快了跨国公司服务经营的国际化

服务业的国际化经营促进了发达国家跨国公司在更大范围、更多层面上的扩张，也给更多的企业（尤其是中小企业）进入国际市场带来了机会。以电信、运输和金融服务业为代表的现代服务技术的进步，已卓有成效地降低了国际服务链的相对成本，跨国生产所需的最小规模变得越来越小，使得不同生产规模的厂商都可以利用系统的国际服务链进行高效、分散的生产，从而使更多的企业能介入跨国化的生产经营活动之中。全球跨国公司及子公司和分支机构数量的快速增长就是一个最好的佐证。

（四）服务业 FDI 影响全球价值链的整合

1. 服务业 FDI 引发了国际分工内容的新变化

服务业国际化促进了国际分工的深化，强化了在发达国家与发展中国家之间的垂直分工，即发达国家高新技术制造业和知识技术密集型服务业与发展中国家劳动密集型制造业和服务业的分工；同时强化它们之间另一种新的分工形式，即加工工序与生产服务的分工。这使发展中国家在整个国际分工中处于更加不利的地位，将导致世界财富向服务业竞争力强的发达国家进一步积聚。在发达国家与发展中国家生产服务与加工工序的分工中，发展中国家充当的是发达国家的生产加工基地，而那些影响产品价值链的诸多重要的生产服务环节，如产品设计、新产品、新工艺开发和海外市场的拓展、原材料的采购供应、资金的筹集调度和财务控制等高附加价值的业务都由发达国家掌握。

2. 价值链重整后发展中国家面临的风险

新的分工虽然能够为发展中国家带来就业岗位增加、产出增加等效应，但在总体利益分配上，发展中国家只能分配到极少的一部分产品加工所得。而且作为发达国家制成品的生产加工基地，发展中国家还要付出环境恶化的代价。

在国内服务市场开放中，发展中国家虽然可以通过引进外资、外国先进技术促进本国服务业的发展，但由于国内服务企业与跨国公司竞争力悬殊，本国服务企业的成长空间会受到严重挤压。同时，由于金融、通信、信息、数据处理等服务部门涉及国家主权、机密和安全，国家经济安全也会受到威胁。东南亚金融危机的发生，充分表明了金融开放与金融风险的关联性。特别是信息技术和互联网的发展，使全球置身于一个全球性的统一网络中，也在不断加大着发展中国家经济所面临的外来风险。

【本章小结】

本章主要介绍了服务贸易对经济增长的影响，通过服务贸易自由化对经济福利、产业发展、技术进步、资源配置、规模经济、FDI 等方面的影响来理解这一主题。

（1）服务贸易对经济增长的影响。首先，服务贸易发展有利于外资引进。其次，服务贸易发展有利于引进先进的经营管理经验。最后，服务贸易发展有利于带动货物出口，弥补货物贸易逆差，平衡国际收支。

（2）服务贸易对经济福利的影响。自由贸易对贸易双方都是有利的，能使两国的经济福利水平都得到提高。自由贸易之所以能提高贸易参与国的经济福利水平，主要是因为贸易自由化能使一国总是致力于生产和出口本国生产成本低廉、具有比较优势的产品，进口本国生产成本高昂、缺乏比较优势的产品，从而在资源总量不变的条件下增加本国福利。这就是包括国际服务贸易在内的国际贸易带给一国的短期利益。

（3）服务贸易对产业发展的影响。发达国家一般在服务业方面具有比较优势，通过服务贸易不但可以从国际分工中获益，而且能增加就业、促进服务行业的发展。而发展中国家一般在制造业或是初级产业具有比较优势，在无要素流动的情况下，发展中国家虽然可以从服务贸易中进口低成本产品而增进本国福利，但却不利于本国服务业的发展，导致了服务行业的萎缩。在允许要素流动的情况下，因特定要素流入而使发展中国家服务业特定要素的边际生产力提高到足够高时，服务贸易就会促进本国服务业的发展，这样也会因本国优势产业的变动，而使产业结构不断升级。

（4）服务贸易对技术进步的影响。服务贸易与技术进步两者之间是相互影响、相互作用的。两者的良性循环必然会对经济发展形成更大刺激。这种良性循环的特点可简单归纳为：服务贸易为技术进步创造条件，技术进步提供更加有利的对外服务贸易增值结构与规模。

（5）服务贸易对规模经济的影响。服务贸易的自由化有利于市场的扩容和竞争促进，为企业规模经济目标的实现创造外部条件和保障。多数服务产品都具规模经济的显著特征，服务贸易的自由化将使各国服务企业都能获得更多的规模经济机会和利益。

（6）服务贸易对FDI的影响。服务贸易使FDI向服务业转移，规模迅速扩大，地区流向日趋全球化，产业布局日益集中于知识密集型行业，并且自由化趋势日趋明显。

（7）服务业FDI对东道国经济的影响。对于东道国特别是发展中国家来说，服务业FDI产生的影响是双重的，即表现为正面的外溢效应和负面的内敛效应。

（8）服务业FDI的产业整合效应。服务业FDI优化了全球服务产业的资源配置和产业效率，加剧了全球服务业的市场整合与企业重组，成为推动经济全球化发展的重要力量，实现了全球价值链的整合。

【本章重要概念】

特定要素模型　FDI　规模经济　外溢效应　内敛效应　产业整合效应

【复习思考题】

1. 服务贸易对经济增长有何影响？
2. 如何理解服务贸易可能成为经济增长的"发动机"？
3. 服务贸易的技术进步效应有哪些表现？
4. 服务业FDI对东道国经济有何影响？
5. 试述国际服务贸易自由化的短期利益与长期利益。

第五章

国际服务贸易政策

本章主要学习内容

- 国际服务贸易政策概述
- 国际服务贸易自由化的理论与政策
- 国际服务贸易壁垒的设置目的及其特点
- 国际服务贸易壁垒的种类及国际服务贸易政策保护程度的衡量

随着国际服务贸易在对外经济交往中占据越来越重要的地位，各国都十分重视本国对外服务贸易政策措施的制定，使得服务贸易政策成了各国对外经贸政策的重要组成部分。与传统的货物贸易政策相比，各国政府有关服务贸易的政策措施涉及的领域要广泛得多，也更为错综复杂。

第一节　国际服务贸易政策概述

国际服务贸易政策是各国在一定时期内对服务的进出口贸易所实行的政策，是各国对外贸易政策及其经济政策的重要组成部分，它与各个历史阶段的经济发展特征相适应。由于对服务贸易的保护无法像对货物贸易那样依靠关税制度，为此，各国服务贸易政策主要体现在国内立法、国内制度和政策措施，以及文化传统、社会风俗等方面。随着服务业的拓宽和服务贸易迅速发展，国际服务贸易政策也随之发展，新的国际服务贸易政策将不断产生。

一、国际服务贸易政策目标的影响因素及主要内容

（一）国际服务贸易政策目标的影响因素

国际服务贸易政策目标是一国经济和贸易发展目标的重要组成部分，由于各国经济发展的阶段不同，服务业及服务贸易的实力不同，因此，各国服务贸易政策的目标取向也不同。

1. 本国经济发展战略目标

一国的经济发展战略目标是该国国际服务贸易政策目标取向的决定性因素。经济发展战略目标是全局的、长远的目标，任何国内经济政策的目标，都必须服从和服务于这个根本目标。在经济发展战略目标中，经济增长目标是最重要的目标，只有国内经济增长能够满足国内需求，贸易的目标才能得到保证。因此，经济增长目标直接决定着国际服务贸易政策目标。

2. 国际服务贸易市场状况

国际服务贸易市场状况是制定国际服务贸易政策目标的重要考虑因素。国际贸易政策体现的是一国的国际利益，而国际市场尤其是国际服务市场的变化直接影响着一国国际利益的

目标是否能够实现。因此，国际服务贸易市场的现状及变化趋势必然要在制定国际服务贸易政策时给予考虑。

3. 服务业和服务贸易发展目标

服务业和服务贸易发展目标是制定国际服务贸易政策的重要依据。因此，有什么样的服务业和服务贸易发展目标，就会有什么样的国际服务贸易政策。国际服务贸易政策是一国服务业和服务贸易发展目标的体现。

4. 经济结构目标

经济结构目标是影响国际服务贸易政策目标的重要方面。经济结构中的产业结构目标和贸易结构目标，会直接影响国际服务贸易政策目标取向。一国在产业结构和贸易结构上所做的调整，会通过国际服务贸易政策体现。在世界产业结构向第三产业变动的情况下，国际服务贸易政策目标受到经济结构目标的影响越来越大。

此外，在确定国际服务贸易政策目标中，确定国别贸易目标时，还要考虑国家之间的关系。

(二) 国际服务贸易政策目标的主要内容

发达国家服务贸易政策目标是贸易自由化，而对于发展中国家而言，国际服务贸易政策的总体目标，应是保持与促进本国经济持续、健康、快速发展，维持良好的国内经济环境和国际经贸关系。具体来说，服务贸易政策的制定和实施，要达到效益目标、结构目标、国别目标、市场目标、其他目标等。

1. 效益目标

通过制定鼓励服务出口政策、服务业技术改进和提高政策、服务业就业及培训政策等，引导和支持国内服务业的海外拓展以及服务出口，为国家创造更多外汇收入和就业机会。

2. 结构目标

通过制定和实施国际服务贸易政策，鼓励服务业的发展，逐步实现产业结构调整，提高第三产业比重。同时，扩大服务企业规模，使跨国服务企业或集团在服务业企业总数中的比例得到提高。在服务产品结构中，除了保持传统优势服务贸易外，要逐步使服务知识化、技术化。

3. 国别目标

根据经济互补、互惠互利原则，确定多国别服务贸易政策，特别应加强与发展中国家的服务贸易和经济合作。

4. 市场目标

在努力实现国内服务市场与国际服务市场相衔接的基础上，应保证服务业主导行业和幼稚行业相对稳定和独立化的份额；在国际市场上增强国内市场服务产品的竞争力和拓展力。市场份额目标固然十分重要，但是由于国际市场变化莫测，非价格竞争目前成为国际市场竞争的主流，国际服务贸易政策在市场目标上应注意追求市场创新和服务产品的市场灵敏度。也就是说，国际服务贸易政策要有利于创造新的服务市场需求，提高竞争力；而追求服务产品市场灵敏度，则容易摆脱或避免市场波动带来的风险，一般来讲服务产品的功能越多，对市场的反应灵敏度越高。

5. 其他目标

除以上目标外，国家的就业、文化主权、国际收支平衡等方面都与国际服务贸易政策相关联，在一定时期或一定情况下，它们都可能成为国际服务贸易政策所追求的目标。

总之，通过制定相应的国际服务贸易政策，一国可以实现保护本国市场、扩大服务出口、促进本国产业结构和贸易结构的改善以及推动本国经济增长的目的。

二、国际服务贸易政策的类型及演变

早期的国际服务贸易规模较小、项目单一，主要包括运输服务和侨汇等相关的银行服务。在第二次世界大战之后，尤其是在第三次科技革命的推动下，涌现出了许多新的国际服务贸易项目，如电信、计算机软件，甚至信息高速公路、多媒体技术、知识产权类服务及其他与现代生活相关的服务。

从贸易政策的类型看，主要包括贸易自由化政策、贸易保护政策和贸易管理政策。

1. 20 世纪 50 年代前的宽松政策倾向

早期的服务贸易限制较少，再加上当时的世界政治经济体系主要由少数几个发达国家所操纵，全球范围内基本上呈现出一种较为宽松的政策态势。第二次世界大战后不久，西方国家为了重建经济，积极从国外引进大量服务人员，并为技术转让和金融服务入境创造良好的政策环境，服务贸易开始进入了有组织的、商业利益导向的发展阶段。在该阶段，发达国家总体上较少设置服务贸易壁垒，但发展中国家对服务贸易的表现并不积极，并设置了重重障碍，企图控制境外服务的入境规模。

2. 20 世纪 60 年代后的限制性政策倾向

伴随着世界经济的迅速发展，国际服务贸易创汇占外汇收入的比例不断增长。同时，基于国家安全、领土完整、民族文化与信仰、社会稳定等政治、文化及军事目标，各国均对服务的输出输入制定了各种政策和措施，其中不乏鼓励性质的，但更多的是限制性的，再加上传统的限制性经营惯例，极大地制约了国际服务贸易的发展。

3. WTO 运行后的自由化政策倾向

经过"乌拉圭回合"的艰辛谈判，《服务贸易总协定》（GATS）终于达成，并于1995年正式运行。GATS 的签署和实施是国际多边贸易体制推动服务贸易自由化的一个重大突破，它为参与服务贸易的国家和地区提供了服务贸易国际管理和监督的约束机制，为服务贸易的发展创造了一个稳定的、具有预见性的、自由贸易的法律框架，服务贸易逐步自由化的原则渐渐为世界各国所接受，国际服务贸易自由化进入了一个新的阶段。而且，在《服务贸易总协定》生效之后，WTO 仍然不遗余力地推进有关服务贸易方面的后续谈判进程，尽管阻力重重，但也取得了一些阶段性的成果，使国际服务贸易自由化的进一步前行有了更为坚实的基础。

第二节　国际服务贸易自由化政策

倡导服务贸易自由化过程反映出来的一个显著特点便是各国充分主张开放本国具有优势的服务领域。各国普遍最为关心的是其国际服务贸易中增长最快的领域——生产者服务贸易的自由化，这种关心不仅反映在"乌拉圭回合"多边服务贸易谈判中，也体现在理论研究的重点上。

一、国际服务贸易自由化的理论基础

尽管国际货物贸易与国际服务贸易有很大差异，但国际货物贸易自由化的理论也同样适用于国际服务贸易。以亚当·斯密和大卫·李嘉图为代表的西方自由主义经济学家主张国际贸易的自由化。主张国际服务贸易自由化的人们认为，那些在服务业方面拥有比较优势的国家应扩大其经济及出口中服务所占的份额，其他国家则应开放本国的服务市场，而发展其他部门的产品生产与出口；或当各国在不同的服务行业拥有比较优势时，各自集中提供自己所擅长的服务与别国的其他服务相交换，进行服务业的内部贸易。这样必然会提高世界整体的资源配置效率，从而使有关各方均能获利。

国际服务贸易占世界贸易总额的份额越来越多，服务贸易的自由化将极大地促进国际贸易的发展，使其在世界经济中占有更高的地位。此外，诸如投资服务、技术服务、人员流动等所谓的要素服务已属于生产要素的国际流动的范围，它对世界生产与贸易格局变化的影响要远比国际货物贸易深远，标志着国际经济联系的不断加强及生产和分工国际化的进一步深化。国际服务贸易的发展对国际经济关系的影响实际上要比其表面数字所体现的意义重大得多。

国际服务贸易自由化对促进国际货物贸易的开展也具有十分重要的意义。有许多服务如国际运输、广告、维修服务、营销服务等都是与国际货物贸易密切相关的，另外有些服务（如金融、保险、技术、交通运输、电力、保管等）则属于货物生产不可缺少的投入。国际服务贸易的发展会提高这些部门的效率，降低其成本，从而促进国际货物贸易的进一步开展。

关于服务贸易的自由化，国际上基本上有两种态度：一种是向所有的外国服务及服务提供者开放本国服务市场，称为"无条件的服务贸易自由化"；另一种是根据每个国家给予本国服务及服务提供者的待遇来决定本国给予对方国家服务和服务提供者的待遇的服务贸易自由化，即所谓的"对等原则"。若某个国家对本国的服务及服务提供者采取自由开放的态度，则本国也对他国的服务及服务提供者开放服务市场。反之，若某个国家对本国的服务及服务提供者实行限制政策，则本国也限制他国服务及服务提供者的进入。很显然，"对等原则"实际上是对无条件的最惠国待遇原则的退步。但许多国家（特别是发达国家）无条件的服务贸易自由化原则逐渐为对等原则所代替。

二、国际服务贸易自由化的政策选择

选择不同的自由化政策，在很大程度上会给贸易国带来不同的福利收益和成本。

（一）服务贸易自由化对国家安全的影响

无论对发达国家还是对发展中国家，服务贸易自由化都是一把"双刃剑"。它既可能危及国家安全和主权，也可能因为能够提高国家竞争力而又维护国家安全。

在服务贸易自由化进程中，一个最为敏感的问题就是国家安全问题。国家安全涉及五种基本的国家利益，即政治利益、经济利益、军事利益、外交利益和文化利益。服务贸易自由化比货物贸易自由化更多地涉及国家安全问题。

1. 服务贸易自由化对发达国家安全的影响

对于发达国家，服务贸易自由化主要从以下几方面影响国家安全。

（1）可能削弱、动摇或威胁国家现有的技术领先优势，提高竞争对手的国家竞争实力。

（2）可能潜在地威胁国家的战略利益，特别是潜在地威胁国家长远的军事利益，因为服务优势有助于国家在未来的信息战中取得军事上的比较优势或绝对优势。

（3）可能造成高科技的扩散而给国家安全造成潜在威胁。因为服务贸易中包含大量的技术要素或信息，一旦这些要素或信息扩散到其他国家或被恐怖组织掌握，则可能危及国家安全或民族利益。

（4）可能危及本国所在的国际政治与经济联盟的长远利益。

基于这些理由，发达国家或技术领先国家认为有必要长期保持其在国际市场中的技术领先地位，以此获得最大的国家政治、经济和外交利益，并期望通过限制先进技术等服务的出口，以长期保持其对技术落后国的信息优势。于是，发达国家就出台了各种限制服务出口的政策措施。

2. 服务贸易自由化对发展中国家安全的影响

对于广大发展中国家，尽管它们迫切需要进口包含大量先进技术信息的现代服务，但又不能不考虑进口服务带来的各种可能危及国家安全的负面影响。印度学者 V. 潘查姆斯基将服务贸易自由化对发展中国家的影响概括为以下九个方面。

（1）使发展中国家丧失其对经济政策的自主选择权。目前，发展中国家的许多通行管制是为了加强对国内服务部门的控制、发展服务业以使出口多样化。

（2）将进一步加深发展中国家对发达国家的经济依赖，使其几乎丧失执行符合本国利益的国内政策的空间。

（3）使发达国家金融机构凭借其在金融服务和国际货币发行领域的优势，削弱发展中国家政府在金融货币管理领域发挥的积极管理作用。

（4）由于发展中国家与发达国家的货物与服务的生产率差距日益扩大，服务贸易自由化将使发展中国家在服务领域依赖发达国家，并最终使发展中国家服务业的国际化程度变弱。

（5）发展中国家一旦放弃服务贸易的控制权，它们的新兴服务业如银行、保险、电信、航运和航空等将直接暴露于发达国家企业的激烈竞争中。

（6）使作为最大服务进口者的发展中国家短期内可能以两种方式影响其国际收支：其一，可能导致在国内市场上国内服务供应商被国外服务供应商所取代；其二，可能形成以进口服务替代国内服务的局面，使进口需求增加。

（7）可能从多方面影响国内就业。有研究表明，低收入国家服务部门使用的劳动力超过高收入国家服务部门使用的劳动力的两倍，服务贸易自由化对发展中国家就业的影响显然要大大超过对发达国家。

（8）信息服务跨国流动不但可能导致依赖产生，而且可能损害国家主权。信息服务贸易自由化的严重影响有二：第一，信息服务业（包括信息传输网、网络终端、计算机服务和信息基础设施等）高度集中于发达国家，由于电信成本下降，许多发展中国家的企业将会发现，通过海外信息服务业拥有其自身的设计、计算和加工数据库将更为经济且方便，这种信息的大量外流造成国家信息资源严重损失；第二，信息服务贸易的依赖性使发展中国家更易受外国的压制，因为那些对于发展中国家经济发展意义重大的核心信息资料，可能由于政治、经济或其他原因而受到外国政府的控制。

（9）服务贸易自由化可能会损害发展中国家的国家利益和消费者利益。

然而，需要指出的是，以国家安全或其他理由对本国服务贸易进行出口控制或进口限制的贸易保护政策，都将面临一定的保护成本。所以，无论是发达国家还是发展中国家，都面临在国家利益、国家安全利益与服务贸易利益三者之间进行权衡或抉择的问题。

（二）国际服务贸易自由化的政策取向

1. 发达国家国际服务贸易自由化的政策取向

发达国家对发展中国家开放本国服务市场的条件是以服务换商品，而对于同等发达国家，则需要相互开放本国服务市场，这就是所谓的"服务贸易补偿论"。

另外，发达国家还以维护国家安全和竞争优势为借口，强调有必要对本国服务出口采取管制政策。需要指出的是，发达国家强迫其他国家开放服务市场，以及限制本国涉及敏感性问题的服务出口，都是以它们自身的利益为出发点的。

2. 发展中国家国际服务贸易自由化的政策取向

（1）发展中国家实施服务贸易自由化政策的考虑因素。服务业在发达国家的经济发展中起着重要作用，服务业对发展中国家的经济发展同样具有重大意义。因此，不管国际服务贸易自由化的影响如何，发展中国家必须正视自由化发展这一现实。因为自由化是国际服务贸易进一步发展的客观要求。在这种情况下，发展中国家制定服务贸易自由化政策的基本指导思想在于打破原有比较优势的局限，缩短技术差距，改善自身服务贸易结构，从而尽可能利用服务贸易自由化促进本国服务业的发展，同时最大限度地减弱自由化的消极影响。从国际竞争的角度考虑，以下几点是值得发展中国家普遍注意的。

1）服务贸易的发展应有利于整个经济的发展。发展中国家的服务业立足点应当放在促进整个经济发展上，依照比较优势原则，利用自然条件、廉价劳动力优势发展旅游、工程建筑、劳务输出等少数几项传统服务作为国际收支来源，可以较快地获得经济效益。但是，这种出口战略很难在国际市场上长期站住脚。现代服务贸易的核心是以信息技术服务为主体的生产性服务。如果说传统非信息服务可以更多地依靠劳动力或者地理环境等因素来获得相对优势，那么信息化服务国际竞争力的提高则是与整个社会生产力发展水平相联系的。即使是发展中国家，服务贸易较强的国家往往也是货物贸易较强的国家。因此，发展中国家不能把服务业和物质生产割裂开来，应当特别重视生产性服务的发展，把服务业的发展与物质生产发展有机地结合起来，相互促进，相互支持，让服务业在经济发展中发挥积极作用。这样一方面生产性服务的发展有助于提高商品出口的竞争力；另一方面，生产性服务自身竞争力的提高又可以改善服务出口结构，减少对外国服务的依赖。

2）对于自身的廉价劳动力优势应当有一个清醒的认识。随着社会生产力和科学技术的发展，人类进入了一个以信息、文化和知识为主要生产手段的时代——知识经济时代。在这样的时代，比较劳动力的优势不仅要看其价格，更要看其素质。发展中国家劳动力虽然成本低，但由于文化技术素质相对较低，多从事劳动密集型即低附加值服务；发达国家劳动力虽然成本较高，但从事的是高附加值的知识技术密集型服务，创造的价值高，所以发展中国家必须努力提高劳动力的素质。虽然发展劳动密集型服务是一般发展中国家进入国际服务市场的必经之路，但必须明确，发展劳动密集型服务不是目的而是手段，是为将来提高服务的技术层次积累资金创造条件。

3）提高服务的技术层次与水平。发展中国家应该在开放的基础上提高服务的技术层次，充分发挥服务贸易作为技术转让渠道的作用。在服务竞争自由化过程中，对发展中国家经济安全和国家主权冲击最大的是通信、金融、计算机服务等高技术信息化领域。而发展中国家又最需要引进这类服务，也最有可能从这类服务中得到技术转让的好处。唯一的选择是在开放的条件下引进技术，培育自己的高技术服务业。发展中国家在建立高技术服务业的初期，采用吸收外国直接投资的方式引进高技术服务较为有利。因为直接投资形式更有利于技术转让。美国对发展中国家的技术转让 80% 是通过跨国公司直接投资进行的。而采用贸易形式引进高技术服务只能得到结果，不能引进生产过程，反而容易造成对进口的依赖，不利于发展中国家的高技术服务业从无到有地发展。当然，引进高技术服务业的直接投资又会涉及一系列有关国家主权和安全方面的问题，这就要求发展中国家采取适当的政策措施，趋利避害。

4）争取国际谈判的主动权。在服务贸易自由化的国际谈判中，发展中国家处于被动地位。发展中国家应当在坚持差别待遇原则的基础上对现存服务贸易壁垒做出自己的分析，提出积极的建议。发展中国家在服务贸易自由化国际谈判中的主要目标应该有两个：一个是维护对本国服务业进行适度保护的权利，另一个是为提高本国服务业走向世界争取有利的条件。

保护的立足点应当是提高本国服务业的技术层次，培植自己的高技术服务业；开放的立足点应当是引进技术，必须看到，技术转让是发展中国家可能从服务贸易自由化中得到的最大利益。

（2）发展中国家开放服务市场的步骤。对于发展中国家，在现阶段完全开放本国服务市场是不现实的理想自由化，特别是对那些经济规模较小的发展中国家来说尤其如此，会威胁到本国经济安全。然而，完全封闭本国服务市场既难以有效做到，又会带来一些保护成本。因此，发展中国家既难以选择传统的保护战略，又不能选择一步到位的完全自由化战略，于是，混合型、逐步自由化的服务贸易发展战略就成为发展中国家的备选方案。由此出发，发展中国家开放本国服务市场可以按照以下五个步骤进行。

1）逐步放松对国内服务市场的管制。对于大多数发展中国家来说，放松对本国服务市场的管制是服务贸易自由化的首要步骤。在该阶段，发展中国家面临的主要问题是，如何在放松管制与允许外国服务企业进入之间做出选择。对于发展中国家来说，服务贸易自由化应是一个渐进的过程，不可操之过急，那些推进本国服务市场特别是金融服务市场自由化步伐过快的国家势必要接受开放过度所带来的重大金融挑战。例如，本国经济容量较小、经济增长放慢、服务市场开放度超越商品贸易和服务贸易自由化进程，成为 1997 年东南亚金融危机的部分内因。这次危机从另一个侧面也说明，保持本国服务市场的适度开放，对于那些期望借助服务贸易提高经济竞争力的发展中国家来说不但重要，而且也甚是必要。

2）逐步开放本国商品贸易市场，降低商品关税水平。开放本国商品贸易市场是开放服务市场的充要条件。其原因在于，如果本国商品贸易被关税扭曲，允许本国服务贸易自由化将比在闭关自守情形下的损失更大，而且小国的损失比大国更大。以信息服务贸易为例，现代信息服务贸易自由化就应与现代信息产品贸易自由化相互适应。发达国家已大幅度削减其在信息产品上的关税水平，部分新兴工业化国家和地区也对信息产品贸易采取了低关税政策，为这些国家和地区推行信息服务贸易自由化做好了准备。然而，大多数发展中国家在信息产品上的关税水平依然较高，如果要求这些发展中国家也像发达国家或部分新兴工业化国家和地区那样开放本国信息服务市场，其结果对发展中国家来说将是灾难性的，至少本国因此而获得的福利收益不会比不这样做更好。这都说明，发展中国家甚至多数新兴工业化国家和地区在服务贸易自由化方面还要走很长的路。

3）逐步开放服务产品市场，减少服务产品领域非关税壁垒。理论研究表明，一国开放服务产品市场与开放服务要素市场的不同顺序将会给国家带来不同的福利影响，同时，不同顺序的政策选择带来的收益又会因不同的环境限制而有所不同。在服务贸易领域，由于服务对于国家安全的重要性，将之放在商品市场的开放之后是合适且稳健的政策选择。发达国家也没有完全对外国服务提供者开放本国服务产品市场，而多数发展中国家不具备开放本国服务市场所要求的条件和环境。

4）逐步开放服务要素市场，减少贸易壁垒。服务要素主要包括技术、资本和管理等。一旦发展中国家开放本国服务要素市场，就离实现服务贸易自由化的目标不远了，开放服务要素市场意味着国内服务竞争力的增强。不过，即使是发达国家，也没有完全开放本国服务要素市场，限制劳动力跨国提供服务的措施依然大量存在。逐步减少或拆除服务产品即服务载体贸易上的各种壁垒，是发展中国家服务贸易自由化进程中的一项重要内容。

5）服务贸易自由化需要逐步推进。发展中国家的服务贸易自由化进程要逐步推进，才能享有较大的政策操作空间。只要所采取的政策措施得当，发展中国家在服务贸易自由化中获取的收益就有可能超过损失。

综上所述，只有提高经济竞争力，才能从根本上维护国家安全，特别是经济安全。而只有维护国家的经济安全，才可能谈得上提高经济竞争力。发达国家采取提高竞争力的放松出口管制政策，发展中国家采取放宽进口限制的渐进自由化政策，构成国际服务贸易自由化进程的主要环节。出于国家安全和竞争力考虑，服务贸易既不可能出现古典式的纯粹自由贸易，也不可能出现如传统的工业进口替代那样的保护贸易，有管理的服务自由贸易最有可能成为各国发展的预定目标，但这也需要经历一个漫长的过程。

第三节　国际服务贸易保护政策

在经济全球化进程中，各国极力主张对其优势服务部门实行自由化政策，而对其弱势服务部门则加以严格保护，实行国际服务贸易保护政策。

一、实施国际服务贸易保护政策的原因

各国之所以采取国际服务贸易保护政策，主要是出于以下几个方面的考虑。

1. 减轻国内就业压力

许多国家的服务业是吸纳就业人数最多的产业，一旦该产业出现大的动荡，直接结果就是造成大量失业，给整个社会稳定带来压力，甚至会影响到国内政局。这是发达国家实施国际服务贸易保护政策的主要原因。

2. 维持国际收支平衡

在经历东南亚金融危机之后，这一点成为许多国家限制金融服务贸易的理由。一国国际收支的平衡反映其对外经济关系的利益及稳定，国家加强对金融市场的干预可以维护国内的金融秩序。因此，各国制定国际服务贸易政策时，都对此给予了充分的重视。

3. 保护国内幼稚服务部门

发展中国家的银行、保险业以及发达国家的新兴服务行业属于保护倾向较高的行业。发展中国家主要担心来自发达国家的冲击会阻碍民族服务业的发展，发达国家则担心来自集团内部的竞争会导致本国优势的丧失。

4. 保护本国消费者利益

为了防止外国企业在本国市场上垄断价格，可以对外国企业在本国的活动实施各种强制性的检查和监督措施。

5. 为维护国家主权和国家安全

对于关乎国计民生的重要服务行业，如邮电、通信等，一般都禁止或限制外国企业参与竞争。这是出于对整个国家对外关系战略的考虑。

6. 保护本国民族文化和社会利益

例如对卫星电视、电影和广告业的严格管制。

由于存在较大的利益分歧，发达国家与发达国家之间、发达国家与发展中国家之间对服务贸易的开放领域争论很大，矛盾也很尖锐，目前只能依靠双边或多边谈判来达成妥协。

国际服务贸易与国际货物贸易的干预方式不同。国际货物贸易可以同时使用关税壁垒与非关税壁垒；而关税壁垒不适用国际服务贸易，所以国际服务贸易壁垒只能以国内立法或政策为主的非关税形式实施。

二、国际服务贸易壁垒

（一）国际服务贸易壁垒的设置目的及其特点

1. 国际服务贸易壁垒及其设置目的

所谓国际服务贸易壁垒，是指一国政府对外国服务生产者或提供者的服务提供或销售所设置的有障碍作用的政策措施，即凡直接或间接地使外国服务生产者或提供者增加生产或销售成本的政策措施，都有可能被外国服务厂商视为国际服务贸易壁垒。国际服务贸易壁垒当然也包括出口限制。设置国际服务贸易壁垒的目的有二：一方面在于扶植本国服务部门，增强其竞争力；另一方面旨在抵御外国服务进入，削弱外国服务的竞争力，保护本国服务市场。

传统的有形商品贸易的障碍一般分为关税壁垒和非关税壁垒两大类，国际服务贸易和有形商品贸易两者运行的基本原理有较大差别，因此，有形商品贸易的各项政策不能简单套用于国际服务贸易领域。由于服务不同于货物、服务贸易不同于货物贸易，国际服务贸易壁垒则是围绕服务的特点所颁布的各种政策措施。

涉及国际服务贸易壁垒的政策措施通常有两种：一种是为了直接限制国外企业进入国内服务领域而颁布的政策与法规，如限制外国银行在国内的业务范围；另一种是为了国内其他政治、经济目标而颁布的政策与法规，这些政策与法规在实施过程中，间接地限制了国际服务贸易，如一国严格的出入境管理规定。当然，任何政策与法规都有两面性，对扶持和发展本国服务业行之有效的政策，却可能对国民经济其他行业的发展产生伤害，如对国外金融机构介入的限制，将使本国外资利用和国际经济合作发展受到影响。一些为协调国内政治和经济目标的政策措施，有时却给本国服务业发展带来不良影响，如严格的出入境管理规定可能影响国际旅游业的发展。

2. 国际服务贸易壁垒特点

国际服务贸易壁垒作为一种政策障碍，与国际货物贸易壁垒相比有着不同的特点。

（1）规范的对象不同。货物贸易壁垒针对货物产品；服务贸易壁垒针对服务过程，对"人"（自然人、法人等）的资格与活动进行限制。

（2）涉及面广泛。服务贸易壁垒由国内各个部门制定。涉及面广，缺乏统一协调，规范庞大繁杂。

（3）灵活隐蔽，选择性强，保护力强。除了保护商业利益外，还强调以国家的安全与主权利益等作为保护目标。

（二）国际服务贸易壁垒的种类

国际服务贸易壁垒已多达 2000 多种，大致可以归纳为以下六种类型。

1. 资本移动壁垒

它的主要形式有外汇管制、浮动汇率和投资收益汇出的限制等。

2. 人员移动壁垒

这主要涉及各国移民限制的法律。由于各国移民法及工作许可、专业许可的规定不同，限制的内容和方式也不同。

3. 服务产品移动壁垒

这涉及市场准入的限制，即东道国允许外国服务者进入本国市场的程序。这类限制常规定服务供给的最高限度，当外国服务者提供的服务超过限度时，则完全阻止外国服务产品进入国内市场，只使用本国服务。

4. 信息移动壁垒

由于信息传递模式涉及国家主权、垄断经营和国家公用电信网、私人秘密等敏感性问题，因此各国普遍存在各种限制，如技术标准、网络进入、价格与设备的供应、数据处理及复制、储存、使用和传送、补贴、税收与外汇控制和政府产业控制政策等限制或歧视性措施。而因信息流动又是金融、旅游、运输、仓储、建筑、会计、审计、法律等服务贸易发展的先决条件，这些措施不只阻碍信息服务贸易的发展，还同时制约着其他行业服务贸易的进行。

5. 开业权限制壁垒

这包括禁止外国服务进入的法令等，如禁止外国服务提供商进入某些行业或者地区设立机构或者提供服务，对某些行业实行政府垄断，或者禁止外国服务人员进入本国从事职业服务工作等。

6. 经营权限制壁垒

这是通过对外国服务实体在本国的活动权限进行规定，以限制其经营范围、经营方式等，甚至干预其具体的经营决策。值得注意的是，随着服务贸易自由化的逐步推进，以开业权限制等为表现形式的绝对的进入壁垒正面临越来越大的国际压力，而对具体经营权限的限制则既体现了适度的对外开放，又往往能有的放矢地削弱外国服务经营者在本国的竞争力和获利能力。因此，这将成为国际服务贸易的一种十分重要的壁垒形式。并且，这还是一种"可调性"较强的壁垒，各种经营限制的内容及限制的程度、方式等均可依本国社会经济及产业发展的要求和国际服务贸易自由化推进的要求而不断做出相应的调整。

为进一步了解国际服务贸易壁垒的主要种类及其在各行业的表现，表 5-1 列出了常见的国际服务贸易壁垒的种类及内容，从中可以知其概貌。

表 5-1　常见的国际服务贸易壁垒

行　业	常　见　壁　垒
1. 航空业	主要涉及国家垄断和补贴问题。世界各国政府一般都给本国航空公司提供优惠待遇，如把空运的货源和航线保留给国内航空公司；为本国飞机提供优先使用权；要求国内用户接受本国航空公司的服务；对国内航空公司给予税收优惠。目前，国际航空服务贸易都是通过对等原则的双边协议进行的
2. 广告业	对外来广告企业要求本国参股权及政府在广告业的竞争中偏袒本国企业是普遍现象，如外国广告企业在设立电视台、经营电视广告方面是受严格限制的
3. 银行与保险业	主要涉及开业权和国民待遇问题。对于开业权，许多国家禁止外国银行在本国设立任何形式的机构，有些国家虽允许设立分支机构，但这样的分支机构必须与母行中断业务上的直接联系。对外国银行的非国民待遇还表现在仅提供低储蓄地区（开业）、高税收率和限制财产经营范围。对于外国保险公司，一般还要求绝对控股权，以及禁止其经营某些保险业务
4. 工程建筑业	主要涉及开业权、移民限制和国民待遇问题。此类服务业是发展中国家的优势所在。对此，一些发达国家甚至不愿提供开业权，美国在开业权上就有较多的限制，日本、美国、欧盟都坚持不放宽移民限制。几乎所有的国家都禁止外国公司承建某些工程，而且在工程招标中偏袒本国公司
5. 咨询服务业	许多国家对设在本国的外国咨询机构都要求参与权，如印度要求外国咨询公司必须与本国相应的机构合作经营业务。而且咨询程序上的不透明也阻碍外国机构的活动
6. 教育服务业	教育服务与思想意识的传播关系密切，移民限制和歧视外国文凭是国际交流教育服务的主要障碍
7. 医疗服务业	主要问题是歧视外国医生的开业资格和对外国医疗设备的进口设立技术障碍
8. 电信和信息服务业	经常遇到国家垄断和控制。另外，还有知识产权保护、"幼稚产业"保护、技术标准和不公平税收等
9. 影视服务业	许多国家对本国影视直接拨款或通过税收优惠进行补贴，而对外国影视业则通过要求参与权、版权保护、进口的国家垄断、限制播放等加以抵制
10. 零售商业	主要涉及各国国内零售规则的透明度不够、不动产所有权、外国雇员的移民限制、利润汇返等
11. 旅游业	与航空客运关系密切，诸如出入境限制、外汇管制、旅游设施所有权、开办旅行社和旅游购物等，都存在贸易壁垒问题
12. 海运业	主要涉及国家特许经营与垄断、为本国海运公司保留货源、倾销性运价等问题

资料来源：江林、王玉平：《关贸总协定法律体系运用指南》，华东师范大学出版社，1993 年版。

三、国际服务贸易政策保护程度的衡量

贸易政策保护程度的衡量就是对一项或一揽子政策的水平、影响及有效性的量化评估。完善的政策保护程度衡量指标应具备四个特征：①可比性，在一定时期和一定政策范围内，衡量指标在国家之间或商品之间可进行比较；②可解释性，衡量指标表达的含义应简单明了；③准确性，衡量指标应相当准确，不会引起异议；④可操作性或可重复性，衡量指标不但可以被不同国家的人们操作，而且易于操作和重复检验。目前，衡量国际服务贸易政策保护程度的指标主要有三种：名义保护率、有效保护率和生产者补贴等值。

1. 名义保护率

名义保护率（Nominal Rate of Protection，NRP）是衡量贸易政策保护程度最普遍使用的指标。它通过测算世界市场价格与国内市场价格之间的差额，衡量保护政策的影响。世界银行将名义保护率定义为由于保护引起的国内市场价格超过国际市场价格的部分与国际市场价格的百分比。用公式表示为

$$NRP = \frac{国内市场价格 - 国际市场价格}{国际市场价格} \times 100\% \tag{5-1}$$

例如，一国政府可通过提高国内信息网络上网费用达到限制外国信息服务向其出口、保护本国进口替代信息服务厂商的目的。国内网络使用费用高出国际网络市场价格的部分，相当于政府对消费者购买国外信息服务征收的关税。假定国内市场网络费率为1分/KB，国际市场网络费率为0.2分/KB，那么，该国信息服务市场的名义保护率为400%。

如果一个国家对某种商品仅仅采取边境管制措施，那么，名义保护率的测量方法在评估贸易政策对产出水平的影响方面是有效的。但在服务贸易领域，由于各国服务价格的差异往往不仅仅是由关税壁垒（与服务相关的物质产品）引起的，还与要素禀赋、技术差异、规模经济和不完全竞争等因素密切相关，国际服务贸易大多使用非关税手段进行保护，这就限制了NRP在衡量国际服务贸易保护程度方面的作用。

2. 有效保护率

"有效保护"概念最初是由澳大利亚经济学家M. 科登和加拿大经济学家H. 约翰逊提出来的。他们将有效保护定义为包括一国工业的投入品进口与最终品进口两者在内的整个工业结构的保护程度。假如这一结构性保护的结果为正，那么，其关税保护是有效的；反之，则是无效的。由此可见，一国的关税政策是否有效，不但要看其最终产品受保护的程度，而且还要看受保护的那个产业的进口中间产品是否也受到了一定的保护，从而使得该产业的实际保护为正。这也说明，许多政策不但影响产出价格，而且还影响投入价格。有效的关税保护取决于一个产业所面对的实际关税，而实际关税则是由中间产品即投入与最终品即产出的关税共同决定的。有效保护率（Effective Rate of Protection，ERP）就是用来衡量投入和产出政策对价值增值的共同影响的指标。用公式表示为

$$ERP = \frac{国内加工增值 - 国外加工增值}{国外加工增值} \times 100\% \tag{5-2}$$

或

$$ERP = \frac{最终品名义保护率 - （中间品价格/最终品价格）\times 中间品名义保护率}{1 - （中间品价格/最终品价格）} \times 100\%$$

$$\tag{5-3}$$

由有效保护率的计算公式可以看出，计算服务贸易的有效保护率，需要获取有关服务业的投入-产出系数等信息资料，这些详细的信息资料往往难以获得。另外，有效保护率并没有反映导致产出扭曲的所有政策的效果，所以影响生产要素价格的因素可能在价值增值中没有得到反映，因而没有被包括在有效保护率的计算中。同时，在衡量保护程度时，对于国内资源成本（Domestic Resource Costs，DRC）的计算也被广泛采用，但在国际服务贸易领域，因为国内资源成本的计算需要大量的与要素市场政策和要素产出系数有关的技术信息，显然这一计算是不可行的，也是不现实的。

3. 生产者补贴等值

生产者补贴等值（Producer Subsidy Equivalent，PSE）或生产者补贴等值系数（PSE Coefficient）方法最早被经合组织用于对其成员国农业政策和农产品贸易的分析报告中。随着这一衡量方法在许多国家的运用过程中被改进提高，尤其是在"乌拉圭回合"多边贸易谈判中被政治决策者们广泛接受之后，这一指标正在日益受到重视，并不断被完善。

生产者补贴等值是用来测算关税壁垒和非关税壁垒以及其他与分析相关的政策变量的保护程度的一种衡量指标，它是对政府各种政策包括支持、税收和补贴等政策的总体效应进行评估。通常可用两种方法获得生产者补贴等值：一种是通过观察政府政策的预期效果；另一种是通过观察政策措施引起的国内外价格的变动。

在图 5-1 中，世界价格 P_w 低于国内供给线 S 与需求线 D 的交点，故将从价格更低的世界市场上进口服务。关税的实施使国内价格上升至 P_t，使服务进口减少 $(Q_D^w - Q_D^t)$。关税使国内生产者增加的福利用 $P_t P_w ab$ 表示。由于生产者补贴等值的衡量是建立在现有关税水平的生产与消费基础上，因而不能准确地测度生产者福利水平。生产者补贴等值的关税影响体现在关税产品 $(P_t - P_w)$ 和生产数量 Q_S^t 两个方面。同样，消费者因关税而导致的福利损失由 $P_t P_w dc$ 表示，消费者补贴等值（Consumer Subsidy Equivalent，CSE）表现在关税产品 $(P_t - P_w)$ 的负数和现有关税水平下的消费量 Q_D^t 两个方面。由此可分别得出作为生产价值比率的生产者补贴等值和作为消费价值比率的消费者补贴等值的计算公式为

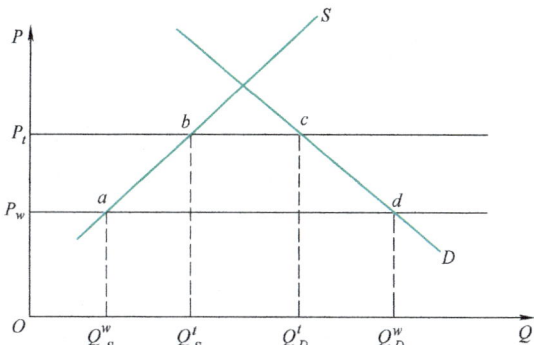

图 5-1　补贴等值下的关税影响

$$PSE = \frac{(P_t - P_w)\ Q_S^t}{P_t Q_S^t} = \frac{P_t - P_w}{P_t} \tag{5-4}$$

$$CSE = \frac{(P_w - P_t)\ Q_D^t}{P_t Q_D^t} = \frac{P_w - P_t}{P_t} \tag{5-5}$$

可用类似办法导出进口配额这种非关税壁垒的保护效果。在图 5-2 中，世界价格 P_w 低于国内供需线之交点，故进口量为 $(Q_D^w - Q_S^w)$。若外国厂商的竞争受到出口配额的限制，比如一国政府为本国船队保留一定数量的货物运输份额，则将有效减少本国航运服务的进口量。这样，国内市场将拉动国内供给线移动，其结果是，国内市场价格上升至 P_q，国内航

运服务的生产将提高到 Q_S^q，消费将下降到 Q_D^q，国内生产者因市场保护份额而增加了福利，由 $P_q P_w ab$ 表示。名义保护系数（Nominal Protection Coefficient，NPC）则为国内价格与世界价格的比率，即

$$NPC = \frac{P_q}{P_w} \qquad (5\text{-}6)$$

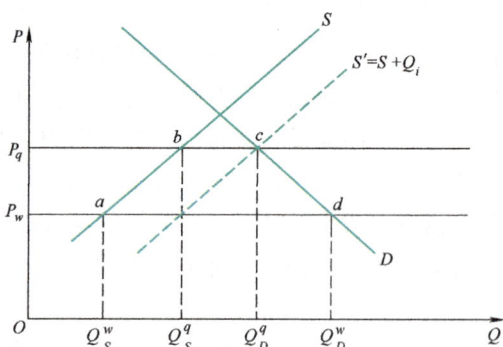

图 5-2　补贴等值下的进口配额影响

与非关税壁垒效果分析的一般结论相同，政府希望为国内服务厂商保留市场份额而对其提供有效保护，以替代作为竞争者的外国厂商，但这样做将提高服务的国内价格。对于消费者，配额的福利损失在图 5-2 中由 $P_q P_w dc$ 表示。

生产者补贴等值方法是通过比较国内价格与国外价格的差异来考察一揽子政策的净效果，考虑贸易政策的总体影响，而不是只考察单个政策的效果，它测算的是政府政策给予生产者的价值转移量或政府政策对生产者收益的贡献。在不同时期、不同国家甚至不同领域，生产者补贴等值是不同的。

【本章小结】

本章主要介绍了国际服务贸易政策的类型与演变、国际服务贸易自由化的理论与政策、国际服务贸易壁垒的种类及国际服务贸易政策保护程度的衡量。

（1）国际服务贸易政策的类型与演变。从贸易政策的类型看，主要包括贸易自由化政策、贸易保护政策和贸易管理政策。第二次世界大战后，西方国家为了重建经济，服务贸易开始进入了有组织的、商业利益导向的发展阶段。在该阶段，发达国家总体上较少设置服务贸易壁垒，但发展中国家对服务贸易设置了重重障碍。

（2）国际服务贸易自由化的理论与政策。国际服务贸易自由化理论主张在服务业方面拥有比较优势的国家应扩大其经济及出口中服务所占的份额，其他国家则应开放本国的服务市场，而发展其他部门产品的生产与出口；或当各国在不同的服务行业拥有比较优势时，各自集中提供自己所擅长的服务以与别国的其他服务相交换，进行服务业的内部贸易。这样必然会提高世界整体的资源配置效率，从而使有关各方均能获利。

（3）国际服务贸易自由化政策选择。发达国家采取提高竞争力的放松出口管制政策，发展中国家采取放宽进口限制的渐进自由化政策，构成了国际服务贸易自由化进程的主要环节。

（4）国际服务贸易壁垒的种类及国际服务贸易政策保护程度的衡量。国际服务贸易壁垒是指一国政府对外国服务生产者或提供者的服务提供或销售所设置的有障碍作用的政策措施，即凡直接或间接地使外国服务生产者或提供者增加生产或销售成本的政策措施，都有可能被外国服务厂商认为属于国际服务贸易壁垒。可以把服务贸易壁垒归纳为资本移动壁垒、人员移动壁垒、服务产品移动壁垒、信息移动壁垒、开业权限制壁垒、经营权限制壁垒六种类型。国际服务贸易政策保护程度的高低可以分别通过名义保护率、有效保护率和生产者补贴等值的计算来加以反映。

【本章重要概念】

国际服务贸易壁垒　　名义保护率　　有效保护率　　生产者补贴等值

【复习思考题】

1. 实施国际服务贸易自由化政策与国际服务贸易保护政策的理论依据是什么？

2. 简述发展中国家实施国际服务贸易自由化政策需要考虑的因素。

3. 国际服务贸易壁垒是如何分类的？各种类别的含义是什么？

4. 完善的政策保护程度衡量指标应该具备哪些特征？并请列举目前衡量国际服务贸易政策保护程度的主要指标。

5. 国际服务贸易壁垒具有什么特点？

第六章 ▶▶▶

国际服务贸易规则及其协调机制

本章主要学习内容

- 《服务贸易总协定》的产生、主要内容及重要意义
- "乌拉圭回合"之后有关服务贸易的后续谈判和 WTO 新一轮服务贸易谈判的焦点
- 与服务贸易相关的 WTO 体制特点
- 欧盟和北美自由贸易区内服务贸易规则的主要框架和内容

第二次世界大战后，伴随着国际服务贸易突飞猛进的发展，为了能使服务贸易纳入国际多边贸易体系之中，加快推进国际服务贸易的自由化步伐，国际服务贸易的规章准则即《服务贸易总协定》在"乌拉圭回合"之后应运而生。同时，随着区域经济一体化安排的深入发展，服务贸易也相继被纳入区域框架之中。

第一节　服务贸易的国际性协议

由于各国服务产业和服务贸易发展的明显失衡以及出于对本国服务市场和产业的保护，多数国家在国际服务贸易领域设置了相关的贸易壁垒，影响了国际服务贸易的发展。"乌拉圭回合"谈判达成的《服务贸易总协定》（GATS）是历史上第一个关于国际服务贸易发展的多边规范，它所确立的基本原则和贸易规则有力地推动全球服务贸易的自由化进程。

一、《服务贸易总协定》的产生

《服务贸易总协定》（GATS）是关贸总协定（GATT）第八次谈判"乌拉圭回合"多边贸易谈判（简称"乌拉圭回合"）的新成果。《服务贸易总协定》将世界范围内的服务贸易置于一个多边的协议之内，对国际服务贸易和世界经济的发展产生了深远的影响。

（一）《服务贸易总协定》的产生背景

1. 是经济全球化发展和国际服务贸易自身发展的客观需要

自第二次世界大战尤其是 20 世纪 70 年代以来，世界各国间的经济联系日益加深，商品、资本、服务等各要素的流动和配置更为活跃，其中，国际服务贸易的增长速度更是大大高于同期货物贸易的增长速度。而服务业又是一个涉及面非常广泛的行业，其内容包罗万象，涉及国家主权、国防经济安全、社会就业、人力资本、通信技术设施、教育等多个方面。在这样的情况下，如果没有一个原则性的国际服务贸易规范框架，不仅会使各国间的贸易处于低效率状态，更有可能因各国不同的政策法规而造成混乱和障碍。因此，《服务贸易总协定》的产生不但适应了国际贸易发展态势的要求，而且也必将促进经济全球化和国际服务贸易的快速发展。

2. 是发达国家与不发达国家之间斗争和妥协的结果

美国作为发达国家的代表，是服务贸易谈判最积极的倡导者。服务业是美国经济的支柱产业，在美国经济中占有很重要的地位。自 1972 年美国出现商品贸易逆差以来，该逆差由服务贸易顺差部分地加以弥补，为了维护和争取更多的利益，美国积极倡导服务贸易谈判，试图在 GATT 框架内，实现服务贸易自由化，打开其他国家的服务贸易市场。

尤其在 1984 年以后的两年里，美国政府不断对其他国家政府施加压力，要把服务贸易纳入新一轮的谈判内容之中，而发展中国家则坚决要将这一问题置于 GATT 的权限之外。然而，在经过 GATT 高级官员小组在 1986 年 1 月的缔约方大会上和筹备委员会在 1986 上半年举行的会议上的讨论后，终于在 1986 年 9 月的埃斯特角部长级会议上，服务贸易被作为三项新议题之一列入"乌拉圭回合"程序，从此拉开了服务贸易多边谈判的序幕。同时，确定了采取"双轨制"的谈判方式，将服务贸易作为与商品贸易并列的议题，由各国就旅游、建筑、金融、保险、电信、专业人员服务等展开具体谈判。

（二）服务贸易谈判的历程和《服务贸易总协定》的产生

在"乌拉圭回合"中，关于服务贸易的谈判大体经历了四个阶段。

1. 第一阶段：1986 年 10 月 27 日—1988 年 11 月

这一阶段也可称为谈判的初期阶段。该阶段的谈判重点主要围绕以下五个方面：①服务贸易的定义与统计问题；②服务贸易原则与规则的概念；③服务贸易多边框架的范围；④现行国际纪律与安排；⑤促进或限制服务贸易发展的措施与做法。这一阶段各方分歧很大，发展中成员方力图将讨论集中在定义、统计、适用范围和发展的问题上，要求对国际服务贸易做比较狭窄的定义，即居民与非居民进行的跨国境的服务购销活动。美国等发达成员方则坚持较为广泛的定义，将所有涉及不同国民或国土的服务活动纳入国际服务贸易范畴，并且更为关注阻碍服务贸易的壁垒。欧共体则主张不预先确定谈判范围，而是根据谈判需要对国际服务贸易采取不同定义。多边谈判基本上采纳了欧共体的意见。

2. 第二阶段：1988 年 12 月—1990 年 12 月

这一阶段是"乌拉圭回合"服务贸易谈判的实质性阶段。在多边贸易谈判委员会于 1988 年 12 月在加拿大召开的蒙特利尔部长级中期评审会议上，为加速谈判进程，各国通过确定一个有很大灵活性的定义来摆脱对服务贸易定义的纠缠，将谈判重点集中在服务贸易框架协议有关部门的概念、原则和规则上。1989 年 4 月，服务贸易工作组举行会议，决定就电信、建筑、运输、旅游、金融（含保险）和专业服务部门等六个部门进行实验性谈判，以便检验中期评审确定的服务贸易原则或规则在具体服务部门的适用性。从 1989 年后期开始，特别是在 1990 年年初之后，一些国家向服务贸易谈判组提交了有关部门框架协议草案的提案。例如，1990 年 5 月由中国、印度、喀麦隆、埃及、肯尼亚、尼日利亚和坦桑尼亚七个亚非国家联合提交的"服务贸易多边框架原则与规则"提案，对最惠国待遇、透明度、发展中国家的更多参与等一般义务与市场准入、国民待遇等特定义务做了区分，对正在谈判中的服务贸易框架协议草案的内容产生了很大的影响。经过反复谈判，服务贸易框架协议草案终于提交给 1990 年 12 月在布鲁塞尔举行的部长级会议。

3. 第三阶段：1990 年 12 月—1991 年年底

这一阶段主要对服务贸易框架协议进行了进一步的修改和完善。1990 年 12 月初，部长级会议在比利时首都布鲁塞尔召开，由于美国和欧共体在农产品问题上的僵持，会议以失败而告终，服务贸易谈判也未能取得大的进展，仅通过了将无条件最惠国待遇写入服务贸易框架协议草案之中。在这之后，"乌拉圭回合"谈判基本处于停滞状态，直到 1991 年 4 月才重新开始。恢复谈判后，服务贸易谈判组在 1991 年 5 月 27 日举行了首次正式会议，决定进一步修改和完善服务贸易框架协议。同年 12 月 20 日，经过各方紧张的谈判，《服务贸易总协定》草案终于修改完成，提交给多边贸易谈判委员会，即《实施"乌拉圭回合"多边贸易谈判结果最后文件草案》，即著名的《邓克尔方案》。该草案包括六个部分、35 条条款和五个附录，基本确定了《服务贸易总协定》的结构。

4. 第四阶段：1991 年年底—"乌拉圭回合"结束

1992 年 1 月 13 日，"乌拉圭回合"多边贸易谈判委员会召开会议，决定以《邓克尔方案》为基础继续进行谈判。在这之后，共进行六轮初步承诺双边谈判，参与国达到几十个。经过各国继续磋商、谈判，协议草案根据各国的要求又进行了进一步修改。最后，各谈判方终于在 1994 年 4 月 15 日于摩洛哥马拉喀什正式签署了《服务贸易总协定》。该文本在总体结构和主要内容上对框架协议草案并无重大变更，只在部分具体规范上有所调整。《服务贸易总协定》作为"乌拉圭回合"一揽子协议的组成部分和世界贸易组织对国际贸易秩序的管辖依据之一，于 1995 年 1 月 1 日与世界贸易组织同时生效。

二、《服务贸易总协定》的宗旨与主要内容

《服务贸易总协定》为国际服务贸易的开展制定了一个多边框架，旨在在透明度和自由化的条件下拓展国际服务贸易，并使其成为一种促进全体成员方经济增长和发展中成员方经济发展的手段。《服务贸易总协定》强调，它将有助于促进发展中成员方在国际服务贸易中的参与，增加拓展其服务出口的特殊需要，特别是增强其境内服务能力、效率和竞争力。

（一）《服务贸易总协定》序言

《服务贸易总协定》的序言高度概括了其基本精神：①认识到服务贸易与世界经济的增长和发展关系的日益重要；②承认各成员方在发展服务贸易方面要符合各成员方自身的政策目标，即《服务贸易总协定》应尊重各成员方的境内政策，各成员方有权对其境内所提供的服务制定、实行新的规定，并特别指出发展中成员方可根据其特殊需要实施该项权利；③在适当考虑各成员方自身政策目标的同时，要通过连续不断的多边谈判，促使各成员方在互利的基础上获益，并要保障权利和义务的全面平衡，从而使服务贸易自由化推向更高阶层早日取得成功，并且希望服务贸易的发展有助于发展中成员方更多地参与国际服务贸易和扩大服务贸易的出口，特别是提高它们境内服务的能力、效率和竞争力。最后还提出要对最不发达成员方的特殊经济状况、对它们在发展贸易和财政上的需要和对它们的严重困难予以特殊考虑。

（二）《服务贸易总协定》的核心内容

《服务贸易总协定》的文本包括六个部分，其中第一部分为范围和定义，即第一条；第二部分为一般义务和纪律，包括从第二条到第十五条共 14 条条款；第三部分为具体承诺，包括从第十六条到第十八条共三条条款；第四部分为逐步自由化，包括从第十九条到第二十一条共三条条款；第五部分为制度条款，包括从第二十二条到第二十六条共五条条款；第六部分为最后条款，包括从第二十七条到第二十九条共三条条款。

1. 第一部分：范围和定义

《服务贸易总协定》第一条"范围和定义"规定了它的适用范围，即适用于各成员方影

响服务贸易的措施。《服务贸易总协定》中所指的服务包括任何部门的任何服务，但在行使政府权限时提供的服务除外。服务贸易即指以下述方式进行的贸易活动：①跨境支付：从一成员方境内向任何其他成员方境内提供服务（如增值电信业务的提供）；②境外消费：在一成员方境内向任何其他成员方的服务消费者提供服务（如旅游服务的提供）；③商业存在：一成员方的服务提供者在任何其他成员方境内以商业存在提供服务（如金融保险驻外机构的营业现场服务）；④自然人流动：一成员方的服务提供者在任何其他成员方境内以自然的存在提供服务（如各种专业服务的提供）。

2. 第二部分：一般义务和纪律

《服务贸易总协定》第二部分包含了第二条至第十五条的内容，具体包括：最惠国待遇，透明度，发展中成员方的更多参与，经济一体化，成员方内部法规，承认，垄断和专营服务提供者，商业惯例，紧急保障措施，支付和转移，保障收支平衡的限制，政府采购，一般例外，补贴等。

（1）最惠国待遇。最惠国待遇原则既是关贸总协定多边贸易体制的基础，也是多边服务贸易的基础。在《服务贸易总协定》第二条中，最惠国待遇原则的实质是为了保证各缔约方的服务和服务提供者处于同等的竞争条件，从而体现出公平竞争的原则，以达到服务贸易自由化的目的。但是，由于服务贸易涉及的范围广泛，实施最惠国待遇原则时经常会遇到各种问题。因此，在符合"附件"第二条有关免责条款所规定的条件下，最惠国待遇可有两种例外：①任一成员方与其相邻边境地区交换，并限于当地生产和消费的服务所提供或授予的利益；②任一成员方在谈判中可提出要求免除最惠国待遇义务的部门与措施，但这种免除会员待遇的年限不能超过 10 年。[一]需要注意的是，最惠国待遇条款是《服务贸易总协定》中的一般义务，其适用范围包括所有服务部门或分部门。

（2）透明度。根据《服务贸易总协定》第三条，在不妨碍成员方法律实施以及不损害公共利益和企业正当商业利益的前提下，每一成员方若对现行法律、法规或行政规定进行修订并严重影响所承诺的义务时，应立即或至少每年向服务贸易理事会提出报告。[二]同时，《服务贸易总协定》还要求成员方政府应在协议生效后的两年内建立机构（发展中成员方的期限可适当调整），以便在其他成员方提出要求时，及时提供有关资料和情况。

（3）发展中成员方的更多参与。《服务贸易总协定》承认当前各国家和地区服务业发展不平衡的现状，在协议中兼顾了发展中成员方的利益，规定发达成员方应采取具体措施，旨在加强发展中成员方的服务业，为发展中成员方的服务出口提供市场准入的条件。[三]《服务贸易总协定》第四条第二款还规定，为了帮助发展中成员方的服务出口，各成员方应建立联系点，向发展中成员方提供与市场准入有关的信息。发展中成员方可根据各自的政策目标与发展水平，在少开放一些部门、放宽较少类型的交易、根据其发展情况逐步扩大市场准入程度等方面保留适当的灵活性。[四]

（4）经济一体化。《服务贸易总协定》的目标是服务贸易多边自由化，然而不少成员方

　［一］　详见《服务贸易总协定》第二十九条"附件"。
　［二］　详见《服务贸易总协定》第三条和第三条附则。
　［三］　详见《服务贸易总协定》第四条。
　［四］　详见《服务贸易总协定》第十九条第二款。

同时参加了一些区域性的服务贸易自由化安排以及为建立劳动力市场一体化的协议。为了解决这一问题,《服务贸易总协定》第五条明确规定:在满足包括众多服务部门以及在各部门中不存在或取消且禁止新的歧视性措施的条件下,不应阻止任何成员方参加或达成在参加方之间实现服务贸易自由化的协议。⊖

(5)成员方内部法规。在服务贸易没有关税管理的情况下,成员方的规定成为影响和控制服务贸易活动最有效的手段。因此,任何成员方应在合理、公正、客观的基础上实施有关影响服务贸易的成员方规定。《服务贸易总协定》第六条要求,在不违背成员方宪法结构和法律制度的前提下,每一成员方应尽快坚持使用或制定切实可行的司法、仲裁、行政手段或程序,对有关提供服务的行政决定做出迅速的审查并给予公正的决定。条款还要求如果一成员方在已承担义务的部门对外开放,对于外国服务商的申请应该按照成员方法律和规定全面考虑,毫不拖延地把考虑的结果通知申请人,并提供有关申请方面的资料,包括各成员方的资格审查条件和程序、技术标准和许可证等,而不应对服务贸易形成不必要的壁垒。在成员方全体的监督与检查下,资格与服务能力的审查也应该客观而透明,在确保服务质量时不能造成不必要的过重负担,实施许可证方面不能造成贸易限制。⊜

(6)承认。在服务贸易中,服务的质量往往取决于服务提供者的学历、职称、从事专业的经历、经验及能力、语言水平等。但各国和地区对学历和工作经验均有不同要求,往往使境外服务提供者在取得允许他们执业的证书、许可、资格或其他授权等方面面临严格的约束,以致产生对服务贸易自由化的阻碍。因此,《服务贸易总协定》第七条要求各成员方相互承认对方的各种任职条件,并最终遵循国际统一的标准。⊜

(7)垄断和专营服务提供者。尽管《服务贸易总协定》并不反对创建和维护垄断服务,但任一成员方在实施垄断经营时,都不得滥用他们的垄断和专营权利,不应违背最惠国待遇原则和服务贸易谈判中所承诺的义务。否则,贸易对方可向成员方全体提出请求,要求给予制裁。

(8)商业惯例。在商业惯例的实施方面,一成员方应在其他任何成员方的要求下,就取消这类商业惯例进行磋商。⊗

(9)紧急保障措施。⊞

(10)支付和转移。《服务贸易总协定》第十一条规定,除非在第十二条所说的情况下,任何成员方不得对与其具体承诺有关的经常交易实施国际转移和支付方面的限制。

(11)保障收支平衡的限制。如果某一成员方发生国际收支严重失调和遭遇对外财政困难或威胁时,该成员方可以在已承担义务的服务贸易中实施限制措施,这些措施应当是非歧视性的、临时性的,该成员方还应及时通知"成员方全体"。

(12)政府采购。各成员方在《建立世界贸易组织协定》生效之日起的两年内,应就政府采购这一问题进行多边磋商,以减少其对服务贸易的不利影响。⊗

⊖ 详见《服务贸易总协定》第五条。
⊜ 详见《服务贸易总协定》第六条。
⊜ 详见《服务贸易总协定》第七条。
⊗ 详见《服务贸易总协定》第八、九条。
⊞ 详见《服务贸易总协定》第十条。
⊗ 详见《服务贸易总协定》第十三条。

（13）一般例外。各成员方可引用例外条款免除承担协定义务，但在实施相关措施时，不能因不同国家或地区而采取不同措施，即不构成歧视，同时不能对服务贸易造成武断的或变相的限制。①且必须满足下列前提条件：①出于保护公共安全、公共卫生、环境、文化、资源等目的；②为了维护成员方内部法律和制止欺诈行为，采取的措施要及时向各成员方通知。

（14）补贴。《服务贸易总协定》目前还缺乏一种完整的规则来禁止对服务贸易的各种补贴，而只是提出了一些思路：通过多边谈判，加速制定一套完整的关于服务贸易的补贴与反补贴规则。②

3. 第三部分：具体承诺

除上述一般义务之外，《服务贸易总协定》还规定了一些特定义务。该部分内容包括市场准入、国民待遇、附加承诺，规定了一成员方在承担具体的服务市场开放义务时所应遵循的一些原则，旨在确保各成员方所做的承诺得到更加全面的履行。

（1）市场准入。《服务贸易总协定》第十六条"市场准入"条款中列举了六项市场准入方面的限制措施，其中包括四项数量限制、一项对法律实体形式的限制和一项对外资份额的限制。这六项限制的具体内容是：①以采用数量配额、垄断和专营服务提供者的方式或以经济需求测试的方式，限制服务提供者的数量；②以数量配额或经济需求测试的方式，限制服务贸易或资产的总金额；③以配额或经济需求测试的方式，限制服务贸易的总数或以数量单位表示的服务提供者的总产出量；④以数量配额或经济需求测试的方式，限制某一服务部门或服务提供者为提供某一特定服务而需要雇用自然人的总数；⑤规定服务提供者需要通过特定的法人实体或合营企业，才可提供服务；⑥对外国资本限定最高股权比例或对单个或总体的外国资本投资额予以限制。③

（2）国民待遇。各成员方以其承诺表中所列服务部门或分部门及所列条件和限制为准，它们所采取的与提供服务有关的措施方面给予境外服务和服务提供者的待遇，不应低于给予境内相同服务和服务提供者的待遇。这些待遇不论在形式上相同还是不相同，只要不对境外服务和服务提供者造成歧视，就是符合国民待遇原则的。不过，即使待遇相同，但改变了竞争条件，使其有利于境内服务和服务提供者，就是违背了国民待遇原则。

4. 第四部分：逐步自由化

在服务贸易领域逐步实现自由化，一方面体现在对《服务贸易总协定》的实施要在时间上逐步加快进程；另一方面，则体现在对《服务贸易总协定》的实施应在各成员方间逐步进行，其中要给予发展中成员方更大的灵活性。根据《服务贸易总协定》的规定，各成员方应在各个服务部门制定承担其具体义务的承诺表来实现逐步自由化的过程，且各承诺表要详细说明承担市场准入和国民待遇方面的义务以及完成承担义务的时间表和生效日期。④

5. 第五部分：制度条款

《服务贸易总协定》第五部分主要规定了每一成员方对任何其他成员方就可能影响《服

---

① 详见《服务贸易总协定》第十四条。
② 详见《服务贸易总协定》第十五条。
③ 详见《服务贸易总协定》第十六条。
④ 详见《服务贸易总协定》第十九、二十、二十一条。

务贸易总协定》执行的任何事项提出的申诉、磋商的权利和义务以及争端解决和实施的方法。这一部分的内容与商品贸易的争端解决程序规定相似。首先，当一成员方就影响《服务贸易总协定》执行的任何事项向另一成员方提出磋商时，该成员方应给予合作。其次，如果争端双方通过协商不能达成一致，一成员方可请求服务贸易委员会或争端解决机构参与磋商。再次，若还无法圆满解决，则应予公开，并由任何一方将此事提交服务贸易理事会，由理事会提交仲裁。最后，仲裁通过后，应得到有效的执行，如果一成员方不能有效地执行仲裁，则通过所有成员方"联合行动"对之进行制裁。在执行协定的过程中，其他措施的执行决定也应通过"联合行动"做出。○

6. 第六部分：最后条款

《服务贸易总协定》第六部分主要规定了加入和接受规则，并指出了《服务贸易总协定》的不适用状况及利益的否定和退出规则。参加谈判的国家或地区政府应把自己承担义务的计划表列入《服务贸易总协定》附件。今后新加入的国家/地区须通过谈判，经所有成员方同意，方能成为正式成员。《服务贸易总协定》生效后，任何成员方随时都可以申请退出。

第二十九条"附件"，具体包括关于第二条豁免的附件、本协定下提供服务的自然人流动附件、空运服务附件、金融服务附件、金融服务第二附件、海运服务谈判附件等。附件是《服务贸易总协定》的组成部分，它们是充实和补充《服务贸易总协定》的重要内容。○

三、《服务贸易总协定》的重要意义

《服务贸易总协定》的确立是 GATT/WTO 在国际贸易协调中取得的新成果，是在推动世界贸易自由化发展问题上的一个重大突破，它将服务贸易纳入多边体制，标志着多边贸易体制渐趋完善。概括而言，《服务贸易总协定》的意义体现在以下几个方面。

1. 为各成员方发展国际服务贸易提供了共同遵守的国际规则

《服务贸易总协定》从一开始就制定了处理服务贸易的多边原则和规则的框架，设置了各成员方必须共同遵守的国际规则和行动目标。《服务贸易总协定》吸取了40多年来 GATT 货物贸易谈判的经验，使服务贸易的规则、内容、条款以及组织机构得以完整建立，从而使WTO 成员方在服务贸易领域有了一个共同认可和遵守的国际规则。

2. 推动国际服务贸易自由化

《服务贸易总协定》的基本精神是服务贸易自由化，这主要体现在最惠国待遇、透明度、市场准入、国民待遇、发展中成员方的更多参与和逐步自由化原则上。《服务贸易总协定》的诞生第一次为服务贸易的逐步自由化提供了体制上的安排与保障，对于建立和发展服务贸易多边规范是一项重大突破。它确立了通过各成员方连续不断的多边谈判，促进各成员方服务市场开放和发展中成员方服务贸易增长的宗旨，使各成员方有了进一步谈判的基础，得以向服务贸易自由化方向不断迈进。

3. 协调各成员方利益

鉴于各国服务业的发展存在着较大差异，《服务贸易总协定》采取了一般义务与特定义

○ 详见《服务贸易总协定》第二十二、二十三、二十四条。
○ 详见《服务贸易总协定》第二十九条附件。

务分开规范的做法，使成员方在服务贸易领域既要遵守共同的原则和普遍的义务，又可根据成员方境内服务业发展的实情安排服务市场开放的步骤，体现了规则的原则性与灵活性的有机统一，从而既可以推动各成员方在具体服务部门的谈判迅速进入实质性阶段，也便于满足各成员方的利益和要求。

总体而言，《服务贸易总协定》将推动发达成员方的高新技术服务贸易的增长。对于发展中成员方来说，海运、劳务输出、工程建筑承包等方面的服务贸易将会得到增长。而对于在服务贸易中占据主导地位的国际旅游业来说，将因各国家和地区旅游资源、设施、服务项目等的不同而获利不同。

4. 有利于促进各成员方在服务贸易方面的合作与交流

《服务贸易总协定》不但推动了国际服务贸易的扩大和发展，而且使各成员方从对服务市场的保护和对立转向逐步开放和对话，倾向于不断加强合作与交流。特别是在"透明度"条款和"发展中成员方的更多参与"条款中关于提供信息、建立联系点的规定，更有利于各成员方在服务贸易领域的信息交流和技术转让。另外，定期谈判制度也为成员方提供了不断磋商和对话的机制和机会。这使各成员方在服务贸易领域更乐意采取积极合作的态度，从客观上促进全球服务贸易的发展与繁荣。

5. 有利于增加各成员方的外汇收入和平衡国际收支

《服务贸易总协定》推动了国际服务贸易的发展，也促使国际服务贸易出口成为越来越重要的赚取外汇的手段。早在 1981 年，美国就以 411 亿美元的服务贸易顺差抵补了 280 亿美元的有形商品的贸易逆差，使整个国际收支盈余 131 亿美元。如今，利用服务贸易获取外汇收入已经成为几个主要发达成员方的必要手段，它们也已经成为最大的服务贸易出口国家和地区。而对于发展中成员方而言，既可利用《服务贸易总协定》中有关条款来保护境内的幼稚服务业，又可通过旅游业、运输业、劳务输出等赚取外汇收入，平衡国际收支。

四、《服务贸易总协定》的后续谈判○

在 1994 年 4 月结束的"乌拉圭回合"中，各成员方对国际服务贸易的谈判仅仅是初步的。从 1995 年 1 月开始，在服务贸易理事会指导下，各国政府同意在两个方面进行服务贸易谈判：一是在海上运输服务、金融服务、基础电信、自然人流动和商业信息服务等领域改善市场准入；二是通过在保障措施、补贴和政府采购等方面的谈判，以及对国内管制约束适时解释，来完善框架协议。

（一）改善市场准入的谈判

1. 海运服务谈判

在"乌拉圭回合"之后，根据《海运服务贸易谈判部长决议》和《海运服务谈判补充决议》，海运服务谈判组（NGMTS）成立，成员方在 1994 年 4 月至 1996 年 6 月 28 日期间进行了一系列谈判，其目标是就国际海运、海运辅助服务、港口设施使用、在约定期间取消限制等问题达成协议。谈判原定于 1996 年 6 月结束，但由于各成员方间分歧较大，始终未能达成最终协议。1996 年 6 月 28 日，海运服务谈判组决定中止谈判，并根据《服务贸易总协

○ 汪尧田、李力：《国际服务贸易总论》，上海交通大学出版社，1997 年版，第 106~123 页；卢进勇：《国际服务贸易与跨国公司》，对外经济贸易大学出版社，2002 年版，第 99~129 页。

定》第十四条的规定在适当时候以现有承诺或进一步承诺为基础重开谈判。在决定中断谈判时，仅有24个国家和地区提交了有条件的承诺。谈判中断期间，各谈判方将行使基于《海运服务谈判补充决议》第三条款的权利，对其先前做出的承诺不做任何补偿地全部或部分修改或撤回，并就最惠国待遇的例外事项做出最后决断。

尽管此次海运谈判未能取得实质性的进展，但还是形成了一系列正式或非正式的文件。谈判达成了《海运服务谈判决议》和《关于海运服务谈判的附录》，这两份文件对海运服务谈判的时间表、谈判的目标、谈判的公正性以及海运服务范围的划分均做了专款规定。

2. 金融服务谈判

"乌拉圭回合"谈判结束时，金融服务贸易的谈判尚未结束，因此该领域的谈判在《WTO协定》生效后继续进行。为了进一步改善"乌拉圭回合"具体义务计划表中的相关承诺，金融服务贸易又进行了两轮谈判。

第一轮谈判从"乌拉圭回合"谈判结束后不久开始到1995年7月底结束。由于美国对一些发展中国家的承诺不满，退出了谈判。最后，在欧盟和日本的努力下，于1995年7月28日达成了一份没有美国参加的《临时金融服务协议》，其有效期到1997年11月1日，由各方递交的承诺表组成。在该轮谈判中，有43个成员方将其在"乌拉圭回合"谈判中做出的承诺进行了改进，并达成了协议。到第一轮谈判结束时，共有82个成员方（欧盟15国为一方）提出了关于金融服务市场开放的承诺表。

第二轮谈判自1997年4月开始到1997年12月13日结束。其目标是进一步改善关于金融服务市场开放的出价，并能在1997年年底前达成协议，以使各方现有的关于金融服务市场开放的承诺能继续得到扩大和延长。1997年12月13日，各成员方达成《世界贸易组织金融服务协议》，其内容主要包括：①允许其他国家和地区在境内建立金融服务机构，并按竞争原则运行；②境外金融机构享受同境内金融机构同等的市场准入权利；③取消跨境服务的限制；④允许境外资本在金融机构的投资项目中所占比例超过50%。《世界贸易组织金融服务协议》在1999年年初最终签署，并在1999年3月1日生效。第二轮谈判临近结束期间，又有27个成员方做出了关于金融服务市场开放的承诺，使得《世界贸易组织金融服务协议》影响的国家和地区扩大到102个。

3. 基础电信服务谈判

"乌拉圭回合"中，由于基础电信服务领域普遍存在政府垄断部门的私有化，各成员方最终都没能做出任何承诺。因此，"乌拉圭回合"结束后，关于基础电信服务的谈判得以重新恢复，其目标是在世界贸易中提倡更大的透明度和互惠性以限制贸易政策对电信服务贸易本身产生扭曲效应。历经三年的谈判，各方终于克服了相互间的分歧和矛盾，取得了成功。回顾整个谈判历程，大致可以分为两个阶段。

第一阶段从1994年5月到1996年4月。1994年5月，基础电信谈判小组（NGBT）开始了基础电信谈判工作，先后共有53个WTO成员方参与谈判，代表全球电信市场总额的93%。到1996年4月底，基础电信协议文本基本达成一致，但谈判各方对电信市场准入的承诺暂时搁置。第二阶段从1996年6月到1997年2月15日。在这一阶段，基础电信小组（GBT）取代NGBT修改了参加谈判的规则，使WTO所有成员方全部参与谈判并共同行动。历经两年时间，WTO终于在1997年2月达成了《基础电信协议》，并于1998年2月5日生效。此时，《基础电信协议》的成员方已达到72个，份额约占全球电信市场的93%以上。

4. 有关自然人流动的谈判

自然人流动是指个人为提供服务而进入某一国家或地区短期停留，与那些寻求在某一国家或地区长期就业或长期居留的情况无关。在"乌拉圭回合"承诺时间表中，作为第四类供给方式的自然人流动主要限于两种类型：①作为"主要职员"的公司内部调动，如与东道国商业存在相联系的经理和技术人员的流动；②商务访问者的流动，他们作为短期访问者一般不被东道国以薪金雇用。尽管"乌拉圭回合"谈判达成的各方所承担具体义务计划表中已经包括了诸如此方面的承诺，奥地利、加拿大、欧盟及其成员国、印度、挪威和瑞士六个成员方提交了有关自然人流动的更高水平的承诺。但各成员方还是同意在 WTO 成立六个月后继续进行谈判，并于 1994 年 5 月成立了自然人流动谈判小组，其目的是通过举行谈判以改进有关承诺，以利于独立的访问者在没有商业存在的前提下能够在海外工作。但在 1995 年 7 月 28 日谈判结束时，本项谈判尚未能取得很大进展。

5. 商业信息服务谈判

随着科技的发展，信息在经济发展中的作用越来越大，世界范围内的信息技术产品及其信息服务已经得到迅速的发展。1996 年 12 月 13 日，通过谈判，WTO 在新加坡会议上通过了关于信息技术产品贸易的部长会议宣言，即《信息技术产品协议》。《信息技术产品协议》将信息技术产品明确分为六大类：计算机类产品、通信设备、半导体零部件、半导体制造设备、软件类和科学仪器，同时规定，到 2000 年，将分四个阶段将信息技术产品的进口关税降为零，每一阶段下降 25%。到 1997 年 3 月，已有 40 个国家和地区加入《信息技术产品协议》。

（二）完善框架协议的谈判

完善框架协议是 WTO 新体制下的重要工作。《服务贸易总协定》规则工作组主持有关保障措施、补贴和政府采购三个领域的谈判。

1. 服务业紧急保障问题

各方对于保障条款的确立争议颇多，突出地表现在两个方面。争议之一是关于保障条款的作用问题，制定保障条款将会激励有关各方特别是一些发展中成员方做出更积极、更务实的服务贸易自由化承诺。众所周知，服务贸易自由化对于发展中成员方的不利影响是可想而知的，一旦有了保障条款，发展中成员方就有了一定的回旋余地，从而可以促使其做出进一步的承诺。但也必须看到，对于大多数发展中成员方来说，一些适用于技术含量的服务领域的保障措施在运用时存在一定的困难，这些困难包括服务贸易进行方式的多样性、境内服务业遭受损害程度的判定、服务进口方政府当局处置权的随意性等。

争议之二是如何对实施保障措施的各种情况加以具体界定。发展中成员方要求对以下两种情况做出明确界定：①因履行《服务贸易总协定》所规定的开放义务而导致服务进口的大量增加，结果使境内有关服务提供者要求采取保障行为以补救所遭受的损害，即出现了第十四条所界定的情况；②政府为了达到某些政策目标，采取的维护境内服务业生存的行动，即对境内服务业保持最低控制的政府行为。

2. 服务业补贴问题

在"乌拉圭回合"服务贸易谈判过程中，各成员方对补贴措施的实施以及对补贴的约

顾经仪，侯放：《WTO 法律规则与中国服务贸易》，2000 年版，第 58 页。
奥地利于 1995 年加入欧盟。

束问题曾一度争论不休。一方面，在是否应取消服务业补贴方面，一些发展中成员方要求"维持现状""逐步退回"。而美国和欧盟则要求取消所有对其他国家或地区的服务贸易利益形成严重损害或损害威胁的补贴措施。对于服务业补贴的约束，发展中成员方主张以较大的灵活性来使用补贴，提高其境内服务供应能力，对发达成员方的服务业补贴措施则应给予严格的纪律约束；发达成员方强调服务业补贴问题的复杂性，特别是反映在补贴的界定和补贴值的衡量方面，从而使得对服务业补贴的约束变得极为困难。另一方面，由于服务统计数据的收集难度较大，各成员方对于服务贸易的概念、部门分类和很多术语的解释方面都还不尽相同，因此，在计算因补贴而产生的价格差异和认定服务业损害时难度非常大。一些成员方建议运用争端解决程序或竞争法规来制约服务贸易倾销，不赞成采取单方面的反补贴行动。在存在贸易扭曲性补贴的情况下，多边监督机构应根据有关各方的可比数据和有关补贴的公认定义，运用统一的计算标准来审议服务业补贴与反补贴问题。

3. 政府采购问题

国际服务贸易中政府采购问题的谈判焦点在于各成员方是否愿意在服务的政府采购方面维持现状。就目前的状况而言，《服务贸易总协定》中政府采购的豁免会促使服务贸易一体化，并最终促进关于政府采购的多边规定或者在《服务贸易总协定》的范围内建立规范政府采购的多边准则。此外，《服务贸易总协定》规则审议工作组还将讨论以下问题：为什么大部分国家和地区还未加入政府采购协议？工作组的职责范围有多大？哪些政府采购规则可以多边化？确立具有广泛适用性的政府采购规则的可能性有多大？如何使已经存在的《服务贸易总协定》的规则（如第三条的"透明度"）适用于尚未具体化的服务贸易政府采购措施？政府服务采购自由化将会产生何种影响？《服务贸易总协定》框架下有关政府采购的承诺可依据第十八条"附加承诺"的规定进行谈判。

第二节　WTO 体制与国际服务贸易

1995 年 1 月 1 日，WTO 正式运行并取代 GATT 成为国际贸易管理的主要组织。WTO 拥有更加完善的组织机构和管理机制，因此，在 WTO 体制管理下的《服务贸易总协定》将更为有效地发挥其对国际服务贸易的协调和规范作用。

一、WTO 纳入《服务贸易总协定》后的体制特点

《服务贸易总协定》被纳入国际贸易多边规则体系中，从而也使 WTO 体制呈现出一些新的特点。

1. 协调范围的广泛性

服务贸易是现代贸易的重要领域和组成内容，《服务贸易总协定》的形成使国际服务贸易有了一个统一的国际协调机制，并与 WTO 其他的多边协议一起构成了 WTO 多边法律框架，进一步拓宽了 WTO 管辖的范围，使 WTO 真正成为全面协调国际贸易发展的一个国际组织机构。

2. 制度安排的一致性

从《服务贸易总协定》文本的内容来看，其宗旨和基本原则都与 WTO 所倡导的主旨保持了统一，二者都是围绕着自由化进程的前行而做出了制度上的诸多安排，其中一些条款

（如最惠国待遇、国民待遇、透明度）还是 WTO 基本原则的直接延伸和引用，从而减少了各项规则之间的相互冲撞和一些成员方的恶意规避，可以大大提高 WTO 整体的运作效率。

3. 体制上的统一性

按照《建立世界贸易组织协定》中确立的"一揽子加入"（Single Undertaking）程序，各成员方在加入 WTO 的同时也一并加入包括《服务贸易总协定》在内的所有多边协定，这样，《服务贸易总协定》对各成员方的约束不但来自于自身条款，而且也来自于 WTO 总体，这种既协调一致又相互支撑的约束对 WTO 主持下的国际贸易自由化无疑是一次极大的加强和推动。

从 WTO 多边协议的现行构成来看，《服务贸易总协定》被置于 WTO"多边贸易协议"之中，并与货物贸易协议相并列，表明 WTO 体制的内容得到了充实，其效率也得到了加强。同时，《服务贸易总协定》旨在促进所有成员方的互惠利益和确保权利与义务的总体平衡，为服务贸易逐步达到更高水平的自由化奠定基础。

二、WTO 确立了服务贸易成员方共同遵守的国际规则

长期以来，尽管国际服务贸易取得了迅猛的发展，但参与国际服务贸易的国家和地区却没有共同遵守的国际惯例，缺乏共同的约束机制。以往各国服务贸易政策和规则的协调主要体现出两个特点：①服务贸易政策的协调以双边和区域协调为主要形式，许多国家订立了双边贸易协定，以便在服务贸易方面给予互惠待遇；②服务贸易政策的国际协调以行业为主，由国际电信联盟、国际清算银行、国际民航组织、国际海事组织等国际性行业组织主持进行服务贸易规则的谈判。显而易见，这些带有双边和行业性质的政策规则的协调方式不能够适应国际服务贸易发展的现实要求，阻碍了国际服务贸易全面自由化的发展，减缓了世界服务贸易流量的增长。

WTO 体制完整地继承了"乌拉圭回合"多边谈判产生的《服务贸易总协定》，并在组织机构上加以保证，终于使 WTO 成员方有了一个共同认可和可供遵循的国际规则。由于国际贸易本身是由国际货物贸易和国际服务贸易两部分所组成，因此，有关服务贸易国际规则的建立，一方面会成为促进各国服务贸易发展的一种重要手段，另一方面也标志着 WTO 体制较以往的国际贸易体制更为完善。○

WTO 体制关于国际服务贸易的国际规则主要体现在《服务贸易总协定》中。

三、WTO 体制下的国际服务贸易自由化

服务贸易自由化就是指服务业在各国或地区间没有障碍地自由流动。○服务贸易自由化是《服务贸易总协定》中确立的宗旨。需要指出的是，货物贸易可以通过降低关税壁垒和削减非关税壁垒来达到自由化的目的，然而服务贸易不存在关税问题，但却存在着与货物贸易相似的非关税壁垒，在 WTO 体制下，服务贸易的自由化主要是从以下几个方面来推动的。

1. 最惠国待遇

《服务贸易总协定》第二条中的"最惠国待遇"条款规定，各成员方应立即和无条件地

○ 王粤：《国际服务贸易》，中国金融出版社，2005 年版，第 148 页。
○ 王粤：《国际服务贸易》，中国金融出版社，2005 年版，第 149 页。

给予其他成员方的服务和服务提供者以不低于其给予任何其他成员方相同的服务和服务提供者的待遇。如果一缔约方无法取消与上述规定不符的措施，则应在《服务贸易总协定》生效前申请最惠国待遇的例外。无条件的最惠国待遇是 GATT 的基本原则，WTO 体制继承了这一基本原则，并将其完整地移植到《服务贸易总协定》中。

2. 国民待遇

《服务贸易总协定》第十七条规定，给予任何其他成员方的服务和服务提供者的待遇不得低于其给予本成员方相同服务和服务提供者的待遇。但这种待遇不是自动给予的，而是经过谈判减让的结果，具体反映在减让承诺表中。承诺表可以对国民待遇规定某种条件和限制，这种待遇只适用于承诺开放的部门。

3. 透明度

《服务贸易总协定》第三条规定，除非在紧急情况下，各成员方应迅速并最迟于《服务贸易总协定》生效之时公布所有普遍适用的有关或影响《服务贸易总协定》实施的措施，并要求各成员方设立一个或多个咨询点，以便尽快地回答其他成员方的咨询。这一有关服务贸易"透明度"条款显示出 WTO 体制更加严格的政策监督特点。

4. 市场准入

根据《服务贸易总协定》第十六条，市场准入是一种经过谈判后具体承诺的义务，各成员方应为其他成员方的服务和服务提供者能够进入市场提供可行的渠道，而这种渠道必须不低于其在具体承诺细目表上已同意提供的条件和待遇。若一成员方在其具体承诺细目表上给予了不止一种有关服务提供的准入渠道，那么其他成员方的服务提供者可以自由选择其所乐意的那一种。

5. 发展中成员方的更多参与

根据《服务贸易总协定》第四条关于"发展中成员方的更多参与"的规定，发达成员方应采取具体措施，旨在加强发展中成员方的本地服务业，为发展中成员方的服务出口提供市场准入的条件；发达成员方应在《服务贸易总协定》生效后的两年内建立"联系点"，向发展中成员方的服务提供者提供有关服务供给的商业和技术方面的信息。

《服务贸易总协定》还允许发展中成员方根据国内政策目标和服务业发展水平逐步实现服务贸易自由化，允许发展中成员方开放较少的市场，逐步扩大市场的开放程度，允许发展中成员方对于境外服务或服务提供者进入本地市场设置一些限制条件，对最不发达成员方予以特殊优惠，准许这些成员方不必做出具体的开放市场方面的承诺，直到境内服务业具有竞争力。

6. 逐步自由化

逐步自由化是在各成员方不断推进服务贸易自由化的进程中，对于谈判时间、适用范围、具体承诺细目表的修改等方面所做出的规定。《服务贸易总协定》规定，为了促进服务贸易自由化目标的实现，各成员方之间应进行多轮谈判，谈判的目的是减少和消除对服务贸易产生不良影响的措施，以实现有效的市场准入；谈判应尊重各成员方的政府目标和各成员方的发展水平。对某些发展中成员方，应该允许有一定的灵活性，允许其有选择地开放部门和交易类型。

四、促进国际服务贸易和货物贸易的发展

服务贸易作为国际贸易的一个主体，它与货物贸易也有着密不可分的关系。因此，WTO

《服务贸易总协定》的正式有效运行，不仅对国际服务贸易产生直接影响，还会对国际货物贸易带来重要影响。

WTO 体制下的《服务贸易总协定》以推进贸易自由化和促进发展中成员方服务贸易增长为宗旨，它对国际服务贸易的积极作用表现在以下三方面：①在《服务贸易总协定》下，服务贸易壁垒将被逐步取消，国际服务业在各国和地区间可以无障碍地自由流动，必将促进传统服务贸易项目和现代新型服务项目贸易额的大幅增长；②服务贸易的自由化必将促进各成员方服务业的发展，推动相关行业的技术进步和经营管理的改善，最终促进经济的发展；③WTO 体制的服务贸易规则对于不同类服务业的不同的推动作用将进一步促进服务业的国际分工。

除此之外，《服务贸易总协定》仍存在着一些不尽之处，最主要的就在于它是在发达成员方主导下形成的，更多地反映发达成员方的利益。尽管它适当考虑了发展中成员方的利益，给予了发展中成员方更多的灵活性和特殊权利，但在当今不合理的世界经济秩序下，发展中成员方的权益并未能得到充分的保障。在国际服务贸易领域，发达成员方在资本积累、技术水平、管理水平等各方面都占有着比较优势，具有较强的竞争力。在这些领域内实现贸易自由化，必将使处于劣势的发展中成员方遭遇权利和义务的失衡，最终的主要得益者仍然是一些发达成员方。

由于服务贸易与货物贸易之间联系紧密，新的国际贸易体制在推动国际服务贸易发展的同时，也在促进货物贸易的发展：①服务贸易的发展会带动相关货物贸易的发展，特别是资本、技术密集型服务的贸易往往伴随着相应的硬件设备的货物贸易，如通信服务贸易的发展将促使通信类的各种硬件设备如电话、手机、传真机等的发展；②由于发达成员方在大多数服务贸易项目上具有比较优势和竞争优势，因此在这些服务贸易项目的谈判中，为使发展中成员方逐步开放市场，发达成员方愿意在货物贸易方面向发展中成员方做出更多让步，从而促进货物贸易的发展；③新的服务贸易体制将推动各成员方服务业对外投资的开发，带动货物贸易的发展。

五、WTO 新一轮服务贸易谈判

《服务贸易总协定》第十九条第一款规定：为逐步实现更高水平的自由化，各成员方应进行连续回合的谈判，并在以后定期举行。根据该规定，2000 年 1 月 WTO 正式发起了新一轮服务贸易谈判。

服务贸易的谈判主要分为两条线：一条线是规则的谈判，主要目的是进一步完善《服务贸易总协定》有关法律规定，谈判的重点是国内法规、建立紧急保障措施机制（ESM）、服务的补贴和政府采购等；另一条线是市场准入的谈判。

（一）《服务贸易谈判的准则和程序》的通过

由于服务贸易种类的复杂性和缺乏制定规则的专家等原因，规则的谈判道路一开始就不平坦。2001 年 3 月，为使谈判过程能向前推进，服务贸易委员会（CTS）提议：在规则谈判工作继续进行的同时，开始成员方之间的市场准入谈判。在总结了发达成员方和发展中成员方提出的大约 70 多份提案的基础上，CTS 制定了《服务贸易谈判的准则和程序》（*Negotiation Guidelines and Procedures*）。其主要内容如下：

（1）目的和原则。这部分内容包括：逐步自由化；提高发展中成员方的参与度；给予单个发展中成员方一定程度上的谈判弹性；对最不发达成员方给予特殊考虑；不改变《服务贸易总协定》的结构和原则。

（2）谈判范围。谈判范围包括：所有的服务部门/服务提供模式；对当前的最惠国待遇（MFN）豁免情况进行谈判。

（3）谈判的方式和程序。这部分内容包括：以当前的计划表作为起点；要价/出价作为主要方式；对自主自由化给予奖励；对服务贸易状况进行评估；对发展中成员方的小服务贸易提供者的需要给予一定考虑。

（二）服务贸易谈判的具体时间表

2001 年 11 月，在卡塔尔举行的多哈部长级会议上，WTO 发起了名为"发展回合"的新一轮贸易谈判，服务贸易谈判被纳入"一揽子谈判"的议题之内。《多哈部长宣言》再次确认了同年 3 月份由 CTS 制定的《服务贸易谈判的准则和程序》作为服务贸易谈判准则的地位，并且为服务贸易谈判制定了具体的时间表。服务贸易谈判的最终结果将作为多哈回合"一揽子承诺"的一部分。

服务贸易市场准入的谈判时间要求是：成员方应当在 2002 年 6 月 30 日前提交最初要价（Initial Request），并在 2003 年 3 月 31 日前提交最初出价（Initial Offer）。规则的谈判时间要求为：2004 年 3 月 15 日结束紧急保障措施（ESM）谈判（2001 年 3 月制定的《服务贸易谈判的准则和程序》规定在 2002 年 3 月结束 ESM 的谈判，但由于谈判进程缓慢，2001 年 11 月的多哈部长级会议上将 ESM 谈判的结束时间延长至 2004 年 3 月），国内法规、政府采购和服务补贴应当在具体承诺谈判结束前结束。所有的"多哈回合"谈判结束时间不迟于 2005 年 1 月 1 日。

（三）新一轮服务贸易谈判的进展

根据"多哈回合"制定的时间表，成员方先后向 WTO 提交了要求开放服务贸易领域的初始清单，要求开放的主要领域涉及建筑服务业、工程技术服务业、计算机服务业及海运服务业。此外，各成员间已开始向有关成员方提交要求对方开放服务业的清单。

1. 香港会议服务贸易谈判

2005 年 11 月 23 日，WTO 服务贸易谈判小组主席为香港部长级会议公布了服务贸易的修订文本，其中删掉了备受争议的在谈判中设定数字目标要求的提法。这份服务贸易的草案文本提交给 WTO 总干事拉米之后，被作为 11 月 25 日分发的《香港部长宣言》第一份综合草案中关于服务贸易的文本。

欧盟一直竭力推动数字目标的采用。它提出在香港部长级会议上，发达成员方至少应该在《服务贸易总协定》涵盖的 163 个分部门的 139 个中做出新的或更进一步的市场准入承诺，而发展中成员方应该至少在 93 个分部门中做出更进一步的承诺。但该提议遭到了来自发展中成员方的广泛反对，它们认为使用数字目标与"多哈会合"谈判的指导方针相违背，并且损害了发展中成员方谈判的灵活性。

WTO 服务贸易谈判小组主席保留了原来草案的主要内容，包括要求参加香港部长级会议的部长们承诺改进服务贸易的四种模式（跨境支付、境外消费、商业存在和自然人流动）和寻求完善双边和诸边谈判的出价-要价模式，后者做出的任何让步都将根据最惠国待遇规定适用于所有 WTO 成员方。

2. 服务贸易谈判的新动态

自多哈部长级会议以来，新一轮贸易谈判的进程举步维艰，由于 WTO 主要成员方在农业、市场准入等议题上的严重分歧而被几经中止，服务贸易的谈判也随之陷入僵局。2008 年 5 月 26 日，服务贸易谈判小组主席发布了服务业谈判报告，对谈判进展予以总结并指出完成服务业谈判所必需的要素。报告随附服务协议草案，希望在经成员方进一步讨论后通过。

2010 年 3 月 22 日，WTO 贸易谈判委员会公布了关于市场准入、国内法规、《服务贸易总协定》规则、最不发达成员方豁免等领域谈判的进展与分歧。2015 年 12 月 15 日—19 日，世贸组织第 10 届部长级会议在肯尼亚内罗毕举行，会议通过了《内罗毕部长宣言》及九项部长决定，其中包括所达成的《信息技术协定》扩围协议和在服务豁免方面切实给予最不发达国家优惠待遇的决定。就服务贸易谈判进展总体而言，在 2015 年之后，服务贸易谈判主要围绕国内规制、电子商务以及最不发达成员方豁免三个领域开展。

（1）关于国内规制。服务国内规制谈判的授权源于《服务贸易总协定》第六条第四款。该条款规定："为保证有关资格要求和程序、技术标准和许可要求的各项措施不至于构成不必要的服务贸易壁垒，服务贸易理事会应通过其可能设立的适当机构，制定任何必要的纪律。" 2016 年 3 月，国内规制工作组主席在服务贸易理事会上号召，各成员方应认真思考《服务贸易总协定》第六条第四款关于制定国内规制相关规则的授权，积极探讨未来谈判可能取得的成果，这一建议获得了成员方的普遍支持。2021 年 12 月 2 日，旨在削减行政成本和为希望在国外市场开展业务的服务提供商创造更透明的经营环境的谈判圆满结束，所达成的一些新规则旨在改善商业环境、降低贸易成本和减少繁文缛节，以促进全球服务贸易。12 月 20 日，中国、美国、欧盟等世贸组织主要谈判参加方正式启动《服务贸易国内规制参考文件》在世贸组织的生效程序。此次谈判形成的新规则有助于世贸组织成员方进一步增强服务业领域政策透明度，提高许可和资质审批效率，从而降低企业跨境交易成本，惠及国际服务贸易发展。

（2）关于电子商务。2019 年 1 月，世贸组织电子商务贸易相关问题谈判在瑞士达沃斯启动。谈判以世贸组织成员方提交的文本提案为基础，通过全体会议、焦点小组会议和小组会议进行。期间的讨论共涉及六个主要主题：促进电子商务、开放和电子商务、信任与电子商务、交叉问题、电信和市场准入。在 2021 年 6 月 21 日举行的一次关于电子商务谈判的会议上，与会成员方讨论了在弥合分歧方面所取得的进展，以及将谈判的任何未来结果纳入世贸组织合规框架的备选办法，通报了在消除政府数据公开、网上消费者保护、无纸贸易、开放互联网接入、源代码、电子合同、电子传输关税和透明度等领域的文本提案分歧方面所取得的最新进展。

（3）关于最不发达成员方豁免。《内罗毕部长宣言》重申了服务贸易在最不发达成员方实现发展目标方面所发挥的重要作用，肯定了各成员方在 2015 年 2 月 5 日高级别会议上宣布给惠意向的积极表示和已收到的 21 份通报，赞赏有利于最不发达成员方服务和服务提供者的特殊程序，增强最不发达成员方服务提供的能力建设，最大限度地获得贸易机会带来的利益，建议服务贸易理事会快速批准包含《服务贸易总协定》第 16 条之外的优惠待遇通报等。

2022 年 6 月 12 日—17 日，WTO 第 12 届部长级会议在瑞士日内瓦成功举行，在新冠疫情应对、防疫相关知识产权豁免、粮食安全、人道主义粮食采购、渔业补贴、电子传输暂免关税和 WTO 改革等全球广泛关注的议题上取得多项成果。会议重申了《内罗毕部长宣言》

关于实施有利于最不发达成员方服务和服务提供者优惠待遇及提高最不发达成员方服务贸易参与度的决定，并指示服务贸易理事会审议和提高豁免的可操作性，包括：探索最不发达成员方服务出口数据的改进；审议最不发达成员方服务提供者和给惠成员方市场中最不发达成员方服务消费者的信息，并评估便利优惠使用的最佳实践。

六、WTO 体制下的国际服务贸易问题

WTO 体制下的《服务贸易总协定》是有史以来第一个促进服务贸易自由化的国际多边协定，在总体上明确了今后国际服务贸易的发展方向和必须遵守的共同准则，但它并没能解决国际贸易服务中的所有问题。实际上，当今国际服务贸易的发展依旧面临着许多问题。

1. 国际服务贸易理论落后

与商品贸易领域存在明显差异的是经济学中关于服务贸易的理论和著作很少。国际服务贸易引起广泛关注的时间还不是很长，各国经济学家对服务贸易领域的成本、价格、交易方式以及比较优势的研究虽然取得了一些成果，但还没有形成系统的、被各国普遍接受的理论体系。

2.《服务贸易总协定》本身还存有一些漏洞

《服务贸易总协定》是在发达成员方和发展中成员方相互妥协之下形成的具有松散倾向的产物，它本身的漏洞使其对国际服务贸易的发展具有一定的制约作用。这些起到制约作用的漏洞主要表现在：①《服务贸易总协定》的最惠国待遇和市场准入义务并不延伸至政府采购；②许多《服务贸易总协定》的纪律只适用于各方所做的具体承诺，且具体承诺表的设计使承诺缺乏透明度；③《服务贸易总协定》没有对可能阻碍服务贸易的竞争政策的规则如补贴、垄断等制定有关部门义务；④《服务贸易总协定》没有关于未做出承诺的部门、分部门以及服务活动的信息，而这些部门常常是存在大量限制和歧视性措施的敏感性部门。[一]

3. 服务贸易统计数据不完善

由于在进行服务贸易时，服务的生产和消费具有同时性，这种同时性往往需要交易双方的行为发生在同一地点或至少通过服务的生产者和消费者的某种直接接触而进行。这就使得消费者或者生产要素的国际移动都可以算作国际服务贸易的基本内容，因此统计的数据很难被全面、准确地获取，相当多国家和地区的国民账户和国际收支统计中有关服务业的信息都不具备或不完善。目前，国际服务贸易统计数据主要来自国际货币基金组织的国际收支统计，但这些数据无法进行细分，而且各个国家和地区的收支统计信息又往往依各个国家和地区的定义不同而变化。

第三节　服务贸易的区域性协议

除了全球性的《服务贸易总协定》外，一些区域性的国际经济组织也制定了有关国际服务贸易的区域性协议，如欧盟、北美自由贸易区。这些区域性的服务贸易协议一方面为在本区域内实现服务贸易自由化提供制度保障，另一方面又对区域外的其他国家设置一些贸易

[一] 王粤：《服务贸易——自由化与竞争力》，中国人民大学出版社，2002 年版，第 168 页。

壁垒，以达到保护该区域服务贸易、提升该区域服务贸易的国际竞争力这一目标。

一、欧盟的服务贸易协议

欧盟服务贸易的发展具体表现为各成员国之间服务市场的彼此开放，一方面要形成内部统一的大市场，另一方面又要做到以整体力量占领国际服务贸易市场，这两方面的实质其实就是欧盟服务贸易的内部自由化和外部自由化的问题。与此相适应，欧盟有关服务贸易的协议主要涉及以下两个内容：一是成员国之间在各服务部门的相互开放和规则统一；二是欧盟作为一个整体对其他国家开放服务市场以及利益协调。

（一）欧盟内部统一市场的服务贸易规定

1. 总体目标

欧盟作为全球目前自由化程度最高的一个区域性组织，服务贸易市场的一体化经历了较为漫长的时期。早在 20 世纪 60 年代末，欧共体就已经取消了成员国之间的关税，为商品的自由流通打下了基础，然而服务的自由流通却步伐缓慢。直到 1985 年，服务贸易市场的一体化建设才真正启动，其总体目标是实现服务的自由流通，在成员国之间适用服务相互承认与统一化原则。尽管在这个内部市场统一化的过程中，由于欧盟内部各国情况的殊异，导致各国为调整和适应大市场而付出的代价各不相同，较难实现利益与义务的均衡。然而，最终通过成员国之间相互开放服务市场，管理和监督机制实现了一体化，给欧盟服务业带来了更好的发展环境和机遇，并经过协调和重组，加强了欧盟服务业在世界服务贸易中的整体优势。

2. 主要内容

《罗马条约》第三部分"共同体政策"中专门有一章"服务"，规定了应逐步废止成员国国民在欧共体内自由提供服务的限制。该部分适用于通常以取得报酬为对等条件而提供的服务，要求自《罗马条约》生效之日起，各成员国一般不得在提供服务方面对已实现的自由化采取新的限制，并规定理事会在委员会建议及与经委员会和欧洲议会协商后制订一个总计划。服务贸易内部市场自由化的建议及决定应优先考虑直接影响生产成本或有助于商品交易的服务。在自由提供服务的限制尚未取消期间，各成员国施行限制应坚持无歧视原则，即不分服务提供者的国籍或住址。[○]

（1）金融服务贸易协议。此处的金融服务包括银行、保险和证券服务。欧盟统一大市场的建立导致各成员国间金融服务市场的彼此开放，推动各成员国金融机构的竞争和调整。

1）银行业。1989 年 12 月 15 日，欧共体通过了"关于协调有关从事信贷机构业务的法律、规则和行政规章以及 77/780 号欧共体指令的第二项理事会指令"，即"第二项银行业指令"。作为共同体新银行法的核心，"第二项银行业指令"用于对各成员国银行进行监督，制定监督制度，协调准许营业的条件，消除共同体银行服务活动和设立分支机构的内部障碍，创建单一的银行业市场。具体而言，"第二项银行业指令"确定了以下几方面的制度：

第一，单一银行执照制度和相互承认原则。这一原则是指在一成员国取得营业执照的信贷机构，不需要取得该东道国的许可，就可在其他成员国设立分支机构，自由地向其企业和个人提供服务。

　○　陈宪：《国际服务贸易——原理·政策·产业》，立信会计出版社，2003 年版，第 217 页。

第二，各成员国银行法规的协调。为便于单一银行执照制度和相互承认原则的实施，"第二项银行业指令"还对各成员国的银行法规进行了协调，主要涉及银行营业条件、跨国提供服务与设立分支机构、资本充足性、会计规则等内容。

2）保险业。主要目标是创建单一保险市场，使设立于一成员国的保险公司可在另一成员国完全自由地设立分公司，保险企业（无论其法律形式如何）无须通过设立分公司即可在欧盟范围内经营其全部保险业务；保险单签发人在价格、产品性质和提供的服务等方面遵守基本一致的监督规则，开展公平竞争。⊖

1988 年 6 月 22 日，理事会通过了"关于协调非人寿保险的法律、法规和行政规章的第二项指令"，即"第二项非人寿保险指令"，并于 1990 年 7 月生效。"第二项非人寿保险指令"规定了两种独立的制度，对于"大风险"，根据母国控制原则，由保险公司设立国管理；对于"普通风险"，风险所在国可根据一定条件，适用审批要求和实行欧洲法院设计的有关管制。

在人寿保险领域，1979 年 3 月 5 日，理事会通过了"关于协调有关从事直接人寿保险业务的法律、法规和行政规章的指令"，该"指令"于 1981 年 9 月 5 日生效。1991 年理事会通过了"关于在人寿保险领域服务实行自由化的提案"，表明母国控制原则已在人寿保险领域开始实行，所有欧共体公民可根据其意愿在其居住国以外的成员国取得人寿保险单，但必须遵守该国现行的保护和监管制度。不过，如果根据投保人意愿在居住国以外的成员国达成保险协议，适用的将是风险所在国的规则。1994 年 7 月 1 日，理事会实施了对保险业的第三项指令，旨在使所有的人身保险和非人身保险，包括"大风险"投保都能得到本国的批准和监管。这也表明，任何成员国的保险公司都可以在欧盟范围内出售其保险单。

在保险代理和经纪活动方面，理事会提出了一项"关于促进有效实施设立自由和提供保险代理经纪活动自由的指令"，并于 1978 年 6 月生效。该"指令"要求各成员国通过调整保险代理和经纪活动的规则，在最近合理期限内承认保险代理人和经纪人的充分资格。

在财务监督方面，1986 年 12 月欧共体委员会提出了"关于保险企业财务的提案"，同时提交了"关于保险企业年度账目和统一账目指令的提案"，考虑到专业企业可进行的或单一企业可同时参与的非人寿保险、人寿保险和再保险活动的不同需要，潜在的保险买主及其专业顾问在欧共体范围内均可取得设立于欧共体各地的保险企业，以及以标准、综合形式表现出来的财务状况资料。为了制定适用于因批准撤销或企业资不抵债等情况导致的强制性歇业规则，委员会还做出了一项"有关保险企业强制性歇业的提案"，授予所有保险企业债权人在这种情况下享有平等待遇的权利。

在汽车保险方面，1971 年 1 月 1 日，"关于协调各成员国有关汽车使用方面民事责任保险，以及履行此责任保险义务法律的第一项指令"生效，取消了汽车驾驶员驱车前往某一成员国须携带绿色保险卡的要求。由此，各成员国第三方保险的合法性扩及整个欧共体。1988 年 12 月生效的"关于协调各成员国有关汽车使用方面民事责任保险法律的第二项指令"对上述内容做了补充，以协调各成员国保险单的不同保险范围，确保公路事故无论发生在哪个成员国，受害者都可得到尽可能相同的待遇。

3）证券业。欧盟希望通过关于证券业方面法律规范的颁布，来消除成员国之间不同的

⊖ 陈宪：《国际服务贸易——原理·政策·产业》，立信会计出版社，2003 年版，第 219 页。

证券发行和交易法律制度所产生的障碍，从而建立具有较大灵活性并对投资者提供同等保护的单一证券市场。

从 20 世纪 70 年代开始，欧共体就有关成员国批准上市证券和信息披露方面的规则进行了协调。例如，1979 年 3 月 5 日通过了"79/279 号指令"、1980 年 3 月 17 日通过了"80/390 号指令"和 1982 年 2 月 15 日通过了"82/181 号指令"；适用于银行业的单一执照制度、母国控制原则和相互承认原则也一样适用于证券业；一成员国证券公司在其他成员国设立分公司或提供跨国服务，原则上不需要向东道国主管机构申办批准手续，其母国主管机构颁发的营业执照作为单一执照可通用于整个欧盟范围；在一成员国合法开业的证券公司，可在欧盟范围内自由开设分支机构，并可经营本国法律所允许的一切业务；东道国管理机构必须承认证券公司母国有关证券服务业经营的法律；证券公司可以经营的业务有股票经纪、证券交易、资金管理、套期保值、证券管理与咨询、向企业提供资本结构、参与股票发行与提供有关服务、产业战略和有关问题的咨询，以及企业兼并与收购的咨询和服务等。

（2）运输服务贸易协议。作为服务贸易的传统项目，运输服务业在欧盟经济发展中具有重要地位，仅其增加值就占欧盟 GDP 的 7%，因此，各成员国对这一服务项目十分重视。运输服务业具体包括内河和海洋航运、航空运输及陆运。

1）内河和海洋航运方面。自 20 世纪 80 年代中期以来，通过了数项法规和指令，已逐渐形成了共同的海运制度。各成员国在内河和海洋航运服务领域已逐步取消原有的海运货物份额安排，清除各成员国在内河和海洋航运服务方面设置的种种障碍；通过统一有关证书的申请、核发程序和条件以及其他的有关标准，制止在内河和海洋航运方面的不正当竞争行为（包括垄断和价格协定等），保护欧盟船队不受来自非欧盟国家（以下简称"第三国"）的不公平低价倾销行为影响。此外，由于在不同国家（如发展中国家和低工资水平的欧洲国家）注册登记存在成本差异，作为差额部分的补偿，各成员国对于在其领海悬挂本国旗的航船都给予补贴。

2）航空运输方面。通过采取对内协调和对外限制政策，取消了原来关于内部航空运输服务中具有限制性的法律规范。一方面，国际航空权仍由各成员国和第三国之间的双边协议进行管辖，保持竞争；另一方面，在共同市场中的开业权仅给予欧盟成员国。从 1987 年起，欧共体开始逐步开放航空领域，并于 1997 年 4 月 1 日之后完全开放，各国航空公司可在各成员国之间自由从事航空客货运输业务，自行制定服务价格，还可开通到其他国家的航班等。在这一航空领域的自由化进程中，欧盟公布了多个相关指令，以实现空运自由化，降低航空成本，取消政府的歧视性政策，增强欧盟航空业的国际竞争力。

3）陆运方面。欧委会提出了一系列建议，以逐步消除陆运货物配额限制，使各成员国允许非本国车辆在本国运送货物和乘客。其中，最主要的是 1988 年 6 月 21 日在欧共体运输部长会议上通过的一项法令。该法令规定至 1991 年 1 月 1 日，各成员国均须取消与他国订立的双边陆运货物配额，同时共同体每年将增加配额数量，并以一种统一的许可证允许货物在共同体内自由运载而不再受各国的配额检查。

（3）电信服务贸易协议。尽管各成员国电信管理机构对本国电信服务的垄断被欧委会所承认，但为了创造一个更加自由、更加灵活的市场环境，欧盟始终以建立电信服务统一大市场为主要目标。为限制上述垄断，委员会对基础性电信服务和竞争性电信服务做了区分，前者仍可由各成员国垄断经营，但对其内容应做严格的分析和定期检查，仅包括电话服务。

后者则包括其他所有的电信服务，应对外开放和自由竞争。

通过一些文件的公布和指令的实施，欧盟逐步缩小了各成员国之间规则的差异。例如 1987 年公布的"关于电信业的绿皮书"、1990 年的网络指令和 1993 年 9 月开始采用的首套共同技术规则等。1993 年 6 月理事会决议规定，自 1998 年 1 月 1 日起全部放宽电信服务，包括公共有声传送。为了应对电信网络自由化，委员会认为需要通过公共协商来制定具体的保障措施，保证以成本为导向的非歧视市场准入的实施以及电信网络的互相连接。理事会已授权委员会制定具体的法规框架，包括使欧盟的服务提供者有效进入外国市场，允许供应商在已开放的电信领域利用有线网络进行传送，并制定保障措施，防止具有垄断经营权的公司给予内部补贴，以促进欧盟电信业的协调和市场一体化，提高技术和基础设施水平。

(二) 欧盟对外服务贸易的有关规定

尽管欧盟是世界上最为主要的贸易集团，但其服务贸易始终逊于美国，并受到日本以及韩国、新加坡等新兴工业化经济体的挑战。因此，欧盟在推进服务贸易内部大市场自由化和统一化的同时，对外实行或明或暗的保护，甚至将外在竞争者置于市场准入和国民待遇例外之列。

1. 对外金融服务贸易协议

1988 年 10 月，欧委会通过《欧洲——世界的伙伴》宣布，非成员国公司要想获得统一大市场的利益，其所在国就必须保证向欧共体公司提供对等的，至少是非歧视的机会。1989 年"第二项银行业指令"也规定，欧共体可对一个未向欧共体银行提供国民待遇的国家金融机构拒绝签发许可证。这些规定都体现了欧共体金融服务的法律规范在调整对外关系方面的对等原则。但欧共体同时也承认在经济水平悬殊的国家之间强调严格的对等互惠，会造成实质上的不平等、不公正，因此可能根据不同情况做出某些妥协。

(1) 对外银行业。根据"第二项银行业指令"，第三国信贷机构设立于欧共体成员国的子公司，由于取得了该成员国的银行执照，就可与其他欧共体信贷机构一样，从单一银行执照制度中获得在欧共体范围内自由设立分公司和提供服务的好处，如果不具有欧共体成员国的银行执照则无此权利。对于第三国信贷机构能否在欧共体内设立子公司或取得欧共体信贷机构的股权，"第二项银行业指令"仍明确适用互惠原则，如第三国存在对欧共体信贷机构的歧视待遇，即欧共体信贷机构未得到同样的竞争机会和"有效的市场准入"，委员会可发起谈判和进行补救，但理事会并不直接参与。[○]尽管委员会可以决定成员国一般限制或中止第三国的母公司在欧共体设立子公司或取得欧共体信贷机构股份的申请，但是它并不具有主动权利，无权终止成员国在特定情况下批准上述申请。

(2) 对外保险业。早在 1973 年"第一项非人寿保险指令"和 1979 年"第一项人寿保险指令"中就已规定，成员国可根据其批准程序同意第三国保险企业在欧共体内部设立分公司。同时，"第一项非人寿保险指令"还规定欧共体可以根据互惠条件向第三国开放有关的保险服务，使第三国保险机构可取得欧共体内部保险机构的同等待遇。由于欧共体无法控制第三国保险企业总部保持的偿付准备金，因此，设立于欧共体内的这些分公司应保持自己的偿付准备金，而且还应通过证券资产的形式来保持保证基金。在经过 1995 年全球金融服务谈判之后，欧盟已承诺给予第三国保险机构全面最惠国待遇基础上的国民待遇。

○ 陈宪：《国际服务贸易——原理·政策·产业》，立信会计出版社，2003 年版，第 227 页。

（3）对外证券业。欧盟对非成员国证券机构的市场准入基本上符合互惠的国民待遇，即如果欧盟与第三国有互惠安排，并且第三国法规给予欧盟投资者以平等的保护，欧盟可能根据与第三国的协议，承认根据第三国法规制定和审查的公开发行证券说明书。由此，大大便利了非成员国证券在欧盟市场的发行。在全球金融服务谈判后，欧盟放宽了这一限制，承诺在全面最惠国待遇基础上给予国民待遇。

2. 对外运输服务贸易协议

（1）海运服务。早在 20 世纪 70 年代后期，欧共体就已建立了海运监管机制。之后，为反对国际货运班轮中的不正当定价，又通过理事会"第 86/4057 号规则"制定了关于价格承诺或补偿税款的有约束力的程序，并规定在欧共体船东和共同体利益受到重大损失或损害威胁时，可采取必要的保障行动。另外，"第 85/4058 号规则"规定当其他国家用货载分摊方式限制或威胁欧共体运输货物进入该国时，欧共体可采取协调行为；若协调不成，则可采取外交措施或诸如配额、税收方面的制约措施。

（2）航空运输服务。欧盟在对外航空运输服务方面主要集中于与美国就"互开天空"问题进行的谈判，但谈判几经拖延未果。1997 年 4 月 1 日，欧盟内部航空市场实现一体化之后，美国又将目标定位在与欧盟整体达成多边开放天空协议。欧盟在对《服务贸易总协定》的航空运输承诺中，对计算机订票和空运服务列出了最惠国待遇例外表，涉及计算机守则中规定的互惠条款。如果第三国对欧盟航空公司不提供同等待遇，欧盟将解除对该国航空公司自动订票的义务。

3. 电信业的对外协议

由于受到美国电信业的竞争压力，欧盟电信业在其对外开放方面一直有所保留。在进行电信服务谈判时，欧盟承诺开放各种先进的电信服务，包括增值电信服务、电子邮件、有声邮政、运行中的信息和基数的更正、电子数据互换、代码和规程的更换等。1996 年，欧盟通过了电信自由化计划，要求各成员国开放诸如有线网络等"另类基础建设"市场，并要求各成员国从 1998 年 1 月 1 日起开放基本电话服务市场，从而结束了欧盟各国国营电信事业垄断的历史。2002 年，欧盟在对其原有电信政策进行总结的基础上，又出台了以"电信共同法规框架指令（Directive 2002/21/EC）"为主的一系列指令（包括 Directive 2002/2/EC "监管指令"、Directive 2002/19/EC "连接指令"、Directive 2002/22/EC "基础服务指令"等），对其原有电信政策进行更新和调整。

4. 视听服务业的对外协议

随着 20 世纪 80 年代欧盟各国纷纷取消对电台和电视台的垄断权，大量的外国视听产品进入欧洲市场。为保护其视听产业，欧盟对视听产品的进口设置了一些壁垒，其中最重要的保护方式是影视配额制度和补贴制度。影视配额制度要求所有成员国的电视台在每天播放的节目中，欧洲原产的电视节目不得少于 50%。补贴制度在欧盟各国几乎得到了普遍的使用，其中以法国贯彻得最为典型，如对录像带的销售和出租征收特别税等。

在"乌拉圭回合"谈判中，欧盟没有就视听业的市场准入和国民待遇做出任何承诺，而是将其列为最惠国待遇的例外，以保护欧洲影视产品对本地市场的占领。欧盟承认《服务贸易总协定》的主要规定（如透明度、逐步自由化等）适用于视听服务业。

（三）欧盟《服务贸易指令》的相关建议

服务贸易自由化是欧盟实行统一内部市场的重要组成部分。为此，欧盟委员会于 2004

年 2 月 24 日提出了《欧洲议会和欧盟理事会关于服务贸易内部市场指令》（以下简称《服务贸易指令》）的建议。《服务贸易指令》涉及的服务贸易活动非常广泛，具体包括：企业咨询、认证、审计、保养、娱乐、办公室保卫、广告、人员中介、贸易代理、法律税务咨询、房地产推销商、建筑商、设计师、贸易、展会、机动车租赁、保安服务、旅行社、领航人、运动中心、活动中心、休闲服务、保健服务、家政服务、照看老人等。由于欧盟对某些领域已经制定了专门的法律文件，所以《服务贸易指令》不包括金融业、电子通信业、税收和交通等行业。

欧盟委员会建议的《服务贸易指令》的宗旨是：建立一个法制环境，以实现服务贸易供应商在欧盟成员国中的居留自由和成员国之间服务贸易往来的自由，消除阻碍实现服务贸易统一内部市场的法律障碍，向服务贸易供应商和服务贸易用户提供必要的法律保障。

1. 取消自由居留限制

（1）简化行政管理。所有欧盟成员国应承认其他成员国出具的同等效力的文件，不再需要公证或者翻译。建立统一的对话窗口，服务贸易供应商可以在此完成所有行政管理手续。

（2）对于开展服务活动所需的批准程序和手续提出几个有约束性的原则：有关批准的结果应该是客观、非歧视的、准确和清晰的，要求批准的过程和程序应该透明、公正，递交的申请应该在规定的时间内迅速和不带偏见地得到处理。

（3）成员国应该向服务贸易供应商清晰、明了地介绍本国从事某项服务的要求、主管和监督机构以及可以提供咨询或支持机构的联系方式，发生法律纠纷时应给予协助。

（4）成员国应该最迟于 2008 年 12 月 31 日可以在异地通过电子系统完成所有开展服务贸易活动的相关手续和程序。

（5）成员国不能直接或间接地由于国籍或所在地原因提出歧视性要求。

（6）为保持同指令的一致性，成员国应审查和修改各自的法律规定。

2. 消除成员国服务贸易自由往来限制

（1）来源国原则。服务贸易供应商只需遵守其居住国的关于服务贸易供应商行为、质量、内容、广告、合同和担保的相关规定，而成员国（用户国）不能限制其他成员国的服务贸易供应商所提供的服务。例如，一个波兰的建筑公司在德国工作，只需遵守波兰的法律。按照欧盟委员会的建议，来源国将对在国外的本国服务贸易供应商行使监督权。根据这一原则，德国将不能检查来自其他欧盟成员国服务贸易供应商的居留许可和社会保险等情况。

（2）不能向来自其他成员国的服务贸易供应商提出类似成立公司、提交报告和批准申请、明确地址或指定代理等限制性要求。

（3）服务贸易用户有权接受其他成员国提供的服务，该权利不能因本国的限制性措施或者官方、私人的歧视性做法而受到影响，成员国不能对服务贸易用户提出基于国籍或住址的歧视性要求。

（4）提出鼓励接受其他成员国服务贸易的措施；成员国应向服务贸易用户通报其他成员国有关服务贸易消费者保护方面的规定，提供服务贸易供应商的详细情况并使服务贸易用户方便快捷地得到这些信息，介绍服务贸易供应商和用户发生纠纷时应采取的法律援助信息；提供咨询机构信息，大力扩大服务贸易用户关于服务贸易活动的知情权，使他们能够拥有决策能力。

（5）在对供应商派遣人员的监督程序方面，应区分服务贸易来源国和服务贸易消费国的不同任务。

为增进成员国之间在消除障碍方面的相互信任，《服务贸易指令》还建议：为保护各方在重要问题上的共同利益，需对法律规定进行协调，对服务贸易供应商的信息交换义务、职业担保保险、争端的解决以及服务贸易供应商资质信息的交换制定统一规定；加强成员国之间相互支持与合作，以确保对服务贸易的有效监督；通过对服务贸易活动进行自愿认证、完善质量保障体系，加强贸易协会和手工业协会的合作等，提高服务贸易质量。

二、北美自由贸易区的服务贸易协议

（一）《北美自由贸易协定》的产生

1987 年 10 月，美国、加拿大正式签署了《美加自由贸易协定》，与此同时，美国、墨西哥之间也开始进行磋商。自 1991 年 6 月开始，美国、加拿大、墨西哥经过 14 个月的磋商，终于在 1992 年 8 月 12 日达成协议。同年 10 月 7 日三国首脑签署了《北美自由贸易协定》（NAFTA），并于 1994 年 1 月 1 日正式生效。《北美自由贸易协定》共 19 章，其主要目标是在 15 年之内取消三国之间的所有关税和贸易障碍，实现商品、服务、劳动力和资本的自由流动，以及推进劳工、环保标准与法律的一体化，发展成为世界上最大的贸易集团，促进整个地区经济的增长。

（二）《北美自由贸易协定》中有关服务贸易的内容

北美自由贸易区的服务贸易协议主要体现在《北美自由贸易协定》中，其目标为"消除贸易壁垒，促进成员国之间商品和服务的流动"，具体安排体现在以下几个方面。

1. 与标准有关的措施

《北美自由贸易协定》第九章规范了成员国间商品和服务贸易中与标准有关的各项措施。该章规定，成员国为了确保安全、保护人类和动植物的生命和健康、保护环境等，可建立适当的标准，禁止那些不符合标准的商品和服务进口。但与标准有关的措施必须遵循国民待遇和最惠国待遇原则，不得成为成员国贸易的不必要障碍。

《北美自由贸易协定》设立了一个与标准有关措施的委员会，该委员会每年至少召开一次会议监督、执行、协调各国的有关措施。

2. 政府采购

《北美自由贸易协定》第十章规定了成员国政府机构、部门（国防部门除外）和国有企业对货物和服务的采购合同程序，使成员国政府采购体制自由化，为所有成员国的供应商提供公平、非歧视、可预见和透明的政府采购机会。在该项规定的适用方面，凡是政府机构对商品和服务（除建筑外）超过 5 万美元的采购和超过 650 万美元的建筑合同均受此约束，而国有企业相对应的金额分别为 25 万美元和 800 万美元。当服务采购额超过 5 万美元时，在美、加之间的联邦机构采购也将受此约束。上述金额均为实际值，且每两年按美国最终产品的生产者价格指数和通货膨胀率调整一次，再换算成其他成员国的货币。但各成员国政府采购服务的清单均将运输、公共设施和电信列为例外。在建筑服务方面，加拿大将挖土和运输部的建筑合同列为例外，美国也将挖土列为例外。另外，金融机构或存款机构的收购、金融机构的清算和管理服务以及政府债券的承销都不属于政府采购。该章还规定《北美自由贸易协定》关于政府采购规定的适用优先于 GATT《政府采购协议》。

3. 跨境服务贸易

《北美自由贸易协定》第十二章确立了旨在使跨境服务贸易自由化的规则和原则，它规定了《北美自由贸易协定》适用于成员国所维持的影响跨境服务贸易的各种措施，包括与服务的提供、购买、支付、使用、销售、交付有关的措施。跨境服务贸易的自由化并不一定要求一成员国的服务提供者必须以"商业存在"的形式提供相关服务，它可能是服务提供者与消费者分处两国，借助通信、计算机等各种手段进行的服务活动。但该章的规定不适用于下列服务和活动：①金融服务、与能源和基础石油化工有关的服务；②航空服务及其支持服务（除航空器维修服务和特种航空服务）；③跨境劳工贸易、政府采购、政府补贴、成员国政府所进行的与法律执行、收入保障、社会福利和国家安全有关的活动。

跨境服务贸易也采用 GATT 的国民待遇和最惠国待遇两大原则，但第十二章也明确了成员国可对某些服务部门或服务活动不给予这些待遇，成员国可对上述两项原则提出保留的主要情形包括：①《北美自由贸易协定》生效后两年内在附件中列明的联邦、州或省级的免除国民待遇和最惠国待遇的措施或服务活动；②墨西哥不予开放的投资领域包括石油、电力、卫星通信、电信、邮政、铁路、铸币、海运，以及墨西哥依其在《北美自由贸易协定》生效时的外商投资法规做出保留的一切活动；③因在《北美自由贸易协定》生效前成员国签署的涉及航空、渔业、海运活动（包括救助），以及电信等服务的双边或多边协定而免除最惠国待遇的服务活动；④成员国可对特定服务部门维持数量限制，如墨西哥对金融服务就有市场份额的限制，可采用配额、垄断或其他数量限制方式；⑤成员国可对法律服务、娱乐、广播、运输等特殊服务部门，采取特定的许可证和执业要求，而这可能会与国民待遇原则不相一致。成员国可以通过委员会就相互之间取消附件中所列保留进行通知、磋商及建立相应的程序规则。

4. 通信服务

《北美自由贸易协定》第十三章专门对通信服务业做了规范，明确了政府需实施的一系列政策目标，以及政府行为和规则的特定限制等。该章内容适用于与进入和使用公共网络有关的措施、与提供增值电信服务有关的措施以及连接终端与公共网络的标准等，进入和使用公共网络是其中的核心；不适用于广播或电视节目的线路分布，除非为了保证人们使用和进入成员国的公共网络而经营广播电台和线路。该章不涉及私人网络的经营，也不阻止公共网络服务之间的交叉补贴。由于《北美自由贸易协定》的谈判方数量远比《服务贸易总协定》少，利益关系的协调阻力也相对较小，因而走得比《服务贸易总协定》更远，在基础电信领域已有所涉及，如在进入公共网络（提供诸如当地电话等基础电信服务）方面强调了用户权利，而不仅限于服务提供者的利益。

该章声明，公共电信网络可在成员国间开放使用，允许在成员国间转让终端、使用专用线、设立专用通信业务和增值电信业务等，保证了广播公司和通信线路系统经营者对公共网络的进入和使用权（经营者为进行无线电缆布缆或电视节目安排而采取的措施除外）。若政府对进入和使用公共网络设置限制条件，这些条件只能是为保证普通传输的公共服务责任或保护网络技术一体化所必需的。

该章并不排斥成员国对信息和用户等保密资料与隐私的保护，或采取特定措施保护其公共网络或服务的技术完整性。在增值电信服务方面，各成员国政府不得对其他成员国的增值电信服务提供者实施不合理的管制，许可、批准、登记和通知程序也应为透明的、非歧视的。但是，各成员国有权决定哪些实体可成为普通传输服务提供者，并指定本国基础电信服务的垄断经营者。同时，各成员国还可采用竞争性保护措施来限制企业的反竞争行为。

该章还强调了电信业国际标准的重要性，在《北美自由贸易协定》与标准有关的措施委员会下设立一个电信标准分委员会，以协调设备授权程序。

5. 金融服务

《北美自由贸易协定》第十四章就金融服务做出了规范，它适用于一成员国对其他成员国金融机构维持的措施、对非成员国投资者在本国金融机构投资的措施以及跨境金融服务（包括银行、保险和证券服务）方面有关的措施，但一成员国在退休金计划或社会保障制度方面所采取的行动、为政府账户或其担保以及涉及政府金融资源的使用方面所采取的行动则不适用本章规定。

该章引用了 GATT 的自由化原则（如国民待遇、最惠国待遇和透明度原则等），成立了一个金融服务委员会来监督该章的实施，包括争端解决和磋商。三国同意一成员国的金融服务提供者可在另一成员国境内设立实体，包括分支机构等，但并不阻止一成员国采取合理措施保护投资人、存款人和金融机构对其负有信托义务的其他人，也不阻止成员国为保持金融机构、服务提供者及成员国的金融体系的完整性和稳定性而采取合理措施。

成员国对国民待遇和最惠国待遇在金融服务方面的运用有权提出保留，具体承诺和保留在附件中列明，其中主要涉及墨西哥逐步开放其金额服务市场的承诺，也包括美国、加拿大有关金融服务的承诺和保留。

6. 商务人员的临时进入

《北美自由贸易协定》第十六章对一成员国的商务人员临时进入另一成员国境内从事商贸活动做出了程序规定，即成员国应互相提供商务人员进入措施的有关信息，并在《北美自由贸易协定》生效后的一年内对商务人员临时进入的要求予以解释。当另一成员国国民出示公民身份证明、从事某种国际性商务活动的证明和不会进入当地劳动力市场的证明（这要求证明酬金是从成员国境外支付且该商务人员的营业地点保留在境外）之后，便可得到一成员国临时进入的许可。此类商务人员具体包括：①商人和投资者，即在两个成员国之间从事商品和服务贸易，或已经或将要投入相当数额资本和关键性技术服务以建立、扩展其经营；②公司内部流动人员，即被一企业所雇用再进入另一成员国境内为该企业的关联机构或分支机构服务的人员；③专业人员，即从事一定专业水平的经营活动，通常至少需要学士学位或学历加三年从业经验，或者执业许可证等。成员国不得对商务人员临时进入做出预先批准、申请、工作许可证或其他程序要求。

（三）《美国-墨西哥-加拿大协定》

1.《美国-墨西哥-加拿大协定》简介

2018 年 11 月 30 日，美国、墨西哥、加拿大三国领导人在阿根廷首都布宜诺斯艾利斯签署了《美国-墨西哥-加拿大协定》（USMCA，以下简称《美墨加协定》），并于 2020 年 7 月 1 日正式生效，取代了已实施 20 多年之久的《北美自由贸易协定》，成为"《北美自由贸易协定》2.0"。《美墨加协定》保留了《北美自由贸易协定》中的大部分内容，但也有一些变化。《美墨加协定》强调了金融业的开放，包括：各缔约方对金融服务市场自由化的承诺，为美国金融机构、投资者以及金融服务跨境贸易提供公平的竞争环境；强调美国金融服务商获得国民待遇和最惠国待遇；限制金融监管者以访问数据为由要求数据本地存储；更新了允许跨境转移数据和更新市场准入义务的规定；规定了有史以来最严格的透明度义务；增加了关于跨境贸易承诺的单独附件，包括将国民待遇和市场准入义务应用于扩大的跨境服务清单、为美国在墨西哥的投资设立特别争端解决机制等。

2. 《美国-墨西哥-加拿大协定》中的服务贸易规则

《美墨加协定》首次以"数字贸易"取代"电子商务"，以数字贸易为核心，在与服务贸易相关章节中设定纪律或条款，以进一步约束各方政府行为，确保公平竞争，并保护服务提供者的利益。

（1）关于数字贸易。

1）新增"网络安全""公开政府数据"和"交互式计算服务"条款。"网络安全"条款鼓励各方共同应对网络威胁带来的问题，确保对数字贸易的信心。"公开政府数据"要求各方在最大程度上公开政府数据，鼓励各方政府以电子形式，提升行政透明度。"交互式计算服务"条款则要求任何缔约方在确定与信息存储、处理、传输、分配或由该服务造成的损害责任时，不得采取或维持任何措施将交互式计算服务的提供者或使用者视为信息内容提供者，除非该信息完全或部分由该提供者或使用者创建或开发。

2）新增"提供增值服务条件"条款。该条款规定，如一缔约方直接对增值电信服务进行规制，那么，在没有适当考虑合法公共政策目标和技术可行性的情况下，不得对增值电信服务提供者提出与公共电信服务提供者同样的要求，且有关的资格、许可、注册、通知程序等都是透明和非歧视的，并且不得提出诸如对公众普遍提供等要求。

在跨境服务贸易的定义中，《美墨加协定》明确了跨境服务贸易的纪律也适用于采用电子手段生产、分销、营销、销售或交付的服务，实现已有规则的数字化升级。

（2）强化规则纪律与执行力。在跨境服务贸易中，"国民待遇"和"最惠国待遇"的定义条款对政府层级做了明确性补充，将"地方政府"列出，并规定地方政府采取的措施应当是不得低于同类情况下的最好待遇；对于"不符措施条款"，如果一方认为其他成员的措施对其跨境服务造成实质性损害，可进行磋商，不论该措施来自地方政府还是中央政府。

新增跨境金融服务贸易"停止"条款，为后续市场准入设定明确的起点，即以《北美自由贸易协定》达成时各方保留的限制为基准点。而且与优惠贸易协定（PTAs）中跨境金融服务一贯采用的正面清单方式不同的是，《美墨加协定》首次将棘轮机制中的"停止"要求适用于跨境金融服务，以增强金融服务自由化。

新增"国有企业"条款，明确规定不得对国有企业给予更优惠的待遇，以此进一步保障业内的充分竞争。

此外，还新增了"执行"条款，明确各方主管机构有义务保障特定条款的执行，同时赋予其制裁权。让各方电信主管机构参与协定的执行保障，将确保协定义务的可执行性。

（3）"毒丸条款"。《美墨加协定》的第三十二章（例外和一般条款）第十条增设了"非市场经济国家"条款。根据该条款规定，若协定缔约方计划与非市场经济国家签订自由贸易协定，应提前履行通知义务，协定其他成员有权利选择退出本协定。尽管该条款没有直接与服务贸易相关联，但却是首次在优惠贸易协定（PTAs）中出现，且指向明显，未来很有可能进一步充实规则并扩展至服务规则领域。

三、中国与东盟的服务贸易协议

2002 年，中国和东盟签订了《中国—东盟全面经济合作框架协议》，主协议共十六条。围绕服务贸易自由化目标的实现，双方还单独签署了中国—东盟《服务贸易协议》。

（一）中国—东盟《服务贸易协议》简介

中国—东盟《服务贸易协议》规定了在中国—东盟自由贸易区框架下开展服务贸易的权利和义务，同时包括了中国与东盟 10 国开放服务贸易的第一批具体承诺减让表，并由各方根据减让表的承诺内容实施相关服务部门的进一步开放。根据《服务贸易协议》的规定，中国在世界贸易组织承诺的基础上，分别就建筑、环保、运输、体育和商务五个服务部门的 26 个分部门向东盟国家做出市场开放承诺，东盟 10 国也相应在金融、电信、教育、旅游、建筑、医疗等行业向我国做出市场开放承诺。这些开放承诺是根据中国和东盟国家服务业的特点与具体需求而做出的，主要包括进一步开放上述服务领域、允许对方设立独资或合资企业、放宽设立公司的股比限制等内容。双方也一致认为，将就服务部门的市场开放问题进行后续谈判，以进一步推进中国与东盟间的服务贸易自由化进程。

（二）中国—东盟《服务贸易协议》中各国服务部门开放承诺

1. 中国

中国的服务部门开放承诺主要涵盖了建筑、环保、运输、体育和商务服务（包括计算机、管理咨询、市场调研等）五个服务部门的 26 个分部门，具体包括进一步开放部分服务领域、允许设立独资企业、放宽设立公司的股比限制及允许享受国民待遇等。

2. 新加坡

新加坡在商务服务、分销、金融、医疗、娱乐和体育休闲服务、运输等部门做出了超越世界贸易组织出价的承诺，并在银行、保险、工程、广告、非武装保安服务、药品和医疗用品佣金代理与零售、航空和公路运输服务等部门做出了高于其世界贸易组织新一轮谈判出价的承诺，在不同程度上放宽了市场准入限制，如在外资银行准入方面，取消了对新加坡国内银行的外资参股股比在 40% 以内的限制。

3. 马来西亚

马来西亚在商务服务、建筑、金融、旅游和运输等部门做出了高于世界贸易组织水平的承诺。与其在世界贸易组织新一轮谈判中的出价相比，新增了会展、主题公园服务、海运、空运等部门的具体出价，并在金融、建筑及工程等领域做出了更高水平的开放承诺，如在保险领域，放宽了对外籍管理人员的市场准入限制。

4. 泰国

泰国在商务人员入境、建筑工程、中文教育、医疗、旅游餐饮和海运货物装卸等领域做出了高于世界贸易组织水平的承诺。

5. 菲律宾

菲律宾在能源、商务服务、建筑及工程、旅游等部门做出了高于世界贸易组织水平的承诺。与其在世界贸易组织新一轮谈判中的出价相比，在采矿和制造业建筑服务等部门做出了进一步开放的承诺。

6. 文莱

文莱在旅游和运输等部门做出了高于世界贸易组织水平的承诺，特别是在运输服务方面，增加了海洋客运和货运服务、航空器的维护和修理服务等领域的市场开放承诺。

7. 印度尼西亚

印度尼西亚在建筑及工程、旅游和能源服务方面做出了高于世界贸易组织水平的承诺，特别是在民用工程、煤的液化和汽化服务等领域做出了进一步开放的承诺。

8. 越南、柬埔寨、缅甸

越南、柬埔寨、缅甸的具体出价与其在世界贸易组织的承诺基本一致，主要涵盖商务服务、电信、建筑、金融、旅游和运输等部门。

9. 老挝

老挝所做的服务贸易市场开放承诺主要在银行、保险等领域。

四、区域全面经济伙伴间的服务贸易协议

（一）《区域全面经济伙伴关系协定》的产生

《区域全面经济伙伴关系协定》（*Regional Comprehensive Economic Partnership*，RCEP）于 2012 年由东盟发起，历时八年，是由中国、日本、韩国、澳大利亚、新西兰和东盟 10 国共 15 方成员共同签署的协定。

2020 年 11 月 15 日，第四次《区域全面经济伙伴关系协定》领导人会议以视频方式举行，会后东盟 10 国和中国、日本、韩国、澳大利亚、新西兰共 15 个亚太地区的国家正式签署了《区域全面经济伙伴关系协定》，标志着当前世界上人口最多、经贸规模最大、最具发展潜力的自由贸易区正式启航。

2021 年 4 月 15 日，中国向东盟秘书长正式交存《区域全面经济伙伴关系协定》核准书。同年 11 月 2 日，作为《区域全面经济伙伴关系协定》保管机构的东盟秘书处发布通知，宣布文莱、柬埔寨、老挝、新加坡、泰国、越南等六个东盟成员国和中国、日本、新西兰、澳大利亚等四个非东盟成员国已向东盟秘书长正式提交核准书，达到协定生效门槛。2022 年 1 月 1 日，《区域全面经济伙伴关系协定》正式生效，首批生效的国家包括文莱、柬埔寨、老挝、新加坡、泰国、越南等东盟六国和中国、日本、新西兰、澳大利亚四国。随后，于 2022 年 2 月 1 日起对韩国生效，2022 年 3 月 18 日起对马来西亚生效，2023 年 1 月 2 日起对印度尼西亚生效，2023 年 2 月 21 日起对菲律宾正式生效。

（二）《区域全面经济伙伴关系协定》服务贸易规则的主要内容

《区域全面经济伙伴关系协定》关于服务贸易的相关规则主要体现在第八章，共 25 条，包括最惠国待遇、市场准入承诺表、国民待遇、当地存在、国内法规等。根据《区域全面经济伙伴关系协定》规定，部分缔约方采用负面清单模式做出市场准入承诺，并要求现在采用正面清单的缔约方在协定生效后六年内转化为负面清单模式对其服务承诺做出安排。此外，《协定》还包括与服务贸易有关的金融服务、电信服务、专业服务三项附件。

1. 金融服务附件

附件就金融服务贸易制定了具体规则，同时为防范金融系统不稳定性提供了充分的政策和监管空间。除了第八章规定的义务外，该附件还包括一个稳健的审慎例外条款，以确保金融监管机构保留制定支持金融体系完整性和稳定性措施的能力。本附件包括了金融监管透明度义务，缔约方承诺不得阻止开展业务所必需的信息转移或信息处理，以及提供新金融服务。本附件还规定缔约方可通过磋商等方式讨论解决国际收支危机或可能升级为国际收支危

机的情况。

2. 电信服务附件

附件制定了一套与电信服务贸易相关的规则框架。在所有现行"东盟'10+1'自由贸易协定"电信服务附件基础上，附件还包括了监管方法、国际海底电缆系统、网络元素非捆绑、电杆、管线和管网的接入、国际移动漫游、技术选择的灵活性等条款。

3. 专业服务附件

附件为缔约方提供途径，以便利本区域内专业服务的提供。具体包括加强有关承认专业资格机构之间的对话，鼓励缔约方或相关机构就共同关心的专业服务部门的专业资质、许可或注册进行磋商。此外，附件还鼓励缔约方或相关机构在教育、考试、经验、行为和道德规范、专业发展及再认证、执业范围、消费者保护等领域制定互相接受的专业标准和准则。

（三）《区域全面经济伙伴关系协定》服务贸易规则的主要特点

1. 负面清单趋势下开放水平提升

《区域全面经济伙伴关系协定》服务贸易规则采取基于负面清单模式的共同而有区别的灵活安排，日本、韩国、澳大利亚、新加坡、文莱、马来西亚、印度尼西亚七个缔约方采用负面清单模式做出承诺，中国等其余八方成员采用正面清单模式做出承诺，并承诺在六年过渡期内转化为负面清单（老挝、柬埔寨、缅甸的过渡期为15年）。目前，各缔约方在《区域全面经济伙伴关系协定》项下的服务贸易开放水平都显著高于各自"10+1"自由贸易协定，中国服务贸易开放部门由当初加入世界贸易组织时的100个部门增至122个，新增研发、管理咨询、制造业相关服务、空运等22个部门，并提高金融、法律、建筑、海运等37个部门的承诺水平，其他缔约方则增加开放建筑、医疗、房地产、金融、运输等服务部门。

2. 跨境数据流动成重点关注领域

在以数字驱动的全球化新时代，服务贸易更多依赖于数据及数据背后的经济价值，跨境数据流动成为构建高效服务贸易体系的关键要素。《区域全面经济伙伴关系协定》主张推动区域内跨境数据自由流动，在电子商务方面，明确要求各成员国不得阻止为进行正常商业活动而开展的跨境信息传输，也不能将设施本地化作为在其领土内进行商业活动的条件。即使是对金融、电信等涉及敏感信息服务业的跨境数据流动也持开放态度，金融条款规定，缔约方不得阻止其领土内的金融服务提供者为进行日常营运所需的信息转移，电信条款规定，另一缔约方的服务提供者可以使用公共电信网络和服务在一缔约方领土内跨境传输信息。

3. 市场开放由"边境"领域向"边境后"领域转变

目前，国际市场开放的主要方向已由涉及关税、股比限制等市场准入的"边境"领域逐渐向涉及环境政策、产业政策、知识产权政策等的"边境后"领域转变，以消除不必要的贸易壁垒，促进服务自由流动。《区域全面经济伙伴关系协定》服务贸易规则不仅扩大了服务贸易的市场准入，致力于推进贸易投资自由化、便利化，要求缔约方简化投资申请及审批程序，同时也规定增加服务贸易透明度，确保缔约方监管服务业的各类国内措施公平、合理和透明，按照非歧视原则对待其他缔约方的服务及服务提供者。

【本章小结】

本章主要介绍了《服务贸易总协定》的产生历程、主要内容、意义，以及WTO体制与国际服务贸易、WTO体制下的《服务贸易总协定》和服务贸易的区域性协议。

（1）《服务贸易总协定》的产生。《服务贸易总协定》的产生是经济全球化发展和国际服务贸易自身发展的客观需要，也是发达国家与不发达国家之间斗争和妥协的结果。

（2）《服务贸易总协定》的宗旨与主要内容。《服务贸易总协定》为国际服务贸易的开展制定了一个多边框架，旨在在透明度和自由化的条件下拓展国际服务贸易，并使其成为一种促进全体成员方经济增长和发展中成员方经济发展的手段。《服务贸易总协定》强调，它将有助于促进发展中成员方在国际服务贸易中的参与，增加拓展其服务出口的特殊需要，特别是增强其境内服务能力、效率和竞争力。《服务贸易总协定》的文本包括六个部分，其中第一部分为范围和定义，第二部分为一般义务和纪律，第三部分为具体承诺，第四部分为逐步自由化，第五部分为制度条款，第六部分为最后条款。

（3）《服务贸易总协定》的重要意义。《服务贸易总协定》的制定，为各成员方开展国际服务贸易提供了国际规则，在推动国际服务贸易自由化的同时也促进了货物贸易的发展，有利于协调各成员方的利益，促进各成员方在服务贸易领域的合作与交流，增加各成员方的外汇收入和平衡国际收支。

（4）WTO 体制下的《服务贸易总协定》。WTO 以推进贸易自由化和促进发展中成员方服务贸易增长为宗旨，它将对国际服务贸易产生诸多积极作用：服务贸易壁垒将被逐步取消；促进各成员方境内服务业的发展，推动相关行业的技术进步和经营管理的改善，最终促进本成员方经济的发展；WTO 体制的服务贸易规则对于不同类服务业的不同推动作用将进一步促进服务业的国际分工等。

（5）服务贸易的区域性协议。一些区域性的国际经济组织，如欧盟、北美自由贸易区、中国—东盟自由贸易区，也制定了有关国际服务贸易的区域性协议。这些区域性的服务贸易协议一方面为在本区域内实现服务贸易自由化提供制度保障，另一方面又对区域外的其他国家设置一些贸易壁垒，以达到保护该区域服务贸易、提升区域服务贸易的国际竞争力的目标。

【本章重要概念】

《服务贸易总协定》　　WTO　　一般义务　　特定义务　　市场准入　　国民待遇　　最惠国待遇

【复习思考题】

1. 《服务贸易总协定》对全球服务贸易的发展有哪些重要的意义？
2. 《服务贸易总协定》包括多少个附录？《服务贸易总协定》文本由哪些部分组成？
3. 新一轮服务贸易谈判主要集中在哪些方面？

第七章

主要经济体的服务贸易

本章主要学习内容

- 发达经济体的服务贸易，包括美国的服务贸易、欧盟的服务贸易、日本的服务贸易
- 新兴工业化经济体的服务贸易，包括韩国的服务贸易、中国香港地区的服务贸易
- 主要发展中国家的服务贸易，包括印度的服务贸易、巴西的服务贸易

　　世界经济发展的不平衡性决定了服务贸易的不平衡发展，主要表现在发达经济体和新兴工业化经济体的服务贸易发展迅速并且占据明显优势，而发展中国家服务贸易的发展总体相对滞后，且差异较大。

第一节　发达经济体的服务贸易

　　迄今为止，发达经济体在世界服务贸易中仍处于支配地位。第二次世界大战以来，世界服务贸易发展迅速，并且呈现多元化发展趋势，发达经济体在世界服务贸易中一直处于绝对优势，这种优势不仅反映在服务贸易额上，还体现在贸易平衡、贸易结构上。从服务贸易额来看，2021年服务贸易额居前10位的国家除我国和印度以外，其他均为发达国家，发达国家的服务贸易额占世界服务贸易总额的近70%；从贸易平衡来看，发达国家在服务贸易中长期是顺差，而大部分发展中国家长期为逆差；从贸易结构来看，发达国家主要输出技术、知识和资本密集型服务，而发展中国家则主要发展劳动密集型服务，劳动力输出是其最主要的服务贸易方式。就具体国家而言，美国无疑是当今世界服务贸易的超级大国，欧盟中的德国和法国等国家、亚洲的日本等国家也是重要的服务贸易供应国和需求国。

一、美国的服务贸易

（一）美国服务贸易发展概况

　　美国是世界上最大的服务贸易进出口国。20世纪70年代以来，美国的服务业迅速发展，服务贸易领域已涵盖运输、旅游、金融、保险、通信、计算机与信息服务、专利与许可、商业服务和教育等多个行业。随着服务业的发展，服务贸易在美国经济发展中发挥着越来越重要的作用。2021年，美国服务贸易出口额为7952.73亿美元，进口额为5500.25亿美元，其服务贸易总额、服务出口额、服务进口额及服务贸易顺差继续保持世界第一。美国服务贸易在世界服务贸易中所占份额见表7-1。

表 7-1　美国服务贸易在世界服务贸易中所占份额

项目	年　份														
	2007	2008	2009	2010	2011	2012	2013	2014	2015	2016	2017	2018	2019	2020	2021
出口	13.6%	13.3%	14.3%	14.6%	14.4%	14.9%	14.7%	14.4%	15.4%	15.4%	15.1%	14.2%	14.2%	14.0%	13.1%
进口	11.0%	10.6%	11.4%	11.3%	10.6%	10.5%	9.8%	9.5%	10.2%	10.4%	10.3%	9.7%	9.8%	9.5%	9.8%

数据来源：WTO 国际贸易统计数据库。

（二）美国服务贸易发展特点

1. 服务贸易进出口额长期居世界首位

WTO 将服务贸易分为政府服务贸易和商业服务贸易两大类，并将商业服务贸易进一步分为运输、旅游等传统商业服务贸易和其他商业服务贸易，其他商业服务贸易包括通信、计算机和信息服务，建筑，保险，金融等。

20 世纪 90 年代美国实行的以知识和信息技术产业发展为核心的"新经济"政策，给美国的服务贸易发展带来了契机，自 1981 年以来，其服务贸易进出口额长期居世界首位。2007 年—2021 年，美国商业服务出口和进口的年均增长率分别为 3.4% 和 2.6%。2021 年，美国商业服务出口额为 7718 亿美元，占世界商业服务出口总额的 12.9%；同年，美国商业服务进口额为 5248 亿美元，占世界商业服务进口总额的 9.5%，进出口总额均位居世界第一。2021 年世界商业服务贸易主要进出口国家或地区见表 7-2。

表 7-2　2021 年世界商业服务贸易主要进出口国家或地区

出　口					进　口				
排名	国家或地区	出口额（十亿美元）	份额	增长率	排名	国家或地区	进口额（十亿美元）	份额	增长率
1	美国	772	12.9%	9.6%	1	美国	525	9.5%	18.8%
2	英国	415	6.9%	8.5%	2	中国	438	7.9%	16.0%
3	中国	391	6.5%	40.5%	3	德国	379	6.8%	22.6%
4	德国	371	6.2%	21.7%	4	爱尔兰	341	6.2%	-2.3%
5	爱尔兰	337	5.6%	21.2%	5	法国	258	4.7%	9.6%
6	法国	302	5.0%	19.0%	6	英国	239	4.3%	15.2%
7	荷兰	245	4.1%	10.3%	7	荷兰	236	4.3%	11.1%
8	印度	240	4.0%	18.5%	8	新加坡	223	4.0%	9.7%
9	新加坡	230	3.8%	9.6%	9	日本	205	3.7%	5.1%
10	日本	164	2.7%	3.7%	10	印度	195	3.5%	27.7%
	世界	5994	100.0%	17.4%		世界	5539	100.0%	15.0%

数据来源：WTO《国际贸易统计年鉴》。

2. 服务贸易长期保持贸易顺差，但弥补货物贸易逆差的能力逐渐减弱

长期以来，美国货物贸易表现为逆差，服务贸易表现为顺差，服务贸易顺差对填补货物贸易产生的巨额逆差发挥了重要作用。然而近年来，美国服务贸易顺差规模有所缩小，2012年—2022年，美国服务贸易顺差呈"倒U"形走势，从2013年的2536.78亿美元减少到2022年的2457.1亿美元；其对货物贸易逆差的抵消作用也不断减弱，从2013年的36.2%降低到2022年20.6%（见表7-3）。

表7-3　2013年—2022年美国货物、服务进出口平衡表　（单位：十亿美元）

年份	出　口			进　口			进出口差额			抵消率[1]
	总出口	货物	服务	总进口	货物	服务	总差额	货物	服务	
2013	2313.1	1593.7	719.4	2760.0	2294.2	465.7	−446.9	−700.5	253.7	36.2%
2014	2392.6	1635.6	757.1	2876.6	2385.5	491.1	−484.0	−749.9	266.0	35.5%
2015	2280.8	1511.4	769.4	2771.6	2273.2	498.3	−490.8	−761.9	271.1	35.6%
2016	2240.8	1457.4	783.4	2720.3	2207.2	513.1	−479.5	−749.8	270.3	36.1%
2017	2394.5	1557.0	837.5	2904.8	2356.3	548.5	−510.3	−799.3	289.0	36.2%
2018	2542.5	1676.9	865.5	3121.1	2555.7	565.5	−578.6	−878.7	300.2	34.2%
2019	2546.3	1655.1	891.2	3106.0	2512.4	593.6	−559.6	−857.3	297.6	34.7%
2020	2158.7	1432.2	726.4	2812.6	2346.1	466.5	−654.0	−913.9	259.9	28.4%
2021	2556.6	1761.4	795.3	3401.7	2851.7	550.0	−845.0	−1090.3	245.2	22.5%
2022	3011.9	2085.8	926.0	3957.2	3276.9	680.3	−945.3	−1191.0	245.7	20.6%

数据来源：美国经济分析局（U.S.BEA）。

① 抵消率是指服务贸易（或货物贸易）顺差抵消货物贸易（或服务贸易）逆差的比例。

3. 服务贸易结构合理

美国服务贸易的部门结构合理，众多服务贸易行业均居于世界领先地位；出口优势集中在资本、技术密集型和高附加值的服务业部门中。2021年，新兴服务贸易部门在服务业出口总额中所占比重高达78.38%；新兴服务贸易中，金融、特许权使用费和许可费等知识密集型部门所占比重较大。表7-4为2021年美国各服务贸易部门的进出口额及其在服务贸易进出口总额中的比重。

表7-4　2021年美国各服务贸易部门的进出口额及其在服务贸易进出口总额中的比重

服务贸易部门	出　口		进　口	
	出口额（亿美元）	份　额	进口额（亿美元）	份　额
服务贸易总计	7952.73	100.00%	5500.25	100.00%
政府服务贸易	233.94	2.94%	251.47	4.57%
商业服务贸易	7718.79	97.06%	5248.78	95.43%
与货物相关的贸易	125.26	1.58%	79.82	1.45%

（续）

服务贸易部门	出　口		进　口	
	出口额（亿美元）	份　额	进口额（亿美元）	份　额
运输	657.77	8.27%	1052.55	19.14%
旅游	702.14	8.83%	568.51	10.34%
其他商业服务贸易	6233.62	78.38%	3547.90	64.50%
通信、计算机和信息服务	597.97	7.52%	431.42	7.84%
建筑	31.29	0.39%	14.95	0.27%
保险	227.41	2.86%	593.77	10.80%
金融	1717.40	21.60%	495.29	9.00%
特许权使用费和许可费	1246.13	15.67%	433.42	7.88%
个人、文化和娱乐服务	239.15	3.01%	283.04	5.15%
其他商用服务	2174.26	27.34%	1296.01	23.56%

数据来源：WTO 国际贸易统计数据库。

4. 服务贸易方向以发达国家为重点

美国服务出口的主要对象是爱尔兰、英国和加拿大，其中，爱尔兰是美国服务出口的最大目标市场。2022 年，爱尔兰进口美国服务项目占全美服务出口总额的 9.0%。同时，爱尔兰也是美国服务进口的前十大市场之一。英国和加拿大是美国服务出口的第二和第三市场，分别占 8.7% 和 7.5%。加拿大与美国位置毗邻、交通方便、生活方式相似，因而是美国服务输出的主要接受国，这在运输业和旅游业表现得尤为明显。美国主要服务出口对象还包括其他多个欧洲国家，如瑞士、德国、荷兰，分别占美国服务出口总额的 5.7%、4.3%、3.0%。

近年来，美国日益重视亚洲的服务市场。2022 年，中国成为美国服务出口的第五大市场，美国对中国出口总额为 421.67 亿美元，占全美服务出口总额的 4.6%。从表 7-5 可以看出，爱尔兰、英国、加拿大、瑞士、中国、德国、日本、墨西哥等国家既是 2022 年美国服务出口的 10 大目标国家，也是同年美国服务进口的 10 大来源国家，由此足以看出美国在服务贸易领域与这些国家有着紧密联系。

表 7-5　2022 年美国服务进出口 10 大目标和来源对象

出口目标国家			进口来源国家		
国　家	出口额（亿美元）	比　例	国　家	进口额（亿美元）	比　例
爱尔兰	831.41	9.0%	英国	708.01	10.4%
英国	808.56	8.7%	德国	420.42	6.2%
加拿大	694.83	7.5%	加拿大	405.69	6.0%
瑞士	524.43	5.7%	日本	385.03	5.7%
中国	421.67	4.6%	墨西哥	373.35	5.5%

（续）

出口目标国家			进口来源国家		
国　　家	出口额（亿美元）	比　　例	国　　家	进口额（亿美元）	比　　例
德国	399.76	4.3%	印度	328.62	4.8%
日本	384.62	4.2%	瑞士	318.42	4.7%
墨西哥	378.29	4.1%	中国	264.26	3.9%
新加坡	344.88	3.7%	法国	258.47	3.8%
荷兰	277.19	3.0%	爱尔兰	219.66	3.2%
合计	5065.64	54.7%	合计	3681.93	54.1%

数据来源：美国经济分析局（U. S. BEA）。

（三）美国服务贸易政策分析

美国服务贸易迅速发展并长期以来保持比较优势，除了其经济社会基础、产业基础扎实，特别是服务产业迅速发展等因素外，与美国政府对服务贸易的重视和支持是分不开的，美国政府采取了一系列政策措施来支持服务贸易的发展。

1. 制定"服务先行"的出口促进战略

美国对服务贸易出口的重视由来已久，是最早认识到促进服务贸易出口的重要性并付诸实施的国家。1974 年，美国国会通过《1974 年贸易法》，该法案的"301 条款"首次提出了国际贸易既包括货物贸易也包括服务贸易，并率先使用了"世界服务贸易"的说法。1993 年，美国贸易促进协调委员会公布了第一个《国家出口战略》报告，从此除个别年份外，美国政府每年都要向国会递交一份《国家出口战略》报告。根据报告中的"商业优先次序"等原则，从一开始，"服务先行策略"就成为《国家出口战略》的重要内容。

2. 保持重点服务出口产业竞争优势

经过 20 多年的发展，特别是自实施"国家出口战略"和"服务先行策略"以来，美国服务贸易出口的产业发展重点越发清晰。目前，90%左右的出口集中在旅游、运输、商务与专业技术服务、特许权使用和许可、金融、客运、教育、影视、保险和电信这 10 大服务上。美国政府十分重视国内服务产业的发展，完善了相关的法律体系，适度放松反垄断限制；提高了重点服务出口行业的综合竞争优势，重点发展资本密集型和技术密集型服务贸易；依据不同行业特点采取了不同的市场战略。

3. 加强统计、分析与研究

基于美国服务贸易的快速发展，20 世纪 80 年代以后，美国开始重视服务贸易统计，1985 年美国国会通过《国际投资和服务贸易调查法》，这成为一个重要的标志。多年来，美国政府统计机关不断改进服务贸易统计工作，已经建立了目前世界上对服务贸易统计最科学、最完整和最具有借鉴价值的统计体系与统计方法。基于此形成的基本统计数据和分析报告，不仅对政策制定、多边谈判具有重要意义，更重要的是对服务业企业开展市场调查和做出出口经营决策有很大帮助。

4. 构建高度发达的出口促进体系

20 世纪 80 年代后期，美国就开始着手构建出口促进体系。30 多年来，美国已经建立起一整套从政策制定、政策执行、政策评估到具体促进服务的高度发达的出口促进体系。该体系既有跨联邦的广义政府机构的横向体系，又有从联邦到州、到地方乃至国外的纵向体系，并形成了纵横交错的综合协调与服务机制。

5. 提供高效务实的出口促进服务

在建立起一个高度发达的出口促进体系的基础上，美国为广大中小企业提供了多种多样的、全面的、高效的、务实的促进服务。这些服务主要包括一般性信息与咨询服务、国外市场调查与个性化咨询服务、出口融资与保险服务、国外商务对接服务、展览会议等营销推广服务、通过促进海外投资促进服务出口，以及法律服务与知识产权保护服务。

6. 对重大服务出口项目实施重点支持

在一些与服务贸易相关的重大出口项目中，为了帮助美国企业赢得更多商机，政府提供了一套强有力的促进措施。这些措施包括建立"大项目出口对策支持"网络中心，通过该中心收集并向企业提供有关外国政府重大工程、重大基础设施建设和重大采购项目的信息与政策建议，统一协调进出口银行、贸易发展署等部门与开拓海外市场出口融资相关的机构，协调其他政府机构，应用各种资源对目标项目提供支持；向重大海外项目提供"一揽子"融资竞争方案；全力争取"跨国开发银行"项目；主攻环保与能源技术服务项目。

7. 加强国际贸易谈判与经济外交

通过对外谈判，要求他国开放服务贸易市场，运用双边协议或者使用"301 条款"等手段鼓励或压制对方，为美国服务产品打开国外市场提供便利。同时，近年来美国推行"美国优先"的贸易发展战略，多次和不同贸易对象国发生争端，通过综合实力的优势迫使其他国家同美国签订更有利于美国的贸易协议。

8. 大力推进数字贸易发展

过去 30 年，美国一直引领全球的数字贸易发展和数字贸易政策的制定。从 1998 年到 2019 年，美国发布了 13 份有关数字经济的主要报告，探讨了数字经济与数字贸易的发展前沿问题，特别是美国国际贸易委员会对数字贸易的概念界定成为数字贸易研究领域的主要理论；从 2003 年美国—新加坡 FTA 中出现第一个具有法律约束的电子商务专章，到 2019 年美国与日本签订独立的数字贸易协议，美国大力推广"美式模板"，影响了全球数字贸易的规则。

二、欧盟的服务贸易 ○

（一）欧盟服务贸易发展概况

欧盟不仅是全球最大的商品贸易集团，还是全球最大的服务贸易集团。服务业是欧盟最重要的经济部门，2022 年欧盟服务业的产值约占其 GDP 总量的 72.4%。

以发达的服务业为基础，欧盟成为世界上最主要的服务贸易进出口地区，是世界第一大服务贸易出口区域，同时也是第一大服务贸易进口区域。2021 年，欧盟服务出口额高达 23886 亿美元，占世界服务出口总额的 39.3%；同年，服务进口额为 21461 亿美元，约占世界服务进口总额的 38.2%。2010 年—2021 年间，欧盟一直保持服务贸易顺差，且顺差整体呈扩大趋势。2010 年—2021 年欧盟服务贸易进出口情况见表 7-6、表 7-7。

○ 英国于 2020 年 1 月 31 日正式脱离欧盟，故本部分数据统计均不含英国。

表 7-6　2010 年—2021 年欧盟服务贸易出口情况

年　份	2010	2011	2012	2013	2014	2015	2016	2017	2018	2019	2020	2021
出口额（百亿美元）	145.8	164.7	162.7	175.7	190.8	176.1	181.6	202.0	227.0	233.3	201.3	238.9
占世界份额	36.6%	36.8%	35.3%	35.9%	36.3%	35.1%	35.7%	36.5%	37.2%	37.1%	38.9%	39.3%

数据来源：WTO 国际贸易统计数据库。

表 7-7　2010 年—2021 年欧盟服务贸易进口情况

年　份	2010	2011	2012	2013	2014	2015	2016	2017	2018	2019	2020	2021
进口额（百亿美元）	132.6	146.6	144.6	156.2	170.9	163.5	168.5	184.9	205.2	221.0	191.9	214.6
占世界份额	34.2%	33.8%	32.3%	33.0%	33.2%	33.4%	34.2%	34.6%	35.3%	36.6%	39.1%	38.2%

数据来源：WTO 国际贸易统计数据库。

（二）欧盟服务贸易发展特点

1. 服务贸易进出口居于世界前列

2021 年，欧盟 27 国的服务出口额高达 23886 亿美元，占世界服务出口总额的 39.3%；同年，服务进口额为 21461 亿美元，约占世界服务进口总额的 38.2%；实现贸易顺差大约 2424 亿美元。

2. 新兴服务贸易比重较大

欧盟服务贸易主要包括运输，旅游，通信、计算机和信息服务，建筑，保险，金融，特许权使用费和许可费，以及个人、文化和娱乐服务等产业。从表 7-8 可以看出，2012 年—2021 年，新兴服务出口在欧盟服务总出口中一直占有较大比重，大约为 50%~70%。在新兴服务贸易中，资本和技术密集型产业，如金融，通信、计算机和信息服务以及其他商用服务优势明显，这三个产业占新兴服务出口的 79%~82%，约占所有服务出口总额的 50%。

表 7-8　2012 年—2021 年欧盟各服务贸易部门的出口额　（单位：十亿美元）

服务贸易部门	年　份									
	2012	2013	2014	2015	2016	2017	2018	2019	2020	2021
政府服务贸易	17.6	17.3	15.9	14.7	14.7	15.0	17.0	16.7	16.5	18.1
商业服务贸易	1609.5	1739.8	1891.6	1746.0	1801.1	2005.2	2253.4	2316.7	1996.9	2370.5
与货物相关的贸易	70.8	72.2	79.1	75.8	79.6	91.9	106.5	107.0	99.1	110.0
运输	345.1	360.9	374.4	331.4	325.1	365.9	411.5	414.2	355.6	468.7
旅游	347.0	374.3	387.7	343.5	354.7	393.4	429.1	424.9	182.5	230.7
其他商业服务贸易	846.7	932.4	1050.5	995.2	1041.8	1153.9	1306.4	1370.6	1359.8	1561.1
建筑	23.8	24.9	30.2	28.0	28.7	32.9	34.0	31.3	25.3	26.2
保险	41.4	44.0	42.9	38.9	44.4	43.2	47.7	50.2	51.6	57.6
金融	134.4	149.0	158.8	148.4	148.0	161.1	169.7	173.4	184.1	216.0

（续）

服务贸易部门	年　份									
	2012	2013	2014	2015	2016	2017	2018	2019	2020	2021
特许权使用费和许可费	67.0	73.2	111.9	109.4	125.2	138.9	161.5	171.3	144.0	163.3
通信、计算机和信息服务	196.0	218.1	227.1	224.3	223.4	252.2	305.8	337.0	366.3	445.8
其他商用服务	362.5	400.2	456.8	421.7	449.4	495.0	547.5	565.1	544.9	599.4
个人、文化和娱乐服务	19.4	20.6	19.9	20.5	21.2	26.0	30.8	32.2	31.8	36.4

数据来源：WTO 国际贸易统计数据库。

3. 美国、英国、瑞士、中国、日本和新加坡为欧盟前六大服务贸易伙伴

2020 年，欧盟与美国、英国、瑞士、中国、日本和新加坡的服务进出口总额分别为 5054 亿美元、3927 亿美元、1849 亿美元、888 亿美元、574 亿美元和 460 亿美元，合计占欧盟服务进出口总额的 32.7%。

欧盟服务贸易的前六大出口市场依次为英国、美国、瑞士、中国、日本和新加坡。2020 年，欧盟对上述市场的服务出口额分别为 2091 亿美元、2075 亿美元、1194 亿美元、535 亿美元、315 亿美元和 246 亿美元，合计占欧盟服务出口总额的 32.3%。欧盟服务贸易的前六大进口市场依次为美国、英国、瑞士、中国、日本和新加坡，2020 年，欧盟自上述市场进口的服务分别为 2979 亿美元、1837 亿美元、655 亿美元、353 亿美元、328 亿美元和 145 亿美元，合计占欧盟服务进口总额的 33.1%。

4. 德国、爱尔兰和法国是欧盟服务贸易的主要成员国

2021 年欧盟服务贸易的主要成员国见表 7-9。2021 年，德国为欧盟成员国中最大的服务出口国，服务出口额为 3713 亿美元，约占欧盟服务出口总额的 17.5%；其次是爱尔兰和法国，服务出口额分别为 3373 亿美元和 3023 亿美元，分别占欧盟服务出口总额的 15.9% 和 14.2%。德国为欧盟成员国中最大的服务进口国，服务进口额为 3793 亿美元，占欧盟服务进口总额的比重接近 17.8%；其次是爱尔兰和法国，服务进口额分别为 3414 亿美元和 2582 亿美元，分别占欧盟服务进口总额的 16.0% 和 12.1%。

表 7-9　2021 年欧盟服务贸易的主要成员国

欧盟 10 大服务出口成员国				欧盟 10 大服务进口成员国				
国家	出口额（亿美元）	占欧盟服务出口比重	占世界服务出口比重	增长率	国家	进口额（亿美元）	占欧盟服务进口比重	占世界服务进口比重	增长率
德国	3713	17.5%	6.7%	21.7%	德国	3793	17.8%	6.8%	22.6%
爱尔兰	3373	15.9%	6.1%	21.2%	爱尔兰	3414	16.0%	6.2%	-2.3%
法国	3023	14.2%	5.5%	19.0%	法国	2582	12.1%	4.7%	9.6%
荷兰	2452	11.5%	4.4%	10.3%	荷兰	2365	11.1%	4.3%	11.1%

（续）

欧盟10大服务出口成员国				欧盟10大服务进口成员国			
国家	出口额（亿美元）	占欧盟服务出口比重	占世界服务出口比重	增长率	国家	进口额（亿美元）	占欧盟服务进口比重	占世界服务进口比重	增长率
卢森堡	1392	6.5%	2.5%	15.2%	比利时	1344	6.3%	2.4%	12.6%
比利时	1342	6.3%	2.4%	12.8%	意大利	1120	5.3%	2.0%	21.1%
西班牙	1185	5.6%	2.1%	31.9%	卢森堡	1104	5.2%	2.0%	14.7%
意大利	1005	4.7%	1.8%	18.5%	丹麦	816	3.8%	1.5%	13.6%
丹麦	930	4.4%	1.7%	22.6%	瑞典	797	3.7%	1.4%	16.5%
波兰	806	3.8%	1.5%	21.9%	西班牙	726	3.4%	1.3%	19.8%
合计	19220	90.3%	34.7%		合计	18061	84.9%	32.6%	

数据来源：WTO 国际贸易统计数据库。

（三）欧盟服务贸易政策分析

欧盟服务贸易涉及欧盟内的服务贸易和欧盟外的服务贸易，相应地，欧盟的服务贸易政策分为两个部分：一是区域内部各成员国之间的政策；二是区域内各成员国与区域外国家之间的政策。由于欧盟成员国之间的服务贸易多于其与欧盟外国家的服务贸易，欧盟致力于内部服务贸易的自由化和统一化。经过几十年的努力，欧盟成员国之间基本上实现了服务贸易自由化。同时，为了确保在国际服务贸易中的地位，获得更多的经济利益，欧盟积极推行全球服务贸易自由化，与其他世界贸易组织成员一起，就环境、服务、建筑、分销、金融及运输等服务领域的市场开放和合作开展积极探讨。在"多哈回合"服务贸易谈判问题上，欧盟的态度远比美国积极。欧盟主张加快服务贸易自由化的步伐，全面探讨服务业的开放问题，贸易环境和社会政策必须服务于可持续发展这一主题；着手探讨一些议题，如政府采购、紧急保障等方面的规定。由于欧盟各成员国的经济发展不同步，各国对其他国家的服务贸易政策也不统一。欧盟的服务政策是大体统一又各有差别的，但总体趋势是向欧盟内部的经济自由化和一体化方向迈进的。

近年来，欧盟也十分注重数字经济对贸易的促进作用，为全面提升在数字经济领域的竞争力，欧盟公布了一系列数字化转型战略规划，如2015年欧盟委员会提出的"单一数字市场战略"，2016年欧盟正式推出的"欧洲工业数字化战略"等，通过发展数字经济，促进传统贸易及服务贸易的发展。

三、日本的服务贸易

（一）日本服务贸易发展概况

尽管与日本的商品贸易在国际贸易中的地位相比，日本的服务贸易相对落后，一直处于逆差状态，但是总的来说，日本的服务业仍然具有很强的竞争力。2021年，日本商业服务贸易出口额为1640亿美元，占世界商业服务贸易总值的2.7%，居第十位；2021年，日本商业服务贸易进口额为2050亿美元，占世界商业服务贸易总值的3.7%，居第九位。因为日本的服务贸易具有较大发展潜力，日本积极推行服务贸易自由化政策，也是少数几个在

"乌拉圭回合"中承诺在 100 多个服务贸易领域放松限制的成员方之一。同时为了维护本国的利益，日本对本国的某些服务行业也严加保护，使外国服务和服务提供者在日本市场只能起补充作用，而无法占据重要地位和较大市场份额。

（二）日本服务贸易发展特点

1. 服务贸易进出口总额居于世界前列，但地位呈下降趋势

日本服务贸易在世界服务贸易中居于十分重要的地位，从世界服务贸易的总体来看，日本服务贸易具有比较强的国际竞争力。WTO 报告显示，2010 年—2021 年，日本商业服务出口和商业服务进口规模始都始终居于世界前 10 名之列。然而，从服务贸易进出口额来看，无论是出口还是进口，日本商业服务贸易额在世界贸易中的比重和排名都是趋于下降的（见表 7-10 及表 7-11）。2010 年，日本商业服务贸易出口额和进口额的世界占比分别为 3.4% 和 4.3%，2021 年这一比例下降为 2.7% 和 3.7%；2010 年，日本商业服务贸易出口额和进口额的世界排名分别为第七位和第六位，2021 年其排名下降为第十位和第九位。总体来说，日本的服务贸易仍然具有较强的竞争力，但其商业服务贸易规模在世界贸易中的比重在逐渐降低，地位呈下降趋势。

表 7-10　2010 年—2021 年日本商业服务贸易出口额在世界贸易中的排名及比重

	2010	2011	2012	2013	2014	2015	2016	2017	2018	2019	2020	2021
贸易额（十亿美元）	132	138	134	133	159	158	171	182	189	205	158	164
占世界份额	3.4%	3.1%	3.0%	2.8%	3.1%	3.2%	3.4%	3.3%	3.1%	3.3%	3.1%	2.7%
增长率	11.3%	4.6%	-2.9%	-0.9%	20.1%	-0.7%	7.8%	6.7%	4.1%	8.2%	-22.9%	3.7%
世界排名	7	7	8	9	7	7	7	9	10	10	10	10

数据来源：WTO 全球贸易统计报告。

表 7-11　2010 年—2021 年日本商业服务贸易进口额在世界贸易中的排名及比重

	2010	2011	2012	2013	2014	2015	2016	2017	2018	2019	2020	2021
贸易额（十亿美元）	163	174	183	169	190	177	184	191	201	218	195	205
占世界份额	4.3%	4.1%	4.2%	3.7%	3.8%	3.7%	3.8%	3.6%	3.5%	3.7%	4.1%	3.7%
增长率	5.8%	6.7%	5.2%	-7.5%	12.7%	-7.3%	4.3%	3.7%	5.4%	8.0%	-10.3%	5.1%
世界排名	6	6	6	6	7	7	7	8	8	8	9	9

数据来源：WTO 全球贸易统计报告。

2. 服务贸易进出口呈增长趋势

日本的服务贸易总体呈增长趋势，2010 年—2013 年这四年间，日本服务出口及进口的增长速度较为缓慢，出口的年均增长率为 0.1%，进口的年均增长率为 1.2%；2014 年以后，日本服务贸易增长速度加快，2014 年—2019 年，其服务出口和进口的年均增长率分别为 5.2% 和 2.7%。2020 年以后，受新冠疫情冲击，日本服务出口大幅下跌，至 2021 年开始逐渐回升，如图 7-1 所示。

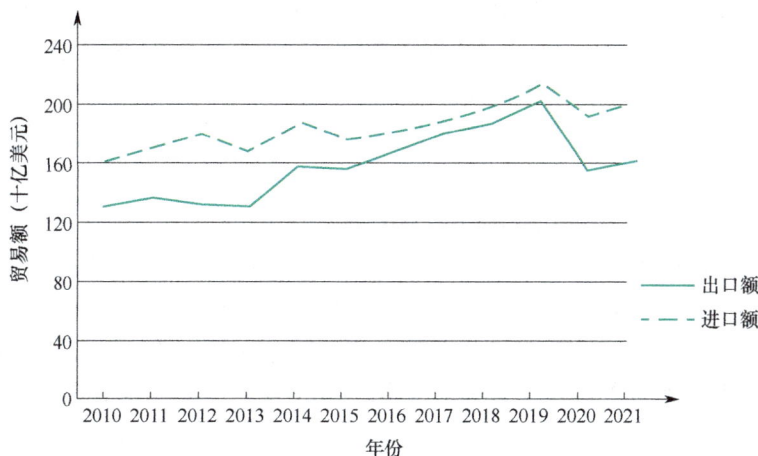

图 7-1　2010 年—2021 年日本服务进出口情况

数据来源：WTO 国际贸易统计数据库。

3. 服务贸易长期处于逆差状态，且逆差总体呈下降趋势

长期以来，日本一直是服务净进口国，总体来看，近年来其服务逆差呈"U"形趋势，见表 7-12。2010 年，日本服务贸易的逆差为 310.9 亿美元，2017 年该数值下降为近年来最低值 89.9 亿美元，2021 年服务贸易逆差又上升到 412.1 亿美元。

表 7-12　2010 年—2021 年日本服务贸易逆差　　（单位：亿美元）

年份	2010	2011	2012	2013	2014	2015	2016	2017	2018	2019	2020	2021
逆差	310.9	359.4	489.9	363.9	311.3	183.3	134.9	89.9	119.7	125.6	371.1	412.1

数据来源：WTO 国际贸易统计数据库。

4. 新兴商业服务行业的服务贸易进出口比重逐渐上升

（1）运输为日本传统且重要的服务贸易进出口部门，但近年来，日本运输服务进出口总体呈下降态势。2010 年—2021 年，日本运输服务出口年均增长率为-4.6%，2010 年日本运输服务出口额为 422.34 亿美元，占当年服务出口贸易总额的 31.4%，2021 年日本运输服务出口额为 252.47 亿美元，占当年服务出口贸易总额 15.0%；2010 年—2021 年，日本运输服务进口年均增长率为-3.2%，2010 年日本运输服务进口额为 464.47 亿美元，占当年服务进口贸易总额的 28.2%，2021 年日本运输服务进口额为 324.24 亿美元，占当年服务进口贸易总额 15.6%。

（2）其他商业服务贸易快速发展。其他商业服务是日本服务贸易第一大进出口部门，2010 年该部门的出口额和进口额在日本服务贸易出口总额和进口总额中分别占有 56.4% 和 48.6% 的份额。近年来，日本的其他商业服务进出口增长较快，已扭转 20 世纪 90 年代末下滑的局面，且出口和进口保持平衡发展。2021 年，其他商业服务的出口额和进口额分别为 1311.84 亿美元和 1588.59 亿美元，分别比上年增长 5.8% 和 6.2%，逆差 276.75 亿美元。

（3）特许权使用费和许可费进出口呈上升趋势。2010 年以来，特许权使用费和许可费出口在起伏中呈上升趋势，特别是 2016 年—2019 年，该部门出口额始终呈增长态势，在服务贸易出口总额中的占比也呈上升趋势。2021 年，日本特许权使用费和许可费出口 478.60 亿美元，为 2010 年的 1.79 倍，占比也从 2010 年的 19.9%提升为 28.5%。2010 年以来，日本的特许权使用费和许可费进口总体也在波动中呈增长态势，特别是 2016 年—2021 年，进口额始终呈增长态势。2021 年，日本特许权使用费和许可费进口 292.22 亿美元，为 2010 年的 1.56 倍，所占比重也从 2010 年的 11.4%升为 14.1%。同时特许权使用费和许可费也是日本服务贸易中顺差最大的部门，2021 年顺差 186.38 亿美元。

（4）其他商用服务贸易为日本服务贸易的主要逆差来源。其他商用服务包括研发服务、管理咨询服务以及技术、贸易相关和其他服务。2010 年，旅游为日本服务贸易第一大逆差部门，常年呈现逆差，但其逆差规模呈下降之势，整体规模占比也逐年下降；2012 年，其他商用服务成为日本服务贸易逆差最大的行业。2021 年，日本其他商用服务贸易出口额为 469.36 亿美元，占日本服务出口总额的 28.0%；该部门进口额为 749.62 亿美元，占日本服务进口总额的 36.2%，逆差 280.26 亿美元。2010 年—2021 年日本各服务贸易部门进出口额占日本服务进出口总额比重见表 7-13 和表 7-14。

表 7-13　2010 年—2021 年日本各服务贸易部门出口额占日本服务贸易出口总额比重

服务贸易部门	年　份											
	2010	2011	2012	2013	2014	2015	2016	2017	2018	2019	2020	2021
政府服务贸易	1.9%	2.1%	2.3%	1.9%	2.7%	2.7%	2.9%	2.6%	2.4%	2.2%	2.4%	2.3%
商业服务贸易	98.1%	97.9%	97.7%	98.1%	97.3%	97.3%	97.1%	97.4%	97.6%	97.8%	97.6%	97.7%
与货物相关的贸易	0.4%	0.4%	0.5%	0.6%	1.4%	0.6%	1.0%	0.9%	0.9%	1.0%	1.6%	1.7%
运输	31.4%	29.6%	31.4%	29.3%	24.2%	21.8%	18.0%	18.3%	14.9%	12.5%	12.9%	15.0%
旅游	9.8%	7.8%	10.6%	11.2%	11.5%	15.4%	17.5%	18.2%	21.7%	22.0%	6.6%	2.9%
其他商业服务贸易	56.4%	60.1%	55.3%	57.0%	60.2%	59.7%	60.6%	60.0%	60.1%	62.4%	76.5%	78.2%
建筑	7.9%	7.8%	8.5%	7.1%	6.9%	6.6%	5.3%	5.6%	4.7%	5.1%	4.6%	4.9%
保险	0.9%	1.2%	-0.3%	0.1%	1.0%	1.0%	1.2%	1.2%	1.2%	1.1%	1.3%	1.3%
金融	2.7%	2.9%	3.4%	3.4%	4.5%	6.3%	6.7%	5.6%	5.8%	6.8%	9.7%	8.1%
特许权使用费和许可费	19.9%	20.6%	23.3%	23.3%	22.8%	22.4%	22.3%	22.3%	23.5%	22.5%	26.6%	28.5%
通信、计算机和信息服务	1.3%	1.4%	1.7%	2.0%	1.9%	2.0%	2.2%	2.7%	2.5%	3.6%	6.4%	6.3%
其他商用服务	23.6%	26.1%	18.6%	20.9%	22.8%	21.0%	22.4%	22.1%	21.9%	22.3%	27.1%	28.0%
个人、文化和娱乐服务	0.1%	0.1%	0.1%	0.1%	0.3%	0.4%	0.5%	0.6%	0.3%	1.0%	0.9%	1.1%

数据来源：联合国贸易和发展会议。

表 7-14　2010 年—2021 年日本各服务贸易部门进口额占日本服务贸易进口总额比重

服务贸易部门	年 份											
	2010	2011	2012	2013	2014	2015	2016	2017	2018	2019	2020	2021
政府服务贸易	1.1%	1.1%	1.0%	1.1%	1.0%	1.1%	1.1%	1.0%	1.0%	0.9%	0.9%	1.0%
商业服务贸易	98.9%	98.9%	99.0%	98.9%	99.0%	98.9%	98.9%	99.0%	99.0%	99.1%	99.1%	99.0%
与货物相关的贸易	5.2%	5.4%	5.1%	5.0%	6.3%	4.4%	5.2%	5.4%	5.2%	5.7%	6.1%	5.3%
运输	28.2%	28.1%	30.0%	27.5%	23.8%	23.0%	20.5%	20.8%	19.0%	15.6%	14.2%	15.6%
旅游	16.9%	15.5%	15.1%	12.7%	10.0%	9.9%	9.9%	9.4%	9.9%	9.7%	2.8%	1.4%
其他商业服务贸易	48.6%	49.9%	48.8%	53.7%	58.8%	62.5%	63.4%	63.4%	64.8%	68.1%	76.0%	76.6%
建筑	4.8%	4.4%	4.2%	4.4%	5.4%	4.6%	4.0%	4.3%	4.1%	3.4%	2.8%	2.6%
保险	4.1%	3.9%	4.0%	4.0%	2.7%	2.7%	3.1%	3.3%	3.4%	3.7%	5.3%	5.6%
金融	1.9%	1.9%	1.7%	2.1%	2.7%	3.4%	3.3%	4.0%	4.0%	3.9%	5.4%	4.8%
特许权使用费和许可费	11.4%	10.9%	10.8%	10.4%	10.8%	9.5%	10.9%	11.1%	10.8%	12.2%	14.3%	14.1%
通信、计算机和信息服务	2.8%	3.0%	3.1%	3.7%	6.0%	7.5%	7.7%	7.4%	8.5%	10.1%	11.3%	12.3%
其他商用服务	23.0%	25.4%	24.4%	28.4%	30.7%	34.2%	33.6%	32.7%	33.7%	34.0%	36.3%	36.2%
个人、文化和娱乐服务	0.6%	0.6%	0.6%	0.7%	0.4%	0.7%	0.7%	0.6%	0.3%	0.8%	0.5%	1.0%

数据来源：联合国贸易和发展会议。

（三）日本服务贸易政策分析

在服务市场开放的过程中，日本政府一方面承诺开放市场，另一方面坚持逐步开放的原则。这是由日本的服务贸易长期处于逆差地位所决定的。日本的服务贸易，特别是金融服务贸易长期接受政府保护，缺乏国际竞争力。20 世纪 80 年代以前，日本对银行业的业务范围、利率、外汇经营等都有限制；20 世纪 80 年代以后，随着日本海外投资的急剧增加和金融自由化的兴起，日本对银行业的限制逐步放宽。日本以振兴服务业为目标，对传统的服务贸易政策进行了重大变革，积极探索双边贸易的可能性，以便在新的国际贸易格局中维护日本的利益，占据一定的份额。为此，日本采取了一系列政策，支持其服务业发展。

1. 制定重点领域发展战略，发挥由点及面的辐射和渗透作用

近年来，日本服务业保持稳定增长态势，在 GDP 中长期保持较高比重，成为日本国民经济的重要产业。在日本的服务业中，信息服务业、现代物流业的发展尤为显著。自 2001 年年初开始，日本积极实施了"电子日本"（e-Japan）战略，极大地推进了信息服务业的发展；日本现代物流业的发展也日趋完善，能为企业提供完整的物流系统服务。信息服务业、现代物流业等行业的发展促进了通信服务、金融服务、计算机和信息服务以及其他商业

服务等领域服务贸易的增长。

2. 开放的政策增强了国际竞争力

日本对服务业采取渐进式的开放方式，逐步开放金融和保险等领域。在引进欧美发达国家同行先进的管理经验和技术的同时，加强了日本金融、保险业的竞争，提升了金融、保险业的国际竞争力。同时，为防止金融、保险市场开放引起国外投资者的大量涌入，冲击本国产业发展，日本增加了海外投资者在东京金融市场的金融交易手续费，由此增加了金融服务的出口额，扩大了金融、保险等行业服务的出口。

3. 加大基础投入，促进产业的高附加值化

日本的服务贸易之所以能够在困境中逐步回升，与日本坚实的科学技术研发基础密不可分。日本的科学技术研发条件一直位居世界前列，并且日本始终致力于科学技术研发工作，改进科研开发机制，借助私人企业的资金及技术实力，建立科研开发委托制；扩大国际研究交换的深度和广度，公开征集基础研究开发课题，建立基础学科基金。这是提高产业竞争力，促进服务产业高附加值化，保持服务贸易持续、稳定增长的重要途径。

4. 构建吸引和培养优秀人才的机制

众多国家或地区的经验表明，优秀人才是发展服务贸易的关键所在。日本在发展服务业以及服务贸易方面十分重视人才素质的培养，包括采取诸多鼓励措施，如实行高工资及组织培训、派员出国交流等。这些举措的确对吸引和培养优秀人才投身于服务贸易领域发挥了积极作用。

5. 政策上大力扶持高附加值的新兴服务领域

日本采用制定有利于高科技发展的种种优惠和扶持政策，选择目前具有比较优势的产业进行大力发展，从而让其产业联动效应。日本金融业就是在政府的大力支持下发展起来的，日本政府通过向国外金融机构开放市场，允许它们在日本经营，从而促进日本并不发达的金融机构进行结构性调整，在推进金融自由化的同时，政府有的放矢地解决一些问题，从根本上提升了日本金融业的国际竞争力。

6. 加强国际合作，促进服务出口

日本主要通过七国集团，利用欧美技术进行项目开发。通过亚太经合组织，利用通信卫星和互联网络，推动亚太地区通用网络技术的开发、技术转让和合作，以此来扩大日本的服务贸易出口，扭转日本服务业长期逆差的局面。

7. 着力推动数字贸易发展

为更好应对新冠疫情影响，2020 年，日本加快了数字社会构建步伐，开始谋划新的数字化发展战略，推出了一系列重要举措，力争实现数字强韧化社会。日本构建数字社会主要基于十大目标，实施的改革政策包括推进数字政府建设、促进私人部门数字化转型、设立数字厅，以及建设和修订相关法律法规等几个方面。在立法方面，日本通过不断修订及完善多部已有法律，对日本电子商务及数字贸易发展起到了相当大的保障和支撑作用。

第二节　新兴工业化经济体的服务贸易

经济的发展必然带动服务业的发展，服务业的发展是服务贸易发展的基础。新兴工业化经济体在经济发展的同时，其服务贸易也得到了一定的发展。

一、韩国的服务贸易

(一) 韩国服务贸易发展概况

20世纪80年代以前，韩国把经济发展的重点放在制造业上，并把货物贸易作为带动国内经济发展的重要支柱，对服务贸易并不重视。随着经济的快速发展和出口贸易的迅速增长，韩国积极展开对外贸易、国际经济技术合作、海外投资等经营活动，极大地促进了韩国服务贸易的发展。"乌拉圭回合"关于服务贸易的谈判结束后，国际服务贸易自由化不断加强，同时出于加入经合组织的需要，韩国开始把服务业市场开放和服务贸易发展问题提到日程上。

近年来，韩国的服务贸易已有很大发展，其优势主要集中在交通运输、旅游等个别行业，但其服务贸易出口竞争力较差，与发达国家相比还有很大差距，服务贸易一直处于逆差状态。为了改变这种状况，韩国政府开始改变观念，积极推动服务业发展，其中增长较快的部门主要是金融业和电信业等。在某些服务部门中，韩国政府的参与比例很高，而一些较敏感的服务部门如铁路和邮政等则由政府经营。

2021年，韩国商业服务贸易出口额为1219.73亿美元，在世界服务贸易出口中居第14位；同年，其商业服务贸易进口额为1256.49亿美元，在世界服务贸易进口中居第13位。2005年—2021年韩国的商业服务贸易发展情况如图7-2所示。

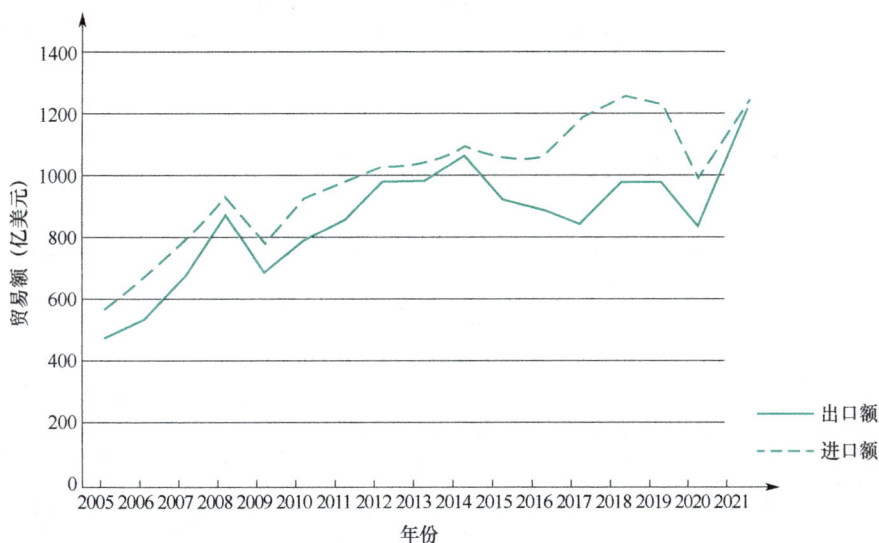

图 7-2　2005年—2021年韩国商业服务贸易发展情况

数据来源：WTO国际贸易统计数据库。

1. 韩国服务贸易发展迅速，重要地位日益凸显

（1）服务贸易额多年保持两位数增长。2005年，韩国商业服务出口额为493.12亿美元，2021年其商业服务出口额为1219.73亿美元，2005年—2021年商业服务出口的年均增长率为5.8%；2005年，韩国商业服务进口额为591.28亿美元，2021年其商业服务进口额为1256.49亿美元，年均增长率为4.8%。

（2）服务贸易出口额占 GDP 比重波动上升。UNCTAD 数据显示，2005 年，韩国服务贸易出口额占其 GDP 的比重为 5.4%，2008 年该比重达到近年最高值 8.7%，2008 年—2014年韩国服务贸易出口额占 GDP 比重一直居于高位，高于 7%，之后有所回落，2017 年为5.5%，2021 年韩国服务贸易出口额占 GDP 比重为 6.8%，相较于 2005 年增长了 25.9%。

（3）服务贸易总体呈贸易逆差。2005 年—2021 年，韩国服务贸易整体呈现贸易逆差。2005 年韩国服务逆差为 91.31 亿美元；2014 年服务贸易逆差达到近年来最低值，为 32.9 亿美元；2017 年服务贸易逆差达到最高值，为 367.34 亿美元；2021 年逆差为 43.79 亿美元。

2. 运输业是韩国最大的服务贸易部门

运输业是韩国最大的服务出口部门，同时是韩国最大的服务进口部门。2010 年，韩国运输部门出口额为 240.82 亿美元，占韩国服务总出口额的 47.0%；2021 年，该部门出口额为 478.11 亿美元，占服务总出口额的比重为 39.0%。2010 年，韩国运输部门进口额为208.54 亿美元，占韩国服务总进口额的 31.3%；2021 年，该部门进口额为 303.14 亿美元，占服务总进口额的比重为 23.8%。

3. 韩国服务部门结构侧重点发生转变

2010 年，韩国前三大服务出口行业分别是运输业、建筑业、旅游业，各占韩国服务总出口的比重为 47.0%、14.4% 和 12.4%，合计 73.8%。2021 年，韩国运输业、建筑业、旅游业占韩国服务出口的比重分别为 39.0%、4.5%、8.7%，合计 52.2%，建筑业和旅游业的第二大和第三大服务出口行业的地位被其他商用服务行业及通信、计算机和信息服务行业所取代。2010 年—2021 年韩国各服务贸易部门进出口额占韩国服务进出口总额比重见表 7-15和表 7-16。

表 7-15　2010 年—2021 年韩国各服务贸易部门出口额占韩国服务出口总额比重

服务贸易部门	年　份											
	2010	2011	2012	2013	2014	2015	2016	2017	2018	2019	2020	2021
政府服务贸易	1.2%	1.3%	1.2%	1.2%	1.0%	1.1%	1.0%	1.1%	0.7%	0.8%	0.8%	0.6%
商业服务贸易	98.8%	98.7%	98.8%	98.8%	99.0%	98.9%	99.0%	98.9%	99.3%	99.2%	99.2%	99.4%
与货物相关的贸易	2.8%	2.7%	2.7%	2.8%	2.8%	3.0%	2.9%	2.9%	2.9%	2.5%	2.8%	2.8%
运输	47.0%	40.8%	40.2%	36.4%	34.1%	35.0%	28.9%	27.6%	27.0%	26.1%	27.9%	39.0%
旅游	12.4%	13.7%	12.9%	13.9%	15.6%	15.2%	17.8%	14.9%	17.9%	20.1%	11.7%	8.7%
其他商业服务贸易	36.6%	41.5%	43.1%	45.7%	46.5%	45.7%	49.4%	53.5%	51.4%	50.5%	56.8%	48.9%
建筑	14.4%	17.1%	19.1%	19.7%	17.3%	12.5%	12.4%	11.8%	13.1%	9.3%	7.6%	4.5%
保险	0.6%	0.6%	0.5%	0.6%	0.7%	0.8%	0.7%	1.2%	0.8%	0.6%	0.8%	0.7%
金融	2.0%	2.0%	1.8%	1.3%	1.3%	1.7%	1.9%	2.5%	2.8%	3.1%	4.4%	3.6%
特许权使用费和许可费	3.8%	4.9%	3.8%	4.2%	5.0%	6.7%	7.3%	8.1%	7.5%	7.5%	7.6%	6.5%

（续）

服务贸易部门	年　份											
	2010	2011	2012	2013	2014	2015	2016	2017	2018	2019	2020	2021
通信、计算机和信息服务	1.2%	1.5%	1.5%	2.1%	2.7%	3.6%	3.9%	5.1%	6.4%	7.4%	9.3%	9.5%
其他商用服务	14.0%	15.0%	15.8%	17.1%	18.7%	19.5%	21.9%	23.7%	19.9%	21.5%	25.9%	22.9%
个人、文化和娱乐服务	0.5%	0.6%	0.7%	0.7%	0.8%	0.9%	1.2%	1.0%	1.1%	1.2%	1.3%	1.2%

数据来源：联合国贸易和发展会议。

表 7-16　2010 年—2021 年韩国各服务贸易部门进口额占韩国服务进口总额比重

服务贸易部门	年　份											
	2010	2011	2012	2013	2014	2015	2016	2017	2018	2019	2020	2021
政府服务贸易	1.0%	1.1%	0.9%	1.0%	0.9%	1.2%	1.2%	1.3%	1.1%	1.4%	1.3%	1.2%
商业服务贸易	99.0%	98.9%	99.1%	99.0%	99.1%	98.8%	98.8%	98.7%	98.9%	98.6%	98.7%	98.8%
与货物相关的贸易	7.3%	9.2%	8.6%	7.9%	7.7%	8.1%	7.6%	7.6%	8.0%	8.0%	8.6%	8.0%
运输	31.3%	29.9%	28.9%	27.6%	27.7%	26.3%	25.6%	23.9%	22.9%	22.0%	21.6%	23.8%
旅游	19.4%	19.4%	19.1%	19.7%	20.1%	22.5%	24.3%	25.1%	26.4%	25.1%	15.2%	13.2%
其他商业服务贸易	41.1%	40.4%	42.5%	43.8%	43.5%	41.9%	41.2%	42.1%	41.5%	43.5%	53.3%	53.8%
建筑	2.4%	3.7%	3.1%	4.4%	3.5%	2.3%	2.0%	2.1%	2.9%	2.2%	1.9%	2.0%
保险	0.9%	0.7%	0.7%	0.8%	0.6%	0.7%	0.9%	1.0%	0.5%	0.7%	1.0%	1.0%
金融	2.0%	2.0%	2.1%	1.9%	1.5%	1.5%	1.5%	1.5%	1.5%	1.7%	2.1%	2.1%
特许权使用费和许可费	9.5%	7.2%	8.0%	9.0%	9.2%	9.0%	8.4%	7.7%	7.4%	7.6%	9.3%	8.8%
通信、计算机和信息服务	1.5%	1.5%	1.4%	1.7%	1.8%	2.5%	2.4%	2.7%	3.8%	4.0%	6.3%	7.0%
其他商用服务	24.2%	24.7%	26.5%	25.3%	26.1%	25.3%	25.4%	26.5%	24.7%	26.5%	31.8%	32.3%
个人、文化和娱乐服务	0.7%	0.6%	0.7%	0.7%	0.8%	0.6%	0.6%	0.6%	0.6%	0.6%	0.9%	0.6%

数据来源：联合国贸易和发展会议。

4. 信息服务、现代物流等行业的逐步完善引领相关领域服务业发展

在韩国服务业中，信息服务业和现代物流业发展成效尤为显著。与日本类似，韩国政府积极实施"电子韩国"（e-Korea）战略，极大地推进了信息服务业的发展。与此同时，韩国现代物流业发展日臻完善。较为完整的物流系统服务，日益高效的物流信息化建设，逐渐增强的国民物流意识与信息服务业有效结合，大举带动了金融、通信、计算机和信息服务以及其他商用服务业的发展。

（二）韩国服务贸易政策分析

韩国政府自 2001 年起，制定和完善了一些提高服务产业竞争力的相关措施及促进政策，从税收制度、金融、企业费用负担等层面入手，着力改善服务业与制造业的差别，取消对服务业发展不利的政策。2003 年韩国提出实现服务业高附加值化方针；2004 年取消了阻碍服务业市场发展的 43 项政策限制；2005 年制定了通信、广告、教育、医疗等 26 个现代服务业部门发展规划；2006 年年底发布了《加强服务业竞争力综合措施》；2008 年制定了三阶段服务贸易促进体制；2016 年韩国启动产业改革，着力培育新兴产业和服务业。这些相关措施大致可分为改善服务贸易环境、发展优势服务贸易产业和提升逆差服务行业竞争力三个方面。

1. 改善服务贸易环境

（1）缩小制造业和服务业的差别待遇。这方面的措施主要包括缩小制造业和服务业间土地保有税负担的差别、合理调整服务业的中小企业划定范围、减免有关服务产业用地的开发负担金、改革服务业适用的电费标准体制和扩大《中小企业人力资源特别法》中知识密集型服务行业的适用范围。

（2）修改相关不合理规定。这方面的措施包括完善知识密集型服务有关制度，加强物流、流通及个人服务业体系建设，完善基础设施和服务贸易统计制度，放宽外国人投资部分服务产业区域限制，以及降低最低注册资本金额限制。

（3）加大税收和金融支持。这方面的措施主要包括加大税收优惠、加强金融支持和扩大税收减免范围。延长临时投资免税制；在临时投资免税制度中扩大文化、环境及通信服务业范围；加大对入驻济州投资振兴地区服务业的税收支援；免除观光产业基金收入法人税；扩大享受税收优惠的知识基础服务业范围；减轻服务业用不动产的贸易税负担；对文化产业公司、电子广播服务、大德研究开发特区内的研究所及尖端技术企业予以税收优惠；加大对电影业的税收优惠；将体育设施建设费涵盖在学龄前儿童教育费中予以返还。

2. 发展优势服务贸易产业

拟定了 10 个优势产业，从政策资金上给予了大力扶持。这 10 个产业包括游戏业、手机服务业、流通业、贵金属和宝石业、时装产业、排水服务业、数码广播业、市场调查业、海洋休闲业及体育产业。

同时，韩国致力于推动中小企业数字化转型，其相关政策主要涉及四个方面：降低中小企业数字应用障碍、推进中小企业智能工厂建设、促进中小企业贸易数字化、强化数字治理并提升数字服务水平，通过一系列"数字新政"，培育新经济发展、构建现代化产业，进而促进服务贸易发展。

3. 提升逆差服务行业竞争力

（1）增强观光产业竞争力措施。减轻观光设施开发负担，改善观光园区设施投资规定，改善高尔夫球场设施及运营相关制度，完善观光餐饮设施建设及运营相关制度。开发具有吸引力的观光名品，提升面向外国游客的服务质量，持续扩大在中国观光市场的占有率，提高旅游相关企业的竞争力等。

（2）提升教育领域竞争力措施。普及公共教育过程中的英语教育，通过高校与企业合作办学等方式，扩招外国留学生；放宽外国教育机构设立、运营的相关限制。将外国小学、初中招收韩国学生比例由 10% 提至 30%，对满足一定条件的外国学校批准为国内法人；国民入学资格由海外居住五年放宽至三年。放宽外国人担任英语等辅导教师的资格认证。设立选拔管理制，放宽英语为母语的外国辅导教师必须持有大学本科以上的学历资格审核；E-2 签证发放对象由英语为单一官方语言国家拓宽至多种官方语言国家。

（3）完善医疗服务便利化制度。面向海外患者，法务部放宽签证制度，将此前向海外患者及随行家属发放的短期 C-3 签证（90 天）改至 G-1 签证，且允许在韩国停留直至治疗结束，申请签证的附加文件由六个缩减为三个。健全医疗法规，推行专科医院制。由国会对《医疗法全面修订案》进行大范围扩充，综合医院病床位由 100 张增至 300 张；引入专科医院制度，以确保成立专科医院和医疗条件落后地区的定点医院。允许外国的医生、牙医、药师、护士、医疗技师在外国医疗机构任职，扩大外国医疗机构内的酒店等附带设施。引进国际医疗评价认证制度。拟效仿新加坡、泰国等国家，以大型综合医院为试点，引进国际医疗机构评价委员会 JCI 的认证体系，提高海外认知度和公信力。

（4）促进服务外包发展措施。2002 年，韩国产、官、学各界共同研究制定"2010 年产业进军世界四强"的发展目标及促进战略，对造船等八个主力产业、数码电子等五个未来战略企业、商业服务等四个知识密集型服务业进行重点扶持。修改《商法》等相关法律制度，推广资本金 1000 万韩元以上、员工 50 人以上的有限责任法人，对其减免登记税和法人税；设立服务产业周，对优秀服务外包提供者颁发"服务外包奖章"；将服务外包中小企业纳入政府扶持对象范围；修订"中小企业确定标准"，由此前的"正式员工 50 人以下或年销售额 50 亿韩元以下"修改为"正式员工 100 人以下或年销售额 100 亿韩元以下"；帮助服务外包中小企业解决经营过程中的实际困难，改善相关制度，提供各种金融扶持。

二、中国香港的服务贸易

（一）中国香港服务贸易发展概况

香港自 20 世纪 80 年代后开始完成工业化后都开始步入服务型经济社会，服务业是其经济发展的基石，目前服务业占香港的本地生产总值超过 90%。香港连续多年来被评为"世界最自由的经济体"；拥有发达的基础建设和完善的法律体系。截至 2023 年 3 月，伦敦金融城最新发布的全球金融中心指数（GFCI）显示，香港在营商环境、专业人才、市场准入、基础设施和综合竞争力等五个方面仅次于纽约、伦敦和新加坡，是全球第四的国际金融中心。作为国际金融、国际贸易和国际航运中心，香港地理位置优越，基础设施完善，政府扶持力度大，使香港服务业与服务贸易竞争力较强，呈现多元化、综合化的特点。

香港服务贸易进出口发展非常迅速，2021 年，香港的服务出口及进口总额分别是 6151 亿港元及 4800 亿港元，较 2020 年的 5192 亿港元及 4263 亿港元分别上升 18.5% 及 12.6%。香港服务贸易位居世界前列，深化服务业结构调整，从传统服务业向现代服务业过渡，为香港服务贸易的发展带来新的增长点。

（二）中国香港服务贸易发展特点

1. 服务贸易进出口总量保持较大规模，增速受新冠疫情打击较大

随着香港经济的发展，香港服务贸易出口额始终保持高位，2011 年—2021 年，香港年

均服务贸易出口额达到 7565 亿港元，香港服务贸易出口额在 2011 年—2014 年、2017 年—2018 年及 2021 年均保持正增长。但在 2020 年受新冠疫情冲击较大，2020 年服务贸易出口较上一年下降了 35%。香港服务贸易进口额在 2011 年—2021 年始终保持高位，年均达到 5698 亿港元，整体呈下降趋势，2011 年香港服务贸易进口额为 5780 亿港元，2021 年进口额为 4800 亿港元，仅为 2011 年进口额的 83%。

如表 7-17 所示，虽然香港服务贸易进出口额在总量上均有不同幅度的增长，但在 2009 年经济危机后，其进出口额的增速则呈现先升后降的趋势。这主要受当前世界经济下行因素的影响，特别是中国内地经济增长逐渐趋缓，以及新冠疫情冲击的影响。

表 7-17　2011 年—2021 年香港服务贸易统计

年　份	服　务　出　口		服　务　进　口		服务贸易进出口		服务贸易进出口差额（百万港元）
	出口额（百万港元）	增长率	进口额（百万港元）	增长率	进出口总额（百万港元）	增长率	
2011	710716	13.6%	578035	5.7%	1288751	9.9%	132681
2012	764026	7.5%	594266	2.8%	1358292	5.4%	169760
2013	812640	6.4%	583216	−1.9%	1395856	2.8%	229424
2014	829085	2.0%	573522	−1.7%	1402607	0.5%	255563
2015	808948	−2.4%	574345	0.1%	1383293	−1.4%	234603
2016	764660	−5.5%	578106	0.7%	1342766	−2.9%	186554
2017	811295	6.1%	605924	4.8%	1417219	5.5%	205371
2018	886883	9.3%	639947	5.6%	1526830	7.7%	246936
2019	799121	−9.9%	634243	−0.9%	1433364	−6.1%	164878
2020	519205	−35.0%	426257	−32.8%	945462	−34.0%	92948
2021	615069	18.5%	480027	12.6%	1095096	15.8%	135042

数据来源：香港特别行政区政府统计处发布的《2023 年香港服务贸易统计》。

2. 香港服务贸易实现大量顺差并持续扩大

如表 7-17 所示，2011—2021 年香港服务贸易持续保持顺差，除受新冠疫情影响较大的 2020 年及 2021 年外，顺差规模整体呈现不断扩大趋势。2011 年香港服务贸易顺差 1327 亿港元，2018 年服务贸易顺差达 2469 亿港元，之后顺差规模有所回落。与服务贸易大幅顺差相反，香港的货物贸易长期呈现逆差，香港服务贸易顺差对于平衡香港地区的国际收支平衡发挥着重要的作用。

3. 香港主要出口运输和金融服务，主要进口运输和制造服务

2021 年，运输与金融服务是香港两个最大的服务出口部门，出口总额分别为 2561 亿港元及 1856 亿港元，分别占服务出口总额的 41.6% 和 30.2%，其他较大的服务出口部门为其他商业服务及电子通信、计算机及自选服务，出口总额分别为 1105 亿港元和 292 亿港元。

同年，运输及制造服务是香港两个最大的服务进口部门，进口总额分别为 1564 亿港元及 948 亿港元，分别占服务进口总额的 32.6% 及 19.7%。其他较大的服务进口部门为其他商业服务、金融服务和旅游服务，进口额分别为907亿港元、567亿港元和261亿港元。

4. 香港服务贸易的最主要目的地和来源地是中国内地

2021年，香港与内地的服务贸易总额高达2970亿港元，与第二大主要服务贸易伙伴美国的服务贸易总额为2203亿港元，约为与中国内地服务贸易总额的74%。香港的其他主要服务贸易伙伴包括英国（1042亿港元）、新加坡（587亿港元）及德国（509亿港元）。香港向内地出口的服务总额为1001亿港元，占服务总出口额的17.1%，从内地进口的服务总额为1969亿港元，占服务总输入额的41.4%。

其中，在向内地出口的服务中，运输是最大的出口部门，出口额为382亿港元，占向内地出口服务额的38.2%。从内地进口的服务中，制造服务是最大的进口部门，进口额为948亿港元，约占从内地进口服务额的48.1%。

内地与香港地理位置临近、经济联系紧密、商贸往来密切，因此，内地成为香港最主要贸易伙伴不足为奇。香港和内地的服务贸易存在互补性，香港在知识密集型服务领域竞争优势强，而内地的优势主要集中在传统劳动密集型领域。2003年6月29日，香港与内地正式签署了《内地与香港关于建立更紧密经贸关系的安排》（简称CEPA）主体文件，协议自签订以来，大幅度消除了内地与香港之间的贸易及投资障碍，有效地推动了双方经济一体化的发展。总体来看，内地和香港双边服务贸易主要集中在旅游、商贸和运输等传统服务部门，制造服务、金融服务、保险服务等新兴服务部门增长也较快。

2014年12月18日，商务部与香港特区政府签署了《关于内地在广东与香港基本实现服务贸易自由化的协议》（以下简称《粤港协议》），这份协议是内地首份以准入前国民待遇加负面清单的方式制定的自由贸易协议，开发的深度与广度超出以往CEPA开发措施。在《粤港协议》下，内地在广东对香港服务业开发的服务贸易分部门达到153个，占全部服务贸易分部门的95.6%。广东与香港实现服务贸易自由化，加快了香港服务业与广东现代制造业的融合发展，特别是生产性服务业的错位发展，大大拓宽了香港与广东服务业的发展空间。

2021年9月1日，商务部与香港特区政府共同签署《关于推进境外经贸合作区高质量发展合作备忘录》（以下简称《备忘录》）。《备忘录》的签署有利于香港以境外经贸合作区为平台，深度参与"一带一路"建设，同各国、各地区开展交流合作；有利于促进内地与香港优势互补，进一步推进"内地+香港+'一带一路'沿线国家"三方合作，实现各方共同发展；有利于进一步深化内地与香港的经贸合作关系，推动香港在构建服务新发展格局中发挥"重要通道"作用，更好地融入国家发展大局。

第三节　主要发展中国家的服务贸易

发展中国家的服务业在近20年来发展迅速，许多发展中国家的服务业产值，在其国内生产总值中的比例已达到或接近50%。虽然发展中国家在资本、技术密集型领域中的服务行业较发达国家明显滞后，但由于服务是多种多样的，在资源、劳动密集型服务领域中，发展中国家则具有一定的比较优势，它们通过服务出口同样可从中获取利益。因此，发展中国家的服务贸易也得到迅速发展，服务贸易在国民经济中的地位不断上升，服务出口占世界服务出口总值的比重增加。特别是发展中国家和新兴工业化经济体之间的区域经济和贸易联系日益紧密，"金砖国家"的成立为其成员国之间的商品和服务贸易进一步拓宽了市场。2005年，发展中国家服务贸易进出口额约占全世界服务贸易进出口额的 21.16%，这一比重在2021 年上升到 27.19%，而发达国家该比重在 2005 年为 78.84%，2021 年则降为 72.81%。发展中国家及新兴工业化经济体之间服务贸易发展差异更加显著，如印度软件产业处于世界领先地位，而巴西服务贸易处于逆差状态。

一、印度的服务贸易

（一）印度服务贸易发展概况

印度并未沿袭发展中国家"先制造业后服务业"的经济发展路径，而是优先发展服务业，特别是信息技术产业。目前，印度是世界第二大软件出口国，也是全球最大的服务外包承接国。从 20 世纪 90 年代开始，服务业便开始逐步取代工业成为印度国民经济发展的重要支柱。联合国贸易和发展会议数据显示，2021 年印度服务贸易出口额占其当年 GDP 的7.59%。随着印度服务业的发展，印度服务贸易高速发展，服务贸易额大幅增长，总体竞争力较强。总体来说，印度的服务贸易增速快，顺差大，软件行业处于世界前列，服务贸易已经成为印度经济增长的重要动力源。

2006 年—2021 年，印度服务贸易出口额从 694.40 亿美元增长到 2406.57 亿美元，增长3.47 倍；服务贸易进口额从 751.71 亿美元增长到 1959.56 亿美元，增长了 2.61 倍；2008年以后，印度服务贸易差额开始由逆差转为顺差，2006 年—2021 年，服务贸易净出口额从−57.31 亿美元增长到 447.01 亿美元，其中 2020 年服务贸易净出口额达到峰值，为 494.08亿美元。服务贸易顺差的扩大体现了印度服务贸易竞争力的提高。2021 年，印度服务贸易出口额占全球服务贸易出口额的比重为 3.96%，服务贸易进口额占全球服务贸易进口额的3.48%，而在 2006 年这两项数据值仅为 2.29% 和 2.54%。2006 年—2021 年印度服务贸易发展情况见表 7-18。

表 7-18　2006 年—2021 年印度服务贸易发展情况

年份	服务贸易出口				服务贸易进口			
	贸易额（亿美元）	增长率	占 GDP 比重	占全球贸易比重	贸易额（亿美元）	增长率	占 GDP 比重	占全球贸易比重
2006	694.40	33.08%	7.39%	2.29%	751.71	23.97%	8.00%	2.54%
2007	865.53	24.64%	7.31%	2.38%	910.36	21.10%	7.68%	2.60%
2008	1060.54	22.53%	8.37%	2.60%	879.55	−3.38%	6.94%	2.22%
2009	928.90	−12.41%	7.06%	2.54%	805.53	−8.42%	6.12%	2.26%
2010	1170.68	26.03%	7.01%	2.94%	1149.28	42.67%	6.88%	2.96%
2011	1385.28	18.33%	7.40%	3.10%	1252.89	9.02%	6.69%	2.89%
2012	1455.25	5.05%	7.82%	3.16%	1299.19	3.70%	6.98%	2.90%
2013	1491.64	2.50%	7.78%	3.05%	1268.91	−2.33%	6.62%	2.68%
2014	1571.96	5.39%	7.69%	3.00%	1283.62	1.16%	6.28%	2.49%

（续）

年份	服务贸易出口				服务贸易进口			
	贸易额（亿美元）	增长率	占GDP比重	占全球贸易比重	贸易额（亿美元）	增长率	占GDP比重	占全球贸易比重
2015	1562.78	−0.58%	7.28%	3.12%	1235.67	−3.74%	5.76%	2.52%
2016	1618.19	3.55%	7.06%	3.18%	1335.32	8.06%	5.83%	2.71%
2017	1852.94	14.51%	7.06%	3.35%	1545.95	15.77%	5.89%	2.90%
2018	2049.56	10.61%	7.42%	3.36%	1760.59	13.88%	6.38%	3.03%
2019	2147.62	4.78%	7.43%	3.41%	1794.30	1.91%	6.21%	2.97%
2020	2031.45	−5.41%	7.62%	3.92%	1537.37	−14.32%	5.77%	3.13%
2021	2406.57	18.47%	7.59%	3.96%	1959.56	27.46%	6.18%	3.48%

数据来源：联合国贸易和发展会议。

20世纪80年代，印度的服务出口年均增长率为9%，超过当时世界平均服务出口增长率5.6%而高居世界榜首；20世纪90年代，印度的服务出口增长率攀升至21%，与此同时世界平均服务出口增长率仅为3.6%。根据世贸组织公布的数据，印度已经成为世界上服务出口增长最快的国家。2006年—2021年，印度的服务出口增长率由两位数的高速增长转变为个位数的稳定增长，其增长速度始终位于世界前列。2021年世界服务贸易出口额增长率为14.6%，而印度服务贸易出口额增长率为18.5%，高于世界服务贸易出口额增长率。

从服务业结构来看，传统服务部门如运输和旅游在印度服务贸易中的占比并不高，而计算机和信息服务、通信服务、金融服务等在其对外服务贸易中却占据相当大的比例，特别是信息技术产业，印度比较优势明显，目前已经成为仅次于美国的世界二大软件大国。

印度服务贸易快速发展来源于多种因素。第一，印度服务贸易的强劲发展来源于国内服务业的有力支撑。印度服务业是经济中增长最快最有活力的部分，目前服务业已经占到GDP的一半以上，成为印度经济发展的主导力量。第二，印度政府强有力的政策支持。为支持信息服务业的发展，印度在税收、融资、人才等机制方面实施针对性的措施，为服务业的发展创造有利环境。第三，抢抓国内外经济发展环境的有利时机。20世纪80年代后期，印度总理拉吉夫·甘地富有远见地提出大力发展计算机产业，此时正值发达国家信息技术公司对外开拓市场、进行服务产业转移的时期，印度软件行业的发展赢得了先机。

（二）印度服务贸易的主要产业

1. 通信、计算机和信息服务是印度服务贸易出口最具竞争力的行业

与多数发展中国家相比，印度的服务贸易具有较强的竞争力，通信、计算机和信息服务是印度最具竞争力的行业，也是印度服务贸易发展的主要特色。如表7-19所示，2010年—2021年，通信、计算机和信息服务出口所占比重最大并整体上保持在高于30%的水平。2021年，印度的通信、计算机和信息服务出口贸易额达到820.26亿美元，是2010年该领域出口贸易额的1.8倍。长期以来，通信、计算机和信息服务都是印度第一大服务出口项目，2013年其出口规模更是达到538.05亿美元，占印度当年服务出口的36.1%，也是2010年—2021年间该领域所占比重的最大值。印度的软件服务外包占全球市场的份额也在逐年扩大，

2021 年已经达到国际市场份额的 65%，并且，软件服务外包产业的价值链也在不断向高附加值、高技术含量的方向延伸。

表 7-19　2010 年—2021 年印度各服务贸易部门出口额占印度服务贸易总出口额比重

服务贸易部门	年　份											
	2010	2011	2012	2013	2014	2015	2016	2017	2018	2019	2020	2021
政府服务贸易	0.4%	0.4%	0.3%	0.3%	0.4%	0.4%	0.4%	0.3%	0.3%	0.3%	0.3%	0.3%
商业服务贸易	99.6%	99.6%	99.7%	99.7%	99.6%	99.6%	99.6%	99.7%	99.7%	99.7%	99.7%	99.7%
与货物相关的贸易	—	—	0.1%	0.2%	0.2%	0.2%	0.2%	0.2%	0.2%	0.2%	0.2%	0.3%
运输	11.3%	12.8%	12.0%	11.3%	11.8%	9.2%	9.4%	9.2%	9.3%	9.8%	10.2%	12.2%
旅游	12.4%	12.8%	12.3%	12.3%	12.5%	13.4%	13.9%	14.8%	13.9%	14.3%	6.4%	3.7%
其他商业服务贸易	75.9%	74.0%	75.2%	75.8%	75.0%	76.8%	76.2%	75.6%	76.3%	75.4%	82.8%	83.6%
建筑	0.4%	0.6%	0.6%	0.8%	1.0%	0.9%	1.3%	1.2%	1.6%	1.4%	1.4%	1.2%
保险	1.5%	1.9%	1.6%	1.4%	1.5%	1.3%	1.3%	1.3%	1.3%	1.2%	1.2%	1.3%
金融	5.0%	4.5%	3.7%	4.3%	3.6%	3.4%	3.1%	2.4%	2.7%	2.2%	2.0%	2.1%
特许权使用费和许可费	0.1%	0.2%	0.2%	0.3%	0.4%	0.3%	0.4%	0.4%	0.4%	0.4%	0.6%	0.4%
通信、计算机和信息服务	34.6%	34.0%	33.5%	36.1%	34.7%	35.2%	33.2%	29.3%	28.4%	30.2%	33.6%	34.1%
其他商用服务	29.5%	27.8%	32.4%	31.2%	30.8%	32.1%	33.8%	32.3%	31.8%	34.5%	38.6%	38.6%
个人、文化和娱乐服务	0.4%	0.4%	0.3%	0.3%	0.4%	0.4%	0.4%	0.3%	0.3%	0.3%	0.3%	0.3%

数据来源：联合国贸易和发展会议。

此外，其他商用服务产业出口所占比重仅次于通信、计算机及信息服务，其他商用服务主要包括研究与创新服务、法律服务、会计核算服务、商业及管理顾问服务等与贸易相关的服务。

2. 运输及旅游等传统产业服务贸易出口规模较大，有进一步发展潜力

2021 年印度运输及旅游产业服务贸易出口额合计约占服务贸易总出口额的 16% 左右，这两个产业的出口额虽然在不断增加，但是其占印度总服务贸易出口额的比重却持续下降。旅游业和运输业可以带动多个产业发展，在发展新兴服务业的同时，拓宽传统服务业的发展有助于印度服务贸易的进一步发展。印度作为四大文明古国之一，拥有丰富的历史和文化，具备优质的旅游资源，印度可以在现有的基础设施的基础上适当发展旅游产业，深度挖掘印度旅游资源，为传统服务贸易增添新的动力。

3. 运输部门和其他商用服务部门是印度服务贸易进口的主要部门

2010 年—2021 年，运输部门进口额占印度服务贸易总进口额的比重年均保持在 40% 以上，其他商用服务部门的比重保持在 20% 以上，见表 7-20。印度应该大力发展其他商用服务行业，减少在此领域的贸易逆差，集中发展高附加值的研发、法律、会计核算等服务行业。

表 7-20　2010 年—2021 年印度各服务贸易部门进口额占印度服务贸易总进口额比重

服务贸易部门	年　份											
	2010	2011	2012	2013	2014	2015	2016	2017	2018	2019	2020	2021
政府服务贸易	0.6%	0.7%	0.5%	0.8%	0.7%	0.7%	0.5%	0.4%	0.6%	0.6%	0.7%	0.5%
商业服务贸易	99.4%	99.3%	99.5%	99.2%	99.3%	99.3%	99.5%	99.6%	99.4%	99.4%	99.3%	99.5%
与货物相关的贸易	0.0%	0.0%	0.2%	0.3%	0.2%	0.0%	0.3%	0.4%	0.0%	0.7%	0.6%	0.6%
运输	40.6%	46.4%	46.7%	45.2%	45.9%	42.3%	35.9%	36.9%	37.9%	37.9%	35.0%	42.2%
旅游	9.1%	10.9%	9.5%	9.2%	11.4%	12.0%	12.3%	11.9%	12.1%	12.8%	8.2%	7.3%
其他商业服务贸易	49.6%	42.0%	43.0%	44.5%	41.8%	44.7%	51.0%	50.4%	48.8%	48.0%	55.5%	49.4%
建筑	0.9%	0.9%	0.8%	1.1%	0.9%	0.8%	0.7%	0.8%	1.4%	1.5%	1.7%	1.5%
保险	4.4%	5.0%	5.0%	4.7%	4.6%	4.2%	3.8%	4.1%	3.8%	3.8%	3.7%	4.1%
金融	5.9%	6.6%	4.1%	4.6%	3.2%	2.5%	3.8%	3.7%	2.3%	1.3%	3.0%	2.8%
特许权使用费和许可费	2.1%	2.2%	3.1%	3.1%	3.8%	4.1%	4.1%	4.2%	4.5%	4.4%	4.7%	4.4%
通信、计算机和信息服务	3.1%	2.6%	2.7%	2.9%	3.4%	3.1%	3.6%	3.9%	4.0%	5.4%	7.2%	7.3%
其他商用服务	22.2%	20.1%	23.0%	22.1%	20.9%	24.1%	24.5%	22.9%	22.0%	25.7%	31.6%	25.9%
个人、文化和娱乐服务	3.6%	0.3%	0.4%	0.6%	1.1%	1.1%	1.4%	1.4%	1.4%	1.7%	1.8%	2.1%

数据来源：联合国贸易和发展会议。

4. 金融行业发展出现衰退

印度的金融和旅游行业相较于其他行业，发展呈现出衰退迹象。2021 年，印度金融部门的服务出口额为 51.15 亿美元，较 2010 年减少了 7.19 亿美元。印度需要关注自身金融行业的发展，避免服务贸易出现不进反退的情况。

（三）印度服务贸易政策分析

1. 多边、区域及双边的服务贸易自由化

印度服务贸易政策体系是一个由印度国内法律、政策及国际贸易协议等构成的，多层次、综合化的贸易政策体系。印度服务贸易政策的最主要目标是促进出口，并使出口成为经济增长的动力。

印度作为 WTO 的创始成员，在《服务贸易总协定》出台时便已签署加入，印度大部分服务的开放都源于其在《服务贸易总协定》及其附件中做出的承诺。印度的服务贸易开放

承诺也是发展中国家中最积极的，其服务业开放水平明显高于其他发展中国家。针对《服务贸易总协定》所规定的服务贸易 12 大门类中的 160 多个细项，印度在其签订的初始承诺中，只对包括商业服务、通信服务、建筑及相关工程设计服务、金融服务、健康与社会服务、旅游服务等六大服务部门的 50 个细项做出了具体承诺；而在修订后的服务承诺减让表中，印度对初始承诺做了明显的改进，覆盖了 11 大服务部门中的 87 个细项，对包括商业服务、通信服务、建筑及相关工程设计服务、分销服务、教育服务、环境服务、金融服务、健康与社会服务、旅游服务、文化娱乐体育服务、运输服务等在内的各大服务部门做出了具体承诺。从修订后的服务承诺减让表的覆盖面看，印度做出承诺的服务细项已经达到《服务贸易总协定》规定下全部细项的一半以上，远高于其他发展中经济体开放承诺的平均水平，略高于转型期经济体，但与发达经济体还存在一定差距。

印度积极参与区域和双边贸易谈判，以扩大出口市场并实现其多样化，同时确保获得刺激国内制造业所需的原材料、中间产品和资本。目前，印度通过与 50 多个国家签订贸易协定，分享优惠的市场准入条件并达成经济合作。

2. 多层次、综合化的服务贸易政策

印度推行的是有管理的服务贸易自由化，既不会因为担心外资进入冲击国内市场而限制服务业开放，又不会放任服务市场完全开放，即其对服务贸易的管制贯穿着整个服务贸易自由化的全过程。印度对服务贸易法律及政策的管理主要通过国会、法律与司法部、商工部及其他主管部委进行制定和管理。具体的行业细则和政策则由行业监管机构执行。同时，财政税收和金融政策的助力也进一步促进印度发展服务贸易，形成了多层次、综合化的服务贸易政策。

商工部负责制定《印度对外贸易政策》，根据国际经济发展的最新形势，向印度政府做出中长期贸易政策建议；检验现行进出口制度框架，并做出改进建议。《印度对外贸易政策》作为指导印度对外贸易发展的五年规划，具有宏观指导性。该文件不但指导着印度的货物贸易，还规范着印度服务贸易的对外开放。直接规定着未来五年内哪些部门是优先对外发展的部门，哪些部门需要采取特殊的优惠政策，以更好地促进出口或吸引外资。除了一般性的指导政策，印度各服务行业的监管机构则是具体开放政策的制定者。

金融、财政税收等政策往往配合印度的服务贸易开放政策，为生产商减少出口的障碍。如免除进入高科技园区的公司进出口软件的双重赋税、允许外商控股 100%、免征产品出口的全部所得税等，软件行业得到了税收、贷款、投资、人才、对外开放等方面全方位的支持。

3. 基于数字经济建设促进服务贸易发展

印度不仅是发展中国家，也是数字经济大国，其数字服务贸易政策主要有四方面：一是数据本地化与跨境流动限制政策，印度数据本地化程度要求高，同时针对不同类型的数据设置了不同的本地化要求，针对不同行业和领域的特殊性，也规定了相应的例外情形；二是网络平台管理政策，印度于 2000 年颁布《信息技术法案》，以规范电子商务活动、打击网络犯罪；三是数字服务税政策，印度的数字服务税政策包括 2016 年开征并于 2020 年改革的衡平税，以及于 2018 年开征的源头代扣税；四是外资数字企业准入政策，作为新兴数字经济大国，印度是外资的投资热土，印度政府也鼓励外资投向信息及数字经济领域。

二、巴西的服务贸易

(一) 巴西服务贸易发展概况

巴西服务业是其经济增长的重要动力之一，其服务业产值占 GDP 的比重超过 70%，服务贸易的发达程度接近于发达国家。巴西的服务贸易结构较为合理，产业体系相对完善，经济结构也较为稳定。巴西的生产性服务业发展尚可，电信、金融、保险、专利技术、软件等现代服务业发展迅速，新能源、环保汽车产业、生物燃料、民用航空工业、信息和通信技术、农业研究领域的先进技术也为巴西服务业的发展提供了有力的支持。

如表 7-21 所示，2005 年—2021 年，巴西服务贸易出口额从 152.97 亿美元增长到 331.64 亿美元，服务贸易进口额从 231.80 亿美元增长到 502.75 亿美元，持续处于服务贸易逆差状态但逆差趋势在逐渐缩小。近年来，巴西的服务贸易出口额占全球服务贸易出口额的比重约为 0.6%，服务贸易进口额占全球服务贸易进口额的比重约为 0.9%。巴西服务贸易进出口额的增长率明显低于印度、中国等发展中国家，处于平缓上升阶段。总体来说，巴西的服务贸易发展水平较弱。

表 7-21　2005 年—2021 年巴西服务贸易发展状况

年份	服务贸易出口				服务贸易进口			
	贸易额 (亿美元)	增长率	占 GDP 比重	占全球贸 易比重	贸易额 (亿美元)	增长率	占 GDP 比重	占全球贸 易比重
2005	152.97	—	1.72%	0.57%	231.80	—	2.60%	0.88%
2006	183.79	20.15%	1.66%	0.61%	277.89	19.88%	2.51%	0.94%
2007	227.37	23.71%	1.63%	0.63%	358.40	28.97%	2.57%	1.02%
2008	288.85	27.04%	1.70%	0.71%	457.46	27.64%	2.70%	1.15%
2009	260.87	−9.69%	1.56%	0.71%	456.61	−0.19%	2.74%	1.28%
2010	306.62	17.54%	1.39%	0.77%	609.08	33.39%	2.76%	1.57%
2011	369.66	20.56%	1.41%	0.83%	742.33	21.88%	2.84%	1.71%
2012	387.98	4.95%	1.57%	0.84%	790.99	6.56%	3.21%	1.77%
2013	379.29	−2.24%	1.53%	0.78%	844.87	6.81%	3.42%	1.79%
2014	399.33	5.28%	1.63%	0.76%	881.71	4.36%	3.59%	1.71%
2015	337.72	−15.43%	1.87%	0.67%	708.22	−19.68%	3.93%	1.44%
2016	332.52	−1.54%	1.85%	0.65%	638.54	−9.84%	3.56%	1.30%
2017	344.58	3.63%	1.67%	0.62%	727.82	13.98%	3.53%	1.36%
2018	353.83	2.69%	1.85%	0.58%	713.74	−1.94%	3.72%	1.23%
2019	342.75	−3.13%	1.82%	0.54%	697.65	−2.25%	3.70%	1.16%
2020	285.76	−16.63%	1.98%	0.55%	495.17	−29.02%	3.43%	1.01%
2021	331.64	16.05%	2.07%	0.55%	502.75	1.53%	3.13%	0.89%

数据来源：联合国贸易和发展会议。

(二) 巴西服务贸易发展特点

1. 服务贸易持续保持逆差状态，但逆差逐渐减少

巴西服务贸易持续保持逆差状态，但近年来贸易逆差不断减少。2021 年，其服务贸易逆差为 171.11 亿美元，相较于 2010 年贸易逆差减少了 131.35 亿美元。巴西的服务贸易逆差主要由其他商业服务和通信、计算机和信息服务引起，2021 年这两个行业的贸易逆差分别为 171.53 亿美元和 54.15 亿美元。巴西政府服务贸易也处于逆差状态，逆差为 13.51 亿美元。目前，巴西的服务业结构进入较稳定的状态，传统服务贸易增长较慢，新兴服务贸易已成为新的增长点。

2. 服务贸易的主要进出口部门为运输、旅游和其他商用服务

巴西的服务贸易结构稳定，各服务贸易部门的进出口额占巴西服务贸易总进出口额的比重基本维持在相对稳定的状态。如表 7-22 和表 7-23 所示，巴西服务进出口的主要部门为运输、旅游和其他商用服务。特别是其他商用服务，2021 年该部门的出口额为 155.17 亿美元，占巴西服务贸易总出口额的 46.8%；同年，该部门进口额为 178.58 亿美元，占巴西服务贸易总进口额的 35.5%，该部门的服务贸易出口额小于其服务贸易进口额。

表 7-22 2010 年—2021 年巴西各服务贸易部门出口额占巴西服务贸易总出口额比重

服务贸易部门	年　份											
	2010	2011	2012	2013	2014	2015	2016	2017	2018	2019	2020	2021
政府服务贸易	5.0%	4.8%	4.5%	4.4%	2.3%	2.3%	2.2%	2.3%	2.2%	2.0%	2.1%	2.0%
商业服务贸易	95.0%	95.2%	95.5%	95.6%	97.7%	97.7%	97.8%	97.7%	97.8%	98.0%	97.9%	98.0%
与货物相关的贸易	0.1%	0.0%	0.0%	0.0%	0.9%	1.3%	1.1%	1.4%	3.8%	1.4%	3.8%	3.3%
运输	16.1%	15.7%	14.0%	14.2%	14.6%	14.6%	15.1%	16.7%	16.4%	16.1%	17.7%	19.5%
旅游	17.2%	16.5%	16.4%	17.1%	17.1%	17.3%	18.1%	16.9%	16.7%	17.5%	10.7%	8.9%
其他商业服务贸易	61.7%	62.9%	65.1%	64.3%	65.1%	64.5%	63.5%	62.7%	60.8%	63.0%	65.8%	66.3%
建筑	0.0%	0.0%	0.0%	0.0%	0.7%	0.2%	0.1%	0.0%	0.0%	0.1%	0.1%	0.1%
保险	1.4%	1.4%	1.4%	1.2%	1.7%	2.9%	2.4%	2.0%	1.5%	2.8%	2.0%	2.4%
金融	5.5%	6.7%	6.3%	7.2%	2.9%	2.2%	2.2%	2.0%	2.2%	2.9%	2.9%	3.2%
特许权使用费和许可费	0.6%	0.8%	0.7%	1.0%	0.9%	1.7%	2.0%	1.9%	2.3%	1.9%	2.2%	2.1%
通信、计算机和信息服务	2.0%	1.4%	1.9%	1.9%	3.6%	4.7%	5.4%	6.3%	7.4%	7.5%	8.9%	9.8%
其他商用服务	44.5%	45.3%	47.1%	45.8%	53.5%	51.9%	49.7%	49.6%	46.4%	46.2%	48.2%	46.8%
个人、文化和娱乐服务	7.7%	7.4%	7.6%	7.2%	1.7%	0.9%	1.7%	0.9%	1.0%	1.5%	1.4%	2.0%

数据来源：联合国贸易和发展会议。

表 7-23　2010 年—2021 年巴西各服务贸易部门进口额占巴西服务贸易总进口额比重

服务贸易部门	年份											
	2010	2011	2012	2013	2014	2015	2016	2017	2018	2019	2020	2021
政府服务贸易	5.0%	4.3%	4.0%	3.9%	2.4%	2.6%	3.6%	2.8%	3.1%	2.9%	3.5%	3.2%
商业服务贸易	95.0%	95.7%	96.0%	96.1%	97.6%	97.4%	96.4%	97.2%	96.9%	97.1%	96.5%	96.8%
与货物相关的贸易	0.0%	0.0%	0.0%	0.1%	0.2%	0.3%	0.3%	0.3%	0.4%	0.5%	0.4%	0.5%
运输	18.3%	18.7%	17.6%	17.7%	16.6%	15.1%	13.9%	15.3%	17.1%	17.0%	16.8%	21.7%
旅游	26.2%	28.0%	27.9%	29.6%	29.0%	24.5%	22.7%	26.1%	25.6%	25.2%	10.9%	10.4%
其他商业服务贸易	50.5%	49.0%	50.5%	48.7%	51.7%	57.5%	59.5%	55.5%	53.8%	54.4%	68.4%	64.2%
建筑	0.0%	0.0%	0.0%	0.0%	0.0%	0.0%	0.0%	0.0%	0.0%	0.0%	0.0%	0.0%
保险	2.5%	2.3%	1.9%	1.8%	1.6%	1.9%	2.1%	2.0%	2.0%	2.3%	3.1%	3.8%
金融	2.4%	2.2%	2.1%	1.7%	1.1%	1.4%	1.4%	1.0%	0.7%	0.9%	1.0%	1.3%
特许权使用费和许可费	5.3%	5.0%	5.3%	5.4%	6.7%	7.4%	8.1%	7.4%	7.2%	7.5%	8.2%	10.3%
通信、计算机和信息服务	6.2%	5.7%	6.0%	6.2%	4.2%	4.7%	5.1%	5.5%	6.7%	7.7%	12.1%	12.9%
其他商用服务	33.5%	33.3%	34.8%	33.2%	35.5%	40.7%	41.5%	38.5%	36.1%	35.1%	43.5%	35.5%
个人、文化和娱乐服务	0.6%	0.5%	0.3%	0.4%	2.5%	1.4%	1.3%	1.2%	1.1%	0.8%	0.6%	0.5%

数据来源：联合国贸易和发展会议。

3. 新兴服务业的发展优于传统服务业的发展

巴西新兴服务业的发展优于传统服务业的发展，如金融、特许权、通信、制造服务和保养与维修行业。特许权使用费和许可费部门在 2021 年的服务贸易出口额为 8.05 亿美元，是该部门 2010 年出口额的 3.7 倍。金融行业发展规模较大，但 2014 年金融部门的出口贸易额突然大幅下降。制造服务、保养与维修行业则是近年来服务贸易的新增长点，尽管巴西的制造服务、保养与维修行业刚刚起步，但发展势头良好。其余行业则一直保持低速增长态势，新兴服务业的发展将成为巴西服务贸易发展的重要动力。

4. 巴西服务贸易政策主要是优惠的服务业外资政策，其服务贸易开放程度仍需进一步提高

巴西采取优惠的服务业外资政策，通过服务业的私有化改革，包括电力、交通运输和电信等垄断行业的私有化，使服务业市场中的中小企业占比较高，为服务业市场注入了活力。引进跨国企业的投资和技术，使巴西服务业的发展有了长足的进步。通过签订专利使用权转让协定、与外国公司合作、利用外国直接投资等多种方式，巴西企业成功地获得了技术，推动生产性服务业依靠技术优势参与国际竞争。同时，巴西服务贸易仍需进一步开放，以进一

步促进其改服务贸易的发展，并优化其服务贸易结构。

【本章小结】

本章主要介绍了世界上三种类型国家和地区的服务贸易发展及特点，包括发达经济体、新兴工业化经济体和发展中国家。在对三种类型国家服务贸易发展的总体特点进行分析的基础上，分别选取了一些有代表性的国家和地区，对这些国家和地区的服务贸易进行了分析和介绍。

（1）发达经济体的服务贸易。迄今为止，发达经济体在世界服务贸易中仍处于支配地位。就具体国家而言，美国无疑是当今世界服务贸易的超级大国，欧盟中的德国和法国等国家，亚洲的日本等国家也是重要的服务贸易供给国和需求国。

（2）新兴工业化经济体的服务贸易。经济的发展必然带动服务业的发展，服务业的发展是服务贸易发展的基础。新兴工业化经济体在经济发展的同时，其服务贸易也得到了一定的发展。新兴工业化经济体的服务贸易主要介绍了韩国、中国香港的服务贸易。

（3）主要发展中国家的服务贸易。近年来，发展中国家的服务贸易得到迅速发展，服务贸易在国民经济中的地位不断上升，发展中国家的服务出口占世界服务出口总值的比重增加。发展中国家的服务贸易主要介绍了印度、巴西的服务贸易。

【本章重要概念】

发达经济体的服务贸易　　美国的服务贸易　　欧盟的服务贸易　　日本的服务贸易　　新兴工业化经济体的服务贸易　　韩国的服务贸易　　中国香港的服务贸易　　发展中国家的服务贸易　　印度的服务贸易　　巴西的服务贸易

【复习思考题】

1. 简述美国服务贸易发展的特点。
2. 简述欧盟服务贸易发展的特点。
3. 日本服务贸易政策具有哪些特点？
4. 简述韩国主要的服务行业市场开放情况。
5. 试对印度服务贸易政策进行分析。
6. 简述巴西服务贸易发展现状。

中国服务贸易

本章主要学习内容

- 中国服务贸易发展特点
- 中国服务贸易结构和管理体制
- 中国服务贸易，包括金融、电信、旅游专业服务、批发零售、运输等行业的对外开放情况
- 中国服务贸易发展相对滞后的原因
- 中国服务贸易发展战略

改革开放后，我国不但恢复了传统的服务行业，而且拓展了新兴服务行业，服务业的发展日益受到重视。在服务业发展的同时，服务贸易也有了较快的发展，贸易领域不断拓宽，贸易结构也发生了很大变化。作为《服务贸易总协定》的创始成员方，我国在加入世界贸易组织后，一如既往地履行服务业市场开放承诺，稳健地促进服务贸易自由化。

第一节　中国服务贸易发展

一、中国服务贸易发展状况及其特点

改革开放以来，我国的服务业得到了快速发展，服务业产值在 GDP 中的比重不断上升。据统计，1990 年，我国服务贸易额只有 102 亿美元，2021 年已上升到 8335 亿美元；1990年，我国服务贸易总额占世界服务贸易总额的比重还不足 0.6%，2021 年，这一比重已经提高到 7.2%。1990 年，我国服务业产值在 GDP 中的比重为 32.4%，2021 年该比重增加至53.3%。但从总体上看，我国服务业短期内难以成为经济增长的主要动力，与其他国家仍然存在较大差距。具体而言，我国服务贸易发展具有以下特点。

（一）服务贸易总量呈扩大趋势

近 10 年来，我国服务贸易发展迅速。服务贸易进出口总额从 2012 年的 4808 亿美元增加到 2021 年的 8287 亿美元，其中，出口额从 2012 年的 2006 亿美元增加到 2021 年的 3906亿美元；进口额从 2012 年的 2803 亿美元增加到 2021 年的 4381 亿美元；2021 年，我国服务贸易逆差 475 亿美元。

（二）服务贸易大国地位确立

"入世"后，我国服务贸易总额占世界服务贸易总额的比重和世界服务贸易排名明显提

○　因为香港、澳门、台湾为单独关税区，所以本章所指中国服务贸易仅指中国境内服务贸易。

升。我国服务贸易出口额在世界服务出口总额中所占比重从 2016 年的 4.1% 提高到 2021 年的 6.5%，排名则从世界商业服务出口第 5 位上升到第 3 位；我国服务贸易进口额在世界服务贸易进口总额中所占比重从 2016 年的 9.3% 降低到 2021 年的 7.9%，而排名则始终保持在世界商业服务进口排名的第 2 位（见表 8-1）。

表 8-1　2016 年—2021 年我国服务贸易在世界服务贸易中的排名及比重

年　份	2016		2017		2018		2019		2020		2021	
	出口	进口	出口	进口	出口	进口	出口	进口	出口	进口	出口	进口
贸易额（十亿美元）	208	449	226	464	270	521	282	497	278	378	391	438
排名	5	2	5	2	5	2	5	2	5	2	3	2
占世界份额	4.1%	9.3%	4.1%	8.9%	4.5%	9.1%	4.5%	8.4%	5.4%	7.8%	6.5%	7.9%
年变化率	-4.3%	3.8%	8.7%	3.3%	19.1%	12.2%	4.4%	-4.6%	-1.3%	-24.0%	40.5%	16.0%

数据来源：WTO 全球贸易统计报告。

（三）服务贸易长期呈逆差格局，逆差趋势呈"U"形

中国服务贸易在 20 世纪 80 年代一直存在着顺差，而进入 90 年代后却长期呈逆差，但近年来逆差趋势呈"U"形，如图 8-1 所示。2010—2021 年中国服务贸易长期处于逆差状态，其中，2010 年服务贸易逆差为 148.7 亿美元，之后逐渐扩大，2018 年达到最大值 2509.9 亿美元，随后贸易逆差呈减少趋势，2019 年为 2153.2 亿美元，2021 年为 474.63 亿美元。

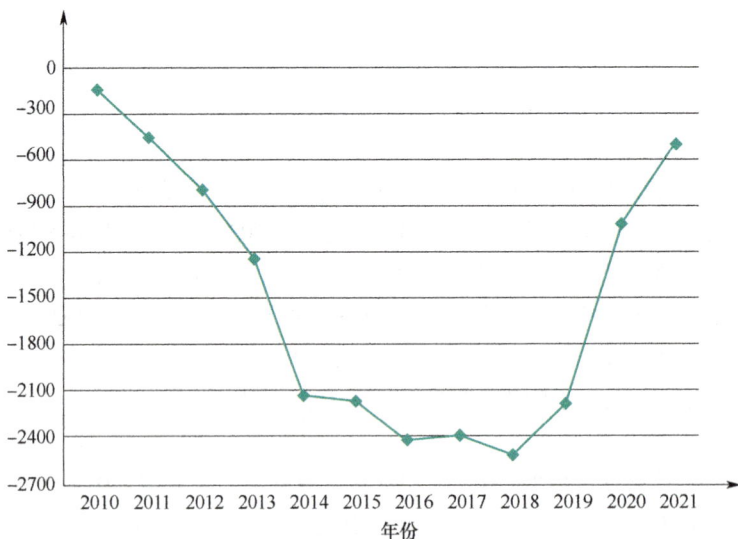

图 8-1　2010 年—2021 年中国服务贸易逆差（单位：亿美元）
数据来源：WTO 国际贸易统计数据库。

（四）服务贸易结构有所改善，但仍不平衡

服务贸易结构是指各服务贸易部门的贸易额在总的服务贸易中的比重，包括服务贸易总体结构、服务贸易出口结构和服务贸易进口结构。

1. 服务贸易总体结构

在我国的服务贸易中，传统服务贸易比重较大，新兴服务贸易比重较小。在传统服务贸易中，旅游、运输部门的服务贸易一直居于高位，2012 年—2021 年两者合计占比始终保持在 50% 左右。其中，2012 年两部门合计占我国总服务贸易的 57.32%，2021 年则占47.73%。2012 年—2021 年中国服务贸易总体结构情况见表 8-2。2021 年旅游、运输和其他商业服务分别占服务贸易总收支的 14.72%、33.01% 和 47.79%，合计占服务贸易总收支的95.52%。而金融、特许权使用费和许可费以及个人、文化和娱乐服务等项目占比较小，分别占服务贸易总收支的 1.25%、7.06% 和 0.62%。高附加值或技术含量较高的现代服务贸易发展落后，在全球服务贸易量较大的金融、保险、咨询、计算机和信息、广告宣传和电影音像等技术密集和知识密集型的高附加值服务行业仍处于初级发展阶段，国际竞争力还不高。

表 8-2 2012 年—2021 年中国服务贸易总体结构情况

服务贸易部门	年 份									
	2012	2013	2014	2015	2016	2017	2018	2019	2020	2021
政府服务贸易	0.42%	0.45%	0.47%	0.55%	0.62%	0.74%	0.78%	0.67%	0.92%	0.58%
商业服务贸易	99.58%	99.55%	99.53%	99.45%	99.38%	99.26%	99.22%	99.33%	99.08%	99.42%
与货物相关的贸易	5.36%	4.34%	3.30%	3.90%	3.91%	3.80%	4.01%	4.29%	4.37%	3.90%
运输	25.84%	24.55%	20.61%	18.95%	17.29%	18.69%	18.91%	19.22%	23.02%	33.01%
旅游	31.48%	33.53%	41.62%	45.06%	46.18%	42.20%	39.71%	36.38%	22.41%	14.72%
其他商业服务贸易	36.90%	37.14%	33.99%	31.53%	32.00%	34.56%	36.58%	39.43%	49.28%	47.79%
建筑	3.29%	2.71%	3.10%	4.10%	3.17%	4.67%	4.42%	4.75%	4.85%	4.64%
保险	4.96%	4.85%	4.15%	2.10%	2.58%	2.08%	2.11%	1.98%	2.69%	2.56%
金融	0.79%	1.28%	1.45%	0.76%	0.79%	0.76%	0.70%	0.81%	1.12%	1.25%
特许权使用费和许可费	3.89%	4.08%	3.57%	3.53%	3.80%	4.79%	5.17%	5.23%	7.03%	7.06%
通信、计算机和信息服务	4.50%	4.60%	4.74%	5.66%	5.91%	6.75%	8.89%	10.29%	13.90%	14.05%
其他商用服务	19.34%	19.45%	16.81%	14.97%	15.31%	15.01%	14.71%	15.69%	19.03%	17.61%
个人、文化和娱乐服务	0.14%	0.17%	0.16%	0.40%	0.44%	0.50%	0.58%	0.67%	0.65%	0.62%

数据来源：联合国贸易和发展会议。

2. 服务贸易出口结构

就出口而言，我国服务贸易出口总额 2012 年为 2016 亿美元，2021 年为 3922 亿美元，出口增长较快的服务贸易部门有其他商业服务，通信、计算机和信息服务，以及运输。2012年—2021 年中国各服务贸易部门出口额占中国服务贸易出口总额比重见表 8-3。

表 8-3　2012 年—2021 年中国各服务贸易部门出口额占中国服务贸易出口总额比重

服务贸易部门	年　份									
	2012	2013	2014	2015	2016	2017	2018	2019	2020	2021
政府服务贸易	0.49%	0.59%	0.48%	0.49%	0.58%	0.75%	0.65%	0.54%	0.91%	0.40%
商业服务贸易	99.51%	99.41%	99.52%	99.51%	99.42%	99.25%	99.35%	99.46%	99.09%	99.60%
与货物相关的贸易	12.77%	11.23%	9.77%	11.00%	11.30%	10.52%	10.74%	10.49%	8.94%	7.13%
运输	19.30%	18.19%	17.45%	17.65%	16.14%	16.27%	15.59%	16.23%	20.53%	32.45%
旅游	24.82%	24.96%	20.10%	20.57%	21.20%	17.01%	14.54%	12.17%	6.08%	2.97%
其他商业服务贸易	42.61%	45.03%	52.19%	50.30%	50.78%	55.46%	58.49%	60.57%	63.54%	57.05%
建筑	6.08%	5.15%	7.01%	7.62%	6.06%	10.49%	9.80%	9.87%	8.53%	7.37%
保险	1.65%	1.93%	2.09%	2.28%	1.98%	1.77%	1.81%	1.69%	1.94%	1.35%
金融	0.94%	1.54%	2.07%	1.07%	1.53%	1.62%	1.28%	1.38%	1.52%	1.30%
特许权使用费和许可费	0.52%	0.43%	0.31%	0.50%	0.56%	2.09%	2.05%	2.35%	3.16%	3.05%
通信、计算机和信息服务	8.06%	8.26%	9.21%	11.79%	12.66%	12.17%	17.34%	18.99%	21.04%	19.63%
其他商用服务	25.31%	27.65%	31.44%	26.71%	27.63%	26.98%	25.76%	25.86%	26.88%	23.87%
个人、文化和娱乐服务	0.06%	0.07%	0.08%	0.33%	0.35%	0.33%	0.45%	0.42%	0.46%	0.48%

数据来源：联合国贸易和发展会议。

（1）中国服务出口主要部门为传统服务部门，但其在服务出口总额中的占比逐渐下降。2012 年—2021 年，中国运输、旅游部门出口占服务总出口的比重呈逐渐下降趋势，从 2012 年的 44.12% 下降到 2021 年的 35.42%。其中，运输部门的占比呈现上升趋势，从 2012 年的 19.30% 上升到 2021 年的 32.45%；旅游部门的占比则呈下降趋势，尤其在 2020 年—2021 年受新冠疫情冲击较大，旅游部门在服务总出口的比重从 2012 年的 24.82% 下降到 2021 年的 2.97%。

（2）高附加值服务出口增长较快。中国高附加值服务出口呈现稳步增长势头，成为服务贸易结构调整的重要推动力。个人、文化和娱乐服务，特许权使用费和许可费部门出口增长迅速。其中，个人、文化和娱乐服务部门 2021 年出口额与 2012 年相比，增长了近 14 倍，增速在所有服务出口部门中居首，特许权使用费和许可费部门 2021 年出口额与 2012 年相比，也增长了 10 倍。

中国服务贸易出口结构的变化表明：

（1）中国在服务贸易方面取得了巨大进步，顺应了国际服务业的发展态势。由于高科技产业、现代工业的迅猛发展，我国服务业内部结构发生巨大变化，行业范围不断扩大，在通信、金融、保险、计算机和信息、电影音像以及咨询等知识、技术密集型的服务出口方面都有较快的发展，顺应了世界服务贸易向知识型、技术型方向转变的态势。

（2）中国在服务出口方面依然存在一定劣势。我国服务业虽然规模不小，但档次仍有待提升，服务产品的出口竞争力较差，出口贸易结构相比发达国家还比较落后。在我国服务贸易出口中，收入仍主要来源于两大领域，即通信、计算机和信息服务以及运输。

3. 服务贸易进口结构

在进口方面，中国服务贸易进口额 2012 年为 2813 亿美元，2021 年为 4413 亿美元。中国的服务贸易进口结构比较稳定，近年来没有出现较大变化，2012 年—2021 年中国各服务贸易部门进口额占中国服务贸易进口总额比重见表 8-4。

表 8-4　2012 年—2021 年中国各服务贸易部门进口额占中国服务贸易进口总额比重

服务贸易部门	年　　份									
	2012	2013	2014	2015	2016	2017	2018	2019	2020	2021
政府服务贸易	0.59%	0.48%	0.49%	0.58%	0.75%	0.65%	0.54%	0.91%	0.40%	0.49%
商业服务贸易	99.41%	99.52%	99.51%	99.42%	99.25%	99.35%	99.46%	99.09%	99.60%	99.51%
与货物相关的贸易	11.23%	9.77%	11.00%	11.30%	10.52%	10.74%	10.49%	8.94%	7.13%	12.77%
运输	18.19%	17.45%	17.65%	16.14%	16.27%	15.59%	16.23%	20.53%	32.45%	19.30%
旅游	24.96%	20.10%	20.57%	21.20%	17.01%	14.54%	12.17%	6.08%	2.97%	24.82%
其他商业服务贸易	45.03%	52.19%	50.30%	50.78%	55.46%	58.49%	60.57%	63.54%	57.05%	42.61%
建筑	5.15%	7.01%	7.62%	6.06%	10.49%	9.80%	9.87%	8.53%	7.37%	6.08%
保险	1.93%	2.09%	2.28%	1.98%	1.77%	1.81%	1.69%	1.94%	1.35%	1.65%
金融	1.54%	2.07%	1.07%	1.53%	1.62%	1.28%	1.38%	1.52%	1.30%	0.94%
特许权使用费和许可费	0.43%	0.31%	0.50%	0.56%	2.09%	2.05%	2.35%	3.16%	3.05%	0.52%
通信、计算机和信息服务	8.26%	9.21%	11.79%	12.66%	12.17%	17.34%	18.99%	21.04%	19.63%	8.06%
其他商用服务	27.65%	31.44%	26.71%	27.63%	26.98%	25.76%	25.86%	26.88%	23.87%	25.31%
个人、文化和娱乐服务	0.07%	0.08%	0.33%	0.35%	0.33%	0.45%	0.42%	0.46%	0.48%	0.06%

数据来源：联合国贸易和发展会议。

中国服务进口主要集中在运输、旅游和其他商用服务部门，2021 年这三个部门的进口额占中国服务进口总额的 69.43%；2012 年—2021 年，运输、旅游和其他商用服务的进口额占比基本保持稳定，在具体进口额上，运输部门的进口额从 2012 年的 858.62 亿美元增加到 2021 年的 1478.65 亿美元；旅游部门的进口额从 2012 年的 1019.77 亿美元增加到 2021 年的 1110.44 亿美元，尽管于 2020 年受到新冠疫情的冲击，旅游部门在 2012 年—2021 年中的绝大部分年份都位居中国进口服务部门的前列，其进口额占中国服务进口总额的比重在 2012 年为 24.96%，2021 年为年 24.82%，变化幅度较小。

高附加值服务中的保险服务、特许权使用费和许可费以及通信、计算机和信息服务进口增长显著。保险服务进口额由 2012 年的 19.26 亿美元增加到 2021 年的 53.46 亿美元，增幅 177%；特许权使用费和许可费进口额从 177.49 亿美元增加到 468.89 亿美元，增幅 164%；通信、计算机和信息服务进口额从 54.90 亿美元增加到 401.13 亿美元，增幅 630%。

中国服务进口贸易结构的变化表明：

（1）中国服务贸易进口结构呈现"黏性"。我国服务进口的主要部门包括旅游、运输、其他商用服务等，这三个部门的进口额约占进口总额的 70%。

（2）随着我国加入 WTO，服务业的开放度提高，服务贸易方面将面临严峻挑战。中国是《服务贸易总协定》的创始成员方，并且签署了服务贸易自由化的几个基础协定，其中，金融、电信、信息、咨询等现代服务目前都是我国处于劣势的产业，随着这些产业的逐步开放，进口额将越来越多。

二、中国服务贸易政策

积极参与世界多边贸易体系，按照国际通行的规则和惯例开展对外经贸活动，是我国改革开放政策的重要内容。我国在服务贸易领域的政策和实践目标是：继续熟悉和掌握世界贸易组织有关服务贸易的规则，在与国际规则和惯例接轨的前提下，建立自己的国际服务贸易管理体制。

（一）中国现行的服务贸易管理体制

随着中国经济体制改革和对外开放的深入发展以及加入世界贸易组织及《服务贸易总协定》，中国的服务业将面临越来越全面的对外开放形势。由于我国服务业发展水平与发达国家相比差距很大，仍处于发育成长阶段，难以与外国竞争，服务业的发展存在许多亟待解决的问题，因此对外开放服务市场无疑面临巨大的挑战。

目前我国服务业和服务贸易发展的最大障碍是法制和管理工作的不完善，有些服务行业和服务贸易基本上还是无法可依，存在多头管理或管理过于严苛，以及中央与地方性法规和管理相互矛盾的现象，应迅速建立和健全服务贸易的有关法规和管理体制，从而提高我国服务贸易各项规定的透明度和权威性。

我国对外服务贸易的管理和综合协调主要由商务部负责，主要内容包括参加服务贸易的国际多边谈判，归口管理我国引进外资、对外工程承包和劳务合作业务，以及审批我国部分服务业在境外的投资业务等。这种管理对于改革开放以来我国对外服务贸易的发展曾发挥了积极的促进作用。但是就我国服务贸易的总体发展来讲，这种管理体制仍有待完善，主要表现在以下几个方面：

1. 管理体制不顺

中央和地方的服务对外贸易政策和规章不协调，缺乏全国统一的促进服务贸易发展的协调管理部门。

2. 法律法规仍需完善

我国一直在持续修订包括《中华人民共和国对外贸易法》在内的有关服务贸易的法律法规，为我国服务贸易发展提供法律保障，但目前相应的法律法规仍有需完善之处，同时，我国政府关于服务贸易发展的政策缺乏透明度，不利于服务业进出口的健康发展。

3. 统计不规范

由于历史原因，我国产业划分与市场经济国家不同，对服务业的定义、统计范围以及划分标准与国际惯例不一致。这不仅会影响对外交流和政府决策，更不利于我国服务贸易与国际市场接轨。

4. 政府监管体系与服务贸易匹配性不足

我国现有政府监管体系是在工业化进程中逐步形成的，主要适用于以工业为主的经济社会活动。而服务贸易长期滞后于货物贸易，且较晚才真正实现规模化发展。受此影响，我国政府监管体系较少考虑服务贸易，特别是技术服务贸易的特殊性和复杂性，这使得被监管者因"无章可循"而遭受制约。

（二）持续优化服务贸易政策

为了解决当前我国国际服务贸易管理中存在的问题，对我国国际服务贸易实施有效的宏观管理，统一政策，协调一致对外，保证我国服务贸易事业顺利发展，关键是要迅速建立科学的管理体制，确定服务业进出口政策的归口管理和综合协调部门，明确管理范畴，发挥政策试点促进作用并推动数字贸易发展。

1. 明确国家统一的国际服务贸易管理部门

原对外贸易经济合作部及其前身对外经济贸易部作为全国对外经济贸易的综合管理职能部门，对我国服务贸易的发展发挥了相应作用。改革开放以来，该部门直接管理着外国来华投资、劳务输出、对外工程承包、货物储运和到境外投资等业务，并一直作为我国政府"复关"谈判的主要代表，牵头参加了服务贸易多边谈判，在推动我国服务业走向国际市场和扩大对外开放的过程中发挥了重要的管理者作用。

加入世界贸易组织后，我国国际服务贸易发展的进程不仅取决于我国服务业部门的发展水平，更取决于我国服务业对外开放的程度和我国能够获得的国际市场份额。对此，我国政府重新调整了外贸管理部门，于2003年新组建了商务部。商务部承担着我国对外贸易管理和协调的职能，根据我国产业发展状况和《服务贸易总协定》的规则，统筹规划、及时修改我国服务贸易的发展战略，统一服务业进出口政策，通过谈判协调与WTO各成员方的关系，适度开放市场并争取应有的国际市场份额，促进我国国际服务贸易的发展。

2. 确定国际服务贸易管理范围

《服务贸易总协定》为国际服务贸易的发展制定了多边法律框架和贸易规则，是关贸总协定成立以来在推动世界贸易自由化发展问题上的重大突破，标志着世界多边贸易体制已从货物贸易向服务贸易领域延伸。我国商务部作为服务业对外贸易政策的归口协调管理部门，面对众多行业领域，其宏观管理主要表现为规划出口发展战略、制定或参与制定贸易法律法规、对外协调与其他国家的关系并落实《服务贸易总协定》的有关条款。在管理上可分为以下几个层次：

（1）继续管理目前直接管理的行业，即国际工程承包、国际劳务输出、外国投资等部门的业务。

（2）管理拟在进出口政策上实施归口管理的行业，即国际运输、国际旅游、国际电信服务、国际视听服务、国际金融和保险、国际信息处理、传递、电脑资料服务、广告设计服务等。

我国服务业对外贸易的发展尚处于初始阶段，在此期间将会出现一些不规范的贸易行为或不合理竞争现象，因此，商务部的宏观管理还需要包括对服务业有关部门的经营协调，在国外市场准入方面尤其如此。随着服务贸易的不断发展和我国政府机关职能的进一步转变，经营过程中的有关协调将由服务业进出口商会这样的民间组织承担。

3. 发挥政策试点促进作用

服务贸易的发展有赖于服务业的扩大开放，为此应充分发挥服务贸易创新发展试点及服务业扩大开放综合试点的作用。2016 年，国家决定在 15 个城市和新区开展服务贸易创新发展试点，2018 年在原有 15 个城市和新区的基础上新增北京、雄安新区，继续深化服务贸易创新发展试点，2020 年推出全面深化服务贸易创新发展试点并将试点范围扩大至 28 个城市和地区。通过服务贸易创新发展试点，各级政府及产业主体对服务贸易的基本概念、特征及形态等认识获得很大提高，服务贸易发展氛围得到显著提升，政府应进一步下放权力，压实责任，充分发挥政策试点的带动作用以及其与其他政策的联动效应，进而促进服务贸易发展。

4. 持续推动数字贸易发展

我国应充分发挥在新一代信息技术上的应用优势，进一步提升服务的可贸易性。推动传统服务贸易积极采取数字化手段，实现服务贸易方式数字化。不断挖掘多种数字技术组合效应，推动新兴服务贸易数字化发展。鉴于服务贸易数字化交付程度日益提高，应不断营造有利于服务贸易实现数字化跨境交付的便利条件，包括不断实现数字跨境安全传输、数字产品认证等。此外，还应不断完善国内数字治理制度体系与能力建设，为服务贸易数字化提升进程创造优越的数字环境。

第二节　中国服务贸易对外开放

自我国申请恢复关贸总协定缔约国地位开始，直至加入世界贸易组织的整个过程中，服务业的对外开放始终是谈判的焦点。加入 WTO 后，我国服务贸易的市场准入和国民待遇问题体现在《中华人民共和国加入世界贸易组织议定书》附件 9——服务贸易具体承诺减让表中。服务贸易具体承诺减让表包括服务贸易所有部门的普遍承诺和具体服务部门的承诺两大部分，普遍承诺部分主要涉及企业或机构的形式、土地使用政策等内容。下面根据服务贸易具体承诺减让表的内容，介绍我国服务业各领域市场开放的主要内容。

一、金融业

1. 银行服务

银行服务包括：接受公众存款和其他应付公众资金；所有类型的贷款，包括消费信贷、抵押信贷、商业交易的代理和融资；金融租赁；所有支付和汇划服务，包括信用卡、赊账卡和贷记卡、旅行支票和银行汇票（包括进出口结算）；担保和承诺；自行或代理外汇交易。

（1）外汇业务。我国加入世贸组织后，允许外资金融机构在华提供外汇服务，取消地域和服务对象限制。

（2）人民币业务。①取消外资银行在我国经营人民币业务的地域限制：在加入世贸组织后，立即取消在上海、深圳、天津、大连的限制，但从事人民币业务的外国金融机构必须满足在我国营业三年，且在申请前连续两年盈利的条件；对于金融租赁服务，允许外国金融租赁公司与国内公司在相同时间提供金融租赁服务；"入世"后一年内，取消在广州、青岛、南京、武汉、珠海的限制；"入世"后两年内，取消在济南、福州、成都、重庆的限制；"入世"后三年内，取消在北京、昆明、厦门的限制；"入世"后四年内，取消在西安、沈阳、宁波、汕头的限制；"入世"后五年内，取消全部的地域限制。②取消外资银行在我国经营人民币业务的客户限制："入世"后两年内，允许外资银行对我国企业提供人民币业务；"入世"后五年内，取消所有地域限制，允许外资银行对我国居民提供人民币业务。③设在我国某一地区并拥有人民币业务营业许可的外国金融机构，可向位于已开放此类业务的任何其他地区的客户提供服务；取消现有的限制所有权、经营及外国金融机构法律形式的任何非审慎性措施，包括关于内部分支机构和营业许可的措施。

2. 其他金融服务（不包括保险和证券）

（1）银行金融机构从事汽车消费信贷，"入世"后一年内，允许合资和独资。

（2）其他金融服务。没有限制，我国金融服务部门进行经营的批准标准仅为审慎性的（即不含经济需求测试或营业许可的数量限制）。允许外国机构设立分支机构。

（3）外国金融机构要在我国建立银行分行或者设立公司必须满足以下条件：

1）提出申请前一年年末总资产超过100亿美元，允许在我国设立在外国独资银行或外国独资财务公司。

2）提出申请前一年年末总资产超过200亿美元，允许在我国设立外国银行的分行。

3）提出申请前一年年末总资产超过100亿美元，允许在我国设立中外合资银行或中外合资财务公司。

3. 保险服务

（1）在跨境服务方面，除国际海运、航空、货运险和再保险，以及大型商业险和再保险经纪可以跨境交付外，对其他服务不做承诺。

（2）在境外消费方面，除保险经纪不做承诺外，其他未做限制。

（3）在自然人流动方面，除跨行业的水平承诺（即包括保险行业普遍承诺）外，对其他没有承诺。

（4）在商业存在方面，对企业形式、地域范围及业务范围的承诺如下：

1）自"入世"时起，在寿险领域，允许在上海、广州、大连、深圳和佛山设立合资公司，外资比例不超过50%；允许向外国人和我国公民提供个人（非团体）寿险服务。非寿险领域则允许外国非寿险公司在上海、广州、大连、深圳和佛山设立分公司或合资公司，外资比例可以达到51%。

2）"入世"后两年内，寿险开放地域扩大到北京、成都、重庆、福州、苏州、厦门、宁波、沈阳、武汉和天津；非寿险允许设立外资独资子公司，开放地域扩大到北京、成都、重庆、福州、苏州、厦门、宁波、沈阳、武汉和天津，允许向外国和国内客户提供全面的非寿险服务。

3）"入世"后三年内，寿险取消地域限制，允许合资寿险公司向外国人和我国公民提供健康险、团体险和养老金/年金险服务；非寿险取消地域限制。

4. 证券服务

我国加入世贸组织后，外国证券机构可以直接从事 B 股交易；外国证券机构驻华代表处可以成为我国所有证券交易所的特别会员；允许设立合资公司，从事国内证券投资基金业务，外资比例最多可达33%。

"入世"后三年内，从事国内证券投资基金管理业务的中外合资公司的外资比例可以达到49%；允许外国证券公司设立合资公司，外资比例不超过1/3。合资公司可从事（不通过中方中介）A 股的承销、B 股和 H 股及政府和公司债券的承销和交易、基金的发起。中国金融服务部门进行经营的批准标准仅为审慎性的（即不含经济需求测试或营业许可的数量限制）。

二、电信业

1. 速递服务（CPC75121○，现由中国邮政部门依法专营的服务除外）

（1）自"入世"之日起，允许外国服务提供者设立合资企业，但外资比例不超过49%。

（2）"入世"后一年内，允许外资拥有多数股权。

（3）"入世"后四年内，允许外国服务提供者设立外资独资子公司。

2. 增值电信服务

这类服务包括电子邮件、语音邮件、在线信息和数据检索、电子数据交换、增值传真服务（包括储存和发送、储存和检索）、编码和规程转换、在线信息和/或数据处理（包括交易处理）。

自我国"入世"之日起，允许外国服务提供者在北京、上海、广州设立增值电信企业，无数量限制，合资企业中的外资比例不得超过30%，并在这些城市内提供服务；"入世"后一年内，开放地域扩大到成都、重庆、大连、福州、杭州、南京、宁波、青岛、沈阳、深圳、厦门、西安、太原、武汉 14 个城市，外资比例不得超过49%；"入世"后两年内，取消地域限制，外资比例不得超过50%。

3. 移动语音和数据服务

自我国"入世"之日起，允许外国服务提供者在上海、广州和北京设立中外合资企业，无数量限制，合资企业中的外资比例不得超过25%，并在这些城市内及其之间提供服务；"入世"后一年内，开放地域扩大至上述成都等 14 个城市，并在这些城市内及其之间提供服务，外资比例不得超过35%；"入世"后三年内，外资不得超过49%；"入世"后五年内，取消地域限制。

4. 基础电信服务（寻呼服务）

"入世"后三年内，允许外国服务提供者在上海、广州和北京设立中外合资企业，无数量限制，外资比例不得超过25%，并在这些城市及其之间提供服务；"入世"后五年内，开放地域将扩大至上述成都等 14 个城市，外资比例不得超过35%；"入世"后六年内，取消地域限制，外资比例不得超过49%。

5. 国内业务及国际业务

（1）"入世"后三年内，允许外国服务提供者在上海、广州和北京设立合资企业，并在这些城市内及其之间提供服务，无数量限制，合资企业中的外资比例不得超过25%。

（2）"入世"后五年内，开放地域扩大到在成都、重庆、大连、福州、杭州、南京、宁

○ 联合国主要产品分类编码代号。

波、青岛、沈阳、深圳、厦门、西安、太原和武汉 14 个城市市内及其之间的服务，外资比例不得超过 35%。

（3）"入世"后六年内，全面取消地域限制，外资比例不得超过 49%。

三、旅游业

1. 酒店（包括公寓楼）和餐馆服务

外国服务提供者可以以合资企业形式在中国建设、改造和经营酒店和餐馆设施，允许外资拥有多数股权；"入世"后四年内，取消限制，允许设立外资独立子公司；允许与中国合资酒店和餐馆签订合同的外国经理、专家包括厨师和高级管理人员在中国提供服务。

2. 旅行社和旅游经营者

自"入世"时起，满足下列条件的外国服务提供者可以以合资旅行社和旅游经营者的形式在中国政府指定的旅游度假区及北京、上海、广州和西安提供服务：

（1）全球收入超过 4000 万美元。

（2）合资旅行社、旅游经营者的注册资本不得少于 400 万元人民币；"入世"后三年内，注册资本不得少于 250 万元人民币，允许外资拥有多数股权。

（3）"入世"后六年内，允许设立外资独立子公司，取消地域限制。

（4）对于外资旅行社、旅游经营者的注册资本要求与中国国内旅行社、旅游经营者的要求相同。

（5）合资或独资旅行社和旅游经营者不允许从事中国公民出境及赴中国香港、中国澳门和中国台湾的旅游业务。

四、专业服务业

1. 法律服务（不含中国法律业务）

（1）外国律师事务所只能在北京、上海、广州、深圳、海口、大连、青岛、宁波、烟台、天津、苏州、厦门、珠海、福州、武汉、成都、沈阳和昆明，以代表处的形式提供法律服务；代表处可以从事营利性活动；一个外国律师事务所在中国只能设有一个代表处。

（2）外国律师事务所在华代表处的所有代表在华居留时间每年不得少于 6 个月；不允许代表处雇用中国国家注册律师。

（3）"入世"后一年内，取消地域限制和数量限制。

2. 会计服务

（1）"入世"后一年内，在国民待遇的基础上向那些通过中国注册会计师资格考试的外国人颁发执业许可证。

（2）只允许获得我国主管机关批准颁发的注册会计师执业许可的人在华设立合伙会计事务所或有限责任会计师事务所。但现有的中外合作会计事务所不限于中国主管机关批准的注册会计师。

（3）允许外国会计事务所与中国会计师事务所结成联合所，并与其在其他 WTO 成员中的联合所订立合作合同。

3. 广告服务

只允许外国服务提供者在中国设立中外合资广告企业，外资比例不得超过 49%；"入世"后两年内，允许外资控股；"入世"后四年内，允许设立外资独资子公司。

4. 建筑设计、工程、集中工程、城市规划服务 (不包括城市总体规划服务)

仅限于设立合资企业，允许外方拥有多数控股；"入世"后五年内，允许设立外资独资企业；外国服务提供者应为在其本国从事建筑、工程、城市规划服务的注册建筑师、工程师或企业。

5. 教育服务

教育服务包括初等教育、中等教育、高等教育、成人教育及其他教育服务 (不包括义务教育和特殊教育服务)。中国"入世"后，只允许合作办学，允许外方拥有多数控制权。外国个人教育服务提供者受中国学校和其他教育机构邀请或雇用，可入境提供教育服务，但必须具有以下资格：具有学士或学士以上学位；具有相应的专业职称或证书，并具有两年专业工作经验。

6. 视听服务

(1) 音像制品分销 (包括录像带的出租)。在不损害中国审查音像制品内容权利的情况下，允许设立中外合作企业，从事除电影以外的音像制品的分销和录像带的出租。

(2) 电影进口。在不损害与中国关于电影管理法规一致性的情况下，自"入世"起，允许每年以分账形式进口 20 部外国电影用于影院放映。

(3) 电影院服务。自"入世"起，允许外国服务提供者建设或改造电影院，但外资比例不得超过 49%。

7. 医疗和牙医服务

允许外方设立中外合资医院或诊所，允许外方控股，但按中国需要实行数量限制。合资医院和诊所的大多数医生和医务人员应具有中国国籍。允许持有其本国颁发的专业证书的外国医生，在获得中国卫生部发出的执照后，在中国提供短期医疗服务，服务期限为六个月，并可以延长到一年。

五、批发零售业

1. 批发、佣金代理服务 (不包括盐和烟草)

(1) 经营范围。"入世"后一年内，允许设立合资企业，从事所有进口和国内产品的批发及佣金代理业务，但图书、报纸、杂志、药品、农药和农膜、化肥、成品油和原油产品除外；"入世"后三年内，外商可从事图书、报纸、杂志、药品、农药和农膜的分销业务；"入世"后五年内可从事化肥、成品油、原油分销业务。

(2) 股权控制。"入世"后两年内，允许外资拥有合资批发企业的多数股权，取消所有数量限制；"入世"后三年内，取消对外资股权比例的限制，外资可以成立独资批发企业，但经营化肥、成品油和原油的除外；"入世"后五年内，取消所有限制后，外资才能成立经营这三类产品的独资企业。

2. 零售服务

(1) 地域限制。外国服务提供者仅限于以合资企业形式在五个经济特区和北京、上海、天津、广州、大连、青岛六个城市提供服务，在北京和上海，允许设立的合资零售企业的总数各不超过 4 家，在其他城市，允许设立的合资零售企业各不超过 2 家；在北京设立的 4 家合资零售企业中的 2 家可在同一城市 (即北京) 设立其分支机构，自"入世"之日起，向合资零售企业开放郑州和武汉；"入世"后两年内，在合资零售企业中允许外资持有多数股权，并开放所有省会城市及宁波和重庆；"入世"后三年内，取消所有地域限制、数量限制、股权限制。

（2）在经营范围方面，"入世"后一年内允许从事图书、报纸和杂志的零售；"入世"后三年内，允许从事药品、农药、农膜和成品油的零售，但超过 30 家分店、销售来自多个供应商、不同种类和品牌商店的连锁店，如果销售粮食、棉花、植物油、食糖、汽车、图书、报纸、杂志、药品、农药、农膜、化肥、成品油，则不允许外资控股；"入世"后五年内，允许合资企业从事化肥的零售，取消超过 30 家分店的汽车零售的外资股比限制。

六、运输业

1. 铁路、公路运输服务

中国"入世"后，只允许设立合资企业，外资比例不得超过 49%。对于铁路运输，"入世"后三年内，允许外资控股；"入世"后六年内，允许设立外资独资子公司。对于公路运输，"入世"后一年内，允许外资拥有多数股权；"入世"后三年内，允许设立外资独资子公司。

2. 国际运输服务（货运和客运，不包括沿海和内水运输）

"入世"后，允许外国服务提供者设立合资船运公司，经营悬挂中华人民共和国国旗的船队但外资比例不得超过 49%。

3. 货物运输代理服务（不包括货检服务）

自"入世"时起，允许有至少连续三年经验的外国货运代理在我国设立合资货运代理企业，外资比例不得超过 50%；"入世"后一年内，允许外资拥有多数股权；"入世"后四年内，允许设立外资独资子公司。

除上述服务领域以外，资产评估、出版、印刷、建筑、房地产及物业管理、音像制品、餐饮及娱乐、维修、咨询、广告、医疗、教育、租赁、商检、工程设计等领域均已不同程度地向外商开放。

据世界银行专家计算，我国对 142 种服务活动的市场准入承诺的百分比已达到 55%，除视听、邮政、通信、基础电信、运输服务等 46 个敏感部门外，我国的市场准入承诺比例可达到 63%。与世贸组织中的 25 个发达经济体、77 个发展中经济体和 4 个转型经济体相比，从总体水平来看，我国对服务业的具体承诺与转型经济体相似，明显高于发展中经济体，而低于发达经济体。

总之，我国服务业的对外开放已由过去的个别领域、少数部门发展到了多领域、多部门，基本形成了服务业整体开放的新格局。服务贸易领域的开放，已经构成了我国多层次、全方位对外开放体系的有机组成部分。

国务院新闻办公室 2018 年 6 月 28 日发布的《中国与世界贸易组织》白皮书指出，2001年中国加入世贸组织以来，不断完善社会主义市场经济体制，全面加强同多边贸易规则的对接，切实履行货物和服务开放承诺，强化知识产权保护，对外开放政策的稳定性、透明度、可预见性显著提高，为多边贸易体制有效运转做出了积极贡献。截至 2010 年，中国货物降税承诺全部履行完毕，关税总水平由 2001 年的 15.3% 降至 9.8%。中国大力推动服务业各领域快速发展，提高服务业对国民经济的贡献，截至 2007 年，中国服务贸易领域开放承诺已全部履行完毕。在世界贸易组织服务贸易分类的 160 个部门中，中国开放了 100 个，开放范围已经接近发达国家的平均水平。持续减少限制措施。中国逐步降低服务领域外资准入门槛，按期取消服务领域的地域和数量限制，不断扩大允许外资从事服务领域的业务范围。2010 年，中国服务业吸引外商直接投资额首次超过制造业，2017 年吸引外商直接投资额占比达到 73%。

中国认真履行承诺的实际行动得到世界贸易组织大多数成员的肯定。世界贸易组织所倡导的非歧视、透明度、公平竞争等基本原则已经融入中国的法律法规和有关制度。市场意识、开放意识、公平竞争意识、法治精神和知识产权观念等在中国更加深入人心，推动了中国经济的进一步开放和市场经济体制的进一步完善。

第三节 中国服务贸易发展战略

我国的服务贸易水平落后于发达经济体主要表现在三方面：一是服务贸易明显落后于货物贸易的发展。2021 年，我国服务出口额占贸易出口总额的比重只有 15.4%，明显低于 22.5% 的世界平均水平。二是我国服务贸易长期呈现逆差状态。三是服务贸易优势部门主要集中在海运、旅游等比较传统的领域，而金融、保险、计算机服务等现代服务业的国际竞争力还较弱，旅游和运输服务的出口占我国服务出口的 1/3。与世界服务贸易强国相比，我国的服务业发展还有较大差距，实现服务贸易强国的目标依然任重道远。

一、中国服务贸易发展相对滞后的原因

（一）国内服务业发展相对滞后

服务贸易的发展与服务业的发展具有内在联系。

首先，中国服务业发展滞后的状况并未根本改变。尽管近年来中国服务贸易发展迅速并且服务贸易在对外贸易中的比重不断上升，但中国服务业仍存在服务水平不高、结构不合理、体制改革和机制创新滞后等问题。从产业结构来看，中国对外贸易主要依赖于货物贸易，中国服务业产值占国内生产总值的比重不仅低于发达国家水平，而且低于巴西等发展中国家的水平，服务贸易竞争力有待提升，对外贸易结构亟待优化。

其次，中国服务业在地区间、城乡间的发展水平不均衡，对我国服务业的发展造成了制约。主要表现为东部发达地区服务业水平较高，中西部地区服务业发展水平较低，综合发展水平相差很大。

再次，中国服务业发展水平较低，不仅是由于资金短缺、技术落后，更为重要的是由于服务行业各部门的经济体制和经营机制水平较低。尽管一些部门近年来发展迅速，经济效益有所提高，但面对国际市场竞争，中国企业不熟悉国际市场竞争机制，竞争力水平低下，使许多部门受到了冲击。

最后，国际服务市场的竞争在很大程度上是一种人力资本的竞争，中国服务业从业人员存在文化水平较低、专业理论知识不足、服务队伍不精干等问题，影响了服务业的发展。

（二）服务贸易法律法规不健全，管理相对落后

中国已先后颁布了《中华人民共和国海商法》《中华人民共和国商业银行法》《中华人民共和国保险法》《中华人民共和国广告法》和《中华人民共和国外商投资法》等一批涉及

服务贸易的重要法律法规，但与发达国家成熟的服务贸易法律体系相比，差距依然较大。服务贸易法律法规缺乏完整的系统，且在某些领域仍存在空白，而且已经颁布的有关服务贸易的法律法规与国际通行的经贸规则在操作上还存在一定距离。

此外，中国服务贸易管理也相对落后，这主要体现在中央和地方政府在服务业政策规定方面的差别性、服务业各有关部门责权不明确、行政垄断等。当然，中国对服务业的界定、统计范围以及划分标准等与发达国家及国际惯例有些许出入，也增加了管理对外服务贸易的难度。

（三）信息渠道不通畅，使用率不高

尽管中国正在努力为中小企业搭建信息服务网络平台，但与建成能够统一完整地收集、传递服务贸易信息的网络仍存在一定距离。由于缺少统一的信息处理机构，有关信息主要由服务单位自己收集、处理和加工，影响了信息的利用率，提高了收集和使用信息的成本，在一定程度上影响中国服务出口的发展。

（四）服务业技术创新不足

随着服务业的发展和服务贸易结构的改善，新技术在服务贸易和服务产品竞争中所起的作用越来越大，这要求服务企业不断进行技术创新，提升服务产品的质量，开发新型服务产品。服务业的发展已经与高新技术产业密不可分。服务业也存在市场营销策略和专业技术诀窍的差异问题。由于服务的过程就是消费的过程，服务人员不但需要掌握先进的管理方法、专业技术和技能，而且要有较高的市场营销技能。缩小技术和市场营销技能的差距就必须进入国际市场，从国际市场引进、消化先进的市场营销技巧和管理方法，以提高自身竞争力。

二、中国服务贸易发展战略概述

近年来，我国服务贸易发展较快，但总体上国际竞争力相对不足，仍是对外贸易中的"短板"。为适应经济新常态，需要进一步加快我国服务贸易的发展。

1. 扩大服务贸易规模

巩固旅游、建筑等劳动密集型服务出口领域的规模优势；重点培育运输、通信、金融、保险、计算机和信息服务、咨询、研发设计、节能环保、环境服务等资本、技术密集型服务领域发展，既通过扩大进口满足国内需求，又通过鼓励出口培育产业竞争力和外贸竞争新优势；文化服务出口仍然是中国服务贸易的亮点，需要大力发展文化创意、数字出版、动漫游戏等新型文化服务出口。积极推动文化艺术、广播影视、新闻出版、教育等承载中华文化核心价值的文化服务出口，加强中医药、体育、餐饮等特色服务领域的国际交流合作，提升中华文化软实力和影响力。

2. 优化服务贸易结构

优化服务贸易行业结构，加强资本、技术密集型服务出口，推进特色服务出口，积极开拓服务贸易新领域，稳步提升资本、技术密集型服务和特色服务等高附加值服务在服务进出口中的占比。优化国际市场布局，继续巩固传统市场，在挖掘服务出口潜力的同时，加大资本、技术密集型服务进口力度；大力开拓"一带一路"沿线国家市场，提高新兴国家市场占比，积极发展运输、建筑等服务贸易，培育具有丝绸之路特色的国际精品旅游线路和产品，推进承载中华文化的特色服务贸易发展，提高资本、技术密集型服务贸易占比。优化国内区域布局，巩固东部沿海地区的规模和创新优势，加快发展资本、技术密集型服务贸易，

发挥中西部地区的资源优势，培育特色产业，鼓励错位竞争、协同发展。

3. 规划建设服务贸易功能区

充分发挥现代服务业和服务贸易集聚作用，在有条件的地区开展服务贸易创新发展试点。依托现有各类开发区和自由贸易试验区规划，建设一批特色服务出口基地。在服务贸易创新发展试验区，探索建设特色服务贸易功能区，加快形成服务贸易产业集聚区、产业链深度融合区、人才集聚区、标准规范化区等多功能综合体。拓展海关特殊监管区域和保税监管场所的服务出口功能，扩充国际转口贸易、国际物流、中转服务、研发、国际结算、分销、仓储等功能。

4. 创新服务贸易发展模式

积极探索信息化背景下新的服务贸易发展模式，积极推动数字化服务的发展，依托大数据、物联网、移动互联网、云计算等新技术推动服务贸易模式创新，打造服务贸易新型网络平台，促进制造业与服务业、各服务行业之间的融合发展。将承接服务外包作为提升我国服务水平和国际影响力的重要手段，扩大服务外包产业规模，增加高技术含量、高附加值外包业务的比重，拓展服务外包业务领域，提升服务跨境交付能力。推动离岸、在岸服务外包协调发展，在积极承接国际服务外包的同时，逐步扩大在岸市场规模。

5. 培育服务贸易市场主体

打造一批主业突出、竞争力强的大型跨国服务业企业，培育若干具有较强国际影响力的服务品牌；支持有特色、善创新的中小企业发展，引导中小企业融入全球供应链。鼓励规模以上服务业企业走国际化发展道路，积极开拓海外市场，力争规模以上服务业企业都有进出口实绩。支持服务贸易企业加强自主创新能力建设，鼓励服务领域技术引进和消化吸收再创新，支持跨境电商企业发展，鼓励跨境电商企业进一步拓展市场。

6. 进一步扩大服务业开放

优化营商环境，鼓励外资持续进入现代服务业，探索对外商投资实行准入前国民待遇加负面清单的管理模式，提高利用外资的质量和水平。推动服务业扩大开放，推进金融、教育、文化、医疗等服务业领域有序开放，逐步实现高水平对内、对外开放；放开育幼养老、建筑设计、会计审计、商贸物流、电子商务等服务业领域外资准入限制。积极参与多边、区域服务贸易谈判和全球服务贸易规则制定，加快推动实施自贸试验区和全国版的跨境服务贸易服务清单，进一步放宽跨境服务贸易市场准入。建立面向全球的高标准自由贸易区网络，依托自由贸易区战略实施，积极推动服务业双向互惠开放。推动国内服务业和数字贸易领域出台更多制度性开放措施，支持有条件的地方对标国际高标准经贸规则开展先行先试，提升服务业各类要素跨境流动的便利化水平。

7. 大力推动服务业对外投资

加强对境外投资的政策引导、完善投资合作机制、推动相关领域标准化和便利化、鼓励跨境投资和融资。支持各类服务业企业通过新设、并购、合作等方式，在境外开展投资合作，加快建设境外营销网络，增加在境外的商业存在。支持服务业企业参与投资、建设和管理境外经贸合作区。鼓励企业建设境外保税仓，积极构建跨境产业链，带动国内劳务输出和货物、服务、技术出口。支持知识产权境外登记注册，加强知识产权海外布局，加大海外维权力度，维护企业权益。

8. 加强规划引导

发挥规划的引领作用，定期编制服务贸易发展规划。指导地方做好规划工作，确立主导行业和发展重点，扶持特色优势行业发展。加强对重点领域的支持引导，制定重点服务出口领域指导目录。建立不同层级的重点企业联系制度。

9. 完善财税政策

建立服务业投资、贸易和人员往来的税收优惠政策，提高服务业的税收透明度。充分利用外经贸发展专项资金等政策，加大对服务贸易发展的支持力度，进一步优化资金安排结构，突出政策支持重点，完善和创新支持方式，引导更多社会资金加大对服务贸易发展的支持力度，拓宽融资渠道，改善公共服务。对服务出口执行零税率或免税，鼓励扩大服务出口。

10. 创新金融服务

推进金融机构和服务贸易企业深度融合，加大金融服务创新力度，推进跨境支付、信贷融资、外汇风险管理、税务筹划等金融服务创新，提升服务贸易领域的金融服务能力和水平。加强金融服务体系建设，鼓励金融机构在风险可控的前提下创新金融产品和服务。鼓励政策性金融机构在现有业务范围内加大对服务贸易企业开拓国际市场、开展国际并购等业务的支持力度，支持服务贸易重点项目建设。鼓励保险机构创新保险品种和保险业务，探索研究推出更多、更便捷的外贸汇率避险险种，在风险可控的前提下采取灵活承保政策，简化投保手续。引导服务贸易企业积极运用金融、保险等多种政策工具开拓国际市场，拓展融资渠道。推动小微企业融资担保体系建设，积极推进小微企业综合信息共享。加大多层次资本市场对服务贸易企业的支持力度，支持符合条件的服务贸易企业在交易所市场上市、在全国中小企业股份转让系统挂牌、发行公司债和中小企业私募债等。

11. 提高便利化水平

建立和完善与服务贸易特点相适应的口岸通关管理模式。探索对会展、拍卖、快递等服务企业所需通关的国际展品、艺术品、电子商务快件等特殊物品的监管模式创新，完善跨境电子商务通关服务，推进电子口岸、跨境电子商务等新型贸易方式的发展，提高通关效率和便利程度。加强金融基础设施建设，便利跨境人民币结算，鼓励境内银行机构和支付机构扩大跨境支付服务范围，支持服务贸易企业采用出口收入存放境外等方式提高外汇资金使用效率。加强人员流动、资格互认、标准化等方面的国际磋商与合作，为专业人才和专业服务"引进来"和"走出去"提供便利。为外籍高端人才办理在华永久居留提供便利。

12. 打造促进平台

支持建设跨境电商综合试验区，推进数字贸易和跨境电子商务的发展，扶持电商、物流等新业态新模式。支持商协会和促进机构开展多种形式的服务贸易促进活动，通过政府购买服务的形式整体宣传"中国服务"，提升服务贸易品牌和企业形象。支持企业赴境外参加服务贸易重点展会。积极培育服务贸易交流合作平台，形成以中国（北京）国际服务贸易交易会为龙头、以各类专业性展会论坛为支撑的服务贸易会展格局，鼓励其他投资贸易类展会增设服务贸易展区。积极与主要服务贸易合作伙伴和"一带一路"沿线国家签订服务贸易合作协议，在双边框架下开展务实合作。

13. 健全法规体系

加快推进相关服务行业基础性法律制度修订工作，逐步建立和完善服务贸易各领域法律法规体系，规范服务贸易市场准入和经营秩序。减少行政审批，增加金融支持和保险保障，推动服务贸易便利化和规范化。研究制定或完善有关服务进出口的相关法规。鼓励有条件的地方出台服务贸易地方性法规。建立与国际接轨的服务业标准化体系。

14. 建立协调机制

建立国务院服务贸易发展协调机制，加强对服务贸易工作的宏观指导，统筹服务业对外开放、协调各部门服务出口政策、推进服务贸易便利化和自由化。各地要将大力发展服务贸易作为稳定外贸增长和培育外贸竞争新优势的重要工作内容，纳入政府考核评价指标体系，完善考核机制。鼓励服务贸易企业建立行业组织和协会，发挥其在行业自律、服务规范和政策研究等方面的作用。加强国内不同部门之间的合作和沟通，推动服务贸易与其他领域的深度融合。建立服务贸易信息共享平台，实现服务贸易数据的共享。

15. 完善统计工作

建立和完善国际服务贸易统计监测、运行和分析体系，健全服务贸易统计指标体系，加强与国际组织、行业协会的数据信息交流，定期发布服务贸易统计数据。创新服务贸易统计方法，加强对地方服务贸易统计工作的指导，开展重点企业数据直报工作。推进数据采集、加工和发布技术和手段的创新。加强服务贸易电子数据交换平台建设，推广服务贸易电子口岸，提高服务贸易数据的自动化和数字化水平。

16. 强化人才培养

大力培养服务贸易人才，加快形成政府部门、科研院所、高校、企业联合培养人才的机制。加大对核心人才、重点领域专门人才、高技能人才和国际化人才的培养、扶持和引进力度。鼓励高等学校国际经济与贸易专业增设服务贸易相关课程。鼓励各类市场主体加大人才培训力度，开展服务贸易经营管理和营销服务人员培训，建设一支高素质的专业人才队伍。建立服务贸易人才评价体系，实行分类评价，激励优秀人才，引导人才向服务贸易领域倾斜，打造高素质、高水平的服务贸易人才队伍。

17. 优化发展环境

积极营造全社会重视服务业和服务贸易发展的良好氛围。提高政府服务水平，优化营商环境，为服务贸易发展提供更好的支持和保障。规范服务贸易相关法律法规和部门规章，统一内外资法律法规，培育各类市场主体依法平等进入、公平竞争的营商环境。推动行业协会、商会建立健全行业经营自律规范、自律公约和职业道德准则，规范会员行为，推进行业诚信建设，自觉维护市场秩序。

【本章小结】

本章主要介绍内容如下：中国服务贸易发展状况、发展特点；中国服务贸易管理体制；中国服务贸易各领域对外开放情况，包括金融业、电信业、旅游业、专业服务业、批发零售业、运输业；中国服务贸易发展相对滞后的原因；中国服务贸易发展应采取的战略。

（1）中国服务贸易发展状况。总体来讲，我国服务业短期内难以成为经济增长的主要动力。一方面，我国服务贸易自改革开放以来的确获得了迅速发展，另一方面，服务贸易发展与总体贸易发展和经济增长具有很强的不对称性。

（2）中国服务贸易发展特点。我国服务贸易发展具有以下特点：服务贸易发展速度较快，但规模相对较小；我国服务贸易从顺差到逆差，服务贸易结构有所改善，但仍不平衡。

（3）中国服务贸易管理体制。我国在服务贸易领域的政策和实践目标是：继续熟悉和掌握世界贸易组织有关服务贸易的规则，在与国际规则和惯例接轨的前提下，建立自己的国际服务贸易管理体制。解决当前我国国际服务贸易管理中存在的问题，对我国国际服务贸易实施有效的宏观管理，统一政策，协调一致，保证我国服务贸易事业顺利发展，关键是要迅速建立科学的管理体制，确定服务业进出口政策的归口管理和综合协调部门，明确管理范畴，发挥政策试点促进作用并推动数字贸易发展。

（4）中国服务贸易各领域开放情况。加入 WTO 后，我国服务贸易各领域扩大了对外开放，主要介绍了金融业、电信业、旅游业、专业服务业、批发零售业、运输业的对外开放情况。除上述服务领域以外，资产评估、出版、印刷、建筑、房地产及物业管理、音像制品、餐饮及娱乐、维修、咨询、广告、医疗、教育、租赁、商检、工程设计等领域均已不同程度地向外商开放。总之，我国服务业的对外开放已由过去的个别领域、少数部门发展到了多领域、多部门，基本形成了服务业整体开放的新格局。服务贸易领域的开放，已经构成了我国多层次、全方位对外开放体系的有机组成部分。

（5）中国服务贸易发展相对滞后的原因。我国服务贸易发展相对滞后受多方面因素的影响，主要原因是国内服务业发展相对滞后，服务贸易法律法规不健全、管理相对落后，信息渠道不通畅、使用率不高和服务业技术创新不足。

（6）中国服务贸易发展战略。我国要成为服务贸易强国，必须提升服务贸易的国际竞争力，同时进一步扩大服务贸易的市场开放度。

【本章重要概念】

服务贸易结构　　专业服务业　　中国服务贸易管理体制　　中国服务贸易对外开放　　中国服务贸易发展战略

【复习思考题】

1. 简述中国服务贸易发展的特点。
2. 如何建立中国服务贸易管理体制？
3. 简述中国服务贸易的对外开放情况。
4. 中国服务业发展相对滞后的原因是什么？
5. 如何提升中国服务贸易的国际竞争力？

第九章 ▶▶▶

国际服务贸易竞争力

本章主要学习内容

- 国际服务贸易竞争力内涵
- 国际服务贸易竞争优势"钻石模型"
- 国际服务贸易竞争力主要衡量指标
- 国际服务贸易竞争力评价体系
- 世界服务贸易的竞争力格局
- 我国服务贸易国际竞争力的分析

从迈克尔·波特提出竞争优势理论以来，国际服务贸易竞争力也受到了广泛关注，关注焦点主要围绕国际服务贸易竞争力指标体系设置及其评价。

第一节 国际服务贸易竞争力理论

一、国际服务贸易竞争力的内涵

早在 1980 年，世界经济论坛（WEF）就开始讨论国际竞争力问题。1990 年，迈克尔·波特的《国家竞争优势》一书的出版，更是将竞争优势理论和国际贸易理论基础的研究引向深入。目前，国内外理论界对"国际竞争力"的定义不一[⊖]。各种定义尽管存在差异，但大多只是强调的角度有所不同，其基本的含义是一致的。大体可以把国际竞争力概括为：一个国家在世界市场上参与经济竞争并不断增加财富的能力。其含义包括四个方面的内容：第一，竞争的主体可以是国家、产业或企业；第二，竞争的范围是经济领域，从产品竞争力来看既包括有形产品，也包括无形产品；第三，竞争的空间是世界市场；第四，国际竞争力涉及一个国家的诸多方面，如科技水平、基础设施条件、政府行为、企业素质和劳动者的工作态度等。

⊖ 关于国际竞争力评价的最权威机构是世界经济论坛和 IMD（瑞士洛桑国际管理开发学院，International Institute for Management and Development），它们把国际竞争力定义为"国际竞争力是指一国或一个公司在世界市场上均衡的生产出比其竞争对手更多财富的能力"，它是竞争力资产与竞争力过程的统一。美国《关于国际竞争能力的总统委员会报告》指出："国际竞争力是在自由良好的市场条件下，能够在国际市场上提供好的产品、好的服务的同时，同时又能提高本国人民生活水平的能力。" OECD（经济合作与发展组织，Organization for Economic Co-operation and Development）在《科技、技术与竞争能力》报告中指出：国家竞争的国际竞争能力是建立在国内从事外贸企业的竞争能力之上的，但是又远非国内企业竞争能力的简单累加或平均的结果。我国经济学家樊纲指出，"竞争力是一国产品在国际市场上所处的地位，最终可以理解为'成本'概念，即如何能以较低的成本提供同等质量的产品，或者以同样的成本提供质量更高的产品"。

从中微观来看，国际服务贸易竞争力包括国际服务贸易产业竞争力、国际服务贸易企业竞争力和国际服务贸易产品竞争力三个层次的内容。国际服务贸易产业竞争力是一个国家、地区综合竞争力在各个产业中的具体体现，是一国某产业能够比其他国家的同类产业以更有效的方式提供市场所需要的产品和服务的能力。国际服务贸易企业竞争力是服务贸易企业能够长期以比其他企业（或竞争对手）更有效的方式，提供市场所需要的产品和服务的能力。一国某产业的主要企业或多数企业所具有的竞争力水平，决定了该国企业的竞争力水平。国际服务贸易产品竞争力是一国某个产品以其技术、性能、服务或者成本价格上的优势而获取的竞争能力，是国际服务贸易竞争力最基本的载体。离开了国际服务贸易产品竞争力，国际服务贸易产业竞争力就成了空中楼阁。

从宏观来看，一国国际服务贸易竞争力是一个国家在市场竞争的环境和条件下，与世界上其他国家比较，服务贸易领域所能创造增加值和国民财富的持续增长和发展的系统能力和水平，其核心是国际服务贸易产业竞争力，不同产业之间在国家范围内的有机耦合构成国家的国际竞争力。国际服务贸易产业竞争力是一国国际服务贸易竞争力的基础和依托，它对国际服务贸易竞争力体系的形成具有承上启下的关键作用。决定一国国际服务贸易国际竞争力的因素有：国内经济实力、国际化程度、政府影响、金融实力、基础建设、企业管理能力、科技实力、人力资源等。

二、国际服务贸易竞争力主要理论

（一）比较优势理论

1817 年，大卫·李嘉图发表了《政治经济学及赋税原理》一书。在这一经典著作中，大卫·李嘉图认为只要各国之间存在生产技术上的相对差别，就会出现生产成本和产品价格上的相对差别，从而使各国在不同的产品上具有比较优势；即使一国在两种产品的生产上都处于劣势地位，相比之下总有一种商品的劣势相对较小一些，也就是具有相对优势。市场机制会把一个国家的资源配置到那些具有较高生产率的产业中去。大卫·李嘉图实际上已经指出生产技术的差别是影响产业国际竞争力的因素，在生产技术上处于最有利地位的产业，其商品在国际市场最具竞争力。

（二）竞争优势理论

1990 年，迈克尔·波特在总结传统的国际贸易理论的基础上，发表了《国家竞争优势》一书，提出了解释国家在国际市场上取得竞争优势的"钻石模型"（见图 9-1）。

迈克尔·波特的"钻石模型"回答了一国在某个特定的产业如何获得长久的国际竞争力这个问题。迈克尔·波特认为，一国的国内经济环境对企业开发自身的竞争潜能有很大的影响，其中影响最大、最直接的因素有六项：①生产要素；②需求因素；③相关产业和辅助产业；④企业的战略、组织结构和竞争状态；⑤机遇；⑥政府行为。其中前四

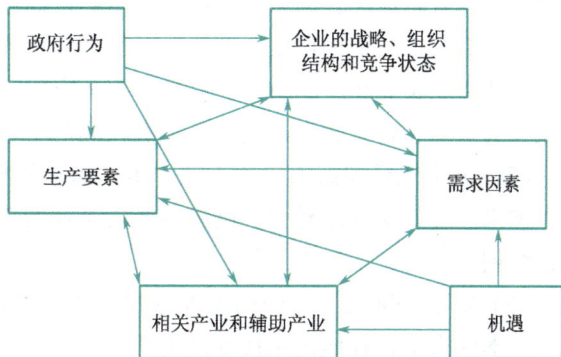

图 9-1　迈克尔·波特的"钻石模型"

个因素是决定产业国际竞争力的决定因素，机遇和政府行为也对产业国际竞争力产生重大影响。在一国的许多产业中，最有可能在国际竞争中取得胜利的是上述因素对其特别有利的产业。迈克尔·波特提出的"六因素"是产业国际竞争力最重要的来源。

1. 生产要素

迈克尔·波特把生产要素分为基本要素和高等要素两类。基本要素包括自然资源、气候、地理位置、非熟练和半熟练劳动力等；高等要素包括现代化通信网络、高科技人才、尖端学科的研究机构等。基本要素是一国先天性的资源禀赋，高等要素是通过长期投资和后天开发创造出来的。在许多行业中，基本要素对企业的竞争力有很大的影响，但随着贸易投资自由化和科学技术的发展，基本要素的重要性逐渐下降。而高等要素逐渐成为新产品开发、新工艺设计的必要条件，并且高等要素的供给相对稀缺。高等要素的形成需要一个国家长期、大量的人力资本投资，并且需要提供适宜其成长的社会经济、政治、法律及文化环境。同时高等要素往往很难从公开市场中获取，因此高等要素对国际竞争力具有极其重要的意义。

迈克尔·波特还把生产要素分为通用要素和特殊要素两类。通用要素是可以为不同行业所通用的生产要素，如高速公路、资金、大学一般专业的毕业生等；特殊要素是指应用面很窄的职业人才、基础设施和专门知识等。特殊要素往往比通用要素在保持企业竞争优势方面更重要，因为特殊要素的创造和形成需要的时间更长、投资更多，并且供给更为有限，公开市场交易不太容易。

高等要素和特殊要素是一国某一产业竞争取胜的重要条件，因此不断地创造、提高和完善高等要素和特殊要素是保持国际竞争力的基本因素。

2. 需求因素

本国需求条件是一个行业或一项产品是否具有国际竞争力的另一个重要的影响因素。一般企业的投资、生产和市场营销首先是从本国的需求来考虑的，国内市场是企业"市场导向"的真正含义，企业从本国需求出发建立起来的生产方式、组织结构和营销管理是否有利于进行国际竞争，是企业是否具有国际竞争力的重要影响因素。本国的需求条件是否有利于国际竞争，可以从以下三个方面分析。

（1）需求特征。首先，如果本国的市场需求具有全球性，即占有全球细分市场较大份额时，市场导向会使企业更注意适应国际需求，本国企业易于拥有竞争优势。其次，本国的需求如果具有超前性，那么为之服务的本国厂商也就相应地走在了世界前列，所发展起来的一套生产工艺、营销策略是企业今后开拓国际市场的一大竞争优势。最后，本国如果十分挑剔，会使当地企业在产品质量、品质和服务方面满足消费者的高标准要求，在这种需求环境下成长起来的企业必然会迫使自己拥有较高的竞争力。

（2）需求规模和需求拉动方式。本国需求规模大的产品有利于提高该产业的国际竞争力；如果消费者偏好差异大，则容易激发企业的创新活力；市场的快速饱和也会迫使当地企业继续创新。

（3）需求国际化。一国的需求方式会随着本国人员在国际上的流动而传播到国外，反过来，本国人员在其他国家接受的消费习惯也同样会被带回来并传导开。因此一国对外开放程度越高，其产品就越容易适应国际竞争。

3. 相关产业和辅助产业

对产业国际竞争力有重要影响的另一个因素是本国产业的上游产业及其相关产业的国际竞争力，一国的优势产业往往表现为优势产业群。相关产业的优势对一个具有国际竞争力的产业会起到互相促进、扩大优势的作用。日本机械工具业的竞争优势离不开其世界级的数控机床、电动机和其他零部件产业的竞争力。瑞典在钢装配制品（如滚珠轴承、切削工具）产业中的竞争力来源于它的特殊钢产业。意大利制鞋业的国际竞争力受到其供货商竞争优势的有力支持（见图 9-2）[⊖]。

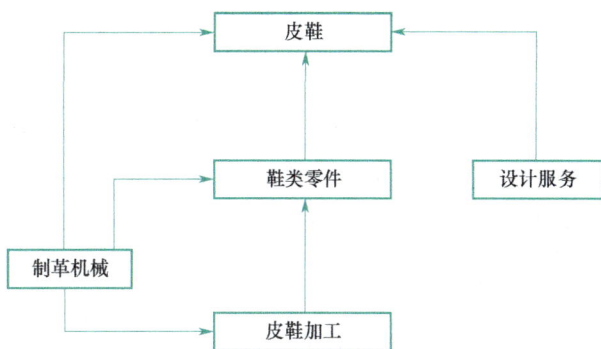

图 9-2　意大利制鞋业的供货商支持系统

相关产业和辅助产业的水平之所以对某一产业的竞争优势有重要的影响，其原因主要有：

（1）可以发挥群体优势。国际竞争往往不是单个企业之间的竞争，而是其所属的各国生产体系、营销体系之间的竞争，是其相关产业和辅助产业综合作用的结果。具有国际竞争力的供货商通过提供上游产品和中间产品，往往能够带动下游产业竞争力的提高；而相关产业往往依托相同的技术和供货，易于开展互相的信息交流和各种合作，并且还会带来技术外溢效应，产生明显的带动作用。

（2）可以对互补产品产生需求拉动。互补产品是具有连带消费效应的产品，某一具有国际竞争力的产业的发展，将会刺激其互补产业的发展。

（3）可以构造有利的外部经济效果和信息环境。相关产业的经济活动具有相当强的外部经济效果，但这种外部经济效果的辐射面是有限的，往往只在本国、本地区范围内才有效。相关产业的主要企业聚集相邻，不但会有外在规模经济效益，而且会使为其服务的专业学校、专用设施制造、专业服务机构等供货商的生存发展更有经济合理性，从而增强这一地区企业的整体竞争力。

4. 企业的战略、组织结构和竞争状态

在不同的国家和不同的行业中，企业的目标、战略、组织方式和竞争状态有很大的差别。国际竞争力来源于特定产业中各种竞争优势能够恰当匹配的企业中，国家环境对人才流动、企业战略和企业组织形式的影响决定了该行业是否具有竞争力。另外国内的市场结构对培育企业的国际竞争力也有很大的影响。

5. 机遇

机遇是那些超出企业控制范围内的突发事件，如技术的重大突破、石油危机、战争等。机遇可以打破现存的竞争环境、竞争秩序，创造出"竞争断层"。这种断层的出现有可能使原来竞争力强的产业丧失竞争优势，也可能使原来竞争力弱的产业后来居上。

⊖　迈克尔·波特：《国家竞争优势》，华夏出版社，2002 年版，第 96、101 页。

6. 政府行为

政府通过在资本市场、补贴、生产标准、竞争条例等方面的政策直接影响产业的国际竞争力。日本之所以从一个企业、产业、国家的国际竞争力均十分弱的国家迅速发展成为世界经济强国，政府行为是一个关键的因素。

（三）比较优势理论与竞争优势理论比较

长期以来，指导国际分工、诠释国际贸易的基本理论是比较优势理论，其核心就是各国按照自己的比较优势和要素禀赋进行国际贸易与分工。但有比较优势不一定有竞争优势。竞争优势是指一个国家在世界市场竞争中实际显现的优势，是国家生产力水平的标志之一。比较优势与竞争优势两者之间既有区别，又存在着一定的联系。

1. 比较优势与竞争优势的区别

（1）比较的层面不同。比较优势侧重于一个国家不同产业（产品）间的比较，体现各地区不同产业之间劳动生产率的比较和相对优势。而竞争优势则是各国在同一产业上较量，体现的是各地区相同产业生产率的绝对优势，通过唯一尺度"市场"比较各国在某特定产业占有国际市场的绝对能力。

（2）强调的重点不同。比较优势更多地强调各国产业发展的潜在可能性，是一种潜在的竞争力；而竞争优势则更多地强调各国产业发展的现实态势，是一种现实的竞争力。

（3）优势的来源不同。比较优势最终归结为一国的资源禀赋，是一种天然的竞争力；而竞争优势虽然与一国资源禀赋有关，但也与一国后天积累形成的知识、技术、商誉等"创造要素"以及规模经济、资本运作、管理水平、营销策略等"企业行为"有关。

（4）验证的内容不同。比较优势理论的实践意义主要是论证国家间产业分工与产业互补的合理性；而竞争优势理论则主要论证了国家间产业冲突和产业替代的因果关系。

（5）决定因素不同。比较优势是由土地、劳动、资本、自然资源等基本生产要素决定的，它是一种低层次的竞争力；竞争优势不但与土地、劳动、资本、自然资源等低级要素有关，而且更与制度、政府、知识、品牌、管理、人力资本、企业家才能、技术创新等高级软要素相关，它是一种高层次的竞争力。

（6）实践证明两者也是相对独立的。有比较优势的产品不一定具有良好的市场业绩，而不具备比较优势的产品却可以借助后天过程要素产生乘数效应而在国际市场上很有竞争力。

2. 比较优势与竞争优势的联系

尽管通过上面的分析，可以知道比较优势与竞争优势是相互区别的两个概念，但在实践中，它们之间联系密切，常常是不可分割的。

（1）在一国的产业发展中，一旦发生对外经济关系，比较优势与竞争优势就会同时发生作用。任何国家，即使是经济最发达的国家也不可能在一切产业中都具有国际竞争优势。这也表明，竞争优势不能完全消除或替代比较优势。

（2）竞争优势理论是在比较优势理论基础上的延伸与创新。它们本质上都是生产力的国际比较，有利的资源禀赋条件是二者发挥的共同基础。发挥比较优势意味着强调各地区的产业发展应该扬长避短，而增强竞争优势更意味着各国产业竞争中的优胜劣汰。迈克尔·波特的生产要素和相关产业因素，讨论的是本国基本供给要素对该国产品生产力的决定作用，是对比较优势的延伸。

（3）比较优势和竞争优势在竞争力评价中相互补充。在评价国际竞争力时，比较优势不可或缺。因为一国的产业 A 可能在国际上具有竞争力，但在本国不具有比较优势，而如果该国将这些资源用于产业 B 的生产，就有可能获得更大的竞争优势。竞争优势才应是评价中关心的核心内容，因为从长期来看一个产业不能只具有比较优势不具有国际竞争优势，一国产业只有在国际市场上处于领先，至少不是永远落后，才能不断地成长，否则便面临无情的国际淘汰而逐渐萎缩，国际竞争遵循市场竞争规则而不是比较优势规则。

（4）比较优势和竞争优势是相互依存的。比较优势是竞争优势存在的前提和基础，竞争优势是比较优势的最终体现。一方面，一个国家有比较优势的产业往往易于形成竞争优势，比较优势是竞争优势的内在基础，对促进特定产业国际竞争力的提高具有非常重要的作用。一国原来具有国际竞争优势的产业，国际比较优势的变化往往导致其竞争优势的丧失。另一方面，一国产业的比较优势只有通过竞争优势的发挥才能得到实现。即使是具有比较优势的产业，如果缺乏国际竞争力，也无法实现其比较优势；反之，非常缺乏比较优势的产业，往往较难形成和保持国际竞争优势。

（5）一国具有比较优势的产业往往易于形成较强的国际竞争优势。换句话说，比较优势可以成为竞争优势的内在因素，促进特定产业国际竞争力的提高。也可以说，比较优势与竞争优势是可以相互转化的。

因此，对服务贸易竞争力的理论探讨应从比较优势出发，着眼于对竞争优势的分析，从而突出服务相比于一般商品的动态特征。在服务贸易中，只有认识现有的比较优势，将现有的比较优势转化为竞争优势，才能形成真正的竞争力。对服务贸易国际竞争力的考察要比对货物贸易竞争力的考察复杂。由于服务产品的特殊性，服务贸易的国际竞争力除了有与各种货物贸易相似的因素外，服务企业跨越时空限制的能力、产品受顾客满意的程度、服务的知名度、人员素质、开展中介工作的能力、文化特色等因素，是决定服务贸易竞争水平的主要因素。

三、国际服务贸易竞争优势理论的拓展

（一）服务贸易竞争优势的基本要求

迈克尔·波特对影响国际竞争力的六大因素分析，为分析国际服务贸易自由化与提升国际服务贸易竞争力的关系提供了理论依据。根据这一理论，获得低成本优势和寻求产品差异性是服务贸易自由化提高企业乃至国家经济竞争力的基础。在此基础上，服务贸易支撑企业或国家竞争优势的基本要素可分解为六个，第三章已详细说明，在此处不再赘述。

（二）服务贸易竞争优势的"钻石模型"

将六种要素与迈克尔·波特的国家竞争优势组合理论结合起来，就形成如图 9-3 所示的服务贸易竞争优势的"钻石模型"。

在"钻石模型"的演变过程中，迈克尔·波特指出国家经济竞争力的提高一般经历以下四个依次递进的阶段，其中前三个阶段属于产业国际竞争力的上升时期，后一个阶段属于产业国际竞争力的衰落时期：

第一阶段为生产因素主导阶段。在这一阶段，产业国际竞争力得益于某些基本要素，如拥有丰富的自然资源将会形成一定的产业国际竞争力。

第二阶段为投资因素主导阶段。在这个阶段，产业国际竞争力优势的确立以国家及其企

业的积极投资意愿和能力为基础。国家竞争优势主要表现为政府和企业积极投资，生产因素、厂商决策和竞争环境持续改善。

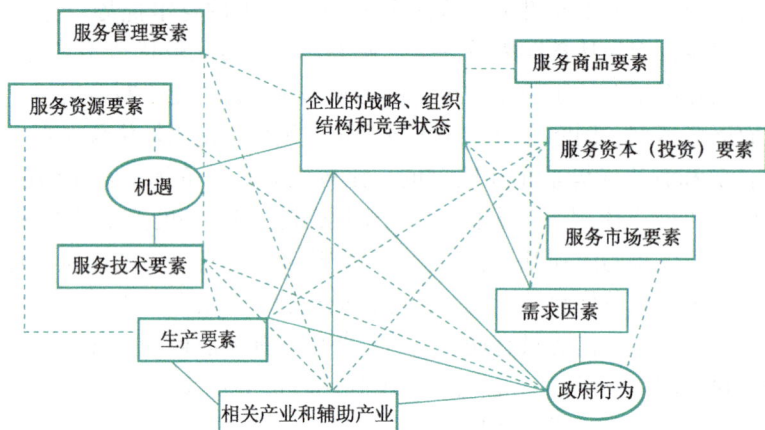

图 9-3 服务贸易竞争优势的"钻石模型"

第三阶段为创新主导阶段。在这个阶段，企业不但运用和改进从其他国家获得的技术，而且创造和发明新的技术，技术创新成为驱动产业国际竞争力提高的主要动力。该阶段的竞争产业建立在较为完整的竞争力"钻石模型"上，企业向着国际化和全球化方向发展。

第四阶段为丰裕主导阶段。这个阶段是产业国际竞争力衰落的时期，其驱动力是已经获得的财富。一些有实力的企业试图通过影响或操纵国家政策来保护自己的利益；一些企业通过频繁的兼并和收购来改变市场竞争状况，从而增强自己的竞争优势。这些举措往往有损于未来的创新。该阶段的竞争力来自前三阶段财富与创新技能的积累。

第二节　国际服务贸易竞争力的评价

要想评价一国服务贸易竞争力如何，就需要建立评价体系，对竞争力的大小进行衡量与综合评价。

一、国际服务贸易竞争力的主要衡量指标

根据国内外学者近年来的研究，目前国际服务贸易竞争力的衡量指标主要有以下几种。

1. 服务贸易总量

服务贸易总量包括进出口总额、出口额、进口额以及各自的增长率和在世界的排序。这是一个国家服务贸易国际竞争力的直接体现。

2. 国际市场占有率

衡量一个国家服务贸易的国际地位还有一个很重要的指标，那就是一国服务贸易出口在世界市场上的占有份额，即国际市场占有率。其计算公式为

$$国际市场占有率 = \frac{该国出口额}{世界出口总额} \times 100\% \tag{9-1}$$

国际市场占有率指标直接反映某产业或某产品国际竞争力的现实状态，用以比较不同国

家或地区同一产业或同类产品在国际市场上的竞争力。现实中，由于企业的利润率指标统计数据较难获得，也缺乏准确性，因此常用市场占有率来替代。

3. 贸易竞争力指数

贸易竞争力指数（TC 指数）表明一个国家的 i 类产品是净进口还是净出口，以及净进口或净出口的相对规模，是指一国进出口贸易的差额占进出口贸易总额的比重。TC 指数又称为比较优势指数（Comparative Advantage Index，CAI）或可比净出口（Normalized Trade Balance，NTB）指数，能表明各类产品的国际分工状况和分析行业的竞争优势状况。其计算公式为

$$X_i = \frac{E_i - I_i}{E_i + I_i} \qquad (-1 \leqslant X_i \leqslant 1) \tag{9-2}$$

式中　X_i——贸易竞争力指数；

$\quad\quad E_i$——产品 i 的出口总额；

$\quad\quad I_i$——产品 i 的进口总额。

贸易竞争力指数 X_i 的取值范围为 [−1，1]，其值越接近 0，说明竞争优势越接近平均水平。大于 0 时，说明竞争优势大，越接近 1，竞争力越强；反之，则说明竞争力越小。如果 $X_i = -1$，表明该国的 i 商品只有进口而没有出口；如果 $X_i = 1$，表明该国的 i 商品只有出口而没有进口。

4. 显示性比较优势指数

显示性比较优势（Revealed Comparative Advantage，RCA）指数的基本含义是，一国某产品出口额占该国总出口额的比重，与世界出口总额中该产品出口额所占份额的比率，其计算公式为

$$RCA_{ij} = \frac{X_{ij} \Big/ \sum_{j=1}^{n} X_{ij}}{\sum_{i=1}^{m} X_{ij} \Big/ \sum_{i=1}^{m} \sum_{j=1}^{n} X_{ij}} \tag{9-3}$$

式中　RCA_{ij}——i 国 j 产品的显示性比较优势指数；

$\quad\quad X_{ij}$——i 国 j 产品的出口值；

$\quad\quad i$——出口国家数量，$i = 1，2，\cdots，m$；

$\quad\quad j$——出口产品数量，$j = 1，2，\cdots，n$。

RCA 指标是反映贸易结构与贸易依存状况的指标。一般认为若 RCA 指标大于 2.5，表示该产业的国际竞争力具有很强的竞争优势；若 RCA 指标在 1.25~2.5，表示该产业具有较强的国际竞争力；若 RCA 指标在 0.8~1.25，表示该产业具有一般水平的国际竞争力；若 RCA 指标小于 0.8，则表示该产业的国际竞争力较弱。

5. 显示竞争优势指数

显示竞争优势（Competitive Advantage，CA）指数，是从出口的比较优势中减去该产业进口的比较优势，得到一国某产业或产品真正的竞争优势。CA 指数的计算公式为

$$CA_{ia} = RCA_{ia} - \frac{M_{ia} / M_{it}}{M_{wa} / M_{wt}} \tag{9-4}$$

式中 M_{ia}——i 国（或地区）第 a 类产品进口额；

       M_{wa}——世界第 a 类产品进口总额；

       M_{it}——i 国（或地区）所有产品的进口额；

       M_{wt}——世界所有产品的进口总额。

相对于 RCA 指标只考虑一个产业或产品的出口所占的相对比例，CA 指数更能反映竞争力的状况，因为它考虑了进口对竞争力的影响情况，更能真实反映一国某一产业的国际地位。一般认为若 CA 指数小于 0，则表示该产业在国际竞争中处于相对竞争劣势；若 CA 指数等于 0，表示该产业贸易自我平衡；若 CA 指数大于 0，则表示该产业在国际竞争中处于相对竞争优势，并且指数越大，这种优势越强。

6. 出口绩效相对系数

出口绩效相对系数（Index of Relative Export Performance）表示一国某产品的出口额占该产品世界总出口额的比重，与该国总出口额占世界总出口额的比重之比。其计算公式为

$$R_{ij} = \frac{X_{ij} \Big/ \sum_{i=1}^{m} X_{ij}}{\sum_{j=1}^{n} X_{ij} \Big/ \sum_{i=1}^{m} \sum_{j=1}^{n} X_{ij}} \tag{9-5}$$

式中 R_{ij}——i 国 j 产品的出口绩效相对系数；

      X_{ij}——i 国 j 产品的出口额；

      i——不同国家，$i=1, 2, \cdots, m$；

      j——不同的产品，$j=1, 2, \cdots, n$。

如果 $R_{ij}>1$，表示 i 国在 j 产品的生产和出口方面具有相对较高的专业化水平和出口竞争力；如果 $R_{ij}<1$，表示 i 国在 j 产品的生产和出口方面没有一定的专业化水平和出口竞争力。

7. 劳动生产率

劳动生产率是反映一国竞争力强弱的重要指标之一。为了考察我国服务出口部门的生产效率，有的学者专门设计了一项新的指标：服务业就业的出口效应（Export Effect，EE），这一指标是表示服务出口收入对服务业就业影响的弹性系数。用 E_y 和 Q_S 分别表示服务出口收入和服务业就业人数，计算公式为

$$EE = \frac{\Delta E_y / E_y}{\Delta Q_S / Q_S} \tag{9-6}$$

式中   EE——服务业就业的出口效应；

      ΔE_y——服务出口收入变动量；

      ΔQ_S——服务业就业人数变动量；

      E_y——服务出口收入；

      Q_S——服务业就业人数。

8. 固定市场份额模型指标

固定市场份额模型指标（The Constant Market Share Model，CMS）的基本含义是：一定时期内，本国某产品的出口增长率与为保持该产品原有的市场占有份额应有的出口增长率之差。如果 CMS 数值为正，则表明该国该产业在这一时期内的出口竞争力相对于其他出口国有所提高；如果 CMS 数值为负，则表明该国该产业在这一时期内的出口竞争力相对于其

出口国有所下降。运用这一指标的难点是不容易测算保持原有市场份额而应达到的出口增长率。

9. 出口优势变差指数

出口优势变差指数（E_i）是将各产品的出口增长率与总的外贸出口增长率进行比较，从而可以确定一个时期内，何种产品具有更强或较强的出口竞争力。其计算公式为

$$E_i = (G_i - G_o) \times 100 \tag{9-7}$$

式中　E_i——出口优势变差指数；

　　　G_i——i 产品出口增长率；

　　　G_o——总出口增长率。

10. 进出口行业结构

出口结构是否合理是影响国际竞争力的重要指标。发达国家是服务出口的主要国家，它们都在致力于改善国际服务贸易的出口结构，主要表现为提高知识、技术密集型服务的比重。我国国际服务贸易出口中旅游等劳动密集型产品占了半壁江山，知识、技术密集型服务的比重偏低，属于过分依赖自然资源禀赋的出口结构。

11. 价值增值率

无论是国际市场占有率指标还是利润率指标，都不能完全表明生产国变化和产业内分工与贸易形式下一国的产业竞争力状态。利用价值链的分析方法来计算的价值增值量，可以比较准确地说明产业国际竞争力状态。一般来讲，在产业内分工和产业内贸易的情况下，产业内进口物品金额与加工后出口物品金额之比，可以体现产品增加值率和本地化水平。这种计算方法更适合于计算产业的状况。将国内环节的增值率与国外某一环节或其他环节的增值率指标相比较，就可以体现某国的产业竞争力水平并把握它在国际分工中的位次。

12. 服务贸易对外开放度

服务贸易的全球化、自由化是世界经济发展的必然趋势。但由于各国服务产业发展水平与阶段不同，对服务贸易的开放和控制程度是不同的。国际货币基金组织对一国服务贸易对外开放度（SO）提供了相关的计算公式为

$$SO = \frac{S_x + S_y}{GDP} \tag{9-8}$$

式中　S_x、S_y——服务贸易的出口总额和进口总额；

　　　GDP——国内生产总值。

二、国际服务贸易竞争力评价体系

鉴于国际服务贸易竞争力指标数目众多，并且各个指标评价的侧重点有所不同。因此，弄清各个指标之间的关系，对国际服务贸易竞争力指标进行适当的评价就很有必要。从进出口角度来评价国际服务贸易竞争力指标可以分为市场占有率、净出口、出口所占比例和劳动生产率四个方面（见图9-4）。

需要指出的是，国际服务贸易竞争力的评价指标体系往往相互交叉，共同反映一国国际服务贸易竞争力水平，并且不同的指标有各自的适用范围，不能因为一国某一指标水平高低就武断地判断一国国际服务贸易竞争力的高低，需要结合不同指标的解释范围和需要说明的问题对象来综合判断。

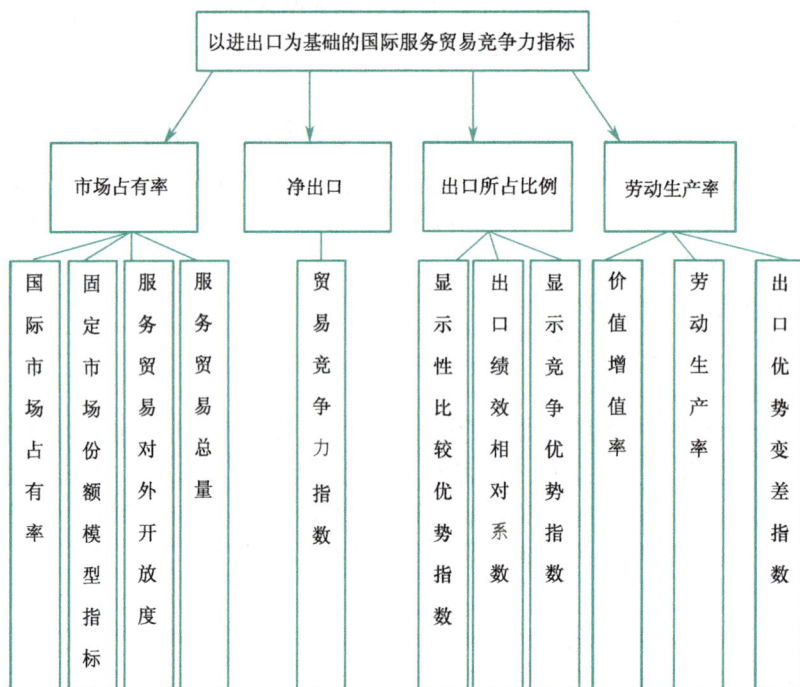

图 9-4　国际服务贸易竞争力评价体系

第三节　全球服务贸易国际竞争力的分析

一、国际服务贸易主要国家和地区国际竞争力分析

根据 2009 年—2021 年国际服务贸易主要国家和地区的数据，我们可以计算得出各国服务贸易的国际市场占有率和 TC 指数，见表 9-1 和表 9-2。

表 9-1　2009 年—2021 年主要国家的服务贸易国际市场占有率

年份	国　　家											
	美国	英国	德国	法国	日本	意大利	西班牙	荷兰	中国	印度	巴西	俄罗斯
2009	14.30%	7.97%	6.17%	5.51%	3.31%	2.64%	3.12%	3.26%	3.93%	2.54%	0.69%	1.25%
2010	14.69%	7.64%	5.83%	5.27%	3.39%	2.56%	2.89%	3.14%	4.50%	2.95%	0.76%	1.24%
2011	14.43%	7.77%	5.73%	5.46%	3.16%	2.49%	2.98%	3.07%	4.50%	3.11%	0.82%	1.30%
2012	14.91%	7.72%	5.58%	5.32%	2.98%	2.39%	2.73%	2.89%	4.39%	3.17%	0.83%	1.36%
2013	14.70%	7.59%	5.65%	5.48%	2.76%	2.29%	2.66%	2.93%	4.23%	3.05%	0.77%	1.43%
2014	14.44%	7.57%	5.79%	5.46%	3.13%	2.18%	2.62%	2.98%	4.18%	3.00%	0.75%	1.25%
2015	15.40%	7.68%	5.62%	5.12%	3.26%	1.97%	2.43%	3.37%	4.35%	3.13%	0.67%	1.03%
2016	15.41%	7.31%	5.77%	5.09%	3.46%	1.98%	2.57%	3.10%	4.10%	3.18%	0.65%	1.00%

（续）

年份	国 家											
	美国	英国	德国	法国	日本	意大利	西班牙	荷兰	中国	印度	巴西	俄罗斯
2017	15.17%	7.04%	5.80%	4.96%	3.39%	2.03%	2.60%	3.16%	3.86%	3.35%	0.60%	1.04%
2018	14.38%	7.17%	5.93%	5.03%	3.22%	2.05%	2.59%	3.34%	3.88%	3.41%	0.57%	1.07%
2019	14.52%	6.99%	5.80%	4.82%	3.41%	1.99%	2.55%	3.30%	3.98%	3.50%	0.54%	1.01%
2020	12.02%	6.57%	5.26%	4.06%	2.71%	1.40%	1.49%	3.10%	3.79%	3.36%	0.46%	0.80%
2021	13.10%	7.49%	6.38%	4.96%	2.80%	1.70%	1.96%	3.16%	5.57%	3.97%	0.52%	0.92%

数据来源：根据中经网统计数据库国际收支数据整理而得。

表 9-1 数据显示，2009 年—2021 年，发达国家如美国、英国、德国等服务出口国际市场占有率始终高于中国，具有较强的国际竞争力。2021 年我国国际市场占有率超越法国，仅次于美国、英国、德国。

表 9-2 　2009 年—2021 年主要国家的国际服务贸易 TC 指数

年份	国 家											
	美国	英国	德国	法国	日本	意大利	西班牙	荷兰	中国	印度	巴西	俄罗斯
2009	0.1236	0.2252	-0.0515	0.0687	-0.1261	-0.0632	0.2483	-0.0443	-0.0507	0.2743	-0.3084	-0.1612
2010	0.1429	0.2263	-0.0676	0.0704	-0.1013	-0.0577	0.2723	-0.0379	-0.0405	0.1947	-0.3856	-0.2099
2011	0.1691	0.2561	-0.0752	0.0860	-0.1101	-0.0372	0.3170	-0.0483	-0.1043	0.2807	-0.3784	-0.2237
2012	0.1864	0.2633	-0.0717	0.0898	-0.1485	-0.0005	0.3381	-0.0424	-0.1651	0.2908	-0.3886	-0.2720
2013	0.2140	0.2584	-0.0863	0.0806	-0.1164	0.0042	0.3680	-0.0249	-0.2299	0.3101	-0.4220	-0.2935
2014	0.2131	0.2398	-0.0524	0.0627	-0.0804	-0.0131	0.3459	-0.0168	-0.3278	0.3194	-0.4194	-0.2960
2015	0.2138	0.2326	-0.0353	0.0456	-0.0467	-0.0234	0.3227	-0.0431	-0.3343	0.3081	-0.4041	-0.2646
2016	0.2085	0.2246	-0.0381	0.0451	-0.0287	-0.0219	0.3314	0.0238	-0.3587	0.2557	-0.3567	-0.1913
2017	0.2085	0.2249	-0.0405	0.0530	-0.0162	-0.0187	0.3358	0.0246	-0.3780	0.2579	-0.3849	-0.2139
2018	0.2098	0.2056	-0.0254	0.0498	-0.0233	-0.0138	0.3073	0.0302	-0.3848	0.2455	-0.3661	-0.1887
2019	0.2004	0.1999	-0.0277	0.0509	-0.0231	-0.0020	0.2915	0.0574	-0.3483	0.2440	-0.3681	-0.2282
2020	0.2179	0.2951	0.0049	0.0453	-0.0945	-0.0533	0.1875	0.0596	-0.2499	0.2730	-0.3094	-0.1458
2021	0.1823	0.2713	0.0005	0.0770	-0.1019	-0.0627	0.2294	0.0845	-0.1286	0.2712	-0.2998	-0.1486

数据来源：根据中经网统计数据库国际收支数据整理而得。

根据表 9-2 中 2021 年的数据，服务贸易国际竞争力最强的是英国，其后依次是印度、西班牙、美国、荷兰、法国、德国、意大利、日本、中国、俄罗斯和巴西。从 2009 年—2021 年的数据看，发达国家美国、英国、法国、西班牙和发展中国家印度的 TC 指数始终大于零，具有一定的竞争优势；发达国家日本、意大利和发展中国家中国、俄罗斯、巴西的

TC指数始终小于零，其国际竞争力存在比较劣势；荷兰、德国近年来TC指数不断上升，服务贸易国际竞争力有所增强。

1. 发达国家服务贸易国际竞争力分析

英国服务贸易总体上呈现比较优势，发达的金融业使其服务贸易在世界上一直占据优势地位。伦敦是世界三大金融中心之一，也是欧洲最重要的金融中心，英国主要的金融机构和市场主要包括英格兰银行、商业银行、伦敦股票交易所及劳合社等。苏格兰（爱丁堡和格拉斯哥）是英国第二大金融中心，也是欧洲地区基金管理中心。英国的保险、金融、通信等服务产业在国际市场中占有较大份额，2018年这三个产业的国际市场份额分别达到18.1%、17.0%、9.3%，具有较强实力。英国的旅游业也比较发达，旅游业每年为英国创造1150亿英镑的产值，提供10%的就业机会。此外，英国在交通运输、文娱、其他商用服务领域都有较强的比较优势。

美国的服务贸易进出口额都居于世界首位，其服务贸易竞争力也较强。旅游、金融、特许权使用费和许可费、其他商用服务、运输等是美国的主要服务部门，占其国际服务贸易的较大比重，具有明显竞争优势。运输服务在美国跨境服务贸易中的作用举足轻重。运输服务的增长主要来自于民运，特别是航空民运。航空在美国国际货物运输中的作用日益重要。美国旅游业在世界范围内有很强的竞争力，每年都吸引着成千上万的外国游客，为美国的服务贸易带来了巨额顺差，2019年美国国际旅游收入为1933亿美元，是世界上国际旅游收入最多的国家，顺差约705亿美元，是旅游行业顺差最大的国家。在美国旅游服务中，文化气息越来越浓，知识经济起了极大的推动作用。1997年，在美国750亿美元的旅游收入中，有近2/3与文化旅游有关。金融服务方面，美国与英国一直高居世界前两位，实力相近。

2. 金砖国家服务贸易国际竞争力分析

金砖国家服务贸易国际市场占有率出现分化。中国和印度保持持续增长，且在新冠疫情期间不减反增，而巴西和俄罗斯则出现下降。中国的服务贸易市场占有率从2009年的3.93%上升到2021年的5.67%；印度的服务贸易市场占有率增长速度较快，从2009年的2.54%增加到2021年的3.97%；与中国和印度相比，俄罗斯、巴西的服务贸易市场占有率较低，2012年以来整体呈现持续下降的趋势，仅在2021年有所回升。

从TC指数看，印度是"金砖国家"中唯一保持正值的国家，说明印度在服务贸易领域具有一定的竞争优势，且2020年印度的TC指数达到0.2730，创2016年以来的新高；俄罗斯和巴西的TC指数走势相似，整体服务贸易的劣势比较明显，俄罗斯的竞争优势略大于巴西，两国在2021年也分别达到了各自的新高。中国的TC指数在2009年—2018年持续下降，竞争劣势明显，2019年后逆势上扬，竞争力有所回升。

二、国际服务贸易主要国家和地区国际竞争力趋势分析

我们通过对国际服务贸易主要国家和地区2009年—2021年的服务贸易竞争力指数进行分析，可以看出服务贸易主要国家和地区国际竞争力的发展趋势。其中，图9-5是对服务贸易存在一定竞争优势的国家和地区国际竞争力趋势的分析，图9-6是对服务贸易存在微弱竞争劣势的国家和地区国际竞争力趋势的分析。

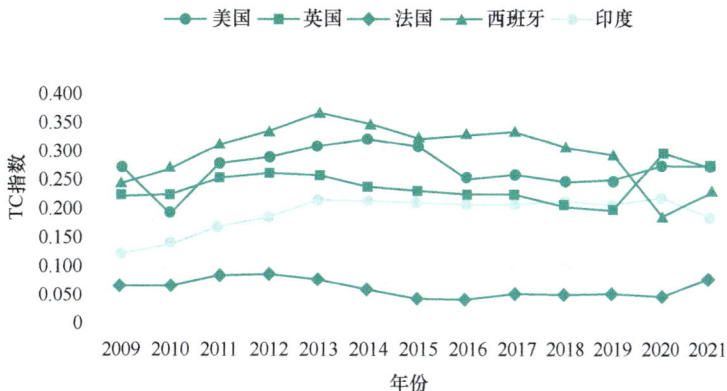

图 9-5　服务贸易存在一定竞争优势的国家和地区的国际竞争力趋势

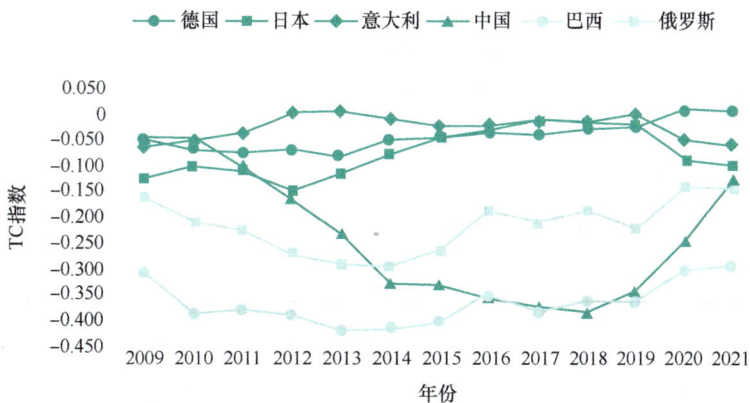

图 9-6　服务贸易存在微弱竞争劣势的国家和地区的国际竞争力趋势

1. 服务贸易存在一定竞争优势的国家的国际竞争力趋势分析

由图 9-5 可以看出，2010 年—2019 年西班牙服务贸易国际竞争力一直位居世界第一，2013 年达到历史最高，此后逐渐下降，2020 年低于英国、印度和美国，2021 年有所回升。2011 年以来，美国服务贸易国际竞争力持续位居世界第二，2015 年—2019 年趋于下降，2019 年—2021 年恢复上升。英国服务贸易国际竞争力较高，2009 年—2019 年稳居世界第三，在 2012 年—2019 年趋于下降，2020 年有所回升，2020 年—2021 年处于世界最高水平。2009 年—2015 年，印度服务贸易国际竞争力呈整体上升趋势，2015 年贸易竞争力指数达到 0.214，具有较强的优势；2016 年后整体平稳，2021 年有所下降。法国服务贸易国际竞争力在 2009 年—2012 年缓慢上升，在 2012 年—2016 年有所下降，随后保持平稳，2021 年有所上升，但仍低于英国、印度、美国、西班牙等国。

2. 服务贸易存在微弱竞争劣势的国家的国际竞争力趋势分析

由图 9-6 可以看出，德国服务贸易国际竞争力有缓慢上升的趋势。意大利服务贸易国际竞争力整体趋于下降，2009 年—2012 年趋于上升，2012 年—2015 年趋于下降，2015 年—2019 年缓慢上升，但 2020 年和 2021 年下降明显。日本服务贸易国际竞争力 2012 年—2017 年处于上升趋势，2018 年—2021 年后不断下降。中国服务贸易国际竞争力在 2010 年—2018 年持续下降，2019 年—2021 年强劲上升，劣势逐渐转小，国际竞争力逐渐增强。

第四节 中国服务贸易国际竞争力分析

通过上一节的分析可以发现，我国服务贸易国际竞争力处于竞争劣势的地位，在国际服务贸易中处于不利地位。如何更进一步了解我国服务贸易竞争力状况并提出增强我国服务贸易国际竞争力的对策就显得尤为重要。本节将从我国服务贸易整体竞争力和行业竞争力角度对我国服务贸易国际竞争力做具体分析，并指出其存在的问题和发展的对策。

一、中国服务贸易整体国际竞争力分析

数据显示，2012 年—2021 年，中国服务进出口总额从 4829 亿美元增长至 7800 亿美元，10 年间贸易规模增长了 61.5%，在世界服务进出口总额中的占比由 5.4% 提高至 6.3%，连续八年稳居全球第二位；其中，服务出口额从 2016 亿美元增长至 3394 亿美元，增长了68.3%，已经成为世界第三大服务出口大国；服务进口额从 2813 亿美元增长至 4406 亿美元，成为世界上仅次于美国的服务进口大国。其中，中国服务贸易逆差规模呈现出先增大后降低的 "V" 形增长态势。贸易逆差额最高时达 2921 亿美元（2018 年）。2021 年，中国服务贸易逆差额仅为 1012 亿美元，达近年来的历史最低值。

中国服务贸易整体国际竞争力状况可以用贸易竞争力（TC）指数来分析。具体见表 9-3。

表 9-3 2009 年—2021 年中国服务贸易进出口额与 TC 指数

项 目 年 份	出口额（亿美元）	进口额（亿美元）	差额（亿美元）	TC 指数[①]
2009	1436	1589	−153	−0.0506
2010	1783	1934	−151	−0.0406
2011	2010	2478	−468	−0.1043
2012	2016	2813	−797	−0.1650
2013	2070	3306	−1236	−0.2299
2014	2191	4329	−2138	−0.3279
2015	2174	4357	−2183	−0.3343
2016	2084	4415	−2331	−0.3587
2017	2131	4720	−2589	−0.3779
2018	2336	5257	−2921	−0.3847
2019	2444	5055	−2611	−0.3482
2020	2289	3814	−1525	−0.2499
2021	3394	4406	−1012	−0.1297

① 因与表 9-2 数据来源不同，此处计算的 TC 指数与表 9-2 略有差异。

数据来源：国家外汇管理局，各年度国际收支报告。

二、中国服务贸易行业国际竞争力分析

自加入 WTO 以来，我国除加工服务和旅游服务外，其他各类服务的国际市场占有率均

存在较大幅度的提高，占比较高的有加工服务、建设服务、维护和维修服务等（见表9-4）。其中，知识产权使用费的提升幅度最大，2020年较2001年提升了近22倍，这表明近年来我国不断加强对知识产权的保护已取得初步成效。个人、文化和娱乐服务的国际市场占有率增幅也较大，20年间增长了7.5倍。另外，建筑服务业为我国服务贸易出口的主力军，截至2020年该部门在国际市场占比近三成，这不仅反映了我国建筑服务国际竞争力的增强，还反映了世界各国对我国建筑服务的认可。

表9-4　中国服务贸易各部门的国际市场占有率

行　业	年　份										
	2010	2011	2012	2013	2014	2015	2016	2017	2018	2019	2020
加工服务	30.42	28.82	27.82	24.56	21.78	22.28	18.01	16.47	13.70	12.60	—
维护和维修服务	—	—	—	—	—	4.78	6.40	6.71	6.89	9.12	—
运输服务	4.13	3.94	4.24	3.97	3.83	4.28	3.90	3.92	4.08	4.49	7
旅游服务	4.81	4.55	4.53	4.32	3.53	3.75	3.62	2.91	2.83	2.48	3.2
建设服务	17.32	15.86	12.91	11.21	14.25	17.39	14.24	11.59	11.68	12.60	27
保险和养老金服务	1.80	2.77	2.89	3.17	3.36	4.09	3.15	3.03	3.45	3.50	4
金融服务	0.37	0.20	0.45	0.71	0.96	0.51	0.70	0.71	0.64	0.75	0.8
知识产权使用费	0.34	0.27	0.37	0.29	0.20	0.33	0.34	1.28	1.37	1.61	2.3
通信、计算机和信息服务	3.26	3.72	4.19	4.03	4.27	5.14	5.12	4.99	4.81	5.15	8.6
其他商用服务	5.26	6.04	5.22	5.46	5.98	5.32	5.04	4.77	4.94	4.94	5.8
个人、文化和娱乐服务	0.23	0.21	0.20	0.23	0.25	1.05	1.05	0.99	1.19	1.16	1.7
别处未提及的政府服务	1.37	0.99	1.29	1.64	1.41	1.47	1.73	2.35	2.26	2.02	3.7

表9-5数据显示，我国多数服务贸易部门的TC指数呈现负数状态，这表明我国服务贸易整体上处于竞争劣势，服务贸易的国际竞争力较弱。从行业上看，近年来TC指数均大于零的有加工服务、维修和维护服务、建设服务、通信、计算机和信息服务和其他商用服务，虽然近年来我国加工服务TC指数略有下降，但截至2020年仍高达0.93。另外，维修和维护服务、建设服务的TC指数也较高，2019年之前大多年份的数值均超过0.4，这表明我国劳动密集型服务贸易仍具有较强的国际竞争优势。旅游是我国服务贸易的支柱项目，随着我国国民收入的不断提高，对幸福产业的需求正在日益变大，旅游服务的TC指数为负，并持续扩大。一向被认为属于劳动密集型的运输服务的TC指数却呈负数状态，实际上，自20世纪80年代以来，随着远洋集装箱运输和国际建筑业"建设—经营—转让"方式的盛行，这两项服务越来越偏向于向资本、技术密集型服务方式转变，而我国在资本、技术两方面基础较为薄弱，相应的竞争劣势也日渐凸显；通信、计算机和信息服务的TC指数大多时间呈现出正数状态，其优势的获得主要依靠国家垄断和服务外包的发展；在其他服务贸易部门

中，TC 指数多为负数，反映了我国服务贸易的国际竞争力水平较低，尤其是在保险、金融等高附加值的服务贸易领域。金融服务 TC 指数 2016 年由负转正，表明我国金融服务已逐渐拥有竞争优势。知识产权使用费虽然仍未摆脱贸易逆差的状态，但"入世"20 年来其 TC 指数处于不断上升趋势。

表 9-5　中国服务贸易各部门的 TC 指数

行　业	年　份										
	2010	2011	2012	2013	2014	2015	2016	2017	2018	2019	2020
加工服务	—	—	—	0.99	0.99	0.98	0.98	0.98	0.98	0.97	0.93
维护和维修服务	—	—	—	—	—	0.46	0.43	0.45	0.48	0.47	0.39
运输服务	-0.30	-0.39	-0.38	-0.43	-0.43	-0.38	-0.41	-0.43	-0.44	-0.39	-0.25
旅游服务	-0.09	-0.20	-0.34	-0.43	-0.68	-0.69	-0.71	-0.74	-0.75	-0.76	-0.86
建设服务	0.48	0.60	0.54	0.47	0.52	0.24	0.21	0.47	0.51	0.50	0.22
保险和养老金服务	-0.80	-0.73	-0.72	-0.69	-0.66	-0.28	-0.51	-0.44	-0.41	-0.39	-0.61
金融服务	-0.02	0.06	-0.01	-0.07	-0.04	-0.06	0.22	0.39	0.24	0.23	0.09
知识产权使用费	-0.88	-0.90	-0.89	-0.92	-0.94	-0.91	-0.91	-0.71	-0.73	-0.68	-0.63
通信、计算机和信息服务	—	—	—	0.38	0.30	0.39	0.36	0.18	0.33	0.33	0.09
其他商用服务	0.21	0.19	0.22	0.09	0.26	0.19	0.14	0.18	0.19	0.19	0.16
个人、文化和娱乐服务	-0.50	-0.53	-0.64	-0.68	-0.67	-0.44	-0.49	-0.57	-0.47	-0.55	-0.50
别处未提及的政府服务	-0.09	-0.17	-0.02	0.02	-0.32	-0.41	-0.41	-0.34	-0.44	-0.41	-0.18

数据来源：国家外汇管理局，各年度国际收支报告。

三、中国国际服务贸易竞争力存在的问题

我国服务贸易整体竞争力较弱。改革开放以来，我国服务贸易虽然得到了迅速发展，但整体发展水平不高，与我国国民经济的发展不相适应。相对于世界 18.1% 的平均水平，我国服务贸易占世界服务贸易的份额是相对较低的，只有 10.6%。其出口额占世界服务贸易出口额的 3.9% 左右，并且我国服务贸易与商品贸易没有能够做到同步发展。服务贸易在我国对外贸易中的比重偏低，最终将制约我国商品贸易的进一步发展。

1. 我国服务贸易出口结构不合理

我国服务贸易的出口主要集中在旅游、对外工程承包、其他商业服务等传统劳动密集型部门和资源禀赋优势部门。而全球服务贸易发展迅速的金融、保险、咨询、专利服务等技术、知识和资本密集型的服务部门，在我国还处于发展阶段，发展水平不高，竞争力不强。如果不能引起足够的重视，这些部门与其他国家的差距将进一步扩大。

2. 城市化水平和市场化程度低

我国服务贸易发展不够充分，除了政策、体制方面的原因外，城市化水平与市场化程度

低也是一个非常重要的原因。城市化水平低阻碍了新兴服务业的发展，市场化水平低使得服务的供给无法有效地对不断增长的需求做出反应。

3. 服务业对外开放程度低，基础设施建设不配套

我国服务业对外开放的程度远远落后于制造业，许多服务业对外开放是在20世纪90年代才开始试点的，对外开放采取循序渐进的方式，开放的步伐不大，造成某些服务业国家垄断依然存在，市场竞争不够充分，吸引外商直接投资的比重偏低。服务业的竞争力在于最大限度地缩小供需距离，克服时空限制，而良好的基础设施无疑有助于提高服务的竞争力。改革开放以来，尽管我国的基础设施有了较大的改观，但总的来看仍比较落后。这也是当前大力发展服务业中的不利因素。

4. 服务营销文化理念落后

由于服务业是由许多相关行业组成的产业群，国际服务贸易涉及的行业范围广，国际社会一直要求一国对其国内的服务业进行整体协调和管理，但是，目前我国对外服务贸易管理方面仍存在许多缺陷，如缺乏高级经理人才，营销管理相当落后，服务业多头管理、政出多门甚至相互牵制的问题还没有完全解决。从发达国家服务业的发展中我们已经看到成熟的营销文化是推动服务业发展的重要因素，而我国正处在建立健全市场经济的过程中，适应市场需要的营销文化正处于培育之中。

5. 服务贸易立法不健全

服务贸易立法尽管近几年有了较大的改观，但与国际服务贸易的发展要求相比还存在明显不足。至今我国没有一个关于服务贸易的一般性法律，现有立法不成体系，相当一部分领域法律处于空白，已有的规定主要表现为各职能部门的规章和内部文件，不仅立法层次较低，而且缺乏协调，从而影响了中国服务贸易立法的统一性和透明度。

6. 人员素质不高

除了技术因素外，人员素质是关系服务业竞争力最重要的因素，而我国服务业目前面临的重要问题恰恰是人的问题，教育水平不高、青年失业情况显现、人才外流等严重制约了我国服务业的发展。

四、提高中国服务贸易国际竞争力的对策

我国的服务出口与发达国家相比存在着很大的差距，这必将制约我国服务出口的进一步发展。为此，我们要在大力发展服务业，在为服务出口奠定坚实基础的同时，还要制定正确的服务出口对策以指导今后我国的服务出口。

1. 实施服务品牌战略

服务的无形性特征，使得其品牌影响力更大。市场对服务的识别往往不得不依赖品牌，服务是典型的"经验产品"，其性能只有在消费之后才能得到评价，因此信誉和商标这样的非价格因素往往是服务业企业向消费者传递信息的有力手段。服务品牌的保护功能更为重要。有形商品除了通过品牌，还可以通过专利保护自己，服务通常没有专利，只能通过品牌来保护自己。随着国际服务提供商进入我国市场和国内服务市场结构趋于垄断竞争，国内竞争呈现国际化态势，服务业应该比制造业更加重视品牌的建立和发展，我国需要一批服务品牌与国际服务品牌相抗衡。

首先，要注意保护和发展我国服务企业中的老字号，如同仁堂、狗不理、全聚德等。其

次，不断创造新的服务企业名牌。在世界范围内我们已经拥有了一批如华为、海尔等叫得响的制造业品牌，却一直缺乏有影响力的服务业品牌。此外还可以运用品牌兼并的方式获得国外有名的服务业品牌，即可选择一些发达国家中经营不善或现状不太好的品牌进行兼并，当然这实施起来相当有难度。

2. 继续巩固旅游业的优势地位，推动"绿色旅游""国际疗养"

我国的旅游资源虽然丰富，但是宣传力度欠佳，主要游客还是以亚洲居多，应该加大对欧洲、美洲、大洋洲的开拓力度，吸引更多的游客来华旅游。这就为相关部门提出了一个新的观念：绿色旅游。环保是当今的主题，而我国目前的旅游景区建设还需要优化。个别景区存在着环境卫生条件差等问题，安全、乱收费等问题更是常被抨击，给我国的整体形象带来了负面影响。因此，如果能够进一步加强景区的基础设施建设和改善生态环境，提高管理和服务质量，必将极大地推动我国服务贸易的腾飞。

国际疗养服务贸易作为一个新兴项目一鸣惊人。由于我国的医疗服务竞争力较强，凭借我国医生的精湛技术和较低费用，能够吸引不少西方病人。虽然我国每年接待大量的国外游客，是疗养客人的数倍，但其年创汇却仅为国际疗养服务贸易的一个零头，而且，国际疗养服务贸易不仅直接经济效益显著，还可带动旅游业、房地产业、交通运输等行业发展，从而产生巨大的间接经济效益，是我国今后应大力扶持和发展的重点产业。

3. 加速我国运输服务发展，变相对劣势为相对优势

虽然近年来我国的运输业贸易逆差越来越大，但是随着货物贸易发展起来的运输业市场空间还是巨大的。管道运输中的中亚油气管道跨国工程及泛亚铁路及欧亚大陆桥的陆路运输，我国的地理优势、劳动力优势凸显，在未来的阶段里，我国只要加速运输业的发展，解决交通运输能力和相关基础设施建设不足的问题，运输业的复兴就会实现。

4. 发展新型服务出口，提升产品附加值

发展服务贸易不能仅仅局限于低附加值、低技术含量服务的出口，那只能使我国的服务贸易越来越被动，应该大力发展新型服务贸易。电信、金融与保险业、国际通信业、国际零售业、国际咨询业等行业是全球贸易量大、发展迅速而且我国具有潜在优势的服务行业，政府应加大参与力度，积极为这些行业的企业开展境外业务提供信息服务和税收、融资等政策扶持。此外，还要积极推动文化、体育、传媒等服务出口，这些都是高利润行业。

5. 促进我国服务贸易"走出去"战略的实施

在国际经济日益一体化的条件下，服务贸易既要"引进来"，也需要"走出去"。

（1）应该增强服务企业所有权优势，向外资开放服务产业，FDI 产生的许多"外部性"会使国内公司受益。开放服务产业，引进一些高水平和高效益的服务企业，以促进内外资企业之间的竞争，刺激国内服务企业改善经营与管理，提高服务水准。

（2）要充分利用区位优势，应立足传统的东亚、东南亚、非洲和中东市场，深度综合开发，扩大带资承包和项目融资，加强劳务培训，提高劳务素质；促进我国产品对当地市场的进一步渗透，并向仓储、包装、货运和保险等贸易配套服务领域投资拓展，随着世界各类企业跨国经营活动的发展，我国的金融保险行业可以为之提供配套服务；对在目前合作较少但潜力大或风险较大的国家开展业务，应给予特殊的政策，鼓励企业开拓新市场。完善"走出去"服务网络，提供更为详细的投资环境、国别政策、法律法规、优惠政策等信息。

（3）在国家政策引导之下"聚集"，使服务业发展为产业群。充分发挥产业集聚优势，

使产业竞争力得到提升。同时应该保证银行业、保险业和证券业同步发展，相互扶持，从而在整体上提升整个金融行业的国际竞争力。

（4）构建海外营销网络，开展本土化经营。建立一套适应市场需求、分布合理、客户集中的营销网络体系和售后服务网络，并依靠产品和服务的延伸，降低企业运营成本，增强企业市场抗风险的能力。

6. 大力发展知识型服务贸易，培养精通国际服务贸易领域的人才

发展知识型服务贸易，增加对教育、研究和开发等要素的投入。教育水平不高、人力资本素质不高、技术落后大大降低了我国服务贸易的竞争力。尤其是我们正处在一个信息时代，服务业的知识含量也越来越高，如网络银行的出现，就是一个典型的高科技在服务业中的应用，而这已经成为服务业发展的趋势。

目前制约我国服务贸易发展的瓶颈是缺乏服务贸易方面的人才，同时这也成为国际化经营的一个突出矛盾。我国服务业，尤其是知识性服务业的人力资本状况是数量少、层次低。若没有一大批高素质、专业化和职业化的服务业从业人员，以人力资本密集为特征的服务业的发展根本无从谈起。因此，要使服务贸易获得快速发展，必须加快服务贸易人才的培养，同时，加强对现有人员的短期培训，提高我国国际服务贸易的市场竞争力。

【本章小结】

本章主要介绍了国际服务贸易竞争力的内涵和层次，比较优势和竞争优势理论对于国际服务贸易竞争力的解释，国际服务贸易竞争力"钻石模型"，国际服务贸易竞争力衡量指标评价体系，世界服务贸易主要国家和地区国际服务贸易竞争力现状和发展趋势，我国国际服务贸易国际竞争力的现状、问题与对策。

（1）国际服务贸易竞争力的内涵与层次。一般而言，中微观上国际服务贸易竞争力包括国际服务贸易产业竞争力、国际服务贸易企业竞争力和国际服务贸易产品竞争力三个层次的内容；宏观上则是指国际服务贸易国家竞争力。

（2）比较优势与竞争优势的关系。比较优势与竞争优势是指导国际分工的两个重要理论，两者之间既有联系，又存在着一定的区别。它们比较层面不同、实践意义也不同、形成原因也不同，但二者又密切联系，同时发生作用且相互补充，一定条件下可以相互转化。

（3）影响国际服务贸易竞争力的因素及其提升阶段。将服务贸易支撑厂商或国家竞争优势的六个基本要素即服务技术（高技术）要素、服务资源要素、服务管理要素、服务产品要素、服务资本（投资）要素和服务市场要素与迈克尔·波特的国家竞争优势理论结合起来，就形成服务贸易竞争优势的"钻石模型"。该模型解释了构成一国服务贸易竞争力的基本因素，并指出国家服务贸易竞争力的提高一般需经历的四个阶段：生产因素主导阶段、投资因素主导阶段、创新主导阶段、丰裕主导阶段。

（4）国际服务贸易竞争力评价指标体系。许多学者对服务贸易竞争力进行了实证研究，对其衡量指标和评价体系做了广泛的研究。衡量国际服务贸易竞争力的指标主要有国际市场占有率、服务贸易总量、价值增值率、劳动生产率、进出口行业结构、固定市场份额模型指标、显示性比较优势指标（RCA指标）、出口绩效相对系数、贸易竞争力指数（TC指数）、显示竞争优势指数（CA指数）和出口优势变差指数等。如果从进出口角度来评价国际服务贸易竞争力指标体系，可以从市场占有率、净出口、出口所占比例和劳动生产率四个方面构建国际服务贸易竞争力指标体系。

（5）世界服务贸易主要国家和地区国际服务贸易竞争力现状。用 TC 指数来分析国际服务贸易 10 强的竞争力状况，结果是：英国、印度、西班牙、美国、法国等国家服务贸易 TC 指数始终大于零，具有一定的竞争优势；发达国家日本、意大利和发展中国家中国的服务贸易国际竞争力系数始终小于零，服务贸易国际竞争力存在竞争劣势；荷兰近年来竞争优势有所加强。除印度外的金砖国家 TC 指数始终小于零，国际竞争力劣势明显。

（6）我国服务贸易国际竞争力分析。我国服务贸易国际竞争力整体较弱，行业结构不尽合理，TC 指数自 2010 年以后始终大于零的只有加工服务、维护和维修服务、建设服务、通信、计算机和信息服务及其他商用服务等少数服务贸易部门，说明我国服务贸易的相对优势过于集中于某个领域，对服务贸易的稳定发展会产生非常不利的影响。

【本章重要概念】

国际服务贸易竞争力　　比较优势　　竞争优势　　服务贸易竞争优势的"钻石模型"　　显示性比较优势指标　　出口绩效相对系数　　贸易竞争力指数　　显示竞争优势指标

【复习思考题】

1. 什么是国际竞争力？其实质是什么？
2. 简述比较优势与竞争优势的区别与联系。
3. 衡量服务贸易竞争力的指标主要有哪些？具体有哪些特点？
4. 我国国际服务贸易竞争力状况如何？影响我国国际服务贸易竞争力的因素有哪些？如何进一步提高我国服务贸易国际竞争力？

第十章

国际服务贸易格局及其发展趋势

本章主要学习内容

- 全球服务贸易发展的基本格局
- 数字服务贸易
- 国际服务外包
- 国际服务贸易发展的趋势

随着科技的进步和经济全球化的迅猛发展，服务贸易成为 21 世纪经济全球化的新动力，服务贸易已经发展成为世界贸易中最具活力、增长最快的部门。据 WTO 发布的《2019 年世界贸易报告》预测，到 2040 年，服务贸易将占到世界贸易的 1/3（仅限于跨境服务贸易，不包括外国附属机构）。技术进步是推进服务业全球化和服务贸易快速增长的根本力量。新一代数字技术不仅可以使现有服务越来越多地实现跨境贸易，而且还可以大力推动新服务部门的发展与增长，促进服务交付新方式的产生，服务全球化发展速度可能比预期更快。

第一节　全球服务贸易发展的基本格局

《全球服务贸易发展指数报告 2022》指出，全球服务贸易已经逐渐恢复，但还未恢复至新冠疫情前水平。知识密集型服务出口在全球服务出口中的占比不断提高。发达经济体在全球服务贸易中占据主要地位，发展中经济体地位趋于上升，中国服务贸易份额稳步提高。全球外商直接投资的重点转向服务业，服务业跨境并购创历史新高。

一、全球服务贸易规模稳步增长

2012 年—2021 年，全球服务贸易总额从 9.1 万亿美元增长至 11.7 万亿美元，10 年间贸易规模增长 28.7%，在全球对外贸易中的占比由 19.6% 提高至 20.7%；全球服务出口额从 4.6 万亿美元增长至 6.1 万亿美元，出口贸易规模增长了 31.9%，在全球出口贸易中的占比由 19.9% 提高至 21.4%；全球服务进口额从 4.5 万亿美元增长至 5.6 万亿美元，进口贸易规模增长了 25.5%，在全球进口贸易中的占比由 19.4% 提高至 20.0%（如图 10-1 所示）。

2021 年，全球服务贸易出口额、进口额较 2020 年分别增长 17.2%、14.6%，但贸易规模还未达到新冠疫情前水平。与 2019 年相比，2021 年全球服务贸易额出现 5.1% 的负增长；其中，全球服务出口额下降 3.5%，全球服务进口额下降 6.8%，主要原因在于新冠疫情导致的边境封锁、旅行限制等造成的影响还在持续。

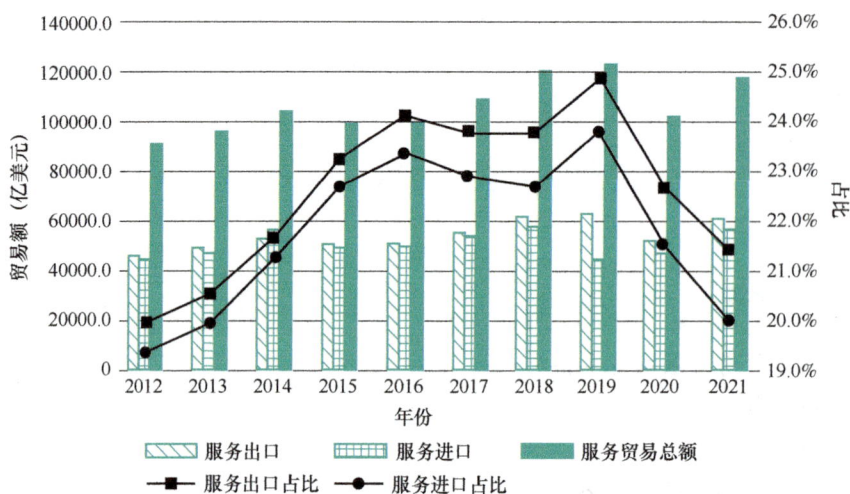

图 10-1　2012 年—2021 年全球服务贸易发展状况

数据来源：WTO。

二、服务贸易出口结构不断优化，知识密集型服务贸易规模扩大

（一）知识密集型服务出口占比上升，传统服务出口占比下降

2012 年—2021 年，全球服务出口结构不断优化。2012 年，全球服务出口中占比较高的三个领域分别为：旅行服务、其他商用服务、运输服务，这三个领域在全球服务出口中的占比分别为：25%、22%、20%。按照不同服务贸易分类来看，包括运输服务、旅行服务、建筑服务在内的传统服务出口规模为 21217.3 亿美元，在全球服务出口总额中的占比为46.1%；包括：保险服务，金融服务，知识产权使用费，通信、计算机和信息服务，其他商用服务，个人、文化和娱乐服务在内的知识密集型服务出口规模为 22470.2 亿美元，在全球服务出口中的占比为 48.8%，知识密集型服务出口占比仅高于传统服务占比 2.7 个百分点。

2014 年开始，知识密集型服务出口在全球服务出口中的占比超越 50%，成为服务出口的主要领域。2021 年，传统服务出口总额为 18750 亿美元，在全球服务出口中的占比仅为30.9%；知识密集型服务出口总额为 38610.8 亿美元，在全球服务出口中的占比达 63.6%，知识密集型服务出口占比较传统服务出口占比高 32.7 个百分点。10 年间，传统服务出口在全球服务出口中的占比下降了 15.2 个百分点，同时，知识密集型服务出口在全球服务出口中的占比提高了 14.8 个百分点。2012 年和 2021 年全球服务出口结构对比如图 10-2 所示。

（二）旅行服务出口降幅最大，在服务出口总额中的占比显著降低

2012 年—2021 年，全球旅行服务出口规模从 11125.5 亿美元降至 6146.6 亿美元，贸易规模缩减了 44.5%；在世界服务出口中的占比从 24.2%降至 10.1%。截至 2021 年年底，除与货物有关的服务之外，旅游服务成为唯一还未走出新冠疫情造成的衰退阴霾的领域。各国为了防止新冠疫情及其病毒变异株的扩散，纷纷采取边境封锁、旅游限制等措施，严重影响了全球旅行服务的发展。

根据世界旅游组织（UNWTO）发布的数据（见表 10-1），与 2019 年相比，2021 年全球游客规模下降约 10.4 亿人次，降幅高达 71%。在全球主要地区中，亚太地区旅客规模降幅

最大，欧洲地区降幅最小。其中，2021 年，亚太地区旅客规模下降了 3.4 亿人次，降幅为 94%；欧洲地区旅客规模下降了 4.5 亿人次，降幅为 61%。

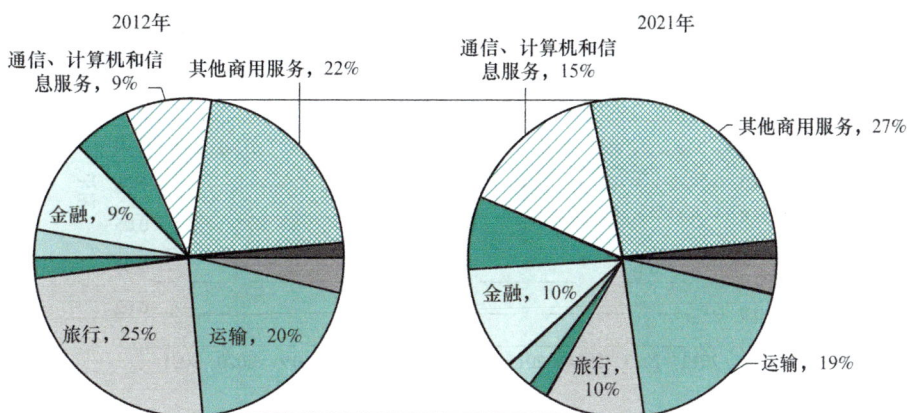

图 10-2　2012 年和 2021 年全球服务出口结构对比

数据来源：WTO。

表 10-1　2021 年全球游客相对 2019 年变动状况

地　区	下降规模（万人次）	下　降　幅　度
全球	103526.6	71%
非洲	4843.6	71%
美洲	13542.2	62%
亚太	33887.8	94%
欧洲	45323.9	61%
中东	5929.2	74%

数据来源：世界旅游组织（UNWTO）。

（三）通信、计算机和信息服务出口增幅最大，在服务出口总额中的占比稳步提高

2012 年—2021 年，通信、计算机和信息服务出口规模从 3834.2 亿美元增长至 8964.2 亿美元，出口贸易规模增长了 1.4 倍；在世界服务出口中的占比从 8.3% 提高至 14.8%。新冠疫情的发生加速了服务贸易数字化转型，促进了通信、计算机和信息服务的发展。与 2019 年相比，2021 年全球通信、计算机和信息服务出口规模上涨了 2024.6 亿美元，同比提升 29.2%，成为除保险服务外，疫后服务贸易增长最快的领域（如图 10-3 所示）。

三、服务贸易高度集聚，发达经济体仍占主导

（一）全球服务贸易集聚性特征明显，发达经济体占据服务贸易主要地位

根据联合国贸易和发展会议（UNCTAD）发布的数据，2012 年—2021 年，发达经济体服务出口占比基本保持在 70% 以上，发达经济体进口占比基本保持在 63% 以上。从行业分布来看，发达经济体在金融服务、知识产权使用费、个人文化和娱乐服务等领域中所占比重较高。2012 年—2021 年，发达经济体在这三个领域的占比基本稳定地保持在 75% 以上。发

展中经济体在旅行服务、运输服务等领域规模增长相对较快。2021 年，发展经济体在运输服务、建筑服务领域出口增速均高于发达经济体 15 个百分点。

图 10-3 2012 年—2021 年全球通信、计算机和信息服务出口发展情况

数据来源：WTO。

在主要服务类别中，2021 年运输服务出口的年增长率最高，达到 35%。其次是通信、计算机和信息服务出口，增长了 19%。旅游业在 2020 年暴跌 60% 以上后，2021 年仅恢复了一部分，增长了 11%。对于非洲和美洲的各发展中国家来说，运输和旅游服务贸易仍然特别重要。运输和旅游服务合计占以上地区服务出口的一半以上。而对于发达经济体，旅游和运输服务仅占海外销售服务总额的 1/4。2021 年不同经济体服务出口结构如图 10-4 所示。

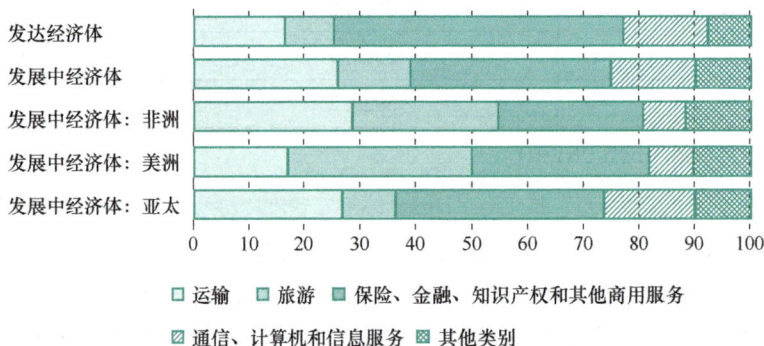

图 10-4 2021 年不同经济体服务出口结构

在 2021 年，73% 的全球服务额是由发达经济体提供的，而这些经济体主要出口保险服务、金融服务、知识产权产权使用费，以及通信、计算机和信息服务、其他商用服务。受到新冠疫情的影响，通信、计算机和信息服务的需求持续强劲。从全球来看，2021 年通信、计算机和信息服务的增率为 19%，是 2020 年的两倍多。2021 年，非洲对通信、计算机和信息服务的出口比 2020 年高 14%。美洲地区发展中经济体以 20% 的增长率赶上了其他地区这一服务类别的增长趋势。这些服务通常支持企业内部协作、企业对企业和企业对客户的连接以及数字贸易。2019 年—2021 年不同经济体通信、计算机和信息服务出口的增长如图 10-5 所示。

图 10-5　2019 年—2021 年不同经济体通信、计算机和信息服务出口的增长

从世界服务进出口排名前 20 的国家和地区来看，服务贸易大国在服务贸易规模上具有明显优势。如图 10-6 所示，2021 年，美国的服务出口在全球服务出口中的占比达到 13.10%，远超其他国家和地区的服务出口占比，但与其自身在 2020 年的占比 14.15% 相比略有下降。其在金融服务、知识产权使用费和旅游服务等领域，竞争实力强大。英国保持在第二位，服务出口在全球服务出口中的占比为 6.88%，与 2020 年相比基本不变。中国内地的服务出口占比从 2020 年的 5.62% 上升至 6.46%，与英国较为接近，在 80 个经济体中的排名超过德国上升至第三位。

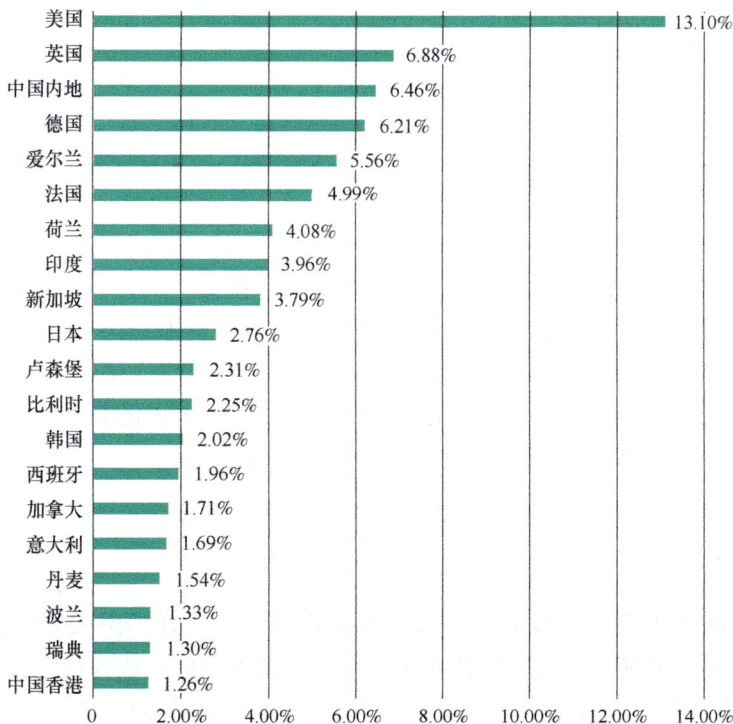

图 10-6　2021 年服务出口占比排名前 20 的国家和地区

数据来源：根据 WTO 数据库数据计算。

（二）发展中经济体地位趋于上升，中国内地服务贸易份额稳步提高

虽然服务贸易仍主要集中在发达经济体，但发展中经济体的服务占比趋于提升。2012年—2019年，发展中经济体服务出口占比提升了1.4个百分点至28.4%。新冠疫情的发生阻碍了发展中经济体服务出口的持续增长。2021年发展中经济体服务出口占比为27.2%。2012年—2021年，全球服务贸易前10大经济体中，仅有中国内地和印度两个发展中经济体（见表10-2）。

表10-2 2012年和2021年全球服务贸易前10大经济体 （单位：亿美元）

排序	出 口 额				进 口 额			
	2012年		2021年		2012年		2021年	
1	美国	6848.2	美国	7952.7	美国	4696.1	美国	5500.3
2	英国	3427.2	英国	4175.5	德国	2945.8	中国内地	4413.1
3	德国	2524.7	中国内地	3299.0	中国内地	2813.0	德国	3810.3
4	法国	2346.4	德国	3772.4	法国	2027.0	爱尔兰	3414.6
5	中国内地	2015.8	爱尔兰	3377.6	英国	2008.4	法国	2583.0
6	荷兰	1682.6	法国	3030.3	日本	1847.0	英国	2429.3
7	印度	1455.3	荷兰	2475.6	荷兰	1428.3	荷兰	2367.7
8	日本	1369.4	印度	2406.6	印度	1299.2	新加坡	2235.8
9	新加坡	1294.5	新加坡	2298.7	意大利	1095.9	日本	2073.4
10	西班牙	1252.6	日本	1678.5	爱尔兰	1123.2	印度	1959.6

数据来源：WTO。

随着服务业发展水平及对外开放水平的提高，中国内地、印度两个经济体服务贸易规模出现了较大幅度的增长，在全球服务贸易中的地位趋于提升。2012年—2021年，中国内地服务出口规模从2015.8亿美元增长至3299.0亿美元，在世界服务出口中的排名由第五位提升至第三位；中国内地服务进口规模从2813亿美元增长至4413.1亿美元，在世界服务进口中的排名由第三位提升至第二位。印度服务出口规模从1455.3亿美元增长至2406.6亿美元，印度服务进口规模从1299.2亿美元增长至1959.6亿美元。

四、外商直接投资转向服务业，服务业跨境并购创历史新高

（一）服务业绿地投资总体规模趋于增长

根据联合国贸易和发展会议发布的《世界投资报告》，2012年—2021年，全球服务业绿地投资在整体绿地投资中的占比保持在50%以上，服务业已经成为绿地投资的主要领域。2012年—2021年，服务业绿地投资规模从3174.8亿美元增至3497.3亿美元，在全球绿地投资中的占比从50.4%提高至53%。其中，服务业绿地投资规模在2018年达最高值4686亿美元；服务业绿地投资占比在2020年达最高值56.2%（如图10-7所示）。

图 10-7 2012 年—2021 年服务业投资状况

数据来源：联合国贸易和发展会议（UNCTAD）。

（二）服务业跨境并购占比创历史新高

2012 年—2021 年，全球服务业跨境并购规模从 1472.3 亿美元增长至 4608.7 亿美元，在全球跨境并购中的占比从 44.9% 提升至 63.3%。其中，2013 年，全球服务业跨境并购规模为 1399.5 亿美元，在全球跨境并购中的占比为 53.3%。服务业首次超越制造业成为跨境并购的主要领域。2021 年，全球服务业跨境并购规模为 4608.7 亿美元，同比增长 108.3%，在整体跨境并购中的占比为 63.3%，创历史新高。

第二节 数字服务贸易

伴随着数字技术与国际贸易融合的不断深化，全球数字贸易飞速发展，推动全球经贸体系深刻变革。特别是新冠疫情暴发以来，数字贸易更是实现逆势增长，数字服务贸易在服务贸易中的占比大幅上升。数字贸易时代，数据流牵引和驱动物资流、服务流、技术流、资金流和人才流、平台集聚资源、促进协同、提升效率、构筑生态，推动国际经贸活动从物理世界延伸至数字世界，深刻影响着国际经贸的发展走势和格局。

一、数字贸易的概念及特征

当前国际上对数字贸易的概念还没有形成完全统一的定义，研究者为实现不同的研究目的，对数字贸易的概念和内涵有不同的理解，普遍接受的有以下几个观点。

（一）《数字贸易测度手册》（*Handbook on Measuring Digital Trade*）对数字贸易的定义

为应对数字贸易和可比数据日益增长的需求，经合组织（OECD）、世贸组织（WTO）和国际货币基金组织（IMF）于 2019 年共同发布了《数字贸易测度手册》（*Handbook on Measuring Digital Trade*），该手册将数字贸易定义为："所有以数字方式订购和以数字方式交付的国际交易。"其中：①"以数字方式订购"是指以计算机网络来专门为接收或下单的方法而进行的一种货物或服务的国际交易，即在网络上进行下单的国际买卖；②"以数字方式交付"是指使用专门的计算机网络以电子格式远程交付的国际交易，即商品是数字格式的国际买卖。同时，该手册还强调了这两个概念下数字中介平台（DIP）的重要性。该手册根据该概念框架，提出了目前比较可行的测度数字贸易的一般方法。

（二）《数字贸易发展白皮书》对数字贸易的定义

中国信息通信研究院连续两年发布了《数字贸易发展白皮书》（以下简称《白皮书》），该报告对数字贸易的定义和研究范畴也在不断地演进。2019年的《白皮书》将数字贸易定义为"信息通信技术发挥重要作用的贸易形式"，其突出特征包括"贸易方式的数字化"和"贸易对象的数字化"。2020年的《白皮书》则认为数字贸易是指"数字技术发挥重要作用的贸易形式"，其与传统贸易最大的区别在于贸易方式数字化和贸易对象数字化。其中：①贸易方式数字化是指数字技术与国际贸易开展过程深度融合，带来贸易中的数字对接、数字订购、数字交付、数字结算等变化；②贸易对象数字化是指以数据形式存在的要素、产品和服务成为重要的贸易标的，导致国际分工从物理世界延伸至数字世界。

该研究认为，从具体业态看，数字贸易主要包括以货物贸易为主的跨境电商、供应链数字化，和以服务贸易为主的数字服务贸易。而2020年的《白皮书》主要聚焦于数字服务贸易，对跨境电商和供应链数字化的讨论仅限定于相关可跨境数字服务，如跨境电商中的平台服务、跨境结算服务、贸易征信服务和跨境供应链管理解决方案服务等。

（三）《数字贸易发展与合作报告2021》对数字贸易的定义

国务院发展研究中心对外经济研究部与中国信息通信研究院联合发布的《数字贸易发展与合作报告2021》，对数字贸易的定义为"信息通信技术赋能，以数据流动为牵引、以现代信息网络为重要载体、以数字平台为有力支撑的国际贸易新形态，是贸易模式的一种革命性变化，其内涵不断发展丰富"。该定义总体沿用了《白皮书》对数字贸易的定义，并做了进一步细化，突出数据流动对数字贸易的牵引和驱动作用及数字平台对数字贸易的重要枢纽作用。与《白皮书》一致，《数字贸易发展与合作报告2021》也将数字贸易分为贸易方式数字化和贸易对象数字化两方面。

（四）艾瑞咨询在《2021年全球数字贸易白皮书》中对数字贸易的定义

艾瑞咨询在《2021年全球数字贸易白皮书》中，将数字贸易定义为"贸易方式的数字化"，即通过数字技术与贸易开展过程的深度融合，打通产业链的生产端、交易端以及供应链端的信息交互与响应通道，构建产业链的新型供需关系和协同关系，进而提升整个产业链的运转效率。该报告对数字贸易的研究范畴聚焦基于产品与服务的交易形成的数字贸易业态。

综合以上研究的成果对数字贸易的定义，我们沿用《数字贸易发展与合作报告2021》和《白皮书》中对数字贸易的定义，同时将数字贸易的研究范畴界定为：①贸易方式数字化，包括数字营销、数字订购、数字支付、数字结算等；②贸易对象数字化，包括数据要素、数字技术、数字产品和数字服务。

数字贸易的突出特征反映在以下四个方面。

（1）以经济服务化和服务数字化为基础。随着经济社会分工不断加深，制造业、农业呈现服务化发展趋势，服务要素在投入和产出中的比重不断增加，由单纯生产制造转向

"生产 + 服务"，由单纯出售产品转向出售"产品 + 服务"。在此基础上，数字技术进一步改变了服务的生产和提供方式，一些服务变得可存储、复制和线上交付，服务的边际成本几乎降为零，服务的内容与范围大大扩张，出现了"一点接入，全网服务"的可能。例如，音乐和电影原本存储于 CD、DVD 等分散物理载体，现在被集中存储于云服务器中，服务提供者可以通过网络更方便、快捷地为全球消费者提供影音服务。在国际贸易领域，经济服务化、服务数字化将改变人们对传统服务和服务贸易的认识，大大拓宽数字服务贸易的范围。

（2）以安全有序跨境数据流动为驱动。麦肯锡全球研究院（MGI）发布的《数据全球化：新时代的全球性流动》报告指出，自金融危机以来，传统的货物贸易、服务贸易和资本流动增长已经趋于平缓，然而跨境数据流动却在飞速增长，支撑和促进了几乎所有其他类型的跨境流动，对全球经济增长贡献甚至超过了传统货物贸易。跨境数据流动，一方面为不同国家间经济主体的信息传递提供支持，使价值链能够更高效地配置、协同，推动货物流、服务流、资金流向更低成本、更高效率、更贴近用户方向发展；另一方面促进了数字服务贸易的发展，使搜索引擎、社交媒体、云计算等基于数据流动的新业态、新模式成为国际贸易的一部分。需要注意的是，数据与个人隐私、商业秘密和国家安全等问题相伴，只有建立安全、有序、可信的跨境数据流动规则制度，才能更好地推动各个国家降低对跨境数据流动的限制，从而促进数字贸易健康快速发展。

（3）以平台和平台服务体系为支撑。联合国贸易和发展会议发布的《数字经济报告（2019）》指出，过去 10 年，全球范围内出现了大量基于数据驱动发展模式的数字平台，是数字经济发展的重要推动力。平台服务范围并不局限于平台企业所在国家，事实上几乎所有超大型平台企业都在开展跨国业务，例如亚马逊的跨境电商业务、苹果的应用商店业务、谷歌的搜索引擎业务等。平台通过跨国经营活动，可以获取更多国家的数据资源和用户流量，从而强化平台在资源整合和生态构建方面的优势。平台企业跨境业务与数字贸易联系紧密，首先，跨境平台服务本身属于数字服务贸易，平台企业是出口方，境外平台用户是进口方；其次，交易平台为各国企业的商业合作和贸易往来创造了有利环境，进出口双方可以通过平台快速传递信息和达成订单；最后，创新平台推动了全球数字服务分工，各国软件、技术等服务提供商深度融入平台构建的国际分工环境，相互配合、互补余缺。

（4）以跨界融合的全球性数字化生态为发展方向。伴随着 IT、金融、咨询、物流等生产性服务业线上服务能力的提升，以及制造业、农业数字化转型所导致的更细分工和服务外包需求，跨界融合的数字化生态加速形成，并从国内市场向国际市场延伸。一方面，"研发 + 生产 + 供应链"的数字化产业链加速构建，产业链上下游企业数据通道逐步打通，数据供应链引领物资链，促进产业链高效协同，实现全渠道、全链路供需调配和精准对接；另一方面，"生产服务 + 商业模式 + 金融服务"的数字化产业生态逐步形成，产业与生产性服务业跨界融合、相互配合。

二、全球数字贸易竞争格局及其主要特征研判

当前，新一轮科技革命和产业变革加快推进，数字技术广泛渗透到经济社会的各领域，推动数字贸易的贸易模式、贸易对象、贸易结构、贸易格局不断演变。由数字贸易发展带来新的数字结构性权力强化，也加剧了大国间数字权力竞争博弈，并深刻作用于全球经贸秩序

格局。

（一）全球数字贸易增幅远高于传统货物和服务贸易

近年来，逆全球化、保护主义、单边主义、排外主义风潮迭起，地缘政治及新科技革命下国际竞争加剧。但以数字化驱动为特征的新一轮全球化却保持高速增长，推动全球产业链、供应链、价值链和创新链深刻变革，重塑着全球化格局。数字贸易成为国际贸易新引擎，推动更多产品和服务嵌入全球价值链，加速实现贸易的可数字化部分，数字服务贸易增速超过传统服务贸易和传统货物贸易。此外，数字产品贸易、数字技术贸易等均出现高速增长。新冠疫情暴发以来，数字化需求大幅增长，全球数字贸易加速发展。联合国贸易和发展会议（UNCTAD）数据显示，2010 年—2020 年，全球数字贸易出口规模由 1.87 万亿美元增至 3.19 万亿美元，增幅近 70%。其中，2020 年全球数字贸易出口同比增长 3.8%，占全球服务贸易的比重从 2010 年的 47.3% 上升至 2020 年的 52%，占全球贸易比重升至 12.9%，正成为全球贸易复苏的重要引擎。预计未来，全球将更加适应数字化的经济与贸易方式，全球产业链、供应链将基于数字而发生深刻重构，数字贸易将继续保持高速发展。

（二）美欧在全球数字贸易格局中占据主导地位

从规模上来看，根据联合国贸易和发展会议（UNCTAD）发布的"可数字化服务贸易规模"指标，2005—2020 年，全球数字贸易出口以平均每年 12% 的名义增长率增长，发达经济体占据全球数字贸易的主导地位（见图 10-8）。按照数字贸易总规模，前 10 大经济体分别是美国、英国、中国、德国、爱尔兰、荷兰、法国、印度、日本和新加坡，其中的八个发达经济体数字贸易规模合计 19269 亿美元，占 10 大经济体数字贸易总额的 84%。联合国贸易和发展会议（UNCTAD）发布数据显示，2020 年，发达经济体、发展中经济体和转型经济体的数字贸易出口规模分别为 24310 亿美元、7204 亿美元、412 亿美元，在全球数字贸易出口中占比分别为 76.1%、22.6%、1.3%。

图 10-8 发达经济体和发展中经济体数字贸易出口规模与比重变化情况

数据来源：联合国贸易和发展会议（UNCTAD）。

发达经济体凭借其在数字服务规模、数字技术和产业方面的绝对优势，成为全球数字服务的主要出口方。从国际市场占有率来看，2020 年美国以 17% 的国际市场占有率遥遥领先于其他国家。英国、爱尔兰、德国位于第二梯队，国际市场占有率介于 5%~10%。印度、法国、荷兰、日本、瑞士、加拿大、瑞典、意大利、西班牙、韩国位于第三梯队，国际市场占有率介于 1%~5%。俄罗斯、巴西、澳大利亚、土耳其、印度尼西亚、阿根廷、南非位于第四梯队，其余经济体的国际市场占有率均不足 1%。从国际市场占有率来看，美欧等发达经济体是全球数字服务主要出口方，美欧在全球数字贸易格局中仍处于绝对优势。

美国在全球数字贸易格局中居于绝对主导地位，且长期处于数字贸易顺差状态。联合国贸易和发展会议（UNCTAD）数据显示，美国数字服务贸易由 2011 年的 6110.32 亿美元增长到 2020 年的 8507.18 亿美元，年均增长 3.7%，且一直处于大幅顺差状态（见图 10-9）。2020 年，美国数字服务出口 5330.93 亿美元，进口 3176.25 亿美元，顺差达到 2154.68 亿美元。2011 年—2020 年，美国数字服务出口占全球数字服务出口比重保持在 17% 左右，近年来尽管比重略有下降，但仍稳居世界首位。美国数字服务出口占服务贸易出口的比重不断提高。受新冠疫情冲击，2020 年总体服务出口大幅下降，但数字服务出口却逆势增长，数字服务出口占比显著提升，由 60% 左右提升至 75.55%。

图 10-9　2011 年—2020 年美国数字服务进出口情况
数据来源：联合国贸易和发展会议（UNCTAD）。

（三）新兴经济体数字贸易呈现较快增长态势

在全球数字贸易蓬勃发展的同时，"数字贫困""数字发展失衡""数字鸿沟"等矛盾依旧十分突出，这不仅会影响数字弱势群体的经济状况，也会加剧不同地区的贫富差距，进一步形成数字领域的"马太效应"。因此，加快数字化发展成为发展中经济体特别是新兴工业化经济体的内在驱动力。近年来，新兴工业化经济体和发展中经济体数字贸易规模呈现较快的增长态势，数字交付贸易规模占全球比重从 2005 年的 15.3% 逐步上升至 2018 年的 22.8%，其中，中国、印度、韩国、土耳其的国际市场占有率逐步提升。

（四）中国数字贸易整体处于全球第二梯队

近年来，我国数字贸易蓬勃发展，已成为全球数字贸易大国，数字服务贸易占服务贸的比重从 2011 年的 36.7%提升至 2020 年的 44.4%。联合国贸易和发展会议（UNCTAD）统计数据测算显示，2010 年—2020 年，我国数字服务出口规模由 2010 年的 576.53 亿美元增至 2020 年的 1543.75 亿美元，位居全球第四位、亚洲第二位，年均增幅达到 10.35%，数字服务出口占总体服务贸易比重也由 2010 年的 32.33%增至 2020 年的 55.01%。

从数字贸易总体规模看，2011 年—2020 年，我国数字贸易规模快速增加，从 2011 年的 1648.38 亿美元增至 2939.85 亿美元（见图 10-10），年平均增幅达 6.7%，高于同期服务贸易增速的 4.4%和货物贸易增速的 2.8%，全球排名由第 10 位提升至第五位。

图 10-10　2011 年—2020 年中国数字服务进出口情况

数据来源：联合国贸易和发展会议（UNCTAD）。

从数字服务出口规模看，2011 年—2020 年，我国数字服务出口规模由 2011 年的 750.07 亿美元上升至 2020 年的 1543.75 亿美元，年平均增长率约为 8.4%（同期服务出口为 3.8%，货物出口为 3.5%），在服务出口中的占比从 37.3%增长到 55%。在此期间，我国在全球数字服务出口中的占比从 3.5%增加到 4.9%，国际市场占有率有所提升，但相对于 GDP 和货物出口在全球比重，仍然相对较低，且与主要发达国家仍有不小差距。美欧数字服务贸易出口约占全球的 65%，发达国家仍处第一梯队。我国数字服务贸易水平明显低于一些发达经济体，整体规模和发展水平处于第二梯队。

对比代表性经济体，我国通信、计算机和信息服务出口和其他商业服务出口占比均位于全球前列，云服务国际市场占有率不断上升，区块链技术国际合作空间不断拓展，北斗系统全球覆盖和服务能力进一步完善。然而，知识产权服务出口等类项占比与发达国家仍存在较大差距。虽然近年来数字内容出口能力有所增强，但总体占比较小，数字内容、数字文化服务等仍处于逆差状态。其中，2020 年最重要的两类分别是其他商用服务及通信、计算机和信息服务，在数字服务出口中占比分别为 48.2%和 39.2%，知识产权使用费、保险服务、金融服务以及个人、文化和娱乐服务出口相对较少，占比分别仅为 5.6%、3.5%、2.7%和 0.8%（见表 10-3）。从细分数字服务出口增速看，2011 年—2020 年，个人、文化和娱乐服务以及知识产权使用费、金融服务，以及通信、计算机和信息服务出口增速最快，年平均增长率分别达到 32.9%、31.5%、21.0%和 18.4%，保险服务及其他商用服务出口增长相对较慢。

表 10-3　2011 年—2020 年中国数字服务细分类别出口占比

年　　份	保险服务	金融服务	知识产权使用费	通信、计算机和信息服务	其他商用服务	个人、文化和娱乐服务
2011	4.0%	1.1%	1.0%	18.5%	75.1%	0.2%
2012	4.5%	2.6%	1.4%	22.1%	69.3%	0.2%
2013	4.8%	3.9%	1.1%	20.7%	69.3%	0.2%
2014	4.6 %	4.6%	0.7%	20.4%	69.6%	0.2%
2015	5.3%	2.5%	1.2%	27.6%	62.6%	0.8%
2016	4.4%	3.4%	1.2%	28.3%	61.8%	0.8 %
2017	3.9%	3.6%	4.6%	27.1%	60.0%	0.7%
2018	3.7%	2.6%	4.2%	35.6%	52.9%	0.9%
2019	3.3%	2.7%	4.6%	37.5%	51.0%	0.8%
2020	3.5%	2.7%	5.6%	39.2%	48.2%	0.8%

数据来源：联合国贸易和发展会议（UNCTAD）。

三、全球数字贸易规则主要特征及其对经贸秩序的影响

当前，各国对多边谈判、对世界贸易组织现有规则的修订抱有期待，但由于各国数字发展水平与国际竞争力存在较大差距，对构建数字贸易规则及治理体系的立场、目标和诉求各异，利益分歧尚难弥合，谈判进展较为缓慢。而《全面与进步跨太平洋伙伴关系协定》（CPTPP）、《美墨加协定》（USMCA）、《区域全面经济伙伴关系协定》（RCEP）等新一代全球经贸协定成为主导数字贸易议题的重要平台，其规则背后的大国博弈对全球经贸秩序带来深远影响。

（一）全球数字贸易规则未来走向仍未明确

当前，全球经贸规则正处于关键的十字路口，未来全球经贸规则的走向和发展趋势仍未完全确定，正处于剧烈的重构之中。从全球经贸规则趋势看，存在两大趋势之间的竞争博弈。

第一个趋势是高标准自由贸易规则体系，基于国际分工比较优势与效率导向，提倡自由贸易、竞争中性、所有制中性等。这类经贸规则兼具统一性与包容性特征，主要是在世贸组织框架下非歧视性原则的基础上发展起来的，仍属于既有的非歧视自由贸易体系。

第二个趋势是价值观贸易体系，通过民主、人权、国家安全以及 ESG（环境、社会和治理）准则等来重塑全球经贸规则。"基于价值观的集团化"正成为当前国际贸易的新趋势。价值观贸易的重点可概括为三个方面：一是从基于效率导向转向基于安全导向，经济效率将不再是贸易关系的最主要驱动力，对共同价值观和地缘战略兼容性的需求将越来越多地影响贸易流向，强调"价值观挂帅"，贸易问题政治化，以西方价值观为先决条件，"非友莫入"；二是弱化多边贸易体制，通过推行价值观同盟来寻求对全球规则的主导权；三是强化以国内法律和"长臂管辖"来取代国际法律和规则框架。近年来，美欧等西方国家提出的所谓"价值观贸易"名义上更具合理性，但形式上却更具隐蔽性，战略上更具进攻性和

排他性，并以所谓意识形态和价值观认同作为经贸合作的"门票"，借此形成对我国的战略挤压与战略遏制。

尤其是在数字贸易领域。数字技术关乎隐私保护、伦理道德和信息安全，涉及个人权利和商业自由的冲突，以及个人权利保护和监管治理模式议题，甚至与地缘政治、制度乃至人权等价值观挂钩，推动以价值观为基础的数字外交和组建基于价值观的数字同盟。2021年10月，G7贸易部长宣言通过了《促进可信数据自由流动计划》，就数字贸易和跨境数据使用原则上达成一致，承诺支持开放和民主社会的价值观，并尊重人权和基本自由。目前，从西方主要国家的数字竞争战略中可以看到，数字产业的发展越来越受到地缘政治竞争的影响，意识形态对立色彩日益增强。美西方联盟体系进一步以数字技术合作为工具和手段，加强对我国的围堵，同时推动全球数字生态系统走向"基于价值观"的对立和分化，而这将对全球数字产业发展产生割裂而非合作的弱化影响。

（二）各方对数字贸易规则立场分歧难以弥合

当前，全球已缔结的六个覆盖数字贸易议题的协定包括：《美墨加协定》（USMCA）第19章、《全面与进步跨太平洋伙伴关系协定》（CPTPP）第14章、《美日数字贸易协定》（UJDTA）、《新澳自由贸易协定》（SAFTA）第14章、《区域全面经济伙伴关系协定》（RCEP）第12章和新加坡、新西兰、智利之间达成的《数字经济伙伴关系协定》（DEPA）。此外，正在推进的覆盖数字贸易议题的协定还包括："WTO电子商务联合声明倡议"（JSI）；美国主导的"印太经济框架"（Indo-Pacific Economic Framework，IPEF），其重点在于重塑以数字经济和数字贸易为核心的新框架。从未来发展趋势看，"印太经济框架"也很可能"借壳"《数字经济伙伴关系协定》或《新澳自由贸易协定》，加速在印太地区输出"美式模板"。而《数字经济伙伴关系协定》作为"新式模板"的代表本就沿袭了"美式模板"的数字贸易规则，涉及众多新兴数字议题。这些新的多边数字规则会形成全球数字治理的"增量"，会推动现有全球数字规则"存量"的优化调整，使更多国家参与到全球数字治理中来（见表10-4）。

表10-4　主要区域贸易协定中的数字贸易议题立场差异比较

	TPP/CPTPP	USMCA（与TPP比）	DEPA（与TPP比）	RCEP（与TPP比）
跨境数据流动（电子方式跨境传输信息）	第14.11条：第1款认可"缔约方关于跨境信息传输有其自身的规制要求"；第2款是义务款，要求数据跨境自由流动；第3款是"公共政策目标例外"，为实现公共政策目标可对跨境信息流动实施限制，但该措施的实施方式不构成对贸易的任意或不合理的歧视或变相限制且是适度的，不超过实现目标所需的限制水平	第19.11条：剔除了认可缔约方的自身规制要求。第2、3款保留	第4.3条：一致	第15.3条：增加该缔约方认为对保护其基本安全利益所必需的任何措施。其他缔约方不得对此类措施提出异议

（续）

	TPP/CPTPP	USMCA （与 TPP 比）	DEPA （与 TPP 比）	RCEP （与 TPP 比）
计算设施本地化（数据本地化）	第 14.13 条： 考虑各方监管要求，任何缔约方均不得要求被缔约方在该缔约方的领土内使用或定位计算设施，作为在该领土内开展业务的条件。（1）有各自监管要求，包括通信安全和保密要求。（2）不得以本地化作为开展业务条件。（3）为实现公共政策目标，该措施的实施方式不构成对贸易歧视，不超过实现目标所需的限制水平	第 19.12 条： 剔除各自监管要求，包括通信安全和保密要求，剔除公共政策例外	第 4.4 条： 一致	第 14.3 条： 增加该缔约方认为对保护其基本安全利益所必需的任何措施。其他缔约方不得对此类措施提出异议
个人信息保护	第 14.8 条： 各方应采取或维持一个法律框架，应考虑相关国际机构的原则和指南；尽力采取非歧视做法；提供关于个人如何寻求救济、企业如何合规的信息；各方采取不同形式，鼓励增强机制间兼容性	第 19.8 条： 增加需遵循 APEC、OECD（2013）国际框架；明确 9 项关键原则内容	第 4.2 条： 明确 8 项关键原则（较 USMCA 剔除选择权）；增加对各国信任标记和认证框架的使用、信息交换以及可能情况下的承认	第 8 条： 剔除保护个人信息时应努力采取非歧视做法
交互式计算机服务者责任	—	第 19.17.2 条： 增加在界定与信息存储、处理、传输、分配、可获得性相关侵害责任时，区分交互式计算机服务提供者与信息内容提供者区别对待。非知识产权责任，非刑法及合法行政执法责任除外	—	—

（续）

	TPP/CPTPP	USMCA （与 TPP 比）	DEPA （与 TPP 比）	RCEP （与 TPP 比）
源代码转让	第 14.17 条： 不得将转移或获得软件源代码作为进口、分销、销售、使用该软件的条件；关键基础设施所使用的软件除外；商业合同除外；源代码不与专利相冲突	第 19.16 条： 剔除关键基础设施、商业合同和专利例外；增加监管机构有权查看源代码但未经授权不得披露。《行业附件》第 12.C.2 提及加密技术	—	—

资料来源：根据 TPP、CPTPP、USMCA、DEPA 相关公开信息整理。

全球主要数字贸易协定涉及的数字贸易议题众多、范围较广。可以分为三大类。第一大类议题主要是聚焦贸易方式变革，以货物贸易电子化、无纸化贸易、电子签名和认证、电子合同、电子传输免征关税、数字产品非歧视待遇，以及与保护消费者基本权益相关的，如在线消费者保护、非应邀电子信息等为议题，这类议题主要体现为传统贸易规则的延伸。第二类主要指向消除准入壁垒以及促进数字贸易自由化方面的议题，包括跨境数据自由流动、消除设施服务本地化限制、源代码保护、禁止强制性技术转让、保障互联网接入等，主要体现在，美欧主导的双诸边贸易协定中。第三类重点涉及数字治理与监管等相关议题。如，豁免交互式计算机服务的内容责任、减轻增值电信业务监管等，对一国监管和法律法规提出挑战。

（三）全球数字贸易"联盟化"趋势进一步加强

目前，以 WTO 为代表的多边自由贸易协定在促进数字贸易规则达成统一框架方面没有发挥应有的作用，其所涉及的数字贸易规则仅局限于 WTO 框架下的协定文本及附件中。如《服务贸易总协定》（GATS）、《与贸易有关的知识产权协议》（TRIPS）、《信息技术协定》（ITA）等。WTO 未能就数字贸易议题取得有效进展，已无法满足全球数字贸易发展带来的规则需求。这也加速了美欧抓紧向外输出规则模板，并拉拢利益相关者构筑规则同盟的趋势。欧盟以保护数据隐私为核心，通过《通用数据保护条例》（GDPR）和"第 108 号公约"巩固数据盟友。全球数字贸易规制多极化和规制标准正趋向"俱乐部化"。

（1）美国。美国正加紧推进其领导的"五眼联盟"（Five Eyes）扩展版多国情报联盟的构建。"五眼联盟"构筑"数据同盟体系"，强化以"国家安全"为主要考量的数据跨境流动政策的价值取向。此外，美国从维护"数字霸权"出发，打出所谓"数字自由主义"的旗号，并利用 WTO、亚太经合组织（APEC）以及《美墨加协定》（USMCA）、《美日数字贸易协定》（UJDTA）扩展其全球利益。2022 年 4 月，美国与日本、韩国、加拿大、菲律宾、新加坡等国家和我国台湾省宣布建立"全球跨境隐私规则"体系（Global Cross-BorderPrivacy Rules System，CBPRs），并试图将 CBPRs 从 APEC 框架下独立出来，将其扩展至全球层面，以形成美国主导的全球数字同盟。

（2）欧盟。当前，欧盟《通用数据保护条例》（GDPR）在全球范围的影响力不断增强，各国向欧盟标准积极靠拢。近两年，日本、韩国、印度等均积极申请认证，其中，日本已通过立法改革和双边承诺晋级"白名单"。在 GDPR 年度评估中，德国、比利时等成员国都提出应扩大"白名单"的范围，与更多的国家达成充分性决议。

（3）日本。2019 年年初，日本与美国商务部、美国贸易代表办公室以及欧洲委员会共同商议数字治理相关议题，希望打造美、日、欧互认的数据共同体，甚至以意识形态和政治制度画线，形成排他性体系。在 2019 年担任 G20 主席国期间，日本率先提出了《大阪数字经济宣言》，45 个经济体的领导人在宣言中确认就数据治理开展国际对话的重要性，加紧推动"基于信任的跨境数据流动（DFFT）"。尽管目前"印太经济框架"（IPEF）有关数字规则的具体安排仍不详，但鉴于美国旨在重塑其在印太地区数字贸易的规则主导地位的目标，未来可能在数字经济和数字贸易规则标准、降低数字贸易壁垒、确保数据跨境自由流动重构数字技术供应链、加强数字安全审查等方面全面发力，进而影响国际数字贸易规则的走向。

（四）"美式模板""欧式模板""亚太模板"三足鼎立

随着数字贸易的蓬勃发展，各国结合自身发展水平和利益诉求，纷纷围绕数字贸易展开日趋激烈的规则博弈。目前，美、欧等发达经济体加紧自身规则和模式的输出，已经形成了较为成熟的"美式模板"和"欧式模板"。而随着以新加坡和中国为代表的新兴经济体凭借自身数字经济发展水平，以及数字贸易模式创新所积累的优势的显现，亚太数字贸易也异军突起，并逐步形成有别于"美式模板""欧式模板"的"亚太模板"（"新式模板"与"中式模板"统称为"亚太模板"）。总体来看，全球已形成了四种代表性的模板：

一是以《美墨加协定》（USMCA）和《日美数字贸易协定》（UJDTA）为代表的"美式"数字贸易规则，积极主张推进跨境数据自由流动、数据存储非强制本地化以及源代码保护等。二是以《日本-欧盟经济伙伴关系协定》《韩欧自由贸易协定》为代表的"欧式"数字贸易规则，强调保护个人隐私，坚持文化和视听例外原则等。三是以《区域全面经济伙伴关系协定》（RCEP）为典型代表的"中式"数字贸易规则，强调在数字贸易治理中要重视尊重各主权国家的互联网及数据主权等。四是以新加坡为主导缔结的《数字经济伙伴关系协定》（DEPA）和《新加坡-澳大利亚数字经济协定》（SADEA）为代表的"新式"数字贸易规则。"新式"数字贸易规则创新性较强，考虑了数字身份和新兴技术领域行业标准设计等独创议题，且相比于前三种数字贸易规则模板，更加注重中小企业的合作发展，是全球数字贸易治理中不可忽视的新力量。而在"新式"数字贸易规则中，尤以 DEPA 见长。DEPA 共包含 16 个模块，主要特点为约束性规则较少，聚焦于数字贸易便利化、数据跨境流动和本地化存储问题以及数字产品相关问题，还涵盖了人工智能、金融科技等多项新兴技术和中小企业合作等软性安排，目的是搭建政府间的数字贸易合作框架，解决数字贸易中的关键问题，具有较强的前瞻性与先进性。

总体来看，我国仍处于数字贸易规则话语权弱势地位。目前已经正式生效的《区域全面经济伙伴关系协定》（RCEP）是我国加速推动数字贸易规则的重要实践和尝试，也是我国参与国际数字贸易规则的最高水平。我国现行数字贸易规则和高标准数字贸易规则的差距主要表现在覆盖议题的广度和深度层面。目前，我国已与 26 个国家或地区签订了 19 个自由贸易协定（FTA），但只有 2015 年后缔结的 7 个自由贸易协定包含电子商务章节，包括数字产品待遇、数字便利化等传统议题，但对跨境数据流动、隐私保护、数字服务市场准入等新议题覆盖不够或未涉及，数字贸易规则与谈判策略缺乏系统设计，在多双边数字贸易规则谈判博弈中仍处于话语权较弱地位（见表 10-5）。

表 10-5　我国已商签自由贸易协定中涉及电子商务专章汇总

自由贸易协定名称	主 要 内 容
《中国-韩国自由贸易协定》	涵盖电子传输免征关税、电子认证和电子签名、电子商务中的个人信息保护、无纸贸易、电子商务合作等条款
《中国-毛里求斯自由贸易协定》	覆盖电子认证和数字证书、网络消费者保护、在线数据保护、无纸贸易、电子商务合作以及贸易争端解决机制等条款
《中国-澳大利亚自由贸易协定》	覆盖透明度、国内监管框架、电子认证和数字证书、网络消费者保护、在线数据保护、无纸贸易、电子商务合作、争端解决规定等条款
《中国-新西兰自由贸易协定升级议定书》	电子商务章节主要包括电子认证和数字证书、网络消费者保护、网络数据保护、无纸化贸易等内容。双方将共同为电子商务创造有利的发展环境，提高透明度、提升双边贸易便利化水平，促进两国企业尤其是中小企业通过电子商务开拓市场，推动双边贸易健康可持续发展
《中国-新加坡自由贸易协定升级议定书》	维持有关电子交易监管的国内法律框架、关税、电子认证和数字证书、在线消费者保护、个人信息保护、无纸化贸易等内容。双方将共同为电子商务创造有利的发展环境，提高透明度，提升贸易便利化水平
《中国-柬埔寨自由贸易协定》	电子商务专章
《区域全面经济伙伴关系协定》（RCEP）	涵盖了丰富的促进电子商务使用和合作等相关内容，主要包括了促进无纸化贸易、推广电子认证和电子签名、保护电子商务用户个人信息、保护在线消费者权益、加强针对非应邀商业电子信息的监管合作等规则。此外，各方还在协定中就跨境信息传输、信息存储等问题达成重要共识

数据来源：根据商务部公开文件整理。

（五）全球数字贸易规则从"边境"向"边境后"延伸

当今，全球新一轮高标准自由贸易协定的焦点逐渐由关税、非关税壁垒等"边境"议题转向产业政策、国内监管、知识产权保护等"边境后"议题。从《全面与进步跨太平洋伙伴关系协定》《美墨加协定》等区域贸易谈判内容来看，"边境后"政策条款的数量大幅增加，甚至超过了"边境"政策的数量。成员国不仅要受贸易规则的约束，还将受到各国国内监管的制约。数字领域的"边境后"规则凸显了当前贸易协定在数字领域"力争上游"而非"逐底竞争"的趋势，而"边境后"数字监管规则也日益演变为国际规则的重要组成部分。例如，"个人信息保护""消费者保护""知识产权保护""网络安全要求"等"边境后"监管规则成为新一轮高标准区域贸易协定中的核心条款，对国内法律法规及治理监管框架提出了更高要求。特别是在强制性的规则外溢之外，对于缺乏立法和执法经验的新兴领域，"边境后"监管规则更易通过示范效应扩散。其中，欧盟以其积极的立法和执法实践对全球数据和平台监管规则的塑造贡献最为突出。在对大型数字平台的监管上，2020 年 12 月欧盟正式公布了《数字服务法（草案）》（DSA）和《数字市场法（草案）》（DMA）。《数字服务法（草案）》将为网络中介和托管服务提供商、在线平台等数字服务提供商提出 17 条新义务，并赋予欧盟对 Facebook（脸书网，现更名为 Meta）、Twitter（推特，现更名为"X"）等大型平台的特别监督权和直接制裁权，将重新平衡用户、中介平台和公共当局的权利和责任。

然而，"边境后"治理规则容易形成数字贸易壁垒。数字贸易壁垒涉及数字产品贸易关税壁垒、数字产品贸易数据流动壁垒、个人数据流动的政策壁垒、技术性壁垒、非技术性壁垒等方面。未来我国需要从"边境"开放向"边境后"开放拓展，探索与新一轮高标准数字贸易规则对接，加速构建数字贸易领域的制度型开放。

（六）印太战略、俄乌冲突进一步激化大国"数字竞争"

当前，世界政治经济格局发展深刻变化，美西方将数字经济、数字贸易视为大国竞争的战略前沿。近年来，在美国全面加大对华战略竞争的背景之下，我国受到的"数字打压"不断深化，并对我国形成"技术遏制+规则合围"态势。半导体是美国加强数字领域关键能力建设的重中之重，促进美国和盟友在半导体供应链方面的"共同韧性"。美国方面还在审查阿里巴巴云端服务业务——阿里云是否构成国家安全风险，宣称该业务存在美国公民和机构信息等敏感数据被中国政府"窃取"的风险。

在亚太地区，美国政府希望能以《美墨加协定》数字经济章节和《美日数字贸易协定》等为蓝本，制定"印太经济框架"（IPEF）下的数字规则。从 IPEF 所涉及的数字内容来看，预计将增加数字经济包容性、数字基础设施建设、新兴技术研发能力建设等方面的内容。IPEF 将推动民主、透明的数字治理标准制定；促进数据自由流动和隐私保护；禁止和限制金融服务等领域的数据本地化要求；确保数字产品的非歧视性待遇；提高中小企业数字经济可及性；加强数字经济包容性发展。此外，IPEF 还将为人工智能、金融技术等先进技术的使用设立标准和伦理规则，推动相关国家在敏感和关键技术出口管制方面的协调，形成对华数字规则的战略围堵。未来一个时期，全球数字博弈将会更趋激烈。

四、我国数字贸易高水平开放与国际合作的战略选择

加快数字贸易高水平开放与国际合作是提升我国数字贸易国际竞争力，应对国际规则挑战的关键路径。要采取双边、区域、多边三条路径齐头并进与相互配合策略，加快贸易协定谈判数字贸易条款升级，以及自由贸易协定数字条款缔约谈判，是扩大"中式模板"的国际影响力与规则话语权的有效途径，同时在自由贸易试验区、自由贸易港等对外开放高地先行先试 CPTPP、DEPA、USMCA 等高水平自贸协定中的数字贸易规则，为国家在更高水平、更大范围、更宽领域的数字贸易规则探索上进行压力测试，总结经验，增强我国参与全球数字贸易谈判的主动权与话语权，努力形成反映自身特色诉求的"中式模板"。

（一）积极在 WTO 等多边机制中开展数字贸易规则谈判

坚持在多边体系下探讨全球数字贸易规则。尽管自"多哈回合"以来，WTO 关键议题谈判就陷于停滞，但 WTO 作为全球最重要的多边经贸合作机制，仍具有重要战略和政治意义。在 WTO 中，围绕数字贸易的相关条款主要在电子商务议题中，主要涉及数字贸易便利化、数字传输免关税、电子签名等，关于数字市场开放、数据跨境流动、个人隐私保护等关键议题基本没有涉及。应积极发挥好 WTO 作用，维护 WTO 权威，展现更加积极主动的开放姿态。同时，要坚决反对美西方将数字规则议题与政治、意识形态、人权等相捆绑，使数字规则议题超出经济层面范畴。

（二）推动我国已商签经贸协定按照高标准规则进一步升级

加快现有自由贸易协定谈判数字贸易条款升级，以及自由贸易协定数字条款缔约谈判。一是尽快升级双边自由贸易协定的数字经济和数字贸易条款。在《中韩自由贸易协定》第二阶段协定谈判和 RCEP 等协定中，增加跨境数据流动等议题的相关内容，或直接纳入 DEPA 相关议题，进一步提高自由贸易协定规则水平。二是加快完成 RCEP 国内核准程序，在跨境电子商务、电子认证和签名、在线个人信息保护、网络安全等条款的基础上，进一步向 DEPA、CPTPP 高标准规则靠拢，适时地推动协定升级。此外，应继续以《中欧全面投资协定》（CAI）为基础，进一步促进数字服务、互联网、增值电信等领域的开放，可借鉴欧盟"充分性认定"机制中的"白名单"制度，推动中欧跨境数据流动的对等开放。

（三）充分利用国际经贸协定中相关规则设置例外条款

在参与数字贸易规则与谈判进程中，建议在警惕国家安全例外适用的泛化的前提下采用"原则+例外"模式，可充分运用一般例外、安全例外、审慎例外等例外条款坚持自己的立场，维护国家核心利益和国家安全。

一是文化和视听产业例外。将文化和视听产业排除于数字产品交付及跨境数据流动范围之外，借鉴欧盟经验，将电子交付的文化产品归为文化类服务，在数字贸易规则中不涉及文化和视听产业的规制，保护中国的文化多样性。

二是监管例外。政府为实现合法公共政策目标，允许限制跨境数据自由流动，且允许计算设施本地设置。

三是跨境数据流动及计算设施的物理位置要求，应当符合各自的监管要求，包括寻求保证通信安全和保密的要求。

四是设置例外弹性条款，设置"修改、实施和终止"条款，为未来更好适应数字贸易变化预留谈判空间。例如，对于源代码披露问题，鉴于目前国际算法规制还处于探索阶段，可暂不纳入源代码规则中。同时主张源代码规则排除适用于关键基础设施，主张更宽松的网络安全例外，即让成员自行决定是否有必要采取保障网络安全的措施。

（四）加快打造以我国为主的区域乃至全球"数字流通圈"

我国需要灵活选择多边合作框架，扩大国际合作空间，与利益攸关方共同探讨普惠性的数字贸易规则制定，并尝试建设跨平台框架间的数字贸易合作。我国在数字贸易领域具有潜在的超大市场优势，在跨境电子商务、移动支付、数字货币、第五代移动通信技术等领域也具有一定的先发优势，可考虑立足我国的优势领域，通过数字贸易实践率先构建具有示范引领作用的相关制度，加快构建数字贸易规则的"中式模板"，并通过双、多边经贸安排和谈判的方式，在"一带一路"沿线国家力推基于中国数字治理模板的"数字丝绸之路"（DSR），探索与沿线国家签订个人数据、重要数据的《数据跨境传输合作协议》，合作制定数字贸易相关规则和技术标准，逐步形成由我国主导的"数字流通圈"，以此对冲分化美国"印太经济框架"（IPEF）。

与此同时，将境内自贸试验区作为连接内外制度框架的关键节点，海南自由贸易港、上海自由贸易试验区、北京自由贸易试验区等有条件的地区加快推动数字经济、数字贸易国际合作的压力测试，择优设立数字经济、数字贸易国际合作区，推动与东盟、日韩、欧盟等相关区域在跨境数据传输、数字知识产权保护、信息与通信技术、数字供应链合作、关键信息基础设施、数字服务市场准入、技术规范和标准等领域开展规则对接与机制对话，力争形成具有基本共识、互利共赢的制度安排。

（五）将自由贸易试验区、自由贸易港打造成数字贸易开放新高地

一是对自由贸易试验区、自由贸易港进行综合授权。自由贸易试验区、自由贸易港是我国对标国际先进规则，持续深化改革的"试验田"，也是形成与数字经济、数字贸易等发展相适应的政策体系和制度环境的创新高地。应进一步建立健全独特的数字贸易法治体系，进行综合授权赋能。同时，中共中央、国务院相关主管部门对自由贸易试验区、自由贸易港探索数字经济、数字贸易领域立法给予支持和指导，围绕自由贸易试验区、自由贸易港推进高水平制度型开放的需要，突出示范引领和制度集成创新。

二是制定完善自由贸易试验区数字贸易、数字市场外资准入等的负面清单管理制度。我国境内云服务及 SaaS（软件运营服务）等服务提供商，要先获国内 ISP（互联网业务供应商）执照，尚存在不同法律限制，可尝试在自由贸易试验区率先探索数据中心、云服务等在内的增值电信业务的市场开放，将自由贸易试验区、自由贸易港打造成为数字营商环境改革示范区。

三是自由贸易试验区率先对接数字经济国际规则标准。对接 CPTPP、DEPA 等高标准自由贸易协定中有关数字经济的开放条款，聚焦数字基础设施、人工智能、区块链、智能网联、自动驾驶、金融科技等领域国际标准，加快推动跨境供应链数字化转型，积极拓展国际供应链数字平台海外布局，积极开展数字经济"沙盒监管"试点，探索建立可复制、可推广的数字经济国际合作监管制度框架。

四是支持自由贸易试验区建立离岸数据中心、数字贸易港。重点支持海南、上海、北京、粤港澳大湾区等地设立离岸数据中心、数字贸易港，并进一步推动建立数字自由贸易区（Digital Trade Zone），打造数字贸易国际枢纽。积极推动自由贸易试验区、数字服务出口基地建设，支持发展数字技术服务、数字内容服务出口、离岸服务外包，以及服务型制造，形成数字经济、数字贸易的产业集群。

第三节　国际服务外包

服务外包是各国在互联网和信息时代发展中参与经济全球化分工的重要方式，也是提升全球价值链地位的重要途径。互联网的广泛应用和新一代信息技术的快速发展，带动全球服务外包的市场需求快速增长，以及技术创新和服务模式创新，越来越多的发展中国家将发展服务外包作为参与全球价值链的重要战略，使国际市场竞争日益激烈。

一、服务外包的概念及成因

（一）服务外包的概念

外包（Outsourcing）是指企业将生产或经营过程中的某一个或几个环节交给其他（专门）公司完成。外包的范围按工作性质可分为蓝领外包和白领外包。蓝领外包是指产品制造过程外包，白领外包亦称服务外包，是技术开发与支持和其他服务活动的外包。其中，技术开发与支持的外包一般采用一次性项目合同的方式寻求第三方专业公司的服务，称为合同外包；其他服务活动的外包多通过签订长期合同的方式交由专业外包提供商进行，称为职能外包。

服务外包 （Service Outsourcing）是指企业将其非核心的业务外包出去，利用外部最优秀的专业化团队来承接，从而专注核心业务，达到降低成本、提高效率、增强企业核心竞争力和对环境应变能力的一种管理模式。20 世纪 90 年代以来，随着信息技术的迅速发展，特别是互联网的普遍存在及广泛应用，服务外包得到蓬勃发展。从美国到英国，从欧洲到亚洲，无论是中小企业还是跨国公司，都把自己有限的资源集中于公司的核心能力上而将其余业务交给外部专业公司，服务外包成为"发达经济中不断成长的现象"（Will-cocks et al.，1995）。

（二）服务外包动因

对于服务外包的发展动因，许多学者进行过分析和探讨。卢（Loh）和文卡特拉姆（Venkatraman）认为服务外包的动力有不同层次：在宏观经济层面，暂时的经济周期和趋势推动企业通过签订外包合同来实现 IT 基础设施管理的合理化；在行业层面，竞争压力迫使企业与重要的 IT 供应商建立"以伙伴关系为基础的"关系；在企业层面，追寻竞争优势推动 IT 外包决策；在企业内部，一些管理因素影响外包决策。拉塞蒂（Lacity）和威尔科克斯（Willcocks）指出服务外包的原因包括财务原因（成本降低、增加成本控制等）、业务原因（回归核心竞争力等）、技术原因（获得技术人才等）、政治原因（证明效率、证明新资源的正当性等）。克里斯蒂娜·科斯塔（Christina Costa）认为服务外包的动因是成本降低、技术因素以及关注核心竞争力。迪罗穆阿尔多（Diromualdo）和古尔巴萨尼（Gurbaxani）把服务外包的战略意图分为三类：降低成本和提高 IT 资源的效率、提高 IT 对企业绩效的贡献、利用市场上与技术相关的资产来开发和销售以新技术为基础的货物或服务。我们认为，服务外包动因主要包括外部环境动因和内部推动力量。

1. 服务外包的外部环境动因

（1）技术动因。信息技术和互联网对服务外包的支持和促进作用表现在：一是互联网的延展性和灵活性使地理位置、自然资源对企业的约束化于无形，市场可以无限制地延伸到任何时间、任何地点，从而为服务外包跨越时空障碍提供技术支持。二是计算机技术、通信技术、光电子技术、自动控制技术和人工智能技术等技术的发展大幅度降低信息处理的成本，增加信息储存的容量，提高信息的传播速度，消除人们搜集和应用信息的时空限制，保证信息传输的安全可靠，为服务外包各方参与者之间方便、快捷、安全地交流和传递信息提供技术支持。三是基于计算机技术、仿真技术和信息技术建立的决策支持系统（Decision Support System，DSS）可以帮助企业决策者以最快的方式尽可能多地获得有关企业内外部及企业之间的信息，及时对这些信息进行综合处理，为服务外包管理者准确快速的决策形成提供技术支持。

（2）经济动因。经济全球化带动资本、信息、技术、劳动等生产要素在全球范围内流动、配置和重组，使生产、投资、金融、贸易在世界各国、各地区之间相互融合、相互依赖、相互竞争和相互制约，整个世界连接成一个巨大的市场。任何企业想在此浪潮中"闭关自守"是注定要失败的，只有通过服务外包与别的企业建立战略联盟，协调合作，互惠互利，才能获得长久的竞争优势，享受全球化带来的胜利成果。因此，经济全球化程度越高，服务外包程度也越高。

（3）市场动因。市场环境迅速变迁迫使企业采用服务外包战略。通过服务外包，企业以网络技术为依托，把具有不同优势资源的合作方整合成反应快速、灵活多变的动态联盟，各方资源共享、优势互补、有效合作，共同应对激烈而严峻的市场挑战。市场变迁越剧烈，服务外包程度越高。

2. 服务外包的内部推动力量

（1）服务外包通过有效节省成本来提高企业绩效。降低成本，减少投入是企业提高绩效最原始的手段。服务外包实现成本节省的途径包括以下几种：一是通过供应方的规模经济节省成本。在服务外包中，多个客户共享生产设备，不仅节约安装和建设费用，而且提高各种设备、原材料、能源的利用率和活劳动生产率，规模越大，成本越低。二是通过供应方的范围经济节省成本。在服务外包中，供应方为不同客户提供多个不同的外包服务项目，实现范围经济，降低成本。三是通过供应方的学习效应节省成本。在服务外包过程中，供应方的学习效应通过服务生产不同侧面发生作用。例如，员工在重复性的工作中对任务熟悉程度的提高，完成相同工序的速度加快，浪费越来越少；管理者在从原材料配送到组织协调方面逐步学会如何将生产管理安排得更有绩效，生产系统的运行更加合理等。四是虽然交易成本会随着企业的服务外包程度提高而增加，但在具体实施过程中，服务外包企业可以依靠信息技术、与供应方通过建立长期稳定的合作关系等手段来降低交易成本。可见，成本与服务外包存在相关关系。实际上，成本越高，企业越希望通过服务外包来降低成本，服务外包程度也越高。

（2）服务外包通过关注核心竞争力来提高企业绩效。大多数企业在服务外包过程中，为了充分利用资源，提高企业绩效，都会经过下列步骤：①培育或找出一些精心挑选的核心竞争力，并确定自己从事这些核心活动是最好的；②把人、财、物等资源和管理能量注意力集中到这些核心竞争力上；③外包其他非核心活动。这样，企业一方面集中资源和能力从事自己最擅长的活动来实现内部资源回报最大化；另一方面充分利用外部供应方的投资、革新和专业的职业技能，这些技能对企业内部来说是过于昂贵和根本不可能复制或从事的。通过发展良好的核心竞争力，产生强有力的障碍，阻止现有或潜在的竞争者进入企业的利益领域，从而保护市场份额，增强战略优势。

服务外包提高了企业对核心竞争力的关注，优化了企业资源配置，使企业能够利用核心竞争力增加竞争优势，创造更多价值，进而提升绩效。可见，绩效与服务外包相关。事实上，越是绩效差的企业，越希望通过服务外包提升绩效。

综上所述，构建服务外包动因机制的研究框架如图 10-11 所示。

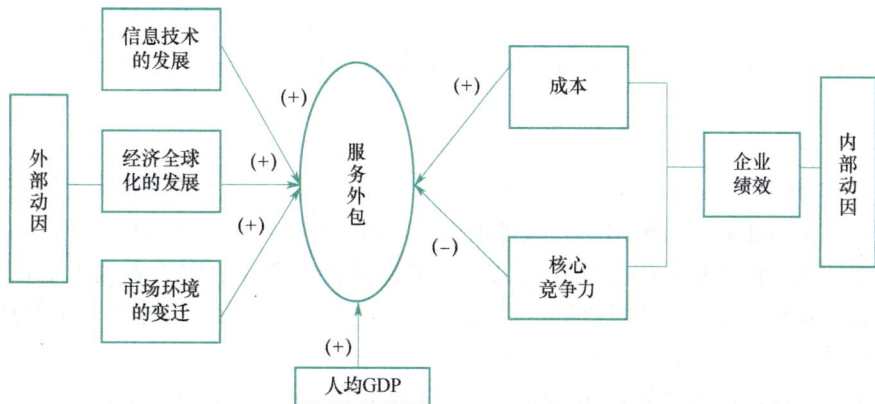

图 10-11　服务外包动因机制的研究框架

（三）对服务外包概念的理解

随着服务业的快速发展，对服务业的相关研究也越来越被重视，但很多人把服务外包简单理解为服务业的外包，这种理解是非常片面的。事实上，服务外包并非特指服务业的外包，而是服务环节的外包，服务环节既可以来自服务业也可以来自制造业。将服务外包狭义理解为服务业的外包，不利于充分理解服务外包的概念，也会脱离服务外包的发展实际。

将服务外包定义为业务重组，也就是将企业的部分生产或者服务业务，根据具体流程将其转移至其他承包企业进行外包生产的过程。将服务外包定义为承包企业在外部建立外包中心，以吸引优质员工或优质客户来开辟海外市场的行为，其目的是利用不同的比较优势实现企业利益最大化。服务外包是利用外部的高级要素进行生产，以获得更高生产力的环节。

1. 服务外包新现象

雪佛兰和奇瑞不约而同地把车型设计委托给外部设计厂商进行；国家开发银行委托汇浦对其下属机构台式机和主机提供维修管理等 IT 服务；美国计算机软件企业每年把几十亿美元软件编程工作分配给印度工程师完成，香港银行则把数据输入和电话呼叫工作转移给深圳服务公司提供；这些新商务现象共享一个名称：服务外包。

2. 服务外包老现象

服务外包也会以看起来平淡无奇方式展开，例如一个机构把办公地点的保安、保洁等服务移交给外部专门厂商提供等。

3. 服务外包的本质

"做你做得最好的，把其余外包出去。"服务外包的本质在于，它在服务提供领域运用经济分工的基本原理，更深刻、更彻底地改组当代管理实践和生产方式。

4. 服务外包当代特点和意义

管理学者认为："外包是 20 世纪组织和产业结构的最伟大的变动之一。"

外包的一般含义是生产活动"从内到外"的转移；如果这类转移对象是加工制造活动，则属于制造外包，如转移对象为服务活动就是服务外包。企业间"从内到外"的转移活动并非都属于外包。例如，IBM 把 PC 业务出售给联想，对 IBM 来说是 PC 业务"从内到外转移"，然而这不应属于外包，而是整个业务的转手出售。

外包的特征在于企业保留特定"产品"生产供应前提下，对生产过程某些环节、区段、活动，通过合同方式转移给外部厂商来承担，并形成双方供求交换关系。企业可以抽象为某种投入产出关系。对于特定企业和生产活动，投入和产出可以被显而易见区分。外包是在产出不变时，把部分投入环节转移到外部完成的管理方法或分工形态。

二、国际服务外包的分类

随着国际分工的深入，服务外包产生了在岸外包的新形式，主要表现为跨国公司及其研究机构通过在本地建立分支机构以完成接包任务。国内外学者和一些机构从不同角度对服务外包进行了定义，但无论是哪种定义方式，服务外包在生产环节中均表现为垂直专业化分工，并且是产业化分工进一步发展到产品内分工的表现结果。随着全球化分工的持续深入，学者们逐渐从国内服务外包转向国际服务外包。

事实上，目前国际服务外包作为全球价值链分工的一种重要形式，对深化经济体之间的经济交流发挥了重要作用。

（一）按照外包业务内容分类

按照外包业务内容，可以把国际服务外包分为三类。

1. 信息技术外包（ITO）

（1）软件研发外包。软件研发及开发服务、软件技术服务、其他软件研发外包业务。

（2）信息技术服务外包。集成电路和电子电路设计、电子商务平台服务、测试外包服务、IT咨询服务、IT解决方案、其他信息技术服务外包业务。

（3）运营和维护服务。信息系统运营和维护服务、基础信息技术运营和维护服务、其他运营和维护服务。

2. 业务流程外包（BPO）

（1）内部管理外包服务。人力资源管理服务、财务与会计管理服务、其他内部管理外包服务。

（2）业务运营外包服务。数据处理服务、互联网营销推广服务、客户服务、专业业务外包服务、其他业务运营外包服务。

（3）供应链外包服务。供应链管理服务、采购外包服务、其他供应链管理服务。

3. 知识流程外包（KPO）

（1）商务服务外包。知识产权外包服务、数据分析服务、管理咨询服务、检验检测外包服务、法律流程外包服务、其他商务服务外包。

（2）技术服务外包。工业设计外包、工程技术外包、其他技术服务外包。

（3）研发服务外包。医药和生物技术研发外包、动漫及网游设计研发外包、其他研发服务外包。

（二）按照承接商的地理分布状况分类

根据国际服务外包（企业服务外派）承接商的地理分布状况，国际服务外包分为三种类型：离岸外包、近岸外包和境内外包。离岸外包是指转移方与为其提供服务的承接方来自不同国家，外包工作跨境完成；近岸外包是指转移方和承接方来自于邻近国家，近岸国家很可能会讲同样的语言、在文化方面比较类似，并且通常提供了某种程度的成本优势；境内外包是指转移方与为其提供服务的承接方来自同一个国家，外包工作在境内完成。

三、国际服务外包发展状况

（一）总体情况

新兴技术快速发展，服务外包新业态、新模式持续涌现，全球离岸服务外包规模稳步增长。2021年，全球离岸服务外包执行额1.7万亿美元，同比增长22.5%，比全球服务出口增速高8.2%，占全球服务出口的28.0%，同比增长1.2%。过去五年，全球离岸服务外包执行额年均增长9.8%，比同期全球服务出口增速高6.2%。2016年—2021年全球离岸服务外包执行额及增速如图10-12所示。

离岸信息技术外包（ITO）执行额增长最快。2021年，全球离岸信息技术外包执行额7664.4亿美元，同比增长26.2%。过去五年，全球离岸信息技术外包执行额年均增长12.6%，比全球离岸服务外包执行额年均增速高2.8%，占全球离岸服务外包的比例从39.8%上升至45.1%，提高了5.3%。

离岸业务流程外包（BPO）执行额占比下降。2021年，全球离岸业务流程外包执行额

3143.3 亿美元，同比增长 17.0%。过去五年，全球离岸业务流程外包执行额年均增长 6.6%，比全球离岸服务外包执行额年均增速低 3.2%，占全球离岸服务外包的比例从 21.4% 下降至 18.5%，下降了 2.9%。

图 10-12　2016 年—2021 年全球离岸服务外包执行额及增速

数据来源：中国服务外包研究中心测算。

离岸知识流程外包（KPO）执行额平稳增长。2021 年，全球离岸知识流程外包执行额 6193.9 亿美元，同比增长 21.1%。过去五年，全球离岸知识流程外包执行额年均增长 8.4%，比全球离岸服务外包执行额年均增速低 1.4%，占全球离岸服务外包的比例从 38.8% 下降至 36.4%，下降了 2.4%。2021 年全球离岸服务外包执行额结构如图 10-13 所示。

（二）大额服务外包

全球大额服务外包发包合同额快速增长。根据全球技术研究和咨询信息服务集团（Information Services Group，ISG）对 500 万美元以上大额合同监测⊖，2021 年全球大额服务外包合同额为 842 亿美元，同比增长 40.5%。其中，ITO 合同额 251 亿美元，同比增长 17.3%；BPO 合同额 78 亿美元，同比增长 50.0%；云计算外包合同额 513 亿美元，同比增长 54.5%。云计算外包中，基础设施即服务（IaaS）合同额 380 亿美元，同比增长 56.4%；软件即服务（SaaS）合同额 133 亿美元，同比增长 49.4%。2017 年—2021 年全球大额服务外包发包合同额如图 10-14 所示。

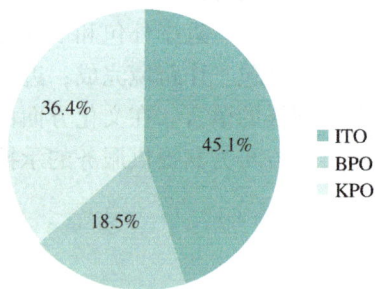

图 10-13　2021 年全球离岸服务外包执行额结构

数据来源：中国服务外包研究中心测算。

美洲地区云计算外包增速超过 40%。2021 年美洲地区大额服务外包合同额为 410 亿美元，同比增长 34.9%。其中，ITO 合同额 115 亿美元，同比增长 26.4%；BPO 合同额 40 亿美元，同比增长 17.6%；云计算外包合同额 255 亿美元，同比增长 42.5%。云计算外包中，基础设施即服务（IaaS）合同额 170 亿美元，同比增长 32.8%；软件即服务（SaaS）合同额

⊖　ISG 将服务外包分为信息技术外包（ITO）、业务流程外包（BPO）、云计算外包（As-a-service），云计算外包又分为基础设施即服务（IaaS）和软件即服务（SaaS）。

85 亿美元，同比增长 66.7%。

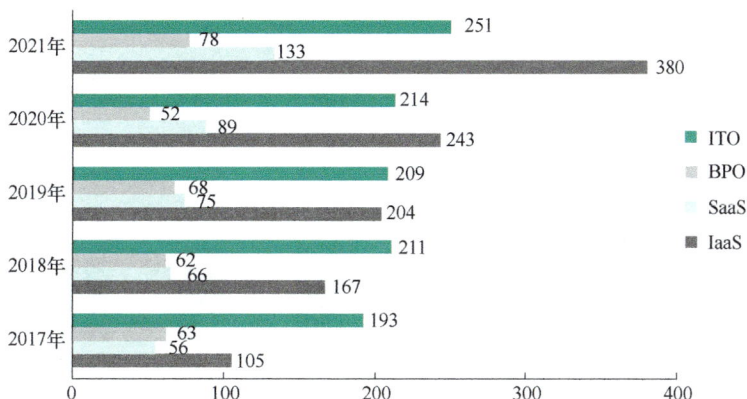

图 10-14　2017 年—2021 年全球大额服务外包发包合同额（亿美元）

数据来源：ISG。

EMEA 地区[⊖]大额服务外包增速超过 30%。2021 年 EMEA 地区大额服务外包合同额为 266 亿美元，同比增长 30.4%。其中，ITO 合同额 114 亿美元，同比增长 7.5%；BPO 合同额 26 亿美元，同比增长 62.5%；云计算外包合同额 126 亿美元，同比增长 53.7%。云计算外包中，基础设施即服务（IaaS）合同额 92 亿美元，同比增长 46.0%；软件即服务（SaaS）合同额 34 亿美元，同比增长 78.9%。

亚太地区大额服务外包增长最快。2021 年，亚太地区大额服务外包合同额为 161.3 亿美元，同比增长 77.3%。其中，ITO 合同额 23 亿美元，同比增长 38.6%；BPO 合同额 6.3 亿美元，同比增长 43.2%；云计算外包合同额 132 亿美元，同比增长 88.6%。云计算外包中，基础设施即服务（IaaS）合同额 117 亿美元，同比增长 89.9%；软件即服务（SaaS）合同额 15 亿美元，同比增长 78.6%。

（三）全球服务外包主要发包国

1. 美国

美国离岸服务外包发包执行额实现两位数增长。2021 年美国经济迎来复苏，同比增长 5.6%。根据中国服务外包研究中心测算，2021 年美国离岸服务外包执行额 1556.0 亿美元，同比增长 10.0%（见图 10-15）。其中，离岸信息技术外包执行额 517.7 亿美元，同比增长 13.0%；离岸业务流程外包执行额 249.7 亿美元，同比增长 20.6%；离岸知识流程外包执行额 788.6 亿美元，同比增长 5.3%。

美国信息技术外包发包[⊜]小幅增长。根据 IDC 数据，2021 年美国信息技术外包执行额达 340.8 亿美元，同比增长 1.5%。美国信息技术外包前五大供应商分别为莱多斯（Leidos）、国际商业机器公司（IBM）、通用动力（General Dynamics）、伯凯科技（DXC）和 HCL 科技公司（HCL Technologies），营业收入分别为 21.6 亿美元、16.3 亿美元、16.2 亿美元、15.8 亿美元和 15.7 亿美元，合计 85.7 亿美元，同比下降 4.4%，占美国信息技术

⊖　EMEA（Europe, the Middle East and Africa）地区包括欧洲、中东和非洲地区。

⊜　IDC 界定的 IT 外包范围与中国商务部有所不同，不包括 IT 咨询、系统集成、集成电路和电子电路设计服务等。

服务外包市场的 25.1%。IDC 预测 2021 年—2026 年,美国信息技术服务外包发包执行额年均增长 0.3%。

图 10-15 2016 年—2021 年美国离岸服务外包发包结构及增速
数据来源:中国服务外包研究中心测算。

美国业务流程外包发包稳步增长。根据 IDC 数据,2021 年美国业务流程外包执行额达 1130.9 亿美元,同比增长 4.8%。其中,客户服务外包(Customer Care BPO)执行额 488.4 亿美元,同比增长 7.4%,占美国业务流程外包执行额的 43.2%;人力资源管理服务外包(Human Resources BPO)执行额 413.7 亿美元,同比增长 1.6%,占比 36.6%;财务和会计外包(Finance and Accounting BPO)执行额 217.6 亿美元,同比增长 5.4%,占比 19.2%。IDC 预测,2021 年—2026 年美国业务流程外包执行额年均增长 4.2%。

2. 欧洲

欧洲国家 IT 服务支出稳步增长。根据 IDC 数据,2021 年欧洲国家 IT 服务支出 2351.9 亿美元,同比增长 5.4%。其中,IT 项目服务(Project-Oriented Services)支出 885.8 亿美元,同比增长 5.8%,占 IT 服务支出的 37.7%;IT 管理服务(Managed Services)支出 1043.2 亿美元,同比增长 5.6%,占比 44.4%;IT 运维和培训服务(Support and Training)支出 422.9 亿美元,同比增长 4.3%,占比 18.0%。IDC 预测,2021 年—2026 年欧洲 IT 服务支出年均增长 4.6%。其中,IT 项目服务支出年均增长 5.5%,IT 管理服务支出年均增长 4.1%,IT 运维和培训服务支出年均增长 3.7%。

德国离岸业务流程外包占比有所下降。根据中国服务外包研究中心测算,2021 年德国离岸服务外包执行额 1286.1 亿美元,同比增长 18.9%(见图 10-16)。其中,离岸信息技术外包执行额 582.0 亿美元,同比增长 21.1%,占比 45.2%,同比增长 0.8%;离岸业务流程外包执行额 207.4 亿美元,同比增长 20.8%,占比 16.1%,同比增长 0.2%;离岸知识流程外包执行额 496.8 亿美元,同比增长 15.6%,占比 38.6%,同比下降 1.0%。

法国离岸信息技术外包占比显著提升。根据中国服务外包研究中心测算,2021 年法国离岸服务外包执行额 767.2 亿美元,同比增长 15.2%(见图 10-17)。其中,离岸信息技术外包执行额 337.1 亿美元,同比增长 25.2%,占比 43.9%,比上年提高 3.4%;离岸业务流程外包执行额 142.7 亿美元,同比增长 7.2%,占比 18.6%,比上年下降 1.4%;离岸知识流程外包执行额 287.4 亿美元,同比增长 9.1%,占比 37.5%,比上年下降 2.0%。

图 10-16　2016 年—2021 年德国离岸服务外包发包结构及增速

数据来源：中国服务外包研究中心测算。

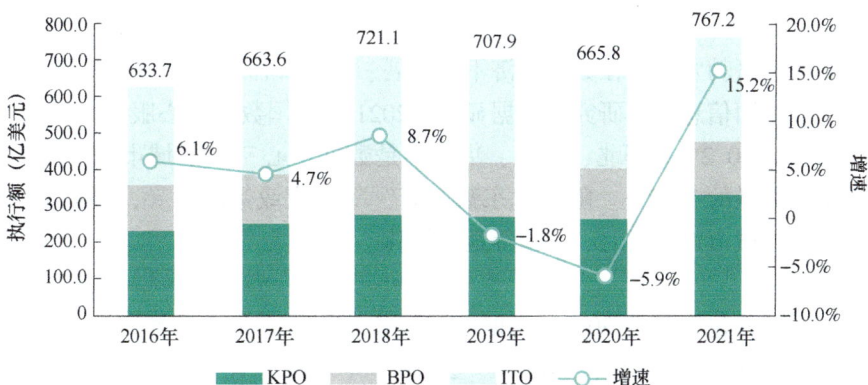

图 10-17　2016 年—2021 年法国离岸服务外包发包结构及增速

数据来源：中国服务外包研究中心测算。

3. 中国

中国离岸服务外包发包执行额连续六年保持两位数增长。根据中国服务外包研究中心测算，2016 年以来，中国离岸服务外包发包执行额增长迅速，2017 年、2018 年中国离岸服务外包执行额分别增长 25.3%、20.1%，2019 年和 2020 年离岸服务外包执行额增速有所放缓，但仍保持快速增长，分别增长 11.1% 和 11.9%。2021 年，中国离岸服务外包执行额 757.8 亿美元，同比增长 15.7%（见图 10-18）。其中，离岸信息技术外包执行额 481.4 亿美元，同比增长 21.7%，占比 63.5%，比上年提高 3.1%；离岸业务流程外包执行额 79.2 亿美元，同比增长 9.6%，占比 10.5%，比上年下降 0.5%；离岸知识流程外包执行额 197.2 亿美元，同比增长 5.5%，占比 26.0%，比上年下降 2.6%。

中国 IT 支出持续较快增长。数字中国建设引领中国信息化驶入快轨道，信息化技术与经济社会各领域加速全面渗透、跨界融合，信息化技术在抗击新冠疫情中的应用、经济恢复和数字化转型的深入开展拉动了 IT 支出的增长。根据 IDC 数据，2021 年中国 IT 支出（包括 IT 硬件、软件及服务）达 3457.4 亿美元，同比增长 13.3%。其中，软件支出 311.4 亿美元，同比增长 16.6%；IT 服务支出 323.8 亿美元，同比增长 8.6%。IDC 预测，到 2025 年中国 IT 支出将超过 4600 亿美元，年均增速为 7.7%。

图 10-18 2016 年—2021 年中国离岸服务外包发包结构及增速
数据来源：中国服务外包研究中心测算。

数据中心服务蓬勃发展。在数字经济不断发展、云计算需求增长、政策和资本利好等多重因素驱动下，中国信息通信研究院数据显示，2021 年中国数据中心服务市场规模达 170.4 亿美元，同比增长 30.2%。华北、华东、华南仍是数据中心三大区域市场，2021 年占据中国数据中心机架数量的 70.2%。随着"东数西算"等国家政策的引导，数据中心服务商未来布局将向环一线城市以及西北、西南等地区转移。

4. 日本

日本离岸服务外包增长近 30%。根据中国服务外包研究中心测算，日本离岸服务外包执行额始终保持平稳快速增长，2015 年—2020 年年均增长 4.1%，高于日本 GDP 增速。2021 年，日本离岸服务外包执行额 724.8 亿美元，同比增长 28.6%（见图 10-19）。其中，离岸信息技术外包执行额 304.9 亿美元，同比增长 27.8%，占比 42.1%；离岸业务流程外包执行额 115.4 亿美元，同比增长 27.8%，占比 15.9%；离岸知识流程外包执行额 304.5 亿美元，同比增长 30.5%，占比 42.0%。日本 IT 服务支出平稳增长。根据 IDC 数据，2021 年日本 IT 服务支出 535.2 亿美元，同比增长 3.4%。其中，IT 项目服务支出 196.8 亿美元，同比增长 4.7%，占 IT 服务支出 36.8%；IT 管理服务支出 246.6 亿美元，同比增长 2.9%，占比

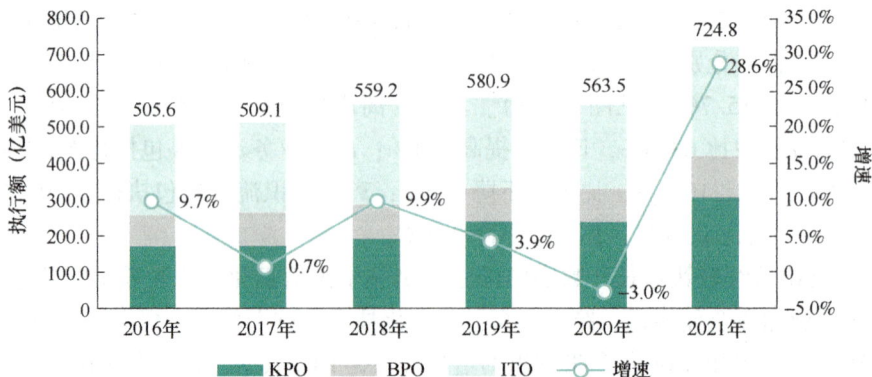

图 10-19 2016 年—2021 年日本离岸服务外包发包结构及增速
数据来源：中国服务外包研究中心测算。

46.1%；IT 运维和培训服务支出 91.8 亿美元，同比增长 1.6%，占比 17.1%。IDC 预测，2021 年—2026 年日本 IT 服务支出年均增长 2.8%。其中，IT 项目服务支出年均增长 3.7%，IT 管理服务支出年均增长 2.9%，IT 运维和培训服务支出年均增长 1.0%。

制造业、金融业和批发零售业是日本 IT 服务市场的重点行业。根据 IDC 数据，制造业是日本 IT 服务的最大需求行业，2021 年日本制造业 IT 服务支出 123.5 亿美元，同比增长 4.0%，占日本 IT 服务支出的 23.1%；金融业是第二大需求行业，2021 年日本金融业 IT 服务支出 94.6 亿美元，同比增长 4.4%，占比 17.7%；批发零售业是第三大需求行业，2021 年日本批发零售业 IT 服务支出 82.2 亿美元，同比增长 3.2%，占比 15.4%。制造业、金融业和批发零售业 IT 服务支出合计占日本 IT 服务支出的 56.2%。

（四）全球服务外包主要接包国

1. 印度

印度 IT-BPM 产业○吸纳就业达 5000 万人。IT-BPM 行业是印度最重要的经济驱动力之一，2020 年 IT-BPM 行业贡献了印度 GDP 的 8%，到 2025 年预计将占印度 GDP 的 10%。印度国家软件与服务业企业协会（NASSCOM）数据显示，2022 财年○印度 IT-BPM 行业新增 445 万名员工，员工总数达 5000 万人（含兼职员工）。IT 行业收入达 2270 亿美元，同比增长 15.5%。高德纳（Gartner）数据显示，印度的 IT 支出从 2021 年的约 818.9 亿美元增至 2022 年的 1018 亿美元，同比增长 24.3%。2000 年 4 月至 2022 年 3 月期间，印度的计算机软件和硬件部门累计吸引了 855.1 亿美元的外国直接投资。2016 财年—2021 财年印度 IT-BPM 行业产值如图 10-20 所示。

图 10-20　2016 财年—2021 财年印度 IT-BPM 行业产值

数据来源：中国服务外包研究中心测算。

印度政府加大对 IT-BPM 产业支持力度。财政支持方面，在 2022 年—2023 年印度财政预算中，IT 和电信部门的拨款为 115.8 亿美元，同比增长 62.4%。技术研发方面，2021 年 9 月，印度政府启动了维斯维斯瓦拉亚国家理工学院（Visvesvaraya）博士计划的第二阶段，以鼓励对信息技术（IT）、电子系统设计与制造（ESDM）和信息技术支持服务（ITES）中的 42 种新兴技术进行研究。平台建设方面，2021 年 7 月，印度重工业和公共企业部启动了

○ 印度 IT-BPM 产业与中国 IT 外包概念相比，包括 IT 硬件相关内容。

○ 印度 2022 财年自 2021 年 4 月 1 日至 2022 年 3 月 31 日。

六个技术创新平台，以开发具有全球竞争力的印度制造业技术；2021年9月，印度政府在东北部三个州成立了五个国家电子与信息技术研究中心（NIELIT），以提高平台的有效性并增加就业机会。

印度加快数字技术在服务贸易领域的应用。印度政府高度重视数字贸易发展，印度软件和服务业企业行业协会（NASSCOM）数据显示，IT-BPM行业在2012财年的出口额为1490亿美元，其中IT服务出口是主要贡献者，占IT-BPM出口总额的51%以上。2021年，印度启动梅加拉亚邦企业架构项目（MeghEA），通过数字技术促进该州的服务交付和治理，促进可数字化服务贸易发展。

2. 爱尔兰

爱尔兰离岸服务外包连续六年增速超15%。根据中国服务外包研究中心测算，2021年爱尔兰服务外包企业承接离岸服务外包执行额1350.9亿美元，同比增长26.0%，连续六年快速增长（见图10-21）。其中，信息技术外包执行额1197.4亿美元，同比增长33.0%，占比高达88.6%，比上年提高4.6%；业务流程外包执行额78.0亿美元，同比增长29.4%，占比5.8%，与上年基本持平；知识流程外包执行额75.6亿美元，同比下降32.2%，占比5.6%，比上年下降4.8%。

图10-21　2016年—2021年爱尔兰离岸服务外包接包结构及增速
数据来源：中国服务外包研究中心测算。

爱尔兰研发支出不断增长。随着行业参与和合作的深入，爱尔兰企业加强与跨国公司和高等教育机构的研发合作，爱尔兰投资发展局支持的跨国公司研发投入年均增长超10%；爱尔兰知识转移中心（KTI）数据显示，2021年研究机构项目支出达6.7亿欧元，创历史新高；爱尔兰科学基金会投资2.2亿欧元，资助5700多项国际合作，较2020年有所增长。研发创新增强了爱尔兰企业国际竞争力，促进经济贸易发展。爱尔兰中央统计局（CSO）数据显示，2021年爱尔兰GDP实际增长13.5%，是欧洲增长最快的经济体。其中，信息与通信技术行业增加值实际增长14.1%，高于GDP增速。服务进出口总额6791.9亿美元，同比增长4.4%。

制定数字爱尔兰顶层框架。2022年2月，爱尔兰政府发布《数字爱尔兰框架》，从数字基础设施、数据价值释放、数字技术、人才培养、数字融资、数字监管等多个维度布局数字经济发展，为推动爱尔兰经济和社会数字化转型提供行动指南。《数字爱尔兰框架》提出爱尔兰将继续瞄准新的增长机会和新兴领域，如量子计算、人工智能、区块链、物联网、5G、云计算、联网自动驾驶汽车和大数据，加大对重点领域的公共投资；通过公共采购支持数字初创企业和中小企业；将更多的政府股权投资导向数字初创企业，利用国际融资提供商加大对科技企业的投资；建立欧洲数字创新中心，使中小企业更容易获得数字技术和专业知识。

3. 越南

越南离岸信息技术外包占比超过85%。根据中国服务外包研究中心测算，2021年越南企业承接离岸服务外包12.3亿美元，同比下降14.2%（见图10-22）。其中，信息技术外包执行额10.4亿美元，同比下降15.0%，占比85.1%，比上年下降0.9%；业务流程外包执行额1.7亿美元，同比下降8.9%，占比13.9%，比上年提高0.9%；知识流程外包执行额0.1亿美元，同比下降14.8%，占比1.0%，与上年持平。

图 10-22　2016 年—2021 年越南离岸服务外包接包结构与增速

数据来源：中国服务外包研究中心测算。

越南加快调整经济结构。2021年11月，越南通过《关于2021—2025年经济结构调整计划的决议》，明确发展总体目标：到2025年在各行业、各领域形成合理有效的结构；以高新技术为基础发展更多国家级名牌产品；促进部分经济产业在竞争力方面取得突破，在增长方式、生产效率、质量等方面取得实质性进展，提高经济体的韧性、适应性和承受力。提出完善制度、促进科技应用、数字化转型、革新创新的措施，大力推进产业结构调整和空间结构调整，加强中小型企业与大型企业和外资企业的对接。越南加快调整经济结构为服务外包产业发展奠定基础。

越南数字化转型步伐进一步加快。越南已将数字经济、数字政府和数字社会作为建设数字化国家的三大支柱。2021年9月，越南成立了国家数字化转型委员会，统筹推进数字经济等领域发展。联合国贸易和发展会议《数字经济报告》显示，2021年，越南互联网经济价值约210亿美元，对国内生产总值（GDP）的贡献率达5%，与2015年相比增加六倍。根据越南制定的"数字经济和数字社会国家发展战略"，2022年数字经济将占国内生产总值的11.5%，使用数字化平台的中小企业比例将提升至30%，到2025年数字经济将占国内生产总值的20%。为鼓励更多市场主体和个人参与数字经济，越南出台了多项优惠政策，如为本国从事数字经济和相关软件研发的初创企业，优先提供办公场地和减免税收租金。越南还将数字经济列为外资优先投资领域。

4. 马来西亚

马来西亚离岸知识流程外包占比显著提高。根据中国服务外包研究中心测算，2021年马来西亚企业承接离岸服务外包76.5亿美元，同比增长9.1%（见图10-23）。其中，信息技术外包执行额40.5亿美元，同比增长6.0%，占比53.0%，比上年下降1.6%；业务流程外包执行额11.1亿美元，同比下降2.4%，占比14.5%，比上年下降1.7%；知识流程外包执行额24.9亿美元，同比增长21.2%，占比32.5%，比上年提高3.3%。

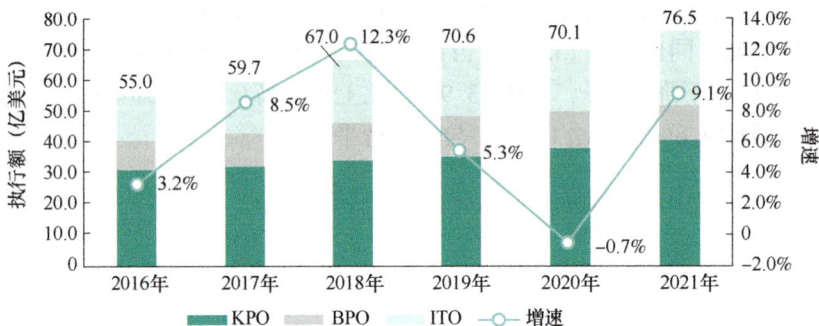

图10-23 2016年—2021年马来西亚离岸服务外包接包结构与增速
数据来源：中国服务外包研究中心测算。

数字经济是马来西亚经济的重要驱动力。马来西亚政府高度重视并对数字经济发展持续提供政策支持。2021年，马来西亚推出全国电子商务策略路线图2.0，加强政策实施和监管，改善电子商务生态，通过为中小企业提供培训、建立一站式业务门户网站等，推动电子商务增长。政府预计到2025年将有87.5万家中小微企业开展电子商务。同年，马来西亚政府推出了10年数字经济蓝图——"数字马来西亚"，提出通过公私合作方式投资建设5G、超大规模数据中心等数字基础设施，并在接下来的五年内催化出5000家初创企业等目标。《2021年东南亚数字经济报告》显示，马来西亚2021年数字经济规模达到210亿美元，同比增长47%，到2025年预计将增长至350亿美元。2022年，马来西亚政府推出数字倡议，重点关注数字旅游、数字贸易、数字农业、数字金融等九个领域，旨在通过促进数字技术普及、支持本地科技公司发展、吸引高价值数字投资等三大举措，提高马来西亚在全球数字革命和数字经济领域的竞争力，促进数字经济发展。

马来西亚服务外包发展前景广阔。2021年，马来西亚发布第12个五年发展计划，旨在对2021年—2025年的国家经济发展进行规划，提出到2025年使马来西亚进入世界银行划分的高收入国家之列。为实现发展目标，马来西亚政府将打造新的增长源，加强数字基础设施建设，改善现有4G网络，培养数字人才，促进航空航天、智慧农业、创意产业等高技术产业发展，帮助中小企业实现数字化转型，推动信息技术服务外包产业发展。环境可持续性发展被列为未来五年的优先发展事项，提出到2030年，马来西亚单位国内生产总值碳排放降低45%，到2050年实现碳中和目标，绿色发展为新能源技术研发服务外包创造有利条件。

5. 菲律宾

菲律宾离岸服务外包结构保持稳定。根据中国服务外包研究中心测算，2021年菲律宾服务外包企业承接离岸服务外包执行额213.3亿美元，同比增长12.0%（见图10-24）。其中，信息技术外包执行额 75.6 亿美元，同比增长 13.1%，占比 35.4%，比上年提高 0.3%；业务流程外包执行额 135.8 亿美元，同比增长 11.8%，占比 63.7%，与上年基本持平；知识流程外包执行额 1.9 亿美元，下降 11.5%，占比 0.9%，比上年下降 0.2%。

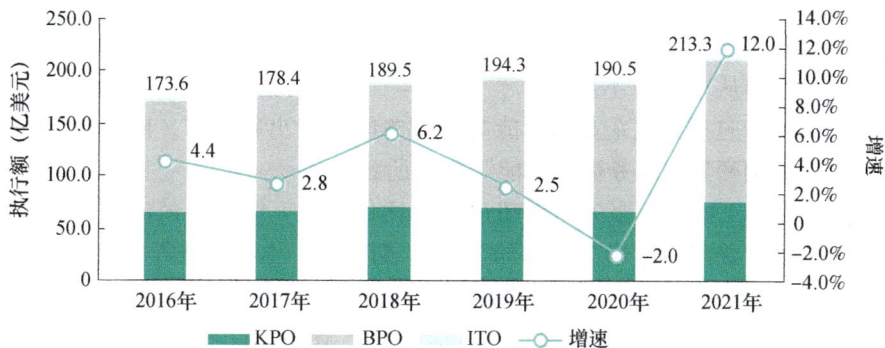

图 10-24　2016 年—2021 年菲律宾离岸服务外包接包结构及增速
数据来源：中国服务外包研究中心测算。

以呼叫中心为代表的菲律宾 IT-BPM 行业在全球表现领先。菲律宾贸工部（DTI）数据显示，2021 年全球共有 800 万名全职员工就职于 IT-BPM 行业。其中，菲律宾员工占比 17%~18%，排名第二，仅次于占比 37%~40% 的印度，领先于波兰（3%~4%）、中国（2%~4%）和加拿大（2%~4%）。2020 年，菲律宾共有近 135 万人从事 IT-BPM 行业，其中 90 万人就职于各类呼叫中心；16.3 万人参与全球共享服务；14.3 万人就职于健康信息管理行业；信息技术和软件行业则吸纳了 13.7 万人就业。2020 年，菲律宾服务外包行业总营业额为 267 亿美元，其中呼叫中心业务营业额为 150 亿美元。DTI 预计，2021 年菲律宾服务外包行业营业额和创造就业个数将分别同比增长 12% 和 8%。

菲律宾从外包向创意转型。新冠疫情促进了自动化发展，越来越多的菲律宾企业更加倾向于使用人工智能机器人实现与顾客之间的交流，这在很大程度上削弱了菲律宾以低薪建立起来的呼叫中心的优势，而视觉艺术、表演艺术、视听媒体、出版和数字交互媒体等创意产业都不易受到人工智能和自动化的影响。2021 年 9 月，菲律宾众议院通过了《菲律宾创意产业发展法》。该法案旨在发展菲律宾的创意产业，并使之制度化，使电影、音乐、动画、游戏等创意产业被放置于国家经济发展中的重要地位，助力菲律宾到 2030 年成为东盟最大的创意经济体。2021 年，菲律宾在 130 个经济体的创意产品出口排名中位列第 10 位。

（五）全球服务外包产业发展趋势分析

1. 专业化分工深化，全球服务外包市场将更加广阔

世界经济进入互惠共享的新服务经济时代，服务业跨国转移成为经济全球化新特征，服务外包日渐成为各国参与全球产业分工、整合外部资源、调整经济结构的重要途径，形态更高级、分工更优化、结构更合理的趋势更加明显。全球离岸服务外包将保持稳步增长。

根据服务外包行业发展趋势测算，2015 年—2020 年，在全球服务出口下降的背景下，全球离岸服务外包执行额逆势增长 36.7%，年均增长 6.5%。2020 年，全球离岸服务外包执行额 13875.7 亿美元，占全球服务出口的 27.8%，比上年提高 5.4%。后疫情时期，全球离岸服务外包增长趋势仍将延续并得到进一步加强。中国服务外包研究中心预测，2021 年—

2025 年，全球离岸服务外包执行额年均增速将超过 7%，2025 年全球离岸服务外包执行额有望达到 2 万亿美元。

2. 高端化转型升级提速，大额合同业务日益增长

在全球科技变革和服务业跨国合作的推动下，高端化发展既是服务外包产业自身转型升级的需要，也是优化全球市场资源配置的重要途径。产业高端化转型升级大势所趋。从需求侧看，国际发包动因从"自己不愿干、节省成本"向"自己不能干、寻求专业解决方案、创造新价值"转变，这对接包企业创新能力、服务能力提出新要求。服务外包行业发展趋势是越来越多的劳动密集型服务被"智能"服务所替代。

"智能"背后的"智力"服务需求超过以往任何时候，服务价值向微笑曲线的两端移动。发达国家提出"新经济战略"，在智能制造、新能源、生物科技等领域衍生出高技术含量、高附加值的生产性服务外包，带动大额服务外包规模日渐增多。从供给侧看，服务供应商持续加大研发投入，不断提升自身的综合创新能力，在创新技术、交付模式等方面引领需求、创造市场，在产业赋能升级中扮演更重要的角色。

总体看来，服务外包行业发展前景良好，市场逐渐往智能化、数字化转型升级也将为服务外包行业带来新的发展机遇和发展空间。

第四节　国际服务贸易发展的趋势

随着技术进步和全球分工深化，服务业在国际贸易投资中的地位稳步提升，服务贸易成为连接全球产业链、价值链的纽带，为推进当代世界可持续发展发挥着重要作用。近年来，全球服务贸易规模不断扩大，贸易方式逐渐趋向数字化和智能化，但区域发展不平衡，南北贸易竞争呈现分化趋势。展望未来，全球产业链、供应链以及多边谈判等因素将给服务贸易发展带来诸多不确定性。

20 世纪 80 年代以来，全球化进程加快，国际服务贸易进入高速发展期。20 世纪 90 年代，信息技术革命加速了数字技术与传统服务贸易的融合，催生了服务贸易的新模式、新业态。与此同时，在技术进步和全球分工深化的过程中，服务业在国际贸易投资中的地位也得到稳步提升。当前，服务业和服务贸易已经成为增长最快的经济和贸易部门，在物流运输、金融保险、信息技术、专业服务等领域，服务贸易在复杂的工业经济体系中扮演着重要的角色；在旅游、教育、卫生医疗、文化等领域，服务贸易深刻地影响和改变着我们的生活。

一、全球服务贸易发展概况及重要作用

（一）世界服务经济的时代已经来临

根据世界银行统计，2019 年世界服务业产值占总 GDP 的比重接近 68%，主要发达经济体的这一比重则接近 80%。2019 年世界服务业就业比重高达 50.1%，其中高收入经济体服务业就业比重为 74.1%、中等收入经济体服务业就业比重为 51.2%、中低等收入经济体服务业就业比重为 44.8%。服务业成为各国吸纳就业的主渠道和拉动经济增长的主引擎。

（二）服务贸易在全球贸易体系中的地位稳步提升

世界贸易组织（WTO）的统计数据显示，服务贸易的增长速度显著快于货物贸易，2012 年—2019 年，服务贸易的年均增速为 4%，而货物贸易的年均增速仅为 0.36%。服务贸

易在全球贸易中的比重持续提升，跨境服务出口在全球出口中的占比从 2012 年的 19.5% 稳步提升到 2019 年的 24.5%。根据联合国贸易和发展会议（UNCTAD）的统计，2009 年—2019 年，全球第三产业累计吸收外资 6.98 万亿美元，占比高达 52%；2019 年年末，全球第三产业直接投资占国际直接投资存量的半壁江山。服务业领域的贸易投资合作广度和深度不断扩展，成为拉动全球贸易和投资合作的新引擎。

（三）服务贸易成为连接全球产业链、价值链的纽带

从全球产业链、价值链变迁的视角来看，WTO 发布的《2019 年世界贸易报告》指出，服务增加值占世界出口的比重已由 1980 年的 30% 提升到 2019 年的 50%。服务业在全球产业链、价值链中发挥着关键作用。一是生产性服务，如研发设计、知识产权、金融保险、物流运输等作为中间投入，全面渗透到商品生产制造环节，不断提升全球制造业的技术水平和生产效率；二是品牌资产、分销服务和售后服务越来越受到制造企业的重视，成为提升产品附加值的重要手段，引领价值创造向产业链、价值链上下游转移，不断提升商品中知识和技术的密集程度。

（四）服务贸易成为当代世界可持续发展的重要力量

服务业和服务贸易在促进发展中国家融入国际分工、促进技术进步和生产效率提升、助推中小微企业国际化进程、拓展国际人文交流等方面发挥着重要作用，是当代世界可持续发展的重要力量。

首先，从普惠贸易视角来看，数字技术的全球性普及，尤其是跨境电子商务平台的大规模应用，降低了全球中小微企业拓展全球市场的门槛，有望打破传统跨国公司长期垄断全球贸易的局面。例如，菲律宾以中小企业为主的业务流程外包增长迅速，约占全球市场的 20%，业务流程外包将取代外国汇款成为菲律宾 GDP 的最大贡献者。

其次，从助力发展的视角来看，发展服务贸易并不要求一个国家必须具备雄厚的资本和工业基础设施，这能够在一定程度上帮助发展中经济体摆脱高度依赖资本和工业基础设施的传统发展路径，促进其跨越进入增加值更高的出口服务阶段。例如，毛里求斯加快发展国际医疗旅游产业，2019 年外国患者人数扩大到 10 万人，医疗旅游部门收入增长至 10 亿美元左右；印度大力发展离岸服务外包、信息通信服务，年出口额超过千亿美元，对其 GDP 的增长贡献接近 10%，吸纳就业约 350 万人。

最后，从促进人文交流的视角来看，教育、旅游等服务贸易不仅是一国创汇的来源，还充分体现了一国的文化软实力，成为促进人文交流的重要方式。目前，全球有超过 500 万名国际留学生，教育服务贸易额增长至 1110 亿美元。此外，随着数字技术手段在教育行业的应用，在线远程学习为无法到国外接受高等教育者提供了更经济、更灵活的选择，将进一步扩大教育服务贸易规模。

二、当前全球服务贸易的发展特点

（一）国别区域发展不平衡

一是跨境服务贸易主要集中在欧洲、亚洲和美洲，且更多地分布在发达经济体。根据联合国贸易和发展会议统计，2019 年，欧洲、亚洲和美洲的国际服务贸易规模合计 11.5 万亿美元，占国际服务贸易总额的 96.3%，其中欧洲 5.6 万亿美元，占比 46.9%；亚洲 3.8 万亿美元，占比 31.5%；美洲 2.1 万亿美元，占比 17.9%。大洋洲与非洲所占份额均较低。

二是近年来发展中经济体在国际服务贸易中的地位不断上升，但规模上，发达经济体仍远高于发展中经济体，依然是跨境服务贸易的主导者，且长期保持顺差地位。根据WTO统计，2019年，全球服务贸易规模排名前10位的经济体分别为美国、中国、德国、英国、爱尔兰、法国、荷兰、新加坡、日本、印度，总量合计6.48万亿美元，占全球服务贸易总额的比重接近50%，其中发展中经济体仅有中国和印度，合计比重为18.1%。

（二）南北贸易竞争呈现分化趋势

在现有的国际分工体系下，发达经济体一方面将劳动密集的制造环节外包给发展中经济体，另一方面又凭借其资本优势、技术创新能力集中于服务环节的生产，进而形成发达经济体和发展中经济体"服务—制造"的生产格局。发达经济体服务产业竞争力较强，基本长期垄断高端服务贸易领域，例如美国的电信、计算机和信息服务以及金融服务、知识产权使用费、旅游服务等，贸易顺差较长时间处于全球第一位，而发展中经济体中，仅有中国与印度的电信、计算机和信息服务贸易顺差规模位居全球前列。

此外，中国和印度在建筑、物流等服务贸易领域占据一定的市场份额，但这些仍属于劳动密集型行业，在全球价值链中的地位较低。总体来说，发达经济体在服务贸易领域保持长期顺差，特别是在产品研发、设计、金融、品牌、物流等相对高附加值的生产性服务方面；发展中经济体服务贸易逆差进一步加大，高端服务产业国际竞争力亟待提升。

（三）服务贸易结构逐步优化

WTO发布的《2019年世界贸易报告》显示，2005年—2017年，分销服务和金融服务牢牢占据了国际服务贸易的主导地位，规模分别居第一位、第二位，2017年两类服务贸易合计金额达5.1万亿美元，占比高达38.5%。与此同时，以信息技术、产品研发、医疗健康为代表的新兴高科技服务产业快速崛起，年均贸易增速超过10%，其中信息技术服务贸易规模在2017年的占比达到13.2%。可以看出，国际服务贸易的价值链正在向知识技术密集型方向延伸。

（四）数字技术重塑服务贸易商业模式

一是数字服务贸易规模发展迅猛。根据联合国贸易和发展会议统计，全球数字贸易出口规模从2010年的1.87万亿美元增长到2020年的3.19万亿美元。

二是数字技术加速赋能传统服务贸易。服务贸易通常基于跨境交付、境外消费、商业存在和自然人流动四种模式开展。2017年，以商业存在模式开展的服务贸易占比58.9%，以跨境交付模式开展的服务贸易占比27.7%，其他两种模式合计占比不足15%。分销服务和金融服务主要通过在他国建立商业存在的模式进行，2017年约有70%的分销服务和77%的金融服务通过在他国设立跨国分支机构的形式开展贸易。但随着数字技术与服务贸易的加速融合，出现了诸如跨境电子商务、在线金融服务等新模式，弱化了分销服务和金融服务高度依赖商业存在的局面，数字技术正在重塑服务贸易的商业模式。

三是数字技术催生新的服务贸易业态。在数字经济时代，数据成为关键的生产要素，跨境的数据流动不仅支撑着人才、资本和信息等生产要素的跨境流动，改变着服务贸易的交付方式，更是催生了互联网、大数据、云计算和人工智能等数字服务贸易产业。数字技术能够进一步增强服务的可贸易性，拓宽服务贸易的边界，释放服务贸易的发展潜力。

三、全球服务贸易发展的未来展望

当前，世界正处于新技术开发应用和经济结构性调整升级的关键时期，全球服务贸易规模扩大化、服务贸易方式数字化和智能化的特征尤为明显，服务贸易迎来了难得的发展机遇。但现阶段经济发展遭遇逆全球化的阻力，以美国为首的发达国家大力推行贸易保护主义，服务贸易的多边谈判受阻，全球产业链、供应链面临逆全球化的压力。以上因素将给未来服务贸易发展带来诸多不确定性。

（一）服务贸易将吸引各国更多的政策关注

全球数字经济的发展和制造业服务化的趋势将使全球价值链更多地转向以服务为中心，提升本国服务业的国际竞争力将成为各国博弈的焦点，主要体现为有针对性地为本国服务业制定产业发展政策和对服务进口的限制政策。随着服务业业态的大幅拓展及重要性的日益凸显，《服务贸易总协定》将难以满足贸易发展的现实需求，新的自由贸易协定谈判更多集中在服务贸易领域。由于在高端服务贸易领域具有更大比较优势，且服务贸易长期顺差，以欧美为代表的发达经济体希望通过国际谈判来推动世界各国开放服务贸易市场。发展中经济体在服务贸易自由化方面更多地持保守态度，希望通过产业扶持政策来发展本国服务业，提高国际竞争力。因此，在未来相当长的一段时间内，发达经济体和发展中经济体在服务贸易自由化方面的矛盾还将继续存在。

（二）数字技术成为拉动服务贸易发展的新引擎

新一轮信息技术革命重塑全球服务贸易发展生态，数字技术与传统服务贸易的深度融合加速，更催生了一系列服务贸易的新业态，将深刻改变全球服务贸易的发展格局。由于数字技术显著地降低了服务贸易的跨境交付和管理成本，提高了传统服务的可贸易性，依靠数字手段交付的服务贸易的比重将进一步扩大。未来，金融保险、物流运输、旅游、教育和建筑等传统服务贸易还将加大信息技术投入，与互联网、大数据、人工智能等数字技术进行深度融合，推动跨境交易服务中数字化服务交易的占比不断提升。除降低贸易成本外，数字技术还将通过多种方式促进服务贸易发展，例如创新服务提供方式，使远程医疗、远程办公、远程教育等专业服务的跨国界提供成为现实，改变这些服务不可贸易、难贸易的现有局面。云计算、大数据和人工智能等新兴数字服务贸易在全球数字经济大发展的背景下快速崛起，也将为服务贸易发展注入新的动能。

（三）货物贸易与服务贸易加速融合

数字技术的广泛应用进一步模糊了货物贸易和服务贸易之间的边界，加速制造业服务化和服务产业化的趋势。货物贸易和服务贸易的融合发展可以促进资源有效配置，形成更大的规模经济和范围经济，为消费者和生产者提供更多种类的产品和服务。一是货物贸易可以有效带动服务贸易发展，为金融、运输、分销、知识产权使用等服务贸易的发展创造机会；二是服务贸易可以为货物贸易提供保障和支撑，显著降低成本、提高效率，如在线平台等服务贸易新模式、新业态可以显著降低货物贸易成本，在提高效率的同时促进货物贸易转型升级；三是产品中融入更多的服务元素，这种趋势在电子信息领域尤为明显，软硬件一体化的产品可以全方位、多功能地满足消费者需求，显著增强产品的差异性、增加产品的附加值，帮助企业开拓国际市场。

（四）发展中经济体的地位有望进一步提升

发展中经济体在全球服务贸易中将发挥越来越大的作用。WTO的《2019年世界贸易报告》指出，2005年—2017年发展中经济体在全球贸易中所占份额增长了10%以上。中国与印度成为全球离岸服务外包的前两大目的地，以菲律宾为代表的东南亚国家在全球服务外包市场异军突起。一是发展服务贸易能够降低发展中经济体迈入全球化的门槛，使其进入附加值更高的服务出口阶段，如旅游服务、医疗服务和信息技术产业；二是数字技术为普惠贸易创造了条件，数字经济更有利于发展中经济体加快发展，对于人口众多的发展中经济体来说，数字经济为它们提供了"弯道超车"的机遇；三是随着发展中经济体加速产业结构调整，服务业对外开放的程度逐步提升，如中国大幅度放宽外资进入国内的金融保险、医疗、教育和文化娱乐市场的准入门槛，为发达国家服务企业进入新兴市场提供了机会，同时通过竞争效应，也将提升发展中经济体服务企业的国际竞争力。

【本章小结】

本章首先介绍了最近10年来全球服务贸易的发展态势：知识密集型服务出口在全球服务出口中的占比不断提高；发达经济体在全球服务贸易占据主要地位，发展中经济体地位趋于上升，中国服务贸易份额稳步提高；全球外商直接投资的重点转向服务业，服务业跨境并购创历史新高。其次重点介绍了数字服务贸易和服务外包两种服务贸易方式：伴随着数字技术与国际贸易融合渗透不断深化，全球数字服务贸易飞速发展，推动全球经贸体系深刻变革；服务外包是各国在互联网信息时代发展中参与经济全球化分工的重要方式，也是提升全球价值链地位的重要途径。最后展望国际服务贸易的发展趋势：全球产业链供应链以及多边谈判等因素将给服务贸易发展带来诸多不确定性。

(1) 全球服务贸易发展的基本格局。《全球服务贸易发展指数报告2022》指出，全球服务贸易已经逐渐恢复，但还未恢复至疫情前水平。知识密集型服务出口在全球服务出口中的占比不断提高。发达经济体在全球服务贸易占据主要地位，发展中经济体地位趋于上升，中国服务贸易份额稳步提高。全球外商直接投资的重点转向服务业，服务业跨境并购创历史新高。

(2) 数字服务贸易。伴随着数字技术与国际贸易融合渗透不断深化，全球数字贸易飞速发展，推动全球经贸体系深刻变革。特别是新冠疫情暴发以来，数字贸易更是实现逆势增长，数字服务贸易在服务贸易中的占比大幅上升。数字贸易时代，数据流牵引和驱动物资流、服务流、技术流、资金流和人才流，平台集聚资源、促进协同、提升效率、构筑生态，推动国际经贸活动从物理世界延伸至数字世界，深刻影响着国际经贸发展走势和格局。

(3) 国际服务外包。服务外包是各国在互联网信息时代发展中参与经济全球化分工的重要方式，也是提升全球价值链地位的重要途径。互联网的广泛应用和新一代信息技术的快速发展，带动全球服务外包的市场需求快速增长，以及技术创新和服务模式创新，越来越多的发展中国家将发展服务外包作为参与全球价值链的重要战略，使国际市场竞争日益激烈。

(4) 国际服务贸易发展的趋势。近年来，全球服务贸易规模不断扩大，贸易方式逐渐数字化和智能化，但区域发展不平衡，南北贸易竞争呈现分化趋势。展望未来，全球产业链、供应链以及多边谈判等因素将给服务贸易发展带来诸多不确定性。

【本章重要概念】

全球服务贸易发展的基本格局　　服务业跨境并购　　数字服务贸易　　数字经济　　数字技术　服务外包　ITO　BPO　KPO

【复习思考题】

1. 当前全球服务贸易发展的基本格局是怎样的？
2. 阐述数字贸易的概念和特征。
3. 什么是服务外包？服务外包发展的动因是什么？
4. 分析一下国际服务贸易发展趋势。

附录 ▶▶▶

《服务贸易总协定》（GATS）

目录

第一部分　范围和定义

第一条　范围和定义

1. 本协定适用于各成员方影响服务贸易的措施。

2. 为本协定之目的，服务贸易定义为：

（a）从一成员方境内向任何其他成员方境内提供服务。

（b）在一成员方境内向任何其他成员方的服务消费者提供服务。

（c）一成员方的服务提供者在任何其他成员方境内以商业存在提供服务。

（d）一成员方的服务提供者在任何其他成员方境内以自然的存在提供服务。

3. 为本协定之目的

（a）"成员方的措施"是指由以下机构采取的措施：中央、地区或地方政府和当局；由中央、地区或地方政府或当局授权行使权力的非政府机构为履行本协定下的义务和承诺，各成员方应采取所有可能的合理措施以确保其境内的地区和地方政府和当局及非政府机构遵守协定。

（b）"服务"包括任何部门的任何服务，但在行使政府权限时提供的服务除外。

（c）"在行使政府权限时提供的服务"是指既不是在商业基础上提供，又不与任何一个或多个服务提供者相竞争的任何服务。

第二部分　一般义务和纪律

第二条　最惠国待遇

1. 在本协定项下的任何措施方面，各成员方应立即和无条件地给予任何其他成员方的服务和服务提供者以不低于其给予任何其他成员方相同的服务和服务提供者的待遇。

2. 一成员方可以维持不一致的措施，只要该措施已列入"关于第二条豁免的附件"并符合该附件的条件。

3. 本协定的规定不得解释为阻止任何成员方赋予或给予其毗邻国家优惠，以便利在毗邻的边境地区进行当地生产和消费的服务的交换。

第三条　透明度

1. 除非在紧急情况下，各成员方应迅速并最迟于其生效之时公布所有普遍适用的有关或影响本协定实施的措施。一成员方为签字方的涉及或影响服务贸易的国际协定也应予以公布。

2. 如第 1 款所指的公布不可行，则此类信息应以其他方式公之于众。

3. 各成员方应立即或至少每年一次向服务贸易理事会通知对本协定下已做具体承诺的服务贸易有重大影响的新的法律、规章或行政指示，或对现行法律、规章或行政指示的任何修改。

4. 各成员方应对任何其他成员方就其普遍适用的任何措施或第 1 款意义内的国际协定所提出的所有具体资料要求予以迅速答复。各成员方还应设立一个或多个咨询点，以便应请求，就所有这类事项及第 3 款要求通知的事项向其他成员方提供具体资料。这些咨询点应在《建立世界贸易组织协定》（本协定中称为《WTO 协定》）生效后的两年内建立。在建立咨询点的时限方面，经同意可以给予个别发展中成员方适当的灵活性。咨询点不必是法律和法规的保管处。

5. 任何成员方都可向服务贸易理事会通知它认为影响本协定实施的，由任何其他成员方采取的任何措施。

第三条之二　机密资料的公开

本协定的任何规定都不得要求任何成员方提供那些一旦公开会阻碍法律的实施或违背公众利益，或损害特定公营或私营企业合法商业利益的机密资料。

第四条　发展中成员方的更多参与

1. 按照本协定第三和第四部分的规定，不同成员方应通过谈判达成的以下方面的具体承诺来促进发展中成员方更多地参与世界贸易：

（a）加强其国内服务能力、效率和竞争力，特别是通过在商业基础上获得技术。

（b）改善对分销渠道和信息网络的利用。

（c）在它们有出口利益的部门及提供方式上实现市场准入的自由化。

2. 发达成员方和在可能的程度上的其他成员方，应在《WTO 协定》生效后的两年内建立联系点，以便利发展中成员方的服务提供者获得与其相应市场有关的资料，包括：

（a）有关服务提供的商业和技术方面的资料。

（b）有关登记、认可和获得专业资格方面的资料。

（c）服务技术可获得性的资料。

3. 在履行第 1 款和第 2 款的义务时，应特别优先考虑最不发达成员方。由于它们的特殊经济状况以及它们的发展、贸易和财政需要，对它们在接受谈判达成的具体承诺方面存在的严重困难应给予特殊的考虑。

第五条　经济一体化

1. 本协定不应阻止任何成员方参加或达成在参加方之间实现服务贸易自由化的协议，只要这种协议：

（a）包括众多的服务部门。

（b）在（a）项所说的部门中，两个或多个参加方之间通过以下方式不存在或取消第十七条意义上的所有歧视：

（ⅰ）取消现有的歧视性措施，和/或

（ⅱ）禁止新的或更多的歧视性措施。

或者在那一协议生效时，或者在一个合理的时间框架基础上，第十一条、第十二条、第十四条及第十四条之二允许的措施除外。

2. 在评估第 1 款（b）项的条件是否满足时，可考虑本协定与有关国家和地区间更广泛

的经济一体化或贸易自由化进程之间的关系。

3.（a）如果发展中成员方是第1款所述类型的协议的参加方，则应根据这些成员方所有的和单个服务部门及分支部门的发展水平，在第1款，特别是（b）项所列条件方面，显示灵活性。

（b）虽有第6款的规定，当第1款所述类型的协议只有发展中成员方参加时，可对该协议参加方的自然人所拥有或控制的法人给予更加优惠的待遇。

4. 第1款所提到的任何协议应促进该协议参加方之间的贸易，对该协议外的任何成员方，不应提高在相应服务部门或分部门中在该协议之前已适用的服务贸易壁垒的总体水平。

5. 如果在任何第1款所述协议达成、扩大或做任何重大修改时，一成员方打算撤销或修改具体承诺因而违背其在承诺表中所列规定和条件，则它应提前90天通告上述修改或撤销，并应适用第二十一条第2款、第3款及第4款所规定的程序。

6. 任何其他成员方的服务提供者，如是根据第1款所述协议的参加方的法律组建的法人，则只要它在该协议参加方境内从事实质性的商业经营，就有权享受该协议给予的待遇。

7.（a）各成员方如系任何第1款所述协议的参加方，应立即将这类协议及对该协议的任何扩大或重大修改通知服务贸易理事会。它们也应向理事会提供其要求的其他这类有关资料。理事会可设立一工作组以审查此类协议或其扩大和修改，并就其与本条规定的一致性向理事会报告。

（b）各成员方如系第1款所述的根据一时间表而实施的协议的参加方，则应定期向服务贸易理事会报告协议实施情况。理事会如认为必要，可设立一工作组以审查此类报告。

（c）根据本款（a）、（b）两项所指的工作组的报告，理事会认为适当时可向参加方提出建议。

8. 参加任何第1款所述协议的成员方，对任何其他成员方从该协议中可能获取的贸易利益不得谋求补偿。

第五条之二　劳动力市场一体化协议

本协议不应阻止任何成员方成为在两个或多个参加方之间建立的劳动力市场完全一体化协议的成员方，如果这项协议：

（a）免除协议参加方的公民有关居留和工作许可的要求。

（b）通知服务贸易理事会。

第六条　成员方内部法规

1. 在已做出具体承诺的部门，每个成员方应确保所有普遍适用的影响服务贸易的措施，以合理、客观和公正的方式予以实施。

2.（a）每个成员方应维持或尽快地建立司法、仲裁或行政法庭或程序，在受影响的服务提供者的请求下，对影响服务贸易的行政决定做出迅速审查，并在请求被证明合理时给予适当的补救。在这些程序不独立于受委托做出有关行政决定的机构时，该成员方应确保这些程序实际上会做出客观和公正的审议。

（b）以上（a）项的规定不能解释为要求一成员方建立与其宪法结构或法律制度的性质不一致的法庭或程序。

3. 在提供一项已做具体承诺的服务需要得到批准时，成员方的主管当局应在一项符合国内法律和规章的完整的申请提出后一段合理时间内，将有关该项申请的决定通知申请人。

应申请人的请求，该成员方的主管当局应毫不迟延地告知其有关申请的批准情况。

4. 为了确保有关资格要求和程序、技术标准和许可要求的措施不致构成不必要的服务贸易壁垒，服务贸易理事会应通过其建立的适当机构，制定任何必要的纪律。这些纪律应旨在确保这些要求，特别是：

（a）基于客观和透明的标准，诸如提供服务的资格和能力。

（b）除为保证服务质量所必需以外，不应成为负担。

（c）如是许可程序，则其本身不应成为提供服务的限制。

5.（a）在各成员方已做出具体承诺的部门，在按照第4款为这些部门制定的纪律尚未生效前，成员方不能以下方式使用损害或阻碍具体承诺的许可和资格要求及技术标准：与第4款（a）、（b）或（c）项所列标准不符；在对那些部门做具体承诺时，不能合理地预想到该成员方会采取这种做法。

（b）在确定一成员方是否符合上述第5款（a）项所确定的义务时，对该成员方所实施的有关国际组织的国际标准应加以考虑。

6. 在对专业服务已做具体承诺的部门，各成员方应提供充分的程序以验证任何其他成员方的专业人员的资格。

第七条　承认

1. 为全部或部分地实行对服务提供者的有关批准、许可或证明所规定的标准，并依照第3款的要求，成员方可承认在一特定国家或地区获得的教育或经验、已满足的要求以及所颁发的许可证和证明。这种通过协调或其他办法实现的承认，可基于与有关国家或地区签订的协议或安排，也可自动给予。

2. 一成员方如系第1款中所说的这类协议或安排的参加方，不管是现有或将来，应为其他有关的成员方提供充分的机会，谈判加入这类协议或安排或与其谈判类似的协议或安排。当成员方自动给予承认时，则它应给予任何其他成员方充分的机会，来证明在那一其他成员方获得的教育程度、经验、许可证或证明以及已满足的资格条件等应得到承认。

3. 成员方在实施其对服务提供者的批准、许可或证明的标准时，它给予承认的方式不得成为国家间实行歧视的手段，或对服务贸易构成隐蔽的限制。

4. 每个成员方应：

（a）在《WTO协定》对其生效之日起的12个月内，将其现行的承认措施通知服务贸易理事会，并说明这些措施是否基于第1款所说的那类协议或安排。

（b）在第1款所述的协议或安排开始谈判前，尽可能提前迅速通知服务贸易理事会，以便为任何其他成员方提供足够的机会，在谈判进入实质性阶段之前表明其参加谈判的兴趣。

（c）当采取新的承认措施或对现有的措施做重大修改时，应迅速通知服务贸易理事会，并说明这些措施是否基于第1款所说的那类协议或安排。

5. 只要合适，承认应基于多边同意的标准。在适当情况下，各成员方应与有关的政府间或非政府组织进行合作，以建立和采用有关承认的共同国际标准和从事有关服务贸易和专业的共同的国际标准。

第八条　垄断和专营服务提供者

1. 每个成员方应确保在其境内的任何垄断服务提供者，在相关市场上提供垄断服务方面，不得违反该成员方在第二条下的义务和具体承诺。

2. 当一成员方的垄断提供者，不论是直接或通过一附属企业参与在其垄断权范围之外且该成员方已做出具体承诺的服务提供的竞争，该成员方应确保该提供者在其境内不滥用其垄断地位，从而违反其承诺。

3. 当一成员方有理由相信任何其他成员方的垄断服务提供者的行为不符合第 1 款和第 2 款的规定而向服务贸易理事会提出请求时，理事会可要求建立、维持或批准上述服务提供者的成员方提交有关经营的具体资料。

4. 在《WTO 协定》生效后，如果一成员方在其已做具体承诺的服务的提供方面授予垄断权时，在给予的垄断权即将实施前不晚于 3 个月，该成员方应通知服务贸易理事会，并适用第二十一条第 2 款、第 3 款和第 4 款的规定。

5. 本条规定也同样适用于专营服务提供者，如果一成员方正式或实际上批准或建立少数几个服务提供者和实质上阻止这些服务提供者之间在其境内竞争。

第九条　商业惯例

1. 各成员方承认除属于第八条的以外，服务提供者的某些商业惯例，会抑制竞争从而限制服务贸易。

2. 每一成员方应任何其他成员方的请求，应就取消第 1 款所述的商业惯例与其进行磋商。被要求的成员方对此类请求应给予充分和同情的考虑，并通过提供与该事项有关的、公开的非机密性资料予以合作。在不违反国内法并在就请求方保障其机密性达成满意协议的情况下，被请求的成员方也应向请求方提供其他资料。

第十条　紧急保障措施

1. 应在非歧视原则基础上就紧急保障措施问题进行多边谈判。谈判结果应不迟于《WTO 协定》生效之日起三年内付诸实施。

2. 在第 1 款所说的谈判结果开始生效前的一段时期，尽管有第二十一条第 1 款的规定，任何成员方在其承诺生效之日起一年，可以将修改或撤销一具体承诺的意愿通知服务贸易理事会；前提是该成员方向理事会说明此修改或撤销不能等待第二十一条第 1 款规定的三年期限的理由。

3. 第 2 款的规定，应在《WTO 协定》生效三年后停止适用。

第十一条　支付和转移

1. 除非在第十二条所说的情况下，任何成员方不得对与其具体承诺有关的经常交易实施国际转移和支付方面的限制。

2. 本协定的任何规定不得影响国际货币基金组织成员方在基金组织协议下的权利和义务，包括使用符合协议条款的外汇措施，前提是该成员方对任何资本交易，除非按第十二条规定或应国际货币基金组织的要求，不得实施与其有关该交易的具体承诺不一致的限制。

第十二条　保障收支平衡的限制

1. 出现严重的收支平衡和对外财政困难或其威胁时，一成员方可以对其已做具体承诺的服务贸易，包括与该承诺有关交易的支付和转移，采取或维持限制。各成员方承认处于经济发展或经济过渡过程中的成员方，其收支平衡会受到特殊压力，因此该成员方会有必要使用限制以确保维持足以实施其经济发展或经济过渡计划的财政储备水平。

2. 第 1 款所说的限制：

（a）不应在各成员方之间造成歧视。

（b）应符合国际货币基金组织协议的条款。

（c）应避免对任何其他成员方的商业、经济和财政利益造成不必要的损害。

（d）不应超出为应付第1款所述情形所需要的限制。

（e）应是暂时的并随着第1款所述情形的改善而逐步取消。

3. 在确定使用此类限制的范围时，成员方可优先考虑对它们的经济或发展计划更为重要的服务的提供。然而采用或维持这类限制不应是为了保护某一特定服务部门。

4. 根据第1款规定所采用或维持的任何限制，或对此类限制的任何变更，都应迅速通知总理事会。

5.（a）实施本条规定的成员方，应就本条下采取的限制，迅速与收支平衡限制委员会进行磋商。

（b）部长会议应建立定期协商的程序，以便能够向有关成员方做出适当建议。

（c）此种磋商应对有关成员方的收支状况及根据本条所采用或维持的限制进行评估，特别要考虑下列因素：

（ⅰ）收支平衡的性质与程度和对外财政的困难。

（ⅱ）参与磋商的成员方外部经济和贸易环境。

（ⅲ）其他可选择的纠正措施。

（d）磋商应考虑限制与第2款的一致性，尤其是根据第2款（e）项逐步取消的情况。

（e）在磋商中，应接受国际货币基金组织所提供的有关外汇、货币储备和收支平衡方面的统计和其他因素的调查结果和其他事实，并应以基金组织对磋商成员方的收支平衡和它的对外财政状况的评估作为所有裁决结论的基础。

6. 如果不是国际货币基金组织成员方的成员方愿意适用本条规定，部长会议应建立审议程序和其他必要的程序。

第十三条　政府采购

1. 第二条、第十六条和第十七条不应适用于关于政府机构为政府目的而采购服务的法律、法规或要求，而不是为商业转售或为商业销售提供服务之目的。

2. 在《WTO协定》生效后两年内，应就本协定下服务的政府采购问题进行多边谈判。

第十四条　一般例外

1. 只要这类措施的实施不在情况相同的国家或地区间构成武断的或不公正的歧视，或构成对服务贸易的变相限制，则本协定的规定不得解释为阻止任何成员方采用或实施以下措施：

（a）为保护公共道德或维护公共秩序而必需的。

（b）为保护人类、动物或植物的生命或健康而必需的。

（c）为确保服从与本协定规定不相抵触的包括与下述有关的法律和法规所必需的：

（ⅰ）防止欺诈和欺骗做法的或处理服务合同违约情事的。

（ⅱ）保护与个人资料的处理和散播有关的个人隐私以及保护个人记录和账户秘密的。

（ⅲ）安全问题。

（d）与第十七条不一致的，只要待遇差别是为了保证对其他成员方的服务或服务提供者平等和有效地课征或收取直接税。

（e）与第二条不一致的，只要这种待遇差别是源于避免双重征税协议或该成员方受其约束的任何其他避免双重征税的国际协议或安排的规定。

第十四条之二　安全例外

1. 本协定不得解释为：

（a）要求任何成员方提供其认为公开后会违背其基本安全利益的任何资料。

（b）阻止任何成员方为保护其基本安全利益而有必要采取的以下行动。

（ⅰ）直接或间接地为建立军事设施而提供服务。

（ⅱ）有关裂变或聚变材料或提炼这些材料的原料。

（ⅲ）在战时或国际关系中其他紧急情况期间采取的行动。

（c）阻止任何成员方为履行《联合国宪章》下的维护国际和平与安全的义务而采取的行动。

2. 根据第1款（b）、（c）两项规定所采取的措施及其终止，应尽可能充分地通知服务贸易理事会。

第十五条　补贴

1. 各成员方承认，在某些情况下，补贴对服务贸易可能会产生扭曲影响。各成员方应进行多边谈判以制定必要的多边纪律来避免这类贸易扭曲的影响。谈判也应讨论反补贴程序的适当性。谈判应承认补贴对发展中成员方发展计划的作用，并考虑到各成员方，尤其是发展中成员方在这一领域中所需的灵活性。为进行谈判，成员方应交换其提供给本国服务提供者的与服务贸易有关的补贴的所有资料。

2. 任何成员方如认为另一成员方的补贴使其受到负面影响时，可就此事要求与该成员方进行磋商。对这种要求应给予同情的考虑。

第三部分　具体承诺

第十六条　市场准入

1. 在第一条所确定的服务提供方式的市场准入方面，每个成员方给予其他任何成员方的服务和服务提供者的待遇，不得低于其承诺表中所同意和明确的规定、限制和条件。

2. 在承担市场准入承诺的部门中，一成员方除非在其承诺表中明确规定，既不得在某一区域内，也不得在其全境内维持或采取以下措施：

（a）限制服务提供者的数量，不论是以数量配额、垄断、专营服务提供者的方式，还是以要求经济需求测试的方式。

（b）以数量配额或要求经济需求测试的方式，限制服务交易或资产的总金额。

（c）以配额或要求经济需求测试的方式，限制服务业务的总量。

（d）以数量配额或要求经济需求测试的方式，限制某一特定服务部门可雇佣的或一服务提供者可雇佣的、对一具体服务的提供所必需或直接有关的自然人的总数。

（e）限制或要求一服务提供者通过特定类型的法律实体或合营企业提供服务的措施。

（f）通过对外国持股的最高比例或单个或总体外国投资总额的限制来限制外国资本的参与。

第十七条　国民待遇

1. 在列入其承诺表的部门中，在遵照其中所列条件和资格的前提下，每个成员方在所有影响服务提供的措施方面，给予任何其他成员方的服务和服务提供者的待遇不得低于其给予本国相同服务和服务提供者的待遇。

2. 一成员方给予其他任何成员方的服务或服务提供者的待遇，与给予本国相同服务或服务提供者的待遇不论在形式上相同或形式上不同，都可满足第 1 款的要求。

3. 形式上相同或形式上不同的待遇，如果改变了竞争条件从而使该成员方的服务或服务提供者与任何其他成员方的相同服务或服务提供者相比处于有利地位，这种待遇应被认为是较低的待遇。

第十八条 附加承诺

各成员方可就不在第十六条或第十七条的列表要求内，但影响服务贸易的措施，包括有关资格、标准或许可事宜的措施，进行谈判做出承诺。这种承诺应列入一成员方的承诺表中。

第四部分 逐步自由化
第十九条 具体承诺的谈判

1. 为实现本协定的目标，自《WTO 协定》生效之日起不迟于五年，为逐步实现更高水平的自由化，各成员方应进行连续回合的谈判，并在以后定期举行。这种谈判的方向是减少或取消各项对服务贸易产生不利影响的措施，以此作为提供有效市场准入的一种方式。该过程应在互利的基础上促进所有成员方的利益，并保证权利和义务的总体平衡。

2. 自由化的过程应对各成员方的政策目标以及每个成员方的整体和个别服务部门的发展水平给予应有的尊重。应给予个别发展中成员方适当的灵活性，开放较少的部门，开放较少类型的交易，根据它们的发展状况，逐步扩大市场准入，并且当允许外部服务提供者进入其市场时，对该准入附加条件以实现第四条所述的目标。

3. 对每一回合应建立谈判的指导原则和程序。为确立指导原则，服务贸易理事会应根据本协定的目标，包括第四条第 1 款规定的目标，对服务贸易进行全面和在部门基础上的评估。谈判指导原则应为如何对待成员方自先前谈判以来自主进行的自由化，以及为根据第四条第 3 款规定给予最不发达成员方特殊待遇确立模式。

4. 在每一回合中通过双边、诸边或多边谈判，逐步自由化的进程都应向提高本协定项下成员方所承担具体义务的整体水平的方向推进。

第二十条 具体承诺表

1. 每个成员方都应在承诺表中列明其根据本协定第三部分而承担的具体承诺。在承担该承诺的部门，每个成员方应明确列出：

（a）市场准入的规定、限制和条件。

（b）国民待遇的条件和资格。

（c）有关附加承诺的义务。

（d）适当情况下，实施这类承诺的时间表。

（e）这类承诺的生效日期。

2. 与第十六条和第十七条都不符的措施，应列入与第十六条有关的栏目中。在这种情况下，列入的内容也将被视为对第十七条规定了一项条件或资格。

3. 具体承诺表应作为本协定的附件，并应作为本协定的整体组成部分。

第二十一条　承诺表的修改

1.（a）根据本条规定，在一承诺生效之日的三年以后，成员方（本条称"修改成员方"）可在任何时候修改或撤销承诺表中的任何承诺。

（b）修改成员方应将其根据本条修改或撤销某一项承诺的意向，在不迟于实施该修改或撤销的预定日期前三个月通知服务贸易理事会。

2.（a）根据第1款（b）项通知的修改或撤销建议如影响了任何成员方在本协议下的利益（本条中称为"受影响成员方"），则应其请求，修改成员方应进行谈判以就必要的补偿调整达成协议。在这种谈判和协议中，有关成员方应尽力维持互利的承诺总体水平，使其不低于谈判前具体承诺表中对贸易提供的有利条件。

（b）补偿调整应在最惠国基础上做出。

3.（a）如在谈判期结束前，修改成员方和任一受影响成员方之间未达成协议，则该受影响成员方可将该事项提交仲裁。希望实施它所具有的补偿权利的任何受影响成员方必须参加仲裁。

（b）如果受影响成员方不要求仲裁，则修改成员方可自由实施其提出的修改或撤销。

4.（a）修改成员方在依照仲裁结果做出补偿调整前不可以修改或撤销其承诺。

（b）如修改成员方实施了其建议的修改或撤销而未遵照仲裁结果，则任何参加了仲裁的受影响成员方可依照仲裁结果修改或撤销实质上相当的利益。尽管有第二条的规定，但这样的修改或撤销只可对修改成员方实施。

5. 服务贸易理事会应为承诺表的调整或修改设立程序。任何在本协定下修改或撤销承诺的成员方应根据这些程序修改其承诺表。

第五部分　制度条款

第二十二条　磋商

1. 各成员方对任何其他成员方就影响本协定运行的任何事项可能提出的磋商请求应予以同情考虑，并应给予充分的磋商机会；争端解决谅解（DSU）应适用于这种磋商。

2. 服务贸易理事会或争端解决机构（DSB）应一成员方的要求，可就通过第1款下的磋商仍未能找到满意解决办法的任何事项与任何成员方进行磋商。

3. 一成员方不可根据本条或第二十三条就另一成员方的属于它们间有关避免双重征税的国际协议范围的措施引用第二十七条。如果成员方间就一项措施是否属于它们之间的这种协议范围一事达不成一致，则应允许其中任一成员方将该事项提交服务贸易理事会。理事会应将此事项提交仲裁。仲裁人的决定是最终的，并对各成员方具有约束力。

第二十三条　争端解决和实施

1. 任何成员方如果认为任何其他成员方未履行本协定下的义务或具体承诺，为就该事项达成相互满意的解决办法，它可以援用 DSU。

2. 如果争端解决机构认为情形严重到足以有理由采取这种行动，它可以授权一成员方或多个成员方依照争端解决谅解的第二十二条对任何其他成员方或各成员方中止义务和具体承诺的适用。

3. 如果任何成员方认为根据另一成员方在本协定第三部分下的具体承诺给予它的能够合理预见的利益由于实施与本协定条款并不冲突的任何措施而正在丧失或受到损害，它可以诉诸"争端解决谅解"。如果该措施被争端解决机构裁定为丧失或损害了这样一种利益，则受影响成员方应有权在第二十一条第 2 款的基础上做相互满意的调整，可包括该措施的修改或撤销。如果有关成员方间不能达成协议，则争端解决谅解第二十二条应适用。

第二十四条 服务贸易理事会

1. 服务贸易理事会应履行委派给它的职能以便利本协定的运行并实现其目标。为了有效地履行其职能，理事会在认为合适的时候可以设立附属机构。

2. 除非理事会另有决定，理事会及其附属机构应向所有成员方的代表开放。

3. 理事会主席应由各成员方选举产生。

第二十五条 技术合作

1. 各成员方的服务提供者在需要帮助时应能利用第四条第 2 款中提及的联系点的服务。

2. 对发展中成员方的技术援助应在多边层次由秘书处提供并由服务贸易理事会决定。

第二十六条 与其他国际组织的关系

总理事会应就与联合国及其专门机构和其他政府间组织进行与服务有关的协商和合作做出适当安排。

第六部分 最后条款

第二十七条 利益的拒给

成员方在下述情况下可拒绝给予本协定的利益：

（a）对于一项服务的提供，如果确认该服务是从或在一非成员方或该拒给成员方不与其适用 WTO 协议的成员方境内提供的。

（b）在提供海运服务的情况下，如果它确认该服务的提供是：

（ⅰ）由一般依照一非成员方或该拒给成员方不与其适用 WTO 的成员方的法律注册的船只进行的，和

（ⅱ）由一个经营和/或使用整个或部分船只的人进行的，但该人属于一非成员方或该拒给成员方不与其适用《WTO 协定》的成员方。

（ⅲ）对于一个法人服务提供者，如果确认它不是另一成员方的服务提供者，或它是一个该拒给成员方不与其适用《WTO 协定》的成员方的服务提供者。

第二十八条 定义

为本协定之目的：

（a）"措施"是指一成员方的任何措施，不论是以法律、法规、规章、程序、决定、行政行为的形式，或任何其他形式。

（b）"一项服务的提供"包括一项服务的生产、分配、营销、销售和交付。

（c）"各成员方影响服务贸易的措施"包括以下方面的措施：

（ⅰ）服务的采购、支付或使用。

（ⅱ）与服务的提供相关联的获得和使用那些成员方要求向公众普遍提供的服务。

（ⅲ）一成员方的人为在另一成员方境内提供服务而存在，包括商业存在。

（d）"商业存在"是指任何形式的商业或专业机构，包括通过：

（ⅰ）组建、获得或维持一个法人。

（ⅱ）创立或维持一分支机构或代表处，以在一成员方境内提供服务。

（e）一服务"部门"是指：

（ⅰ）在一成员方的减让表中明确规定的，有关一具体承诺的那项服务的一个或一个以上，或全部的分部门。

（ⅱ）如未规定，则指那项服务部门的全部，包括其所有分部门。

（f）"另一成员方的服务"是指：

（ⅰ）从或在那一其他成员方境内提供的服务，对于海运服务，则指由一艘依那一其他成员方的法律注册船只提供的服务，或由通过经营整个和/或部分船只提供服务的那一其他成员方的人提供的服务。

（ⅱ）在通过商业存在或通过自然人存在的情况下，由那一其他成员方的服务提供者提供的服务。

（g）"服务提供者"是指提供服务的任何人。

（h）"垄断服务提供者"是指在一成员方境内的相关市场上那一成员方正式或实际上被授权或确定为那一服务的独家提供者的任何公共人或私人。

（i）"服务消费者"是指得到或使用服务的任何人。

（j）"人"是指自然人或者法人。

（k）"另一成员方的自然人"是指任何居住在那一其他成员方或任何其他成员方境内的自然人，并根据那一其他成员方的法律：是那一其他成员方的国民，或在那一其他成员方有永久居留权，如果那一成员方：

（ⅰ）没有国民，或

（ⅱ）依照其在接受或加入《WTO 协定》时所通知的，在影响服务贸易的措施方面给其永久居民的待遇与它给予其国民的待遇实质上相同，只要没有成员方有义务给予这些永久居民比那一其他成员方给这些永久居民更优惠的待遇。这种通知应包括根据其法律和法规对那些永久居民承担与那一其他成员方对其国民承担的同样责任的保证。

（l）"法人"是指根据所适用法律正当组建或以其他方式组织的任何法人实体，不管是为了盈利或其他目的，也不管是私人所有还是政府所有，包括任何公司、信托、合伙、合营、独家所有或联合所有的形式。

（m）"另一成员方的法人"是指这样的法人，它或者：

（ⅰ）依那一其他成员方的法律组建或以其他方式组织，并在那一成员方或任何其他成员方境内从事实质性业务活动；或者

（ⅱ）在通过商业存在提供服务的情况下，由那一成员方的自然人拥有或控制的法人；或由（ⅰ）项所述的那一其他成员方法人所有或控制的法人。

（n）法人：

（ⅰ）为一成员方的人所"拥有"，如 50% 以上的股权为那一成员方的人有偿所有。

（ⅱ）为一成员方的人所"控制"，如此人有权指定其大部分董事或以其他方式合法地指导其活动。

（ⅲ）与另一人有"附属"关系，如它控制其他人或被其他人控制；或者它和其他那个人都由同一人所控制。

（o）"直接税"包括对总收入、总资本或对收入或资本构成项目征收的所有税收，包括财产转让收益税、不动产税、遗产和馈赠税、企业支付的工资或薪金税，以及资本增值税。

第二十九条 附件

本协定的附件是本协定不可分割的组成部分。

关于第二条豁免的附件

范围

1. 本附件为一成员方在本协定生效时免除其在第二条第 1 款下的义务规定条件。

2. 《WTO 协定》生效之后实施的任何新的豁免应依照其第九条第 3 款处理。

审议

3. 服务贸易理事会应审议所有超过五年期的豁免。第一次审议应在《WTO 协定》生效后的五年内进行。

4. 在审议中，服务贸易理事会应：

（a）审查导致需要该豁免的条件是否依然存在。

（b）决定下次审议的日期。

终止

5. 在一特定措施方面，成员方对本协定第二条第 1 款项下义务的豁免在该豁免规定的日期终止。

6. 原则上，这种豁免不应超过 10 年。在任何情况下，它们都必须被纳入以后的贸易自由化回合中的谈判。

7. 在豁免终止时，一成员方应通知服务贸易理事会该不一致的措施已与本协定第二条第 1 款一致。

豁免清单

［根据第二条第 2 款议定的豁免清单在《WTO 协定》文本中作为本附件的一部分。］

本协定下提供服务的自然人流动附件

1. 本附件适用于在服务的提供方面影响作为一成员方服务提供者的自然人的措施和影响被成员方的服务提供者雇用的一成员方的自然人的措施。

2. 本协定不应适用于影响意图进入一成员方就业市场的自然人的措施，也不应适用于有关永久性公民地位、居住或就业的措施。

3. 依照本协定第三部分和第四部分的规定，各成员方可谈判适用于本协定下提供服务的所有类别的自然人流动的具体承诺。凡在具体承诺范围内的自然人，应被允许根据具体承诺的条件提供服务。

4. 本协定不应阻止一成员方实施相应措施对自然人进入或暂时居留其境内进行管理，包括为保护其边境的完整和确保自然人有秩序跨境流动所必需的措施，只要这类措施的实施不致损害或阻碍根据一项具体承诺的规定和条件给予任何成员方的利益。

空运服务附件

1. 本附件适用于影响空运服务贸易的措施，不管其是否列入承诺表或未列入减让表，以及辅助服务。各成员方确认本协定下承担的任何具体承诺或义务不应减少或影响一成员方在《WTO 协定》生效之日已实施的双边或多边协定下的义务。

2. 该协定，包括其争端解决程序不应适用于影响：

（a）以任何形式给予的交通权的措施；或

（b）与行使交通权直接有关的服务的措施。

本附件第 3 款规定的除外。

3. 该协定应适用于影响：

（a）航空器维修和保养服务的措施。

（b）空运服务的销售和营销的措施。

（c）计算机预订系统（CRS）服务的措施。

4. 该协定的争端解决程序只有在有关成员方已承担了义务或具体承诺时以及用尽双边和其他多边协定或安排中的争端解决程序后才可以引用。

5. 服务贸易理事会应定期，并至少每五年一次，审议空运部门的发展状况和本附件的运行情况，以考虑本协定在本部门进一步适用的可能性。

6. 定义

（a）"航空器维修和保养服务"是指就退出服务的一架飞机或其一部分进行的那类活动，但不包括所谓的航班保养。

（b）"空运服务的销售和营销"是指给一相关航空公司的自由销售和营销其空运服务的机会，包括所有方面的营销，如市场调研、广告和销售。这些活动不包括空运服务的定价，也不包括适用条件。

（c）"计算机预订系统（CRS）服务"是指由包含航空公司时刻表、订座情况、票价和定价规则等信息的计算机系统所提供的服务，通过该系统可预订或出票。

（d）"交通权"是指定期或不定期班机从事来自、前往，限于或越过一成员方领土的有偿或受雇的运营和/或运载乘客、货物和邮件的权利，包括服务点、经营的航线、载运种类、提供的运载能力、收取的费用及条件和指定航空公司的标准，包括数量、所有权和控制权的标准等。

金融服务附件

1. 范围和定义

（a）本附件适用于影响提供金融服务的措施。本附件所指的金融服务的提供是指本协定第一条第 2 款定义的服务提供。

（b）就本协定第一条第 3 款（b）项而言，"在行使政府权限时提供的服务"是指：

（ⅰ）由中央银行或货币当局或由任何其他公共实体依货币或汇率政策而进行的活动。

（ⅱ）作为法定社会保障制度或公共退休金计划一部分的活动。

（ⅲ）由一公共实体代表政府或由政府担保，或使用政府的财力进行的其他活动。

（c）为本协定第一条第 3 款（b）项的目的，如果一成员方允许本段（b）款（ⅱ）或（b）款（ⅲ）所说的任何活动由其金融服务提供者进行并与公共实体或金融服务提供者进行竞争，则"服务"应包括这类活动。

（d）本协定第一条第 3 款（c）项不应适用于本附件的服务。

2. 国内法规

（a）不管本协定任何其他条款做何规定，不应阻止一成员方为谨慎原因而采取相应措施，包括为保护投资者、存款人、投保人或金融服务提供者对其负有托管责任的人而采取的措施，或为确保金融体系的统一和稳定而采取的措施。如果这些措施不符合本协定条款，则它们不应用来逃避该成员方在本协定下的承诺或义务。

（b）协定的任何规定不应理解为要求一成员方公开有关个人客户的业务和账户的信息，

或公共实体拥有的任何秘密或专有信息。

3. 承认

（a）一成员方在决定任何其他成员方有关金融服务的措施应如何实施时可承认该成员方的谨慎措施。这种承认可以基于有关国家或地区的协定或安排通过协调或其他方式实现，或自动给予承认。

（b）属（a）项所指协定或安排参加方的一成员方，无论该协定或安排是将来的还是现有的，如在该协定或安排的参加方之间存在此类法规的相同法规、监督和实施，且如适当，还存在关于信息共享的程序，则应向其他利害关系成员方提供谈判加入该协定或安排的充分机会，或谈判达成类似的协定或安排。在一成员方自动给予承认的情况下，它应给任何其他成员方充分的机会以证明这种情形存在。

（c）如一成员方正考虑对任何其他国家或地区的谨慎措施予以承认，则第七条第 4 款（b）项不应适用。

4. 争端解决

有关谨慎措施和其他金融事项争端的专家小组对于处于争议中的金融服务应有必要的专业知识。

5. 定义

为本附件的目的：

（1）金融服务是一成员方和金融服务提供者提供的任何金融性质的服务。金融服务包括所有保险和与保险有关的服务，以及所有银行和其他金融服务（保险除外）。

保险和与保险有关的服务：

（A）直接保险（包括共同保险）：

（a）人寿。

（b）非人寿。

（B）再保险和再分保。

（C）保险中介，如经纪和代理。

（D）保险的辅助服务，如咨询、保险统计、风险评估和理赔服务。

银行和其他金融服务（不包括保险）：

（E）接受公众存款和其他需偿还基金。

（F）所有类型的贷款，包括消费者信贷、抵押贷款、商业交易的融资。

（G）金融租赁。

（H）所有支付和货币交割服务，包括信用卡、收费卡、借方信用卡、旅行支票和银行汇票。

（I）担保与承兑。

（J）自行交易或代客交易，不管是交易市场、公开市场或其他场所的：

（a）货币市场票据（包括支票、账单、存单）。

（b）外汇。

（c）衍生产品，包括但不限于期货交易和期权。

（d）汇率和利率工具，包括掉期、远期利率协议。

（e）可转让票据。

（f）其他可转让票据和金融资产，包括金银。

（K）参与各类证券的发行，包括认购、募款代理（不管公开还是私下）和提供与该发行有关的服务。

（L）货币经纪。

（M）资产管理，如现金或有价证券管理，各种形式的集体投资管理，养老基金管理，保管和信托服务。

（N）金融资产的结算和清算服务，包括证券、衍生产品和其他流通票据。

（O）金融信息的提供与交换，及金融数据处理和其他金融服务的提供者的有关软件。

（P）就（E）项至（O）项所列的所有活动进行的咨询，中介和其他辅助性金融服务，包括信用查询和分析，投资和有价证券研究和咨询，收购建议和公司结构调整和战略的建议。

（2）金融服务提供者是指一成员方希望提供或正在提供金融服务的自然人或法人，但"金融服务提供者"这一术语不包括公共实体。

（3）"公共实体"是指：

（a）一成员方的政府、中央银行或货币当局，由一成员方所有或控制的主要从事执行政府职能或为政府目的活动的实体，不包括在商业基础上主要从事提供金融服务的实体。

（b）行使通常由中央银行或货币当局行使的职能的私人实体，在行使这些职能时也应作为公共实体看待。

金融服务第二附件

1. 尽管有本协定第二条和关于第二条豁免的附件第 1 款和第 2 款的规定，一成员方在《WTO 协定》生效之日后四个月起的 60 天之内，可在那一附件中列出与本协定第二条第 1 款不符合的有关金融服务的措施。

2. 尽管有本协定第二十一条的规定，一成员方在《WTO 协定》生效后四个月起的 60 天内，可改进、修改或撤销其承诺表中有关金融服务的全部或部分具体承诺。

3. 服务贸易理事会应为实施第 1 款和第 2 款建立必要的程序。

海运服务谈判附件

1. 第二条和关于第二条豁免的附件，包括在附件中列入一成员方将维持的与最惠国待遇不符的任何措施的要求，对国际海运、辅助服务和港口设施的进入和使用只有在以下日期才能生效：

（a）根据"海运服务谈判的部长决定"第 4 款确定的实施日期。

（b）如果谈判未能成功，则是上述"决定"规定的"海运服务谈判组"提交最后报告中的日期。

2. 第 1 款不应适用于已纳入一成员方承诺表中的任何海运服务的具体承诺。3. 尽管有第二十一条的规定，一成员方自第 1 款提及的谈判结束起并在实施日期之前，可在不提供补偿的情况下改进、修改或撤销在本部门的全部或部分具体承诺。

电信服务附件

1. 目标

承认电信服务部门的特性，尤其是作为经济活动的一个独特部门和作为其他经济活动的基本传递手段的双重角色，为了详细说明协定中有关影响进入和使用公共电信运输网及其服务的措施的条款，各成员方同意达成以下附件。因此，此附件为该协定提供了注释和补充条款。

2. 范围

（a）本附件应适用于一成员方影响进入和使用公共传输网络和服务的所有措施。

（b）本附件不应适用于影响电台或电视节目的有线或广播分配的措施。

（c）本附件不应理解为：

（i）要求一成员方授权任何其他成员方的服务提供者建立、建设、购买、租赁、经营或提供电信传输网络或服务，其承诺表中规定的除外；或

（ii）要求一成员方（或要求一成员方责成其管辖下的服务提供者）建立、建设、购买、租赁、经营或提供并未向公众普遍提供的电信传输网络或服务。

3. 定义

为本附件的目的：

（a）"电信"是指以任何电磁方式传送或接收信号。

（b）"公共电信传输服务"是指一成员方明确或实际上要求向公众普遍提供的任何电信传输服务。这类服务可包括：电报、电话、电传和数据传送，这些都是典型的在两点或多点之间对客户提供的信息进行实时传送，在客户信息的形式和内容方面没有任何终端到终端的变化。

（c）"公共电信传输网络"是指可在两个或多个规定的网络终端点之间进行通信的公共电信基础设施。

（d）"公司内部通信"是指一公司通过它在公司之内进行联系，或与子公司、分支机构以及在成员方的法律和法规有规定时，与附属机构进行联系或在它们之间进行联系的电信。在此情形下，"子公司""分支机构"和适用的"附属机构"应由各成员方界定。本附件中的"公司内部通信"不包括提供给不是相关的子公司、分支机构或附属机构的商业或非商业服务，也不包括向客户或潜在客户提供的服务。

（e）在提及本附件的某款或某项时均包括其中所有的细分段落。

4. 透明度

在适用本协定第三条中，各成员方应确保公开那些影响进入和使用公共电信传输网络和服务的规定的有关资料。包括：收费和其他服务规定和条件；与该网络和服务的技术联通规格；负责制定和采纳影响进入和使用的标准的机构的信息；关于终端或其他设备连接的条件；和可能存在的通知、注册或许可证要求。

5. 公共电信传输网络和服务的进入和使用

（a）各成员方应保证任何其他成员方的任何提供者按合理和非歧视的规定和条件进入和使用其公共电信网络和服务，以提供包括在其承诺表中的服务。本义务应适用于（b）款到（f）款。

（b）各成员方应确保任何其他成员方的服务提供者能进入和使用在另一成员方境内或跨越其边境提供的任何公共电信网络或服务，包括私人租用电路，并为此目的，在遵守（e）款和（f）款的前提下，应保证允许这些服务提供者：

（i）购买或租用和连接终端或服务提供者提供服务所必需的其他网络接口设备；

（ii）将专门租用或拥有的电路与公共电信网络和服务互联，或与另一服务提供者租用

或拥有的电路互联；和

（ⅲ）在提供服务时使用该服务提供者自己选择的运行规程，除非为保证公众能普遍使用电信传输网络和服务而需要做另外规定。

（c）各成员方应保证任何其他成员方的服务提供者为在境内或跨境传递信息而可以使用公共电信网络和服务，包括这些提供者的公司内部通信，和使用在任何成员方境内的数据库或以其他机器可读方式存储的信息。成员方的任何新的或修订的措施如果明显影响了这种使用，则应根据本协定有关条款予以通知并接受磋商。

（d）尽管有前款的规定，成员方可采取必要的措施以保证信息传递的安全和保密，只要符合这一要求，即这些措施的实施不构成武断的或不公正的歧视或对服务贸易的变相限制。

（e）各成员方应确保不对公共电信网络和服务的进入和使用附加条件，除非为以下目的所必需：

（ⅰ）保障公共电信传输网络和服务的提供者应负的公共服务责任，尤其是其网络或服务为公众普遍使用的能力；

（ⅱ）保护公共电信传输网络或服务的技术统一；或

（ⅲ）确保任何其他成员方的服务提供者除根据该成员方减让表的承诺被允许外不得提供服务。

（f）只要符合（e）款规定的标准，进入和使用公共电信网络和服务的条件可包括：

（ⅰ）对转卖或分享使用这类服务的限制；

（ⅱ）与这类网络和服务互联时，使用指定的技术接口的要求，包括接口规程；

（ⅲ）必要时这类服务可相互使用的要求，和能促进第7款（a）项规定的目标实现的要求；

（ⅳ）与网络联通的终端或其他设备类型的批准，和有关这类设备与该网络连接的技术要求；

（ⅴ）对私人租用或拥有的电路与这类网络或服务互联或另一服务提供者租用或拥有的电路互联的限制；或

（ⅵ）通知、注册和许可。

（g）尽管有本部分前面几款的规定，发展中成员方可依照其发展水平对公共电信网络和服务的进入和使用规定必要的合理条件，以加强其境内电信基础设施和服务能力，并增加其参与国际电信服务的能力。这些条件应在该成员方的承诺表中明确规定。

6. 技术合作

（a）各成员方承认有效率的、先进的电信设施在各经济体，特别是发展中经济体对扩大服务贸易是必要的。为此目的，各成员方赞成和鼓励发达和发展中经济体及其公共电信网络和服务的提供者及其他实体，在尽可能充分的程度上参与国际和区域组织，包括国际电信联盟、联合国开发计划署以及国际复兴开发银行的开发计划。

（b）各成员方应鼓励和支持发展中经济体之间在国际、区域和次区域级进行的电信合作。

（c）各成员方应与有关国际组织合作，在可行的情况下，向发展中经济体提供关于电信服务和电信及信息技术方面的信息以帮助加强其境内电信服务部门。

（d）各成员方应特别考虑给最不发达经济体提供机会，以鼓励外部电信服务提供者在技术转让、培训和其他活动方面提供帮助，支持其电信基础设施的发展和其电信服务贸易的扩大。

7. 与国际组织和协定的关系

（a）各成员方承认为电信网络和服务全球兼容和可互相利用而建立国际标准的重要性，并承诺通过有关国际机构，包括国际电信联盟和国际标准化组织的工作促进这种标准的建立。

（b）各成员方承认政府间和非政府间组织和协定，尤其是国际电信联盟在保证境内和全球电信服务的有效运行方面所起的作用。各成员方应做出适当安排，就本附件实施中产生的相关问题与这些组织进行协商。

基础电信谈判附件

1. 第二条和关于第二条豁免的附件，包括在附件中列入一成员方将维持的与最惠国待遇不符的任何措施的要求，只有在以下日期才能对基础电信生效：

（a）根据"基础电信谈判部长决定"第 5 款确定的实施日；或

（b）如果谈判未能成功，则是上述"决定"规定的"基础电信谈判组"提交最后报告的日期。

2. 第 1 款不应适用于已纳入成员方承诺表中的任何基础电信的具体承诺。

参 考 文 献

[1] 王海文. 国际服务贸易 [M]. 北京：清华大学出版社，2019.

[2] 陈霜华. 国际服务贸易 [M]. 上海：复旦大学出版社，2021.

[3] 陈宪，殷凤. 国际服务贸易 [M]. 2 版. 北京：机械工业出版社，2020.

[4] 张艳，杨宏旭，唐宜红. 服务贸易国内规制问题研究：基于 WTO 谈判模式的视角 [J]. 国际商务研究，2022（2）：37-47.

[5] 张小波，李成. 论《美国–墨西哥–加拿大协定》背景、新变化及对中国的影响 [J]. 社会科学，2019（5）：27-39.

[6] 张建中. 中国–东盟经贸政策支持体系研究 [M]. 北京：中国社会科学出版社，2016.

[7] 李凌，匡增杰. 中国–东盟《服务贸易协议》促进了双边服务贸易吗？[J]. 经济经纬，2018（3）：67-74.

[8] 孟夏，孙禄. RCEP 服务贸易自由化规则与承诺分析 [J]. 南开学报（哲学社会科学版），2021（4）：135-145.

[9] 付鑫，姜照. 美国服务贸易开放新进展及启示 [J]. 亚太经济，2022（6）：61-66.

[10] 赵若锦，李猛，张云. 中国与爱尔兰比较视角下我国服务贸易创新发展研究 [J]. 国际贸易，2021（11）：60-69.

[11] 陈杨. 金砖国家服务贸易竞争力的比较与启示：增加值贸易视角 [J]. 学习与实践，2019（7）：41-50.

[12] 孙蕊. 中国服务贸易开放政策的广度与深度研究：基于区域贸易协定的视角 [M]. 天津：天津大学出版社，2019.

[13] 屠新泉，杨丹宁，李思奇. 加入 WTO 20 年：中国与 WTO 互动关系的演进 [J]. 改革，2020（11）：23-36.

[14] 康成文，牛超群. 入世 20 年我国服务贸易国际竞争力变化与趋势分析 [J]. 经济论坛，2022（3）：57-66.

[15] 匡增杰，葛菲，贺璐. 全球价值链视角下中美服务贸易竞争力比较 [J]. 统计与决策，2021（7）：132-135.

[16] 牛欢，彭说龙. 中美服务贸易国际竞争力比较 [J]. 统计与决策，2021（6）：122-126.

[17] 彭传立. 中国服务贸易国际竞争力影响因素的实证研究 [J]. 产业创新研究，2021（23）：9-14.

[18] 王琼林. 中国服务贸易的国际竞争力分析 [J]. 全国流通经济，2021（17）：29-31.

[19] 王星丽. 中国服务贸易国际竞争力实证研究 [J]. 价格月刊，2023（1）：43-51.

[20] 王圆圆. 中国与东盟服务贸易竞争力研究 [J]. 绥化学院学报，2022（6）：14-16；23.

[21] 谢生业，尹峻，吴珊珊. 基于中国、印度、日本服务贸易发展态势的分析与建议 [J]. 农村金融研究，2021（4）：71-79.

[22] 梅冠群. 全球数字服务贸易发展现状及趋势展望 [J]. 全球化，2020（4）：62-77.

[23] 文瑞. 中国服务外包产业发展的现状、困境与对策 [J]. 区域经济评论，2021（5）：115-121.

[24] 中华人民共和国商务部服务贸易和商贸服务业司. 中国服务外包发展报告 [R]. 北京：中国商务出版社，2021.

[25] 王栋. 全球服务贸易发展趋势和中国机遇 [J]. 对外经贸实务，2021（5）：93-96.

[26] 李俊，张谋明. 全球服务贸易发展：回顾与展望 [J]. 海外投资与出口信贷，2021（1）：4-7.

[27] 莫万贵. 全球服务贸易发展趋势及我国应对浅析 [J]. 宏观经济，2020（1）：49-53.

［28］余森杰，王吉明．全球服务贸易发展与中国面临的机遇和挑战［J］．长安大学学报（社会科学版），
 2021（3）：19-27.

［29］United Nations Conference on Trade and Development. UNCTAD Handbook of Statistics 2022［R］. Geneva：
 United Nations Publications，2023

［30］朱福林．全球服务贸易基本图景与中国服务贸易高质量发展［J］．管理学刊，2022（1）：36-50.

［31］聂新伟．新冠肺炎疫情对全球化影响的观察与思考：基于全球服务贸易形势的分析［J］．海外投资与
 出口信贷，2020（4）：3-7.

［32］赵瑾．新冠肺炎疫情危机后全球服务贸易发展的十大走势与中国机遇［J］．财经智库，2020（5）：
 105-118.

［33］顾学明．从指数看全球服务贸易发展格局［J］．中国外包，2022（11）：16-19.

［34］徐金海，李銮淏．全球数字贸易发展趋势与中国应对策略［J］．学习与探索，2022（10）：149-156.

［35］张荣楠．全球数字贸易竞争格局与中国数字贸易国际合作的战略选择［J］．区域经济评论，2022
 （5）：122-131.

［36］陈颖．数字服务贸易国际规则研究：基于CPTPP、EU-JAPAN、EPA、USMCA和RECP的比较分析
 ［J］．全球化，2021（6）：90-101.

［37］马玉荣．数字贸易推动全球服务贸易深刻变革：专访国务院发展研究中心对外经济研究部部长、研
 究员张琦［J］．中国发展观察，2021（17）：11-14.